U0622377

江蘇文脉整理與研究工程

江蘇文庫

精華編

26

經典釋文序録疏證 附經籍舊音二種

（唐）陸德明 撰 吴承仕 疏證 張力偉 點校

鳳凰出版社

圖書在版編目（CIP）數據

經典釋文序録疏證：附經籍舊音二種／（唐）陸德明撰；吴承仕疏證；張力偉點校. -- 南京：鳳凰出版社，2024. 12. --（“江蘇文脉整理與研究工程”江蘇文庫）. -- ISBN 978-7-5506-4344-4

Ⅰ. H131.6

中國國家版本館CIP數據核字第2024918UK2號

書　名	經典釋文序録疏證:附經籍舊音二種
著　者	(唐)陸德明 撰　吴承仕 疏證　張力偉 點校
責任編輯	單麗君
裝幀設計	姜　嵩
責任監製	程明嬌
出版發行	鳳凰出版社(原江蘇古籍出版社) 發行部電話025-83223462
出版社地址	江蘇省南京市中央路165號,郵編:210009
照　排	南京凱建文化發展有限公司
印　刷	蘇州市越洋印刷有限公司 江蘇省蘇州市吴中區南官渡路20號,郵編:215104
開　本	787毫米×1092毫米　1/16
印　張	24.75
字　數	307千字
版　次	2024年12月第1版
印　次	2024年12月第1次印刷
標準書號	ISBN 978-7-5506-4344-4
定　價	138.00圓

(本書凡印裝錯誤可向承印廠調换,電話:0512-68180638)

江蘇文脉整理與研究工程

總主編

信長星　許昆林

第二届學術指導委員會

主　任

莫礪鋒

委　員（按姓氏筆畫排序）

宋鎮豪　茅家琦　郁賢皓　袁行霈　莫礪鋒　張豈之　鄔書林　賴永海

編纂出版委員會

主　編

徐　纓　夏心旻

副主編

梁　勇　趙金松　章朝陽　樊和平　程章燦

編　委（按姓氏筆畫排序）

王　江　王月清　王建朗　王華寶　王衛星　王燕文　左健偉　田漢雲　朱玉麒

朱慶葆　全　勤　江慶柏　李　揚　李昌集　李貞强　佘江濤　沈衛榮　武秀成

范金民　尚慶飛　周　琪　周　斌　周建忠　周新國　胡阿祥　胡發貴　姜　建

姜小青　馬　欣　莫礪鋒　夏心旻　徐　俊　徐　海　徐　纓　徐之順　徐小躍

徐興無　陶思炎　孫　敏　孫　遜　孫真福　曹玉梅　許佃兵　許益軍　章朝陽

梁　勇　張乃格　張伯偉　張愛軍　張新科　彭　林　程章燦　傅康生　焦建俊

賀雲翱　趙生群　趙金松　蔣　寅　熊月之　樊和平　劉　東　劉西忠　賴永海

鍾振振　雙傳學　羅時進

分卷主編

徐小躍　姜小青　（書目編）

周勛初　程章燦　（文獻編）

莫礪鋒　徐興無　（精華編）

茅家琦　江慶柏　（史料編）

左健偉　張乃格　（方志編）

王月清　張新科　（研究編）

出版説明

江蘇文化源遠流長，歷久彌新，文化經典與歷史文獻層出不窮，典藏豐富；文化巨匠代有人出，彪炳史册，在中華民族乃至整個人類文明的發展史上有着相當重要的地位。爲了在新時代裏科學把握江蘇文化的内涵與特徵，彰顯江蘇文化對中華優秀傳統文化作出的貢獻，增强文化自信，江蘇省委省政府決定組織全省首個大型文化發展工程『江蘇文脉整理與研究』。通過工程的實施，梳理江蘇文脉資源，總結江蘇文化發展的歷史規律，再現江蘇歷史上的『文化高地』，爲當代江蘇把準脉動，探明趨勢，勾畫藍圖。

組織編纂大型江蘇歷史文獻總集《江蘇文庫》，是『江蘇文脉整理與研究工程』的重要工作。《文庫》以『編纂整理古今文獻，梳理再現名人名作，探究追溯文化脉絡，打造江蘇文化名片』爲宗旨，分六編集中呈現：

（一）書目編。完整著録歷史上江蘇籍學人的著述及其歷史記録，全面反映江蘇圖書館的圖書典藏情況。

（二）文獻編。收録歷代江蘇籍學人的代表性著作，集中呈現自歷史開端至一九一一年的江蘇文化文本，呈現『江蘇文化』的整體景觀。

（三）精華編。選取歷代江蘇籍學人著述中對中外文化產生重要影響、在文化學術史上具有經典性代表性的作品進行整理。並從中選取十餘種，組織海外漢學家，翻譯成各國文字，作爲江蘇對外文化交流的標志性文化成果。

（四）方志編。從江蘇現存各級各類舊志中選擇價值較高、保存較好的志書，以充分發揮地方志資治、存史、教化等作用，保存江蘇的地方文獻與歷史文化記憶。

（五）史料編。收録有關江蘇地方史料類文獻，反映江蘇各地歷史地理、政治經濟、文化教育、宗教藝術、社會生活、風土民情等。

（六）研究編。組織、編纂當代學者研究、撰寫的江蘇文化研究著作。

文獻、史料、方志三編屬於基礎文獻，以影印方式出版，旨在提供原始文獻，以滿足學術研究需要；書目、精華、研究三編，以排印方式出版，既能滿足學術研究的基本需求，又能滿足全民閱讀的基本需求。

『江蘇文脉整理與研究工程』工作委員會

江蘇文庫·精華編編纂人員

主　編　莫礪鋒　徐興無

副主編

徐興無（經　部）

卞東波（史　部）

許　結（子　部）

俞士玲（集　部）

江蘇文庫·精華編前言

莫礪鋒　徐興無

江蘇行政區域的形成，始於清康熙六年（一六六七）劃分江南省爲江蘇和安徽兩省。但是江蘇歷史文化的形成，依靠的是中華民族數千年來在這塊土地上開展的卓越而偉大的文化實踐。

江蘇的自然地理得天獨厚，控江淮而臨黄海，主要爲淮河、長江下游的衝積平原，水土豐饒，交通便利，是孕育高度發達的文明和文化的温床。江蘇是華夏文化南北交往的東部通道，是中華文明連通東亞文明的出海口，是近代中國開風氣之先的地區，因此，江蘇的文化地理積澱豐厚。新石器時代，北方的龍山文化、南方的良渚文化等地域文明在這裏碰撞融合；夏商周時期，北方的齊魯文化，淮河的東夷文化、南方的吴、楚、越等文化在這裏交替演進。秦漢統一之後，中國歷代王朝在淮河南北以及長江中下游南北設立了一系列行政區域，在此基礎上形成了南北延伸、東西拓展的黄淮文化、江淮文化和江南文化，爲江蘇的歷史文化提供了更爲遼闊的發展空間。自東吴的建業到民國的南京，中國歷史上十個王朝或政權曾在江蘇建立首都；自春秋的邗溝到京杭大運河，中國南北最大的交通動脈在江蘇形成主幹。江蘇作爲南方政治、經濟和文化的中心之一，不斷地爲中華民族的統一、中華文化的復興和發展以及東亞文明的交流提供着有力的支撑。

任何文化都可以分爲器物文化、制度文化與精神文化三個逐漸深化的結構，精神文化是最深層的結構。它既是最高級的文明成果，又是最穩定的文化傳統和精神力量。在文化繁榮的時代，精神文化爲文化的發展創新提供積極的資源；在文化危機的時代，精神文化是實現文化變革與復興的力量。精神文化的成果集中體現在思想、宗教、科學、文學、藝術等方面，而文化典籍則是這些成果的重要載體。江蘇的精神文化及其成果形成於數千年的歷史進程之中，留下了浩如烟海、豐富精彩的文化典籍。

春秋戰國時期，中國的思想文化『百家争鳴』，和世界一道進入了所謂的『軸心文明時代』，諸子百家的代表人物孔子、孟子、墨子、老子、莊子等生活於魯、宋、楚等國，江蘇的北部和西部都是他們的足跡所履之處，他們的學派中不乏江蘇地區的人物。比如孔子的弟子言偃（字子游）來自江南的吴國，其言論見載於《論語》《禮記・禮運篇》等儒家經典，應該是最早與江蘇文化相關的儒家思想，特别是《禮運篇》中孔子向言偃闡説的『天下爲公』的思想，是中國近現代民主革命借鑒的優秀傳統文化資源，至今鎸刻在南京中山陵的牌坊之上。

西漢王朝的政治勢力興起於江蘇北部，漢朝前期的吴、楚、淮南等諸侯王國贊助學術和文學，『招賓客著書』，文學之士雲集，江蘇成爲西漢的文化重鎮。漢高祖劉邦的少弟、楚元王劉交和魯人申公曾經跟隨荀子的門人浮丘伯學習《詩經》，兩人皆爲《詩經》作傳，號稱元王《詩》和魯《詩》。申公成爲漢代魯《詩》的宗師，漢文帝時擔任博士；沛人（今徐州市）施讎傳授《周易》，成爲漢代施氏《易》的宗師，漢宣帝時立爲博士；沛人慶普傳授《禮》，是漢代慶氏《禮》的宗師；東海下邳（今睢寧縣）人嚴彭祖傳授《公羊春秋》，漢宣帝時擔任博士，是漢代嚴氏《春秋》的宗師。淮南王劉安和賓客所作《淮南子》，是秦漢道家思想集大成的經典。漢成帝時，著名學者、目録學家、辭賦家、漢室宗親劉向、劉歆父子受詔典校皇家秘書，他們『辨章學術，考鏡源流』，撰寫《七略別録》，奠定了中國古代校讎學的基本原則和圖書分類法。漢代辭賦源自戰國時期的楚辭，淮陰（今淮安市）人枚乘、枚皋、會稽吴（今蘇州市）人嚴忌、朱買臣等都是西漢著名的辭賦作家。劉向搜集戰國屈原、宋玉以及漢代淮南小山、東方朔、王褒等人的作品，附以自己所撰《九嘆》，整理編纂了《楚辭》。《楚辭》是文學總集之祖，與《詩經》一道構成中國古代詩歌的經典源頭。

東漢末期，江南地區的社會比較安定，經過赤壁之戰，魏、蜀、吴三國鼎立的局面形成。東吴的政治中心先後建立在吴（今蘇州市）和建業（今南京市）。這一時期孕育了易學家陸績、文學家陸機、陸雲這樣的文化家族。西晉滅亡，北方漢族政治勢力南渡，與南方士族聯合建立了東晉王朝，定都建康（今南京市）。此後經歷宋、齊、梁、陳，形成與北方諸民族政權『北朝』對峙了二百七十多年的『南朝』。北方僑民帶來中原地區的文化，與本土文化不斷融合，使得南朝成爲中華文化的中心，江蘇文化進入了第一個輝煌時代。南方的經學別開生面。東晉范甯的《春秋穀梁傳集解》代表漢魏以來《穀梁》學的最高成就，也是現存最早的《穀梁傳》注本，列入儒家『十三經』之中。南朝經學與玄學、佛教互相借鑒，發展出疏解經義的義疏之學。梁代吴郡（今蘇州市）人皇侃的《論語義疏》是現今唯一完整的南朝義疏學典籍，清乾隆年間從日本回流，被收入《四庫全書》之中。南朝的史學成就也很高。『二十四史』中有三部南朝人的作品：范曄的《後漢書》、沈約的《宋書》、蕭子顯的《南齊書》。裴松之爲西晉陳壽的《三國志》作注，補充了大量的史料，創新了史書的注解方式。南方地理的開闢、家園意識的覺醒，激發了南朝歷史地理學的發展，周處《風土記》、陸澄《地理書》等都是代表性的作品。以道家學說爲主體的魏晉玄學發源於北方，與道教、佛教相互借鑒，提高了中國古代哲學的思辨水平。同時，高蹈清談、品鑒人物等所謂的『魏晉風度』也成爲文化士族的生活態度。隨着北方士族的南渡，玄學對南朝的文學藝術如玄言詩、山水詩、山水畫、書法、文學理論、書畫音樂理論等産生了極大的影響。劉宋臨川王、彭城（今徐州市）人劉義慶所撰《世説新語》中記載了許多漢魏東晉玄學名士的軼事，是中國文學和史學的名著。南朝的文學極一時之盛，文學理論著作和文學選集層出不窮。自西晉陸機的《文賦》到齊梁鍾嶸的《詩品》、劉勰的《文心雕龍》等，奠定了中國古代文學理論的雄厚基礎。梁昭明太子蕭統組織編寫了中國歷史上第一部文學作品選集《文選》，以詩賦爲文學，將五經、諸子、史書拒之於外，表現了文學主體意識的覺醒。隋唐之際，江都（今揚州市）人曹憲等講授《文選》，他的學生李善所撰《文選注》，對中國文學産生了深遠的影響。南方的文化創新更新了學術分類和知識領域，東晉李充撰寫的《四部書目》確立了『經史子集』的圖書分類法。劉宋時期在國子學中設立儒學、玄學、史學、文學和陰陽學『五部學』，改變了漢代以『五經』作爲太學科目的局面。

隋唐實現了南北統一，政治和文化中心再度回到黄河流域，但是中國的經濟重心已經偏於東南，『賦之所出，江淮居多』，江蘇地區成爲國家命脉所繫，從而成爲文化重鎮。幾乎唐代所有的大詩人都來過江蘇，而江蘇的詩人也有卓越的表現，著名的有潤州丹陽（今丹陽市）人包融、儲光羲、許渾、長洲（今蘇州市）人陸龜蒙等，而初唐時期揚州詩人張若虚的《春江花月夜》，長篇鉅製，被譽爲『孤篇横絶，竟爲大家』。江蘇的思想學術多有創新。天寶末年做過潤州丹陽縣主簿的啖助破除《春秋》三傳的經學師法壁壘，注重汲取大義。他的學生、吴郡（今蘇州市）人陸淳和經學家趙匡一道整理充實了他的《春秋集傳集注》及《統例》，編成《春秋集傳纂例》，開啓了唐宋新儒學的學術路徑。唐代大史學家、彭城（今徐州市）人劉知幾曾擔任史官，他撰寫的《史通》是中國歷史上第一部史學理論著作。『五代十國』時期，定都金陵的南唐中主李璟、後主李煜父子和他們的一些文臣，如廣陵（今揚州市）人馮延巳等沉浸於小令詞作，爲宋詞的發展開闢了道路。吴縣（今蘇州市）人范仲淹、高郵人秦觀、楚州（今淮安市）人張耒、吴縣人葉夢得、范成大等都是宋代著名的詞人。漢字是中國文化的重要載體，東漢經學家、河南人許慎編撰了中國第一部字典《説文解字》，爲分析漢字結構，規範漢字書寫，識别古文字打下了堅實的學術基礎。南唐文臣、文字訓詁學家、廣陵（今揚州市）人徐鉉、徐鍇兄弟對《説文解字》的研究貢獻至鉅。北宋統一後，徐鉉奉旨校勘《説文解字》，由朝廷刊行，世稱『大徐本』；徐鍇撰有《説文解字繫傳》等，世稱『小徐本』。

宋元時代，中國社會發生了世俗化的轉型，印刷術的發明普及了書籍和知識，民間學術興盛。泰州人胡瑗和山西人孫復、山東人石介被譽爲宋初儒學的『三先生』。胡瑗在泰州創辦安定書院，又被范仲淹聘往蘇州府學講學，他的《周易口義》《洪範口義》等講義記録是宋代新儒學的重要典籍。北宋河南人程顥、程頤兄弟創發的理學號稱『洛學』，他們的門人楊時學成後南下江蘇，在無錫建造東林書院，將理學傳授給無錫人喻樗和南劍州（今福建省）人羅從彦等。喻樗的學生、無錫人尤袤是南宋的大學者和藏書家，他編寫的《遂初堂書目》是中國古代目録學經典。在福建地區，羅從彦傳授李侗，李侗傳授朱熹。朱熹是宋代理學的集大成者，號稱『閩學』。明代重建的東林書院石牌坊上鎸刻着『閩洛中樞』四個字，説明江蘇是宋代理學南傳和發展的中樞站。宋代的文學成就很高，文壇領袖和大文學家如歐陽修、王安石、蘇東坡、陸游等人的創作與人生都與江蘇關係密切。江西詩派是宋代著名的詩歌流派，彭城（今徐州市）人陳師道是其中的代表作家之一。南宋詩壇上，無錫人尤袤、吴縣（今蘇州市）人范成大和吉州

（今屬江西）人楊萬里、越州（今屬浙江）人陸游被譽爲『中興四大詩人』。

明清兩代，江蘇文化進入了第二個輝煌時代。江南發達的手工業、江淮地區的運河與鹽業成爲中國經濟的重要命脉，書院、藏書、出版業興盛，科舉登仕和家族文化繁榮，城市與市民文化發達。明朝開國時定都南京，江蘇地區一度成爲中國的經濟和文化中心。明成祖遷都北京之前，在南京編纂了一系列大型的文化典籍。比如二萬二千多卷的《永樂大典》，被譽爲『世界上有史以來最大的百科全書』。民間學術也不斷地發展。泰州安豐場（今東臺市）鹽民王艮發揚王陽明開創的心學，將儒家的道理平民化、世俗化，號稱『泰州學派』。上元（今南京市）人焦竑博覽群書，在理學、史學等許多領域建樹豐碩，有《焦氏筆乘》《國史經籍志》等著作傳世。萬曆年間，無錫人顧憲成、高攀龍等重建東林書院，主張經世致用，砥礪氣節。他們聚衆講學，批評朝政，被目爲『東林黨』。顧憲成撰寫的書院楹聯『風聲雨聲讀書聲，聲聲入耳；家事國事天下事，事事關心』，永遠激勵着中國的讀書人。

明清之際，崑山人顧炎武總結家國興亡的教訓，反對理學空談心性的學風。他在音韻訓詁、歷史地理、社會經濟等一系列學術領域均有開創之功，撰寫了《日知録》《肇域志》《天下郡國利病書》等學術巨著。清代以程朱理學立國，但是對知識的追求和實證的治學方法形成了清代學術的新世界，經學、史學、諸子、文學均取得了一系列總結性的成就。山陽（今淮安市）人閻若璩撰寫《尚書古文疏證》，考證傳世的四十五篇《尚書》中有十六篇是東晉豫章人梅賾根據古代文獻拼凑造作的文字，爲清代文獻考據學樹立了典範。清乾隆、嘉慶時期形成的『乾嘉樸學』是清代學術的巔峰標誌。區別於理學所代表的『宋學』，乾嘉學術標榜漢代經學，號稱『漢學』，其中以皖派和江蘇的吴派、揚州學派爲代表，産生了一大批江蘇籍的經史大家及其學術名著。吴派的開創者是吴縣的惠周惕、惠士奇、惠棟祖孫三人。惠棟的《周易述》對漢儒的《易》學做了系統的考證。甘泉(今揚州市)人江藩有感於學術的時代特徵,撰寫了《國朝漢學師承記》和《國朝宋學淵源記》等,是有關清代思想學術史的重要著作。吴派在歷史考據學方面也有建樹。嘉定人(今屬上海市)王鳴盛從惠棟遊學,定居蘇州,著有《十七史商榷》;另一位嘉定人錢大昕也在蘇州生活,師事惠棟,著有《廿二史考異》《十駕齋養新録》等。他吸收吴、皖和浙東學派之長,主張『實事求是,不偏主一家』,對吴派以求古爲求是的理念進行了糾正。陽湖(今常州市)人趙翼不僅是著名的詩人,而且是一位史學家,著有《廿二史劄記》。此書追跡顧炎武《日知録》的治學精神,探求中國古代史書的内在法則,關注朝代興亡、制度沿革等重大史事,堪稱清代史識最高的史學著作。此外,陽湖(今常州市)人孫星衍、武進(今常州市)人張惠言都是乾嘉時期著名的經學家。金壇人段玉裁是皖派學術大師戴震的傳人,他花費四十年撰成學術巨著《説文解字注》,繼承了顧炎武、戴震的音韻訓詁學方法,以時代考察音變,借字義探求思想。清代的揚州是漕運和鹽運的樞紐,富甲天下,也是學術名家輩出的地方。揚州學派的治學方法融合吴、皖,精通兼備。高郵人王念孫、王引之父子俱爲學術大家,號稱『高郵二王』。王念孫少時入戴震門下,著有《廣雅疏證》《讀書雜誌》等,是清代音韻訓詁和校勘學方面的名著。王引之著有《經義述聞》《經傳釋詞》,『用小學(文字音韻訓詁之學)説經,用小學校經』,追求客觀的經義,善於從字音和語境中求字義,奠定了語言文字學的基本學理。江都(今揚州市)人汪中關注中國古代的學術源流,著有《述學》,將樸學治經的方法拓展至諸子學的研究,見解精辟。江都人焦循對戴震極爲推崇,撰成《孟子正義》,貫徹了戴震《孟子字義疏證》的思想觀點。儀徵人阮元的學識極爲通達,善於從字義考察經義,精於天文曆算之學,主張融通中西。他主編的《疇人傳》,匯集中國歷代及西方天文、數學家傳記,是中國第一部科學家傳記集。他是清代學者中的高官,組織了許多大型的學術工程。他廣集宋代善本，對儒家『十三經』進行了精細的校勘，根據《校勘記》刻成《十三經注疏》，成爲迄今儒家經典最權威的版本。他主持編纂的《經籍籑詁》是中國古代最大的經學詞典；《皇清經解》是清代經學研究成果的匯總。就在漢學興盛之際，武進（今常州市）人莊存與、莊述祖父子和劉逢禄等學者另闢蹊徑，推崇《公羊春秋》，開創並發展了『常州學派』。『常州學派』以發凡起例，探求微言大義爲治學目標，突破了漢學注重名物訓詁的局限，對晚清政治思想變革產生了影響。近代中國變法運動的兩大思想先驅、浙江人龔自珍和湖南人魏源皆出劉逢禄門下，晚清經學家、思想家王闓運、廖平、康有爲、譚嗣同、梁啓超、皮錫瑞等人都受到『常州學派』的感召與影響。

明清時期，江蘇的文學成就蔚爲大觀。吴縣（今蘇州市）人徐禎卿、太倉人王世貞、武進（今常州市）人唐順之、崑山人歸有光等，分別是明代文學流派『前七子』『後七子』和『唐宋派』中的成員。明清之際，崑山人顧炎武、歸莊、東臺人吴嘉紀、太倉人吴偉業等的詩作道出了明清時代的變革和遺民的心聲。長洲（今蘇州市）人沈德潛、武進（今常州市）人黄景仁、陽湖（今常州市）人趙翼等均是清代的著名詩人。文壇領袖、常熟人錢謙益不僅開創了新的詩歌創作風氣，而且學識淵博，所撰《錢注杜詩》和《列朝詩集》是清代的詩學經典。詞在清代得以復興，以詞學家張惠言爲代表的常州詞派主張詞有寄託，提倡深美閎約的詞風。他的《詞選》和丹徒（今鎮江市）人陳廷焯的《白雨齋詞話》、吴江（今蘇州市）人徐釚的《詞苑叢談》等都是清代詞學的經典。清代的散文雖然以安徽桐城派爲大宗，但以張惠言、陽湖（今常州市）人惲敬、李兆洛等爲代表的陽湖派則主張駢散結合，博採衆家，别開生面。清代駢文名家中，更不乏江蘇作家，如陽湖（今常州市）人孫星衍、洪亮吉、江都（今揚州市）人汪中等。明清時期是中國通俗文學高度繁榮的時代，通俗小説、戲曲、説唱文學等名著層出不窮，膾炙人口，其中許多巔峰性的作品均出自江蘇作家之手。白話小説有明代長洲（今蘇州市）人馮夢龍編著的短篇小説集《三言》（《喻世明言》《警世通言》《醒世恒言》），長篇則有興化（今泰州市）人施耐庵創作的《水滸傳》、淮陰（今淮安市）人吴承恩創作的《西遊記》等。自明代崑山人魏良輔變革崑山腔以後，崑腔傳奇成爲明清戲曲的主流劇種，出現了崑山人梁辰魚創作的《浣紗記》、吴縣（今蘇州市）人李玉創作的《清忠譜》等名作。由於清代揚州鹽業的管理由皇家直接掌控，許多皇家主持的欽定圖書均在揚州設局編纂刊刻，其中不乏著名的文學典籍，比如康熙年間的《欽定全唐詩》、乾隆年間的《曲海總目》等。

江蘇也是中國古代宗教發展的重要地區，留下了大量的宗教經典。東漢末期，臨淮（今盱眙縣）人嚴佛調撰寫的《沙彌十慧章句》是最早的漢人佛教著作之一。東吴時期，從交趾（今越南）北上的天竺高僧康僧會，在建業（今南京市）建造了中國南方最早的佛寺——建初寺，編譯《六度集經》等佛經。東晉義熙九年（四一三），西行求法達十四年之久的中國僧人法顯，自海上輾轉回國，抵達建康，撰寫了中國第一部有關中亞、印度、南洋的旅行記《佛國記》（又稱《法顯傳》）。梁代彭城下邳人僧祐創立了佛經目録學，他編纂的《出三藏記集》是中國第一部經書目録和高僧傳記；《弘明集》是研究六朝佛教和社會文化的重要史料。在佛教譯經的過程中，漢字的聲母、韻母和四種聲調被總結出來，啓發了中國聲韻學的發明。齊永明年間，周顒撰成《四聲切韻》，沈約、謝朓、王融等人在創作上加以響應，提出『四聲八病』説，形成了中國古代格律詩的雛形『永明體』，中國的詩歌找到了自己的韻律，爲唐代格律詩的繁榮創造了條件。隋唐以來，江蘇成爲中外文化交流的重要地區。唐代律宗大師、揚州大明寺高僧、江陽（今揚州市）人鑒真應日本天皇和僧衆的邀請，經過六次東渡，到達日本奈良。他不僅傳授了中國佛教的戒律，而且帶去了豐富的文化典籍和建築、醫藥等知識。明洪武、永樂年間，在南京完成了大藏經《洪武南藏》和《永樂南藏》的編纂刊刻。晚清時期，佛學家、安徽人楊文會在南京創辦金陵刻經處，從日本引進中國東傳的漢文佛經三百多種，刊刻傳播，促進了中國近代佛學的研究。

徐州是中國道教策源地之一。東漢末期，吴人魏伯陽寫成道教内丹修煉的經典《周易參同契》，曾在青州、徐州一帶傳授。東晉時期，丹陽郡句容（今句容市）人葛洪撰寫了著名的道教經典《抱朴子》内外篇。他是道教高士，也是偉大的思想家、文學家和醫學家。他的傳世著作還有《肘後備要急方》《金匱藥方》等醫學著作以及《神仙傳》《西京雜記》等小説。南朝時期，天師道上清派道士陸修静在建康整理道教經典，創設了道經分類法，編成了中國第一部道經目録《三洞經書目録》。另一位上清派道士、丹陽秣陵（今南京市）人陶弘景隱居句容茅山，撰寫了道教經典《真誥》，整理注解了中國最早的藥學著作《神農本草》。

從唐代開始，西方的宗教也隨着商人和外交使節進入中國。江蘇的港口城市揚州、鎮江等地都有景教、祆教、伊斯蘭教傳播的記載或寺院遺址。明末清初，南京的回族伊斯蘭教經師王岱輿撰寫了《正教真詮》等闡發伊斯蘭教教義的著作，將伊斯蘭教教義與中華傳統文化相結合。另一位南京回族伊斯蘭教經師劉智發展了王岱輿的理論，構建了中國伊斯蘭教的理論體系，著有《纂譯天方性理》等十多部著作。明代，天主教由意大利耶穌會傳教士利瑪竇等傳入江蘇，他們帶來了西方的天文曆算、數學、地理學等方面的知識，受到中國士大夫的尊重。

近代中國面臨嚴重的政治、經濟、文化危機和挑戰，一批考察西方社會文化的江蘇學者提倡學習西方的長處，變法自强。晚清政論家、著名報人、甫里（今蘇州甪直）人王韜，著有《弢園文録外編》《漫遊隨録》等，主張變革政治、教育、軍事，以實業强國；無錫人薛福成曾擔任出使英、法、意、比四國大臣，著有

《籌洋芻議》《出使四國日記》等，闡述了發展工商、變法强國的思想。新文化運動以後，思想學術界從不同的角度討論中國文化的問題，或激進，或保守，而文化自覺和文化自信始終是中流砥柱。在建構中國文化史學方面，江蘇學者做出了突出的貢獻。他們放眼世界，重新審視自己的文化，希望在世界文化秩序中確定中國文化的地位。丹徒（今鎮江市）人柳詒徵與梅光迪、吴宓、胡先驌、劉伯明等東南大學教授一起，於一九二二年創辦了《學衡》雜誌，主張『昌明國粹，融化新知』。他撰寫的《中國文化史》教科書，旨在『一以求人類演進之通則，一以明吾民獨造之真際』，被譽爲『中國文化史的開山之作』。抗戰期間，無錫人錢穆撰寫了《中國文化史導論》，指出中國的改進『不僅爲中國一國之幸，抑於全世界人類文化前程以及舉世渴望之和平，必可有絶大之貢獻』。

綜上所述，可以歸納出江蘇典籍文化的一些明顯的特徵。比如經典性。江蘇具有一批能够代表中華優秀傳統文化、影響中外文化的杰出經典，如《淮南子》《抱朴子》《文選》《文心雕龍》《真誥》《史通》《日知録》《西遊記》《水滸傳》等。再如地域性。中華文化早期的原創性成果多産生於北方，比較集中於經部和史部的典籍。江蘇文化典籍的精華則比較多地集中於子部和集部，而文學典籍尤爲豐富。這是因爲中國文學的自覺時代發生於南方的六朝時期。明清以來，不僅傳統的詩、文、詞的流派與創作在江蘇繁榮興盛，而且由於城鎮文化發達，産生了許多一流的戲曲、小説等通俗文學作品。還有學術性。江蘇的文化在經史之學、文學理論、醫學、科學以及近代新學等方面産生了杰出的成果。特别是清代江蘇學術對中華傳統文化的研究形成了許多總結性的成果。

歷朝歷代，中國人都自覺地通過各種方式保存、整理古代的典籍，進而從中擷取精華，闡釋其中的文化内涵，『温故知新』。自孔子選取六經加以整理傳授，就開創了這一優秀的文化傳統。當代中國正處於文化復興的時代，隨着不同地區社會經濟和文化的發展，對本土文化資源進行深入梳理、發掘、研究，不僅能够爲地域文化的發展創新提供資源，而且能爲當代中國文化的發展創新提供地域經驗。『江蘇文脉整理與研究工程』是江蘇省委、省政府於二〇一六年啓動的大型文化工程，是對這一時代要求和文化使命的自覺與承擔。

按照《江蘇文脉整理與研究工程實施方案》的要求，《江蘇文庫·精華編》從古代至一九四九年的各個歷史階段中，選擇對中外文化産生重要影響的江蘇籍作者的著作二百種左右，出版整理的文本，再從中選取十多種翻譯爲外文出版。在『文脉工程』領導小組和編纂委員會的組織與領導下，《精華編》編委會通過選擇書目和版本，提交海内外專家評審，徵求江蘇地方文史專家意見等工作，力求爲江蘇的文化典籍找準主脉，勾勒特色，標定高峰。爲此，《精華編》確立了三條主要編選原則：

一、全面系統，以經典爲主。在經史子集四部和民國時期的書目中全面系統地選取，重視經過學術史、文化史長期選擇出來的經典，聚焦名人名著，選出在中國和世界歷史文化發展過程中具有典範價值的江蘇文獻，突出這些文獻在中國學術史和中華文化發展脉絡中的地位與價值。

二、有著有述，以著作爲主。優先編選原創性和創新性較强的著作類文獻，兼顧有重大影響的闡述、研究、注釋類文獻。按照《江蘇文庫》的整體分工，《精華編》不收大型叢書、方志、年譜、大型工具書類文獻，在時代、地域和文獻種類方面不求全面。

三、版本從善，以通行爲主。《精華編》所選文獻以整理排印本的面貌問世，一方面從已有的整理本中選擇善本加以修訂，另一方面對未曾整理過的文獻加以整理研究，形成既能供學界使用，又能供大衆閱讀的通行本。其中一九一二年以前的文獻按照經史子集四分法編目，一九一二年至一九四九年的文獻按現代學科分類編目。

繼承優秀傳統文化，不僅是爲了守護遺産，更要爲時代服務，實現文化的創造性轉化和創新性發展。我們相信，通過『文脉工程』的實施和《精華編》的編纂，將建構一個能够集中表現江蘇文脉的文獻體系，發揚江蘇文脉中貫穿的中華優秀傳統文化精神，彰顯其歷史内涵和時代意義，讓江蘇的優秀文化爲中華民族的偉大復興做出更大的貢獻。

目録

詩 …… (五七)

禮 …… (七一)

原書出版説明

吴承仕（一八八四——一九三九），字檢齋，安徽歙縣昌溪人。清末舉人，曾應舉貢會考，殿試録取一等第一名，分發爲大理院主事，辛亥革命後任司法部僉事。受業於章炳麟，專治經學、小學，對歷代典章名物及文字音韻諸學有深入研究，著述甚多，在學術上具有很大的成就。曾在北京大學、中國大學、東北大學、北京師範大學執教，先後任大學國文系教授、系主任多年。

經典釋文序録疏證一書，是吴承仕爲南朝末年陸德明的經典釋文序録所作的注。他認爲經典釋文序録産生於經學史上承前啟後的時代，藉助它，可以瞭解唐以前經學發展沿革的基本綫索。本此目的，他在本書中詳徵博引，敍述和考證了羣經的興衰以及經學史上這個重要時期的重大事件和主要人物、著作，其中不乏精闢的議論。本書可看作是一部唐以前的經學發展史，以其論述的深入和資料的詳博，在爲數不多的經學論著中獨具特色。本書附入了作者本人就本書所作的大量批注及其學生任化遠的若干校正。

經籍舊音序録一卷，主要是對漢魏六朝作音人生平及其有關注音著述的考訂，目的是辨明各家的時代及其使用的注音方式，以便於排比徵用。但在今天，我們不妨將其視作一部語音學史的「外編」。另外，書中大量凡例性的東西談及如何處理語音學資料，也有一定的參考價值。

經籍舊音辨證七卷，就舊音的傳寫錯譌與注音中的特異現象，前人未加解釋或解釋不當者加以考證、闡釋。書中不乏精當的議論，材料中亦有不少實屬罕見，爲後人研究提供了方便。書後，我們附録了黄侃的經籍舊音辨證箋識與沈兼士的吴著經籍舊音辨證發墨。黄、沈二人均是著名的學者，與吴氏同出於章太炎門下。黄書主要是校訂辨證的若干疏漏，並對其中的部分存疑作出了解釋；沈文的目的在於運用吴氏搜集的資料來説明其「語根字族」理論。二者對於閲讀吴書都很有參考價值。

本書的點校，依據的是吴承仕當年的印本，除統一新加了標點外，還改正了一些排印的錯誤，重要引文經過了查核。黄氏箋識本是寫在辨證簡端的批語（吴氏遺稿中還存有一部過録本），一九四六年由其弟子潘重規匯輯録出，並將有關的辨證文字鈔録在每條之前。這次整理，删去了辨證原文，將黄氏箋識的三百二十七條統一加上了數碼，並在辨證正文中相應注出。潘氏鈔本的錯譌，又依據過録本做了校改。需要説明的是，箋識與辨證的對應之處，是由潘氏輯鈔時確定的，點校者在加注順序號時對個别明顯的不當之處做了挪動，不甚合適但不改亦可者均未改，一仍潘氏之舊。

這三部書在初版時由張力偉同志做了點校。本次再版我們合爲一册，並加標了專名綫，以便讀者使用。

中華書局編輯部

二〇〇七年六月

本書由中華書局二〇〇八年出版，經中華書局授權，江蘇文庫精華編編委會審定，並依據文庫體例作相關技術處理，收入文庫，特此説明。

江蘇文庫精華編編委會

二〇二四年一月

經典釋文序録疏證

經典釋文序録疏證

唐國子博士兼太子中允贈齊州刺史吴縣開國男陸德明撰　歙吴承仕疏

序

夫書音之作，作者多矣，前儒撰著，光乎篇籍，其來既久，誠無間然：但降聖已還，不免偏尚，質文詳略，互有不同。漢魏迄今，遺文可見，或專出己意，或祖述舊音，各師成心，製作如面，加以楚夏聲異，南北語殊，是非信其所聞，輕重因其所習，後學鑚仰，罕逢指要。夫筌蹄所寄，唯在文言，差若毫釐，謬便千里。夫子有言：「必也正名乎。名不正，則言不順；言不順，則事不成。故君子名之必可言也，言之必可行也。」斯富哉言乎，大矣，盛矣，無得而稱矣！然人稟二儀之淳和，含五行之秀氣，雖復挺生天縱，必資學以知道，故唐堯師於許由，周文學於虢叔，上聖且猶有學，而況其餘乎。至於處鮑居蘭，翫所先入，染絲斲梓，功在初變，器成采定，難復改移，一薰一蕕，十年有臭，豈可易哉！豈可易哉！余少愛墳典，留意藝文，雖志懷物外，而情存著述。粤以癸卯之歲，承乏上庠，循省舊音，苦其太簡，況微言久絶，大義愈乖，攻乎異端，競生穿鑿。不在其位，不謀其政，既職司其憂，寧可視成而已？遂因暇景，救其不逮，研精六籍，采摭九流，搜訪異同，校之蒼雅，輒撰集五典、孝經、論語及老、莊、爾雅等音，合爲三袟三十卷，號曰「經典釋文」。古今並録，括其樞要；經注畢詳，訓義兼辯；質而不野，繁而非蕪。示傳一家之學，用貽後嗣，令奉以周旋，不敢墜失，與我同志，亦無隱焉。但代匠指南，固取誚於博識，既述而不作，言其所用，復何傷乎云爾。

舊唐書陸德明傳：「貞觀初，拜國子博士，封吴縣男，尋卒。」本書自序云：「粤以癸卯之歲，承乏上庠，循省舊音，苦其太簡。既職司其憂，寧可視成而已？」李燾以癸卯爲貞觀十七年。錢大昕、丁杰等則以爲至德元年。桂馥據隋書許善心傳云：「『大業元年，奏薦包愷、陸德明、褚徽、魯世達之輩並加品秩，授爲學官』。考大業元年爲乙丑，去至德癸卯已二十五年。新唐書本傳云：『陳太建中，解褐始興國左常侍。大業閒，遷國子助教。』據此，則陳後主時僅爲常侍，不得云『上庠』也。檢舊唐書云『貞觀初，拜國子博士』，知序所稱實貞觀之癸卯也。德明已爲唐臣，不應於陳、隋往代而曰『承乏』，曰『上庠』，其稱本朝近事無疑。」桂説見札樸卷七。按：錢、丁説是，桂説非也。新唐書妄删舊文，序次頗不明憭。臧鏞堂謂德明卒於武德初，亦未檢舊書耳。今當據舊書以駁桂説。舊書本傳：「德明初受學於周弘正。陳太建中，太子徵四方名儒，講於承德殿。德明年始弱冠，往參焉。」尋弘正之卒在太建六年，德明受業，疑在太建之初；弱冠應徵，或當太建六七年間；至德癸卯，年近三十矣。清四庫總目謂：「至德癸卯，德明年甫弱冠，不應淹博如是。」按：本傳言弱冠應徵，不言弱冠著書也，四庫説非。至貞觀十七年，年近九十，錢氏謂其精力就衰，不復能著書，一也。舊書云：「解褐始興王國左常侍，遷國子助教，新書删此五字。陳亡，歸鄉里。」序稱「承乏上庠」，正指此事言之，其時則至德癸卯也。又云：「隋大業中，授國子助教。」此與許善心傳薦授學官之説相應。蓋德明未入唐前兩爲學官：一在陳末，一在隋中。桂氏既檢舊書，乃妄有取舍，郅爲疏失，二也。德明撰釋文時，身仕南朝，其所徵引，殆無北方學者。若謂作於貞觀癸卯，則劉焯、劉炫諸子實北方名士，孔穎達、賈公彦撰五經正義多所取資，釋文不應擯棄；沈重雖以保定閒入周，而隋書經籍志題爲「蕭巋散騎常侍」，則沈重撰詩音義時尚居南土，故德明得引之耳。許周生云：「釋文不獨創始於陳後主元年，其成書亦在未入隋以前，故序録中於王曉周禮音注云『江南無此書，不詳何人』，於論語云『北學有杜弼注，世頗行之』。又其書中引北音，止一再見，似書成後入隋唐，亦不增加也。」見梁玉繩瞥記卷二。其言足與錢説相扶，三也。舊書云：「王世充平，太宗徵爲秦府文學館學士。尋補太學博士。」按：太宗紀「武德四年二月，王世充降」，而德明辟秦府學士，則在武德五年以後。據新建觀音寺碣末署「武德五年國學助教陸德明撰」，説者以爲尚署隋官，知其時未爲秦府學士也。又褚亮秦府十八學士贊作於武德九年，稱德明官「太學博士」，見法書要録。證知武德九年以前已由秦府學士遷太學博士，至貞觀初乃拜國子博士。德明久爲學官，不應至貞觀十七年始云「承乏」，四也。玉海四十二引舊書别本云：「貞觀十六年四月甲辰，太宗閲德明經典音義，美其弘益學者，賜其家布帛百匹。」蓋貞觀十六年德明已前卒，故賜其家。以是相證，則「承乏上庠」之歲爲至德紀元之年，可謂章明昭著矣。今本釋文卷首列其卒官，則後人追題之，非德明所自署。

條例

此文自述著述體例：訂舊音之利病，辨流俗之是非，斟酌古今，務從至當。相其文勢，自分章段，今本皆隨行直下，總爲一篇，疑傳寫失之，非陸書之本真也。兹就其文義，析爲數章，略加箋記，亦不委悉。愚爲序録疏證，本欲略明經典源流，爲學校講疏之用。作音沿革，自有經籍舊音一書明之，於此不煩具出。

先儒舊音，多不音注。然注既釋經，經由注顯，若讀注不曉，則經義難明。混而音之，尋討未易。今以墨書經本，朱字辯注，用相分別，使較然可求。舊音皆録經文全句，徒煩翰墨，今則各標篇章於上，摘字爲音，慮有相亂，方復具録；唯孝經童蒙始學，老子衆本多乖，是以二書特紀全句。

此明本書與舊作不同：一、經注兼明；二、摘字爲音，唯慮有相亂及孝經、老子二書，乃録全句。

五經人所常習，理有大宗，義行於世，無煩覼縷。至於莊老，讀學者稀，故于此書微爲詳悉。又爾雅之作，本釋五經，既解者不同，故亦略存其異。

此明五經大義世有常宗，不須具説；唯老莊習讀者稀，爾雅注解多異，故微爲詳悉。

文字音訓，今古不同。前儒作音，多不依注，注者自讀，亦未兼通。今之所撰，微加斟酌：若典籍常用，會理合時，便即遵承，標之於首；其音堪互用，義可並行，或字存多音，衆家别讀，苟有所取，靡不畢書，各題氏姓，以相甄識；義乖於經，亦不悉記。其「或音」、「一音」者，蓋出於淺近，示傳聞見，覽者察其衷焉。

此明經注相承，作音者須互相依隱，乃爲有益。又一字而有多音，則首標勝義，次列衆家。其「或音」、「一音」，則聊博異聞，不爲典要。

然古人音書，止爲譬況之説。孫炎始爲反語，魏朝以降，蔓衍實繁。世變人移，音訛字替，如徐仙民反「易」爲「神石」，郭景純反「餤」爲「羽鹽」，劉昌宗用「承」音「乘」，許叔重讀「皿」爲「猛」，若斯之儔，今亦存之音内，既不敢遺舊，且欲俟之來哲。

此明作音先用譬況，次有反語；曼衍譌變，遂多異音。今亦過而存之，以俟來哲。

孫炎作反語，見顔氏家訓音辭篇。陸氏所述略同，張守節史記正義亦用其説。

「徐仙民反『易』爲『神石』」者，左傳襄四年「貴貨易土」，釋文「以豉反，徐『神豉反』」，別無「神石」之音。疑陸氏所欲辨者，反語上字之異，不關去入相轉。

「郭景純反『餤』爲『羽鹽』」者，今本爾雅釋文作「郭『音持鹽反』」，以類篇證之，「持」爲「羽」字之譌，説詳經籍舊音辨證。

「劉昌宗用『承』音『乘』」者，周禮夏官「乘石」，釋文云「如字，劉『音常烝反』」，「常烝」即「承」字音也。顔氏音辭篇亦云：「劉昌宗周官音讀『乘』若『承』。」

許讀，見説文。

書音之用，本示童蒙。前儒或用假借字爲音，更令學者疑昧。余今所撰，務從易識。援引衆訓，讀者取其意義，亦不全寫舊文。

此言作音欲令讀者易曉，引書但取大意，亦不全寫舊文。

典籍之文，雖夫子删定，子思讀詩，師資已别，而况其餘乎？鄭康成云：「其始書之也，倉卒無其字，或以音類比方假借爲之，趣於近之而已。受之者非一邦之人，人用其鄉，同言異字，同字異言，於兹遂生矣。」戰國交争，儒術用息，秦皇滅學，加以坑焚，先聖之風，掃地盡矣。漢興，改秦之弊，廣收篇籍，孝武之後，經術大隆，然承秦焚書，口相傳授，一經之學，數家競爽，章句既異，踳駁非一。後漢黨人既誅，儒者多坐流廢，後遂私行金貨，定蘭臺漆書經字以合其私文，靈帝乃詔諸儒正定五經於石碑之上，爲古文、篆、隸三體書法，以相參檢，樹之學門，使天下取則。未盈一紀，尋復廢焉。班固云：「後世經傳既已乖離，傳學者又不思多聞闕疑之義，而務碎義逃難，便詞巧説，安其所習，毁所不見，終以自弊，此學者之大患也。」誠哉是言！余既撰音，須定紕繆，若兩本俱用，二理兼通，今並出之，以明同異；其涇渭相亂，朱紫可分，亦悉書之，隨加刊正；復有他經别本，詞反義乖，而又存之者，示博異聞耳。

此明經文異讀自昔已然，古字假借尤多同異，加之秦燔典籍，漢分古今。今作音書，須從一是。閒存别本，聊廣異聞云爾。

「鄭康成云」至「於兹遂生矣」，張守節亦用其説。

「子思讀詩，師資已别」者，周頌維天之命「於穆不已」，正義曰：「譜云：子思論詩，於穆不『已』；孟仲子云，於穆不『似』。孟仲子，與孟子共事子思，後又學於孟子者。」

「後漢黨人既誅」至「天下取則」云云，本范書儒林傳。熹平石經本爲一體，范説自譌，陸氏亦沿其失。

經籍文字，相承已久，至如「悦」字作「説」，「閑」字爲「閒」，「智」但作「知」，「汝」止爲「女」，若此之類，今並依舊音之。然音書之體，本在假借，或經中過多，或尋文易了，則翻音正字以辯借音，各於經内求之，自然可見。其兩音之者，恐人惑故也。

此明經籍相承，當辨正借；作音者自爲消息，務使學者易知。

尚書之字本爲隸古，既是隸寫古文，則不全爲古字，今宋齊舊本及徐、李等音所有古字蓋亦無幾；穿鑿之徒務欲立異，依傍字部，改變經文，疑惑後生，不可承用。今皆依舊爲音，其字有別體，則見之音内，然亦兼采説文、字詁以示同異者也。

此明隸古定尚書舊本古字無幾，後人妄作，多不可從。今宜去泰去甚，並采字書以相檢校。隸古定本原委，於尚書當文詳之。

春秋人名字氏族及地名，或前後互出，或經傳更見，如此之類，不可具舉。若國異名同，及假借之字，兼相去遼遠，不容疎略，皆斟酌折衷，務使得宜。

此明春秋人地名物前後錯見，作音不容疏略，宜有折衷。

爾雅本釋墳典，字讀須逐五經，而近代學徒好生異見，改音易字，皆采雜書，唯止信其所聞，不復考其本末；且六文八體各有其義，形聲會意寧拘一揆？豈必飛禽即須安鳥，水族便應著魚，蟲屬要作虫旁，草類皆從兩中，如此之類，實不可依。今並校量，不從流俗。

此明爾雅本以釋經，妄人乃采雜書以校爾雅，改易音字，不可悉從，今並校量，以別於俗學。

方言差別，固自不同，河北、江南，最爲鉅異：或失在浮清，或滯於沈濁。今之去取，冀祛兹弊，亦恐還是鷇音，更成無辯。夫質有精麤，謂之好、惡，並如字。心有愛憎，稱爲好、惡；上呼報反，下烏路反。當體即云名譽，音預。論情則曰毁譽；音餘。及夫自敗、蒲邁反。敗他蒲敗反。之殊；自壞、呼怪反。壞撤音怪。之異。此等或近代始分，或古已爲別，相仍積習，有自來矣。余承師説，皆辯析之。比人言者，多爲一例。如、而靡異，邪、不定之詞。也助句之詞。弗殊，莫辯復、扶又反，重也。復，音服，反也。寧論過、古禾反，經過。過；古卧反，超過。又以登、升共爲一韻，攻、公分作兩音，如此之儔，恐非爲得，將來君子，幸留心焉。

此明方言殊異，宜有折衷：一字數音，自當辨析；近人有應分而誤合者，應合而誤分者，積習相沿，皆不中理。

論南北音異之理，顔氏音辭篇、陸法言切韻序所述略同，張守節亦用其説。「好惡」、「也邪」云云，音辭篇説略同。

「登、升共爲一韻，攻、公分作兩音」者，謂當時韻書分所不當分也。音辭篇云：「韻集以成、仍、宏、登合成兩韻，爲、奇、益、石分作四章。」按：今廣韻宏在耕，成在清，升、仍同在蒸，登在登，爲、奇同在支，益、石同在昔，攻、公在東部同紐，分合並異。顔氏與法言同定切韻，元朗意亦相近，故以舊音爲不可遵用。

舊本「自敗，蒲邁反」，「敗他，蒲敗反」。盧文弨改上字爲「蒲邁反」，改下字爲「補邁反」。尋音辭篇稱：「江南學士讀左傳，口相傳述，自爲凡例，軍自敗曰敗，打敗人軍曰敗。補敗反。諸傳記未見『補敗反』，徐仙民讀左傳，唯一處有此音，又不言自敗、敗人之别。此爲穿鑿耳。」顔云「口相傳述」，陸云「近代相仍」，正以「補敗」之音傳自近代，故著其穿鑿之失。廣韻：「自敗，薄邁切；敗他，北邁切。」舊以「敗」爲切語下字，正謂聲異而韻則同。今據顔氏家訓作「補敗反」。盧校近是，不必輒從。

五經字體乖替者多，至如黿、鼉從黽，亂、辭從舌，席下爲帶，惡上安西，析旁著片，離邊作禹，直是字譌，不亂餘讀；如寵丑隴反。字爲寵，力孔反。錫思歷反。字爲鍚，音陽。用攴普卜反，字林「普角反」。代文，武云反。將无音無。混旡，音既。若斯之流，便成兩失。又來旁作力，俗以爲約勑字，説文以爲勑倈之字；水旁作曷，俗以爲飢渴字，字書以爲水竭之字。如此之類，改便驚俗，止不可不知耳。

此明經字多乖，不亂餘讀者易知，形聲相近者難憭，學者所當深辨。若積非來久，改便驚俗者，亦隨事用之，不得悉改也。

南北朝迄於隋唐，書字鄙俗，不可究詰，顔氏書證篇及張守節正義皆極言之，足與此文相證。顔氏云：「文章著述，猶擇微相景響者行之，官曹文書，世間尺牘，幸不違俗也。」此云「改便驚俗」，亦與之同意。然自五代刻梓之術行，鈔寫者稀，字體譌遷亦庶幾少殺矣。

次第

五經六籍，聖人設教，訓誘機要，寧有短長？然時有澆淳，隨疾投藥，不相沿襲，豈無後先？所以次第互有不同。

左氏僖公二十七年傳：「趙衰曰：『説禮樂而敦詩書，詩書，義之府也；禮樂，德之則也。』」王制謂之「樂正四術」。（批注：文王世子「春誦，夏弦，大師詔之」，注：「誦爲歌樂也；弦謂以絲播詩。」是詩與樂不分也。內則：「十有三年，學樂，誦詩，舞勺。成童，舞象。」亦樂、詩爲一。）自孔子删詩書，訂禮樂，贊周易，修春秋，雖以六籍爲教，而經名猶未建立也。莊子天運篇稱：「孔子謂老聃曰：『丘治詩書禮樂易春秋六經。』老子曰：『夫六經，先王之陳迹也。』」「六經」之名，此爲最朔。

「六經」，漢人通稱「六藝」，或云「六籍」，或云「六學」，或曰「六術」，所從言之路異耳。

周衰俱壞，樂尤微眇，以音律爲節，又爲鄭衛所亂，已無遺法；復遭焚坑之禍，樂經遂亡，故後世通稱「五經」。（批注：應劭曰：「周室陵遲，禮崩樂壞。重遭暴秦，遂以闕亡。」「九夏」，鄭司農云「頌之族類也。載在樂章，樂崩，亦從而亡」。沈約曰：「秦代滅樂，樂經遂亡。」）

記經解曰「孔子曰：『入其國，其教可知也』」云云，疏云：「言人君以六經之道各隨其民教之，民從上教，各從六經之性。觀民風俗，則知其教。」又樂記稱師乙答子贛曰：「愛者宜歌商，温良而能斷者宜歌齊，寬而静、柔而正者宜歌頌，廣大而静、疏達而信者宜歌大雅，恭儉而好禮者宜歌小雅，正直而静、廉而謙者宜歌風。」謂聲歌各有所宜也。序録因病投藥之説，略本諸此。（批注：皮云：「孔子之教即在六經，故孔子爲萬世師表，六經即萬世教科書。」「春秋爲漢制法，歐陽修以爲狹陋。不知孔子本爲後世立法，在漢當云漢，在宋云宋，今人生於大清，云尊孔子之教，讀孔子之經，即謂爲清制法，亦無不可。」）

如禮記經解之説，以詩爲首；七略、藝文志所記，用易居前，阮孝緒七録亦同此次；而王儉七志，孝經爲初。原其後前，義各有旨。今欲以著述早晚，經義總别，以成次第，出之如左。

經解以詩書樂易禮春秋爲次，其先後之序，舊無明説。鄭目録云：「『經解』者，以其記六藝政教之得失。」皇氏云：「解者，分析之名。此篇分析六經體教不同，故名『經解』。」是此篇之義，本以六經之教徵驗自殊，施設不同，可以觀政俗得失；六經次第，則隨意爲之，不關本篇弘指。序録所稱，未聞其審。漢書藝文志删七略之要以備篇籍，其六藝略首易，次書，次詩，次禮，次樂，次春秋，次論語，次孝經，次小學，實爲向、歆舊第。其六藝總論云：「樂仁、詩義、禮禮、書知、春秋信，「蓋五常之道相須而備，而易爲之原」。及其撰白虎通義，五常相配既不盡同，又闕春秋不數，即依其説，亦不能窺見六藝略次第之意。序録云：「今以著述早晚，經義總别，以成次第。」其次第適與録略同。或劉、班亦以著述早晚爲次，未可知也。

阮孝緒七録序云：「今所撰七録，斟酌王、劉。王以『六藝』之稱不足標榜經目，改爲『經典』，今則從之，故序經典録爲内篇第一。」其經典録分九部，序次與班志正同，唯出史書於「春秋家」，别爲記傳録爲異。

鄭玄六藝論曰：「孔子以六藝題目不同，指意殊别，恐遺離散，後世莫知根源，故作孝經以總會之。」孝經鈎命決云：「孔子曰：『吾志在春秋，行在孝經。』」漢儒舊説皆以孝經爲六藝之本。王儉七志大抵與録略同，而「經典」一志，獨以孝經居首，猶漢儒之遺意也。

周易

雖文起周代，而卦肇伏羲，既處名教之初，故易爲七經之首。

易繫辭曰：「古者包犧氏之王天下也，仰則觀象於天，俯則觀法於地，觀鳥獸之文，與地之宜，近取諸身，遠取諸物，於是始作八卦，以通神明之德，以類萬物之情。」此卦肇伏羲之義也。以畫卦爲名教之初，蓋含三義。易序卦曰：「有天地然後有萬物，有萬物然後有男女，有男女然後有夫婦，有夫婦然後有父子，有父子然後有君臣，有君臣然後有上下，有上下然後禮義有所錯。」因物付名，因名定分，以是設教，則紛爭息而政化行。故六藝論云：「易者，陰陽之象，天地之所變化，政教之所生。」是其義也。許慎説文字起源，而推本於伏羲畫卦以垂憲象；近人亦言八卦乃象形文字之最朔者，古曰名，今曰字，名教即語言文字之教，又一義也。左傳定四年正義稱「伏羲立十言之教」，言亦名也，此又一義也。

「文起周代」者：謂文王繫辭。周易正義曰：「周易繫辭凡有二説。一説卦辭、爻辭並是文王所作。知者，案繫辭曰：『易之興也，其於中古乎？作易者其有憂患乎？』又曰：『易之興也，其當殷之末世，周之盛德邪？當文王與紂之事邪？』又乾鑿度云：『垂皇策者犧，卦道演德者文，成命者孔。』通卦驗又云：『蒼牙通靈昌之成，孔演命，明道經。』準此諸文，伏羲制卦，文王繫辭，孔子作十翼，易歷三聖，只謂此也。故史遷云『文王囚而演易』，即是『作易者其有憂患乎』。鄭學之徒並依此説也。二以爲驗爻辭多是文王後事，案升卦六四『王用亨于岐山』，武王克殷之後始追號文王爲王，若爻辭是文王所制，不應云『王用亨于岐山』；又明夷六五『箕子之明夷』，武王觀兵之後，箕子始被囚奴，文王不宜豫言『箕子之明夷』；又既濟九五『東鄰殺牛，不如西鄰之禴祭』，説者皆云『西鄰』謂文王，『東鄰』謂紂，文王之時，紂尚南面，豈容自言己德，受福勝殷，又欲抗君之國，遂言東西相鄰而已。又左傳：『韓宣子適魯，見易象云：「吾乃知周公之德。」』周公被流言之謗，亦得爲憂患也。驗此諸説，以爲卦辭文王、爻辭周公，馬融、陸績等並同此説，今依而用之。所以只言三聖，不數周公者，以父統子業故也。」案左傳正義云：「鄭興、賈逵、虞翻、陸績之徒以易有『箕子明夷』、『東鄰殺牛』，皆以爲易之爻辭周公所作。」然則周公作爻辭蓋鄭大夫、賈侍中舊説也。

「七經之首」者：三國志秦宓傳稱「文翁遣相如東受七經」，後漢書趙典傳注引謝承書稱「典學孔子七經」，蓋五經加孝經、論語。

周禮有「三易」，連山久亡，歸藏不行於世，故不詳録。

周禮太卜：「掌『三易』之法：一曰連山，二曰歸藏，三曰周易。」注云：「名曰『連山』，似山出内氣也；『歸藏』，萬物莫不歸而藏於其中也。杜子春云：連山，宓戲；歸藏，黄帝。」周易正義又引鄭玄易贊及易論云：「夏曰連山，殷曰歸藏，周曰周易。」又趙商問：「『連山伏戲，歸藏黄帝』，今當從此説以不？敢問杜子春何由知之？」鄭答曰：「此數者非無明文，改之無據，故著子春説而已。近師皆以爲夏、殷易。」據此，則舊説新義皆無文證，鄭亦不能質定也。桓譚新論云：「連山藏於蘭臺，歸藏藏於太卜。」又云：「連山八萬言，歸藏四千三百言。」似漢時實有此二書，然藝文志既不著録，鄭氏以爲「夏、殷易」，乃據「近師」之言。其注禮運云：「其書存者有歸藏。」疑漢末歸藏尚存，而連山或絶於中興之際歟？隋書經籍志首録「晉太尉參軍薛貞注歸藏十三卷」。又云：「歸藏漢初已亡，案晉中經有之，唯載卜筮，不似聖人之旨。」左傳正義亦斥爲「僞妄之書」。序録所謂「不行於世」者，當即薛貞注本，蓋出於漢後人僞託，已與鄭氏所稱者異實，今猶可窺其梗概。（批注：梁太子與湘東書：「連連春日，翻學歸藏，湛湛江水，遂同大傳。」）若連山則久無傳本，唐志列「司馬膺注連山十卷」，明爲晚出之僞書，今亦不傳。若近世所行「三墳書」，則尤僞中之僞也。

古文尚書

既起五帝之末，理後三皇之經，故次於易。

史記正義曰：「太史公依世本、大戴禮，以黄帝、顓頊、帝嚳、唐堯、虞舜爲五帝，譙周、應劭、宋均皆同。而孔安國、皇甫謐、孫氏注世本並以伏羲、神農、黄帝爲三皇，少昊、顓頊、高辛、唐、虞爲五帝。」序録所述，蓋以僞孔爲依。

伏生所誦，是曰「今文」，闕謬處多，故不別記。馬、鄭所有異同，今亦附之音後。

僞孔尚書序曰：「濟南伏生年過九十，失其本經，口以傳授，裁二十餘篇。」又曰：古文「增多伏生二十五篇」；伏生又以舜典合於堯典，益稷合於皋陶謨，盤庚三篇合爲一，康王之誥合於顧命」。陸氏生當陳、隋之際，故以孔書爲真古文尚書，而謂伏生今文多闕謬。闕者，謂其裁二十餘篇；謬者，謂其誤合舜典、益稷、康王之誥也。陸氏既以伏書爲不足用，故不別爲音義，乃以孔書爲主，而附馬、鄭異義於孔書之後焉。

毛詩

既起周文，又兼商頌，故在堯舜之後，次於易、書。

詩大序曰：「四始，詩之至也。」孔子世家曰：「關雎之亂以爲風始，鹿鳴爲小雅始，文王爲大雅始，清廟爲頌始，皆文王之詩也。」商頌譜曰：「正考父校商之名頌十二篇於周太師，以那爲首。子録詩之時，則得五篇而已，乃列之以備三頌。」明孔子删定，純取周詩，旁録商頌，著爲後王之義，夏詩泯棄，故以商頌中一而上接堯舜。序録之意如是。

詩雖有四家，齊、魯、韓世所不用，今亦□□不取。

序録云：「毛詩馬融作注，鄭玄作箋，申明毛義難三家，三家遂廢。」又云：「齊詩久亡；魯詩不過江東；韓詩雖在，人無傳者。」故言「世所不用」。

三禮

周、儀二禮，並周公所制，宜次文王；禮記雖有戴聖所録，然忘名已久，又記二禮闕遺，□相從次於詩下。

左傳文十八年：「史克曰：『先君周公制周禮。』」昭二年：「晉韓宣子曰：『周禮盡在魯矣。』」此皆渾言不別，非指斥周官經。馬融周官傳云：「周官隱藏百年，劉歆知其周公致太平之迹。」鄭注冢宰云：「周公居攝而作六典之職，謂之『周禮』；營邑於土中。七年，致政成王，以此禮授之，使居洛邑治天下。」（批注：釋道安曰：「周公攝政七載，乃制六官。」）以明堂位及書傳並云「周公攝政六年，制禮作樂」，故鄭學之徒皆以爲周公六年作周禮。儀禮正義云：「周禮、儀禮同是周公攝政六年所制。」禮記正義云：「周公攝政六年，致太平，述文武之德而制禮，故洛誥云：『考朕昭子刑，乃單文祖德。』所制之禮，則周官、儀禮也。」此謂二禮皆文王創制，而周公述而成之。

漢元、成間，禮有大小戴氏。戴聖所録，即見行禮記是也，藝文志自注云：「七十子後學者所記也。」其中奔喪、投壺二篇爲逸禮之正篇，冠義以下皆爲十七篇而作，其於别録屬制度、喪服諸篇，雖不悉應正經，固二禮之支流餘裔。此序録所稱「記二禮闕遺」之説也。陸氏又謂撰録禮記雖出自小戴，而漢末以還，學人服習，實與二經同比，幾忘其爲後儒所編，書雖晚出，而尊信者衆；又多七十子後學者之緒論，足以羽翼聖經。故仍從二禮之後，而列諸毛詩之次。

三禮次第，周禮爲本，儀禮爲末，先後可見。

禮器曰：「經禮三百，曲禮三千。」注以「經禮」爲「周禮」，「曲禮」爲「事禮」，謂今禮也。鄭氏既以周禮、儀禮相對而爲「經」、「曲」，故鄭序云：「禮者，體也，履也；統之於心曰體，踐而行之曰履。」正義申之云：「周官爲體，儀禮爲履。」鄭序又云：「體之謂聖，履之爲賢。」正義申之云：「周禮爲本，聖人體之；儀禮爲末，賢人履之。」是陸、孔之徒以周禮爲本，儀禮爲末，皆本之鄭義也。唯臣瓚注藝文志云：「禮經三百，謂冠、婚、吉、凶。」朱元晦首從其説，自爾更無崇信鄭義者矣。（批注：習學記言：「經禮者，五禮之條目，曲禮者，條目中之曲折。」）

自周訖漢，蓋以十七篇爲禮之正經；周禮本名周官，二戴自爲傳記，並非正經之比。鄭玄作周官及禮注，又注小戴所傳禮記四十九篇，通爲「三禮」。是「三禮」之目，實始於鄭君，而後儒從之。稽之舊常，蓋無斯號。

然古有樂經，謂之「六籍」，滅亡既久，今亦闕焉。

樂經滅亡，已於「五經六籍」句疏訖。

春秋

既是孔子所作，理當後於周公，故次於禮。

孟子曰：「王者之迹熄而詩亡，詩亡然後春秋作。其事則齊桓晉文，其文則史，其義則丘竊取之矣。」又曰：「孔子成春秋而亂臣賊子懼。」孔子世家曰：「魯哀公十四年春，狩大野，獲麟。孔子因史記作春秋，上至隱公，下訖哀公十四年。筆則筆，削則削，子夏之徒不能贊一辭。」

左丘明受之於仲尼；公羊高受之於子夏；穀梁赤乃後代傳聞。三傳次第自顯。

左傳疏引嚴氏春秋觀周篇云：「孔子將修春秋，與左丘明乘如周，觀書於周史。歸而修春秋之經，丘明爲之傳，共爲表裏。」十二諸侯年表序云：「孔子西觀周室，論史記舊聞，興於魯而次春秋。七十子之徒口受其傳指。魯君子左丘明懼弟子人人異端，故因孔子史記成左氏春秋。」藝文志注云：「左丘明，魯太史。」陳元上疏曰：「丘明至賢，親受孔子，而公羊、穀梁傳聞於後世。」漢魏諸儒以丘明與孔子同時，蓋無異説。杜預經傳集解序始言丘明受經於孔子。然則左氏身爲魯史，又在仲尼弟子之列者也。藝文志云：「末世口説流行，故有公羊、穀梁、鄒、夾之傳。」明公穀在丘明之後。晉書荀崧傳：「崧上疏曰：『孔子作春秋，時左丘明、子夏造膝親受。孔子既没，丘明退撰所聞，而爲之傳。公羊高親受子夏。穀梁赤師徒相傳。』戴弘序云：「子夏傳與公羊高，高傳子平，平傳子地，地傳子敢，敢傳子壽，至漢景帝時，壽乃共弟子齊人胡母子都著於竹帛，與董仲舒皆見於圖讖。」是也。（批注：戴弘見後漢書吴祐傳，注引濟北先賢傳曰：「宏字元襄，剛縣人也。」）穀梁子作傳，其時無考，穀梁隱五年傳引穀梁子與尸子説相參，尸子爲商君師，故麋信謂穀梁赤與秦孝公同時。（批注：王制疏引鄭駁：「穀梁近孔子，公羊當六國之世。」）此三傳後先之次，而桓譚、鄭玄皆以公羊在穀梁後，疑就著竹帛時言之。（批注：桓曰：「左氏傳於經，猶衣之表裏，相須而成，有經而無傳，使聖人閉户思之，十年不能得也。」又曰：「左氏傳世後百餘年，魯穀梁爲傳，多取遺先。又齊人公羊高爲傳，離居本事。」）

孝經

雖與春秋俱是夫子述作，然春秋周公垂訓，史書舊章，孝經專是夫子之意，故宜在春秋之後。七志以孝經居易之首，今所不同。

仲尼弟子傳曰：「孔子以曾參爲能通孝道，故授之業作孝經。」藝文志曰：「孝經者，孔子爲曾子陳孝道也。」公羊解詁曰：「昔孔子有云：『吾志在春秋，行在孝經。』（此本緯書，鄭注中庸亦引之。）此二學者，聖人之極致，治世之要務。」自漢訖於隋唐，皆以孝經爲孔子所作。

「春秋周公垂訓，史書舊章」者，本之杜預經傳集解序。其略曰：「仲尼因魯史策書成文，考其真僞而志其典禮，上以遵周公之遺訓，下以明將來之法。其發凡以言例，皆經國之常制，周公之垂法，史書之舊章。仲尼從而修之，以成一經之通體。諸稱『書』、『不書』、『先書』、『故書』、『不言』、『不稱』、『書曰』之類，皆所以起新舊，發大義，謂之變例。其經無義例，因行事而言，則傳直言其歸趣而已，非例也。」「七志以孝經居易之首」，説已見前。陸意以春秋大例本於周公，而孝經則前無所因，故以孝經次春秋後。

論語

此是門徒所記，故次孝經。

藝文志曰：「論語者，孔子應答弟子時人及弟子相與言而接聞於夫子之語也。當時弟子各有所記。夫子既卒，門人相與輯而論纂，故謂之論語。」既是門人所撰，又在夫子没後，故次孝經。

藝文志及七録以論語在孝經前，今不同此次。

趙岐孟子題辭曰：「論語者，五經之錧鎋，六藝之喉衿也。」蓋以論語一書撰聖師之微言，摭古今之法語；包羅弘富，不專一業。故藝略、七録以次於六籍之後，而以石渠論、孔子家語等入之「論語家」，即隋書經籍志所謂「五經總義」者也。此以撰述先後爲定，故先孝經而後論語。隋志以下，悉從此次。

老子

雖人不在末，而衆家皆以爲子書，在經典之後，故次於論語。

史記列傳稱：「老子者，周守藏室之史也。孔子適周，問禮於老子。」曾子問每稱「吾聞諸老聃」，注云：「老聃，古壽考者之號，與孔子同時。」是老子輩行劣尊於仲尼。而自録略以下，皆列老子於「諸子道家」，故退居論語之後。

莊子

雖是子書，人又最後，故次老子。

盧文弨考證曰：「『雖』當作『既』。」近之。史記列傳曰：「莊子與梁惠王、齊宣王同時。」在七經及老子之後，故云「最後」。

爾雅

爾雅周公，復爲後人所益，既釋於經，又非□□□次，故殿末焉。衆家皆以爾雅居經典之後，在諸子之前，今微爲異。

盧曰：「『周公』下脱『所作』二字。」按：釋詁一篇蓋周公所作，釋言以下，或言仲尼所增，子夏所足，叔孫通所益，梁文所補。張揖之論詳矣。是舊説爲周公作者僅釋詁一篇，則盧校亦未能定也。自録略以訖四部，或附之孝經，或合諸論語，或以爲小學之首，要在「經藝」之末、「諸子」之前也。陸氏當六朝末季，崇尚玄言，老、易時復並稱，小學自非其比；且有漢人增益之文，故以殿於七經二子之末焉。

注解傳述人

宓犧氏之王天下，仰則觀於天文，俯則察於地理，觀鳥獸之文，與地之宜，近取諸身，遠取諸物，始畫八卦，或云「因河圖而畫八卦」。因而重之爲六十四。

自「伏犧氏」至「畫八卦」，約下繫「九事」章文，藝文志「易類」亦引之。

「或云因河圖而畫八卦」者，按：上繫云：「河出圖，洛出書，聖人則之。」鄭注引春秋緯説之云：「河圖九篇，洛書六篇也。」自劉歆、楊雄、班固、馬融、王肅、姚信、僞孔以下，並言伏犧得河圖而作八卦，大禹得洛書而次九疇，要皆本於祕緯，非經典之正文。故陸氏出於注中以備一義。

「因而重爲六十四」者，按：易正義云：「重卦之人，凡有四説：王弼以爲伏犧；鄭玄以爲神農；孫盛以爲夏禹；史遷以爲文王。今依王説伏犧既畫八卦，即自重爲六十四，爲得其實。」陸氏之意蓋與孔同。按：淮南要略云：「八卦所以識吉凶，知禍福，然而伏犧爲之六十四變。」虞翻説同，王氏亦因成舊義耳。

周禮太卜正義曰：「重卦之法，先以乾之三爻爲下體，上加乾之三爻，爲純乾卦；又以乾爲下體，以坤之三爻加之，爲泰卦；又以乾爲本，上加震之三爻，爲大壯卦；又以乾爲本，上加巽之三爻，爲小畜卦；又以乾爲本，上加坎卦爲需卦；又以乾爲本，上加離卦爲大有卦；又以乾爲本，上加艮卦爲大畜卦；又以乾爲本，上加兑卦爲夬卦。此是乾之一重，通本爲八。自坤、震、巽、坎、離、艮、兑，其法皆如此。」

文王拘於羑里作卦辭，周公作爻辭。

此用馬融、陸績等説，前已具疏。

孔子作彖辭、象辭、文言、繫辭、説卦、序卦、雜卦，是爲「十翼」。班固曰：「孔子晚而好易，讀之韋編三絶，而爲之傳。」「傳」即「十翼」也。先儒説重卦及爻辭爲十翼不同，解見余所撰□□。

史記孔子世家曰：「孔子晚而喜易，序彖、繫、象、説卦、文言。」藝文志曰：「孔氏爲之彖、象、繫辭、文言、序卦之屬十篇。」漢人通謂之「傳」，晉以來謂之「十翼」。（批注：乾坤鑿度：孔子五十而爲易作十翼。）釋道安二教論曰：「伏羲作八卦，文王重六爻，孔子弘十翼。」「十翼」之稱，始見於此。謂之「翼」者，左傳正義曰：「易有六十四卦，分爲上、下篇；及孔子又作易傳十篇，以翼成之是也。」周易正義曰：「十翼爲孔子所作，先儒更無異論；但數十翼，亦有多家。既文王易經本分爲上、下二篇，則區域各别，彖、象釋卦，亦當隨經而分。故一家數十翼云：上彖一、下彖二、上象三、下象四、上繫五、下繫六、文言七、説卦八、序卦九、雜卦十。鄭學之徒，並同此説。」

「班固曰『孔子晚而好易』」者，漢書儒林傳文，本之孔子世家。

陸氏自注「所撰」下有闕文。盧云：「隋志：『周易大義二卷，陸德明撰。』當即指此書。」按：舊唐書本傳稱德明「撰易疏二十卷」，此之闕文蓋難質定。

自魯商瞿子木受易於孔子，以授魯橋庇子庸，子庸授江東馯户旦反，徐廣音寒。臂子弓，子弓授燕周醜子家，子家授東武孫虞子乘，子乘授齊田何子莊，高士傳云「字莊漢」，儒林傳云「臨淄人」。及秦燔書，易爲卜筮之書，獨不禁，故傳授者不絶。漢興，田何以齊田徙杜陵，號杜田生，授東武王同子中及洛陽周王孫、梁人丁寬、字子襄，事田何，復從周王孫受古義，作易説三萬言，訓故舉大義而已。藝文志云「易説八篇」，爲梁孝王將軍。齊服生，劉向别録云「齊人，號服先」。皆著易傳。漢初言易者，本之田何。

此約漢書儒林傳文，略明商瞿訖漢初授受源流也。史記仲尼弟子列傳曰：「商瞿少孔子二十九歲，孔子傳易於瞿。」藝文志六藝略有「易傳周氏二篇，服氏二篇，王氏二篇，丁氏八篇」，此八篇者，當即班書所稱「易説三萬言，訓故舉大誼」者也。

同授淄川楊何。字叔元。寬授同郡碭田王孫。王孫授施讎、孟喜、梁丘賀，由是有施、孟、梁丘之學焉。

此約儒林傳文，明三家之所自出。藝文志云：「易經十二篇，施、孟、梁丘三家。章句施、孟、梁丘氏各二篇。」又：「易傳楊氏二篇。」施、孟、梁丘爲漢世立於學官之今文經。「十二篇」者，師古曰「上、下經及十翼」，是也。此爲本經。其章句「各二篇」，則離經別行者也。三家遺説今可見者，唯唐人正義據五經異義引三家説及釋文引三家音數事而已；玉函山房輯本皆展轉采獲，不盡可保信。

施讎字長卿，沛人，爲博士。傳易，授張禹字子文，河内軹人，徙家蓮勺，以論語授成帝，官至丞相、安昌侯。及琅邪魯伯。會稽太守。禹授淮陽彭宣字子佩，大司空、長平侯，作易傳。及沛戴崇。字子平，少府，作易傳。伯授太山毛莫如字少路，常山太守。及琅邪邴丹。字曼容。後漢劉昆字桓公，陳留東昏人，侍中、弘農太守、光禄勳。受施氏易於沛人戴賓，其子軼。字君文，官至宗正。

此約漢書儒林傳、張禹傳、彭宣傳及後漢書儒林傳文，略明施易傳授源流。昆傳云：「子軼傳昆業，門徒亦盛。」序録「其子軼」上疑奪「傳」、「授」等字。

孟喜字長卿，東海蘭陵人，曲臺署長、丞相掾。父孟卿，善爲禮、春秋。孟卿以禮經多，春秋繁雜，乃使喜從田王孫受易。喜爲易章句，授同郡白光字少子。及沛翟牧。字子況。後漢洼丹、字子玉，南陽育陽人，世傳孟氏易，作易通論七篇，官至大鴻臚。觟陽鴻、字孟孫，中山人，少府。任安字定祖，廣漢緜竹人。皆傳孟氏易。

此約前、後漢書儒林傳文，略明孟易傳授源流。孟喜傳云：「喜好自稱譽，得易家候陰陽災變書，詐言師田生且死時，枕喜膝獨傳喜，諸儒以此耀之。同門梁丘賀疏通證明之，曰：『田生絶於施讎手中，時喜歸東海，安得此事？』又蜀人趙賓持論巧慧，云受孟喜，喜爲名之。後賓死，莫能持其說。喜因不肯仞，以此不見信。」按：漢初言易者本之田何，何授丁將軍，作小章句，訓故舉大義而已。以陰陽災變説易則始於孟喜，其授受本暗昧不可質。而漢世易家終不出於陰陽災變之域，固由博士曲學阿世，亦因齊學大行，多與巫道相糅。故田、楊、丁寬之學，再傳而遂失其真矣。

藝文志：「章句孟氏二篇。孟氏京房十一篇，災異孟氏京房六十六篇。」序録載：「孟喜章句十卷，無上經。七録云：『又下經無旅至節，無上繫。』」隋志：「章句八卷，殘闕。梁十卷。」唐志十卷。尋漢志止有章句二篇，訖梁陳間已多散逸，而唐志十卷，反盈於前，疑後世述孟易者綴緝爲之，非漢志之舊。

孟氏遺説，其關禮制者，五經正義引三事；其關詁訓者，陸氏釋文、李氏集解、漢上易、晁氏易等略有采擷，清儒輯本備矣；其卦氣之法，唐僧一行述之，見於唐書曆志。宋李漑傳卦氣圖，云出孟長卿，漢上易傳載之，蓋從一行大衍曆所列六十四卦用事配七十二候圖推衍而成者。惠棟易漢學曰：「孟氏卦氣圖以坎、離、震、兑爲四正卦。餘六十卦，卦主六日七分，合周天之數。内辟卦十二，謂之消息卦，乾盈爲息，坤虚爲消，其實乾坤十二畫也。繫辭云：『乾之策二百一十有六，坤之策一百四十四，凡三百六十，當期之日。』夫以二卦之策，當一期之數，則知二卦之爻，周一歲之用矣。四卦主四時，爻主二十四氣；十二卦主十二辰，爻主七十二候；六十卦主六日七分，爻主三百六十五日四分日之一。辟卦爲君，雜卦爲臣，四正爲方伯。二至、二分，寒温風雨，總以應卦爲節。漢儒皆以卦氣爲占驗，宋元以來，漢學日就滅亡，幾不知卦氣爲何物矣。」

梁丘賀字長翁，琅邪諸人，少府。本從太中大夫京房受易，房，淄川楊何弟子。後更事田王孫，傳子臨。黄門郎、少府。臨傳五鹿充宗字君孟，代郡人，少府、玄菟太守。及琅邪王駿。王吉子，御史大夫。充宗授平陵士孫張字仲方，博士、揚州牧、光禄大夫、給事中，家世傳業。及沛鄧彭祖、字長夏，真定太守。齊衡咸。字長賓，王莽講學大夫。後漢范升代郡人，博士。傳梁丘易，以授京兆楊政。字子行，左中郎將。又潁川張興字君上，太子少傅。傳梁丘易，弟子著録且萬人，子魴傳其業。魴官至張掖屬國都尉。

此約前、後漢書儒林傳及後漢書范升傳文，略明梁丘易授受源流也。藝文志有章句二篇。序録稱施、梁丘之易永嘉之亂亡，今唯釋文引三家音一事而已。本傳云：「賀從京房受易，又以筮有應得幸。傳其子臨，乃專行京房法。」明賀易猶田生、丁將軍之遺教也。再傳爲五鹿充宗，藝文志列其略説三篇於京、孟之次，亦可以窺其流變矣。

京房字君明，東郡頓丘人，本姓李，推律自定爲京，至魏郡太守。受易梁人焦延壽。字延壽，名贛。延壽云嘗從孟喜問易。會喜死，房以延壽易即孟氏學，翟牧、白生不肯，曰：「非也。」延壽曰：「得我術以亡身者，京生也。」房爲易章句，説長於災異。以授東海段嘉（漢書儒林傳作「殷嘉」）。及河東姚平、河南乘弘，皆爲郎、博士。由是前漢多京氏學，後漢戴馮、字次仲，汝南平輿人，侍中兼領虎賁中郎將。孫期、字仲奇，濟陰成武人，兼治古文尚書，不仕。魏滿字叔牙，南陽人，弘農太守。並傳之。

此約前、後漢書儒林傳及京房傳文，略明京易授受源流也。儒林傳曰：「成帝時，劉向考易説，以爲諸易家説皆祖田何、楊叔元、丁將軍，大義略同，唯京氏爲異黨。焦延壽獨得隱士之説，託之孟氏，不與相同。」按：孟喜自託於田生，梁丘證明其僞；焦贛自託於孟喜，翟、白皆以爲非。然則災變之書、隱士之説，要非田生、楊、丁之舊可知也。

京房傳曰：「焦贛説易長於災變，分六十四卦更直日用事，以風雨寒温爲候，各有占驗。房用之尤精。」自京氏長於占候，易家世應、飛伏、六位、十甲、五星、四氣、六親、九族、福德、刑殺之法皆以京氏爲本，後世治京易者頗能言之。

漢今文易四家，唯京氏遺説傳世稍遠，今舉其目如左：

漢志：孟氏京房十一篇，災異孟氏京房六十六篇，京氏段嘉十二篇。

序録：章句十二卷。七録云十卷，録一卷。

隋志：周易十卷。京房章句。梁有周易錯八卷。以上「易家」。梁有京氏征伐軍候八卷。以上「兵家」。京氏釋五星災異傳一卷。京氏日占圖三卷。以上「天文家」。風角要占三卷。梁八卷。梁有風角五音占五卷，亡。梁有風角雜占五音圖十三卷，亡。逆刺一卷。方正百對一卷。晉災祥一卷。周易占事十二卷。周易占十二卷。梁有周易妖占十三卷。周易守林三卷。易集林十二卷。七録云伏萬壽撰。周易飛候九卷。梁有周易飛候六日七分八卷，亡。周易飛候六卷。周易四時候四卷。周易錯卦七卷。周易混沌四卷。周易委化四卷。周易逆刺占災異十二卷。占夢書三卷。以上「五行家」。（任校：隋志「五行家」尚有京君明推偷盗書一卷。）

唐志：章句十卷。以上「易家」。周易飛候六卷。周易四時候二卷。周易錯卦八卷。周易混沌四卷。以上「五行家」。

宋志：京房易傳算法一卷。易傳三卷。

今存陸績注易傳三卷，即傳自宋世者也。尋隋志所列卷袟夥頤，多非漢志之舊，蓋弟子述師説，或稱本師以名其家，如「孟氏京房」、「京氏段嘉」即其明比，後世不察，遂以爲本師所自作，故有舊無其目而晚世始出者，一也；術數占驗之書依託尤衆，二也；隋志有晉災異一卷，典午之事非京氏所與知，蓋説晉時災異而以京法推之，故署「京房」之名，如晉天文志引京房易占曰「日蝕乙酉，君弱臣强，司馬將兵，反征其王」，指謂成濟之變，三也；或後師之作，傳之者誤仞爲京氏書，四也；作者主名舊來即有異説，五也。隋志所録亡佚來久，其誠僞固難質言矣；今世所傳三卷中有「太卜三易」之語，疑亦非京氏本文。

費直字長翁，東萊人，單父令。傳易，授琅邪王璜，字平仲，又傳古文尚書。爲費氏學，本以古文號古文易，無章句，徒以彖、象、繫辭、文言解説上下經。七録云：費易章句四卷，殘缺。漢成帝時，劉向典校書，考易説，以爲諸易家説皆祖田何、楊叔元、丁將軍，大義略同，唯京氏爲異。向又以中古文易經校施、孟、梁丘三家之易經，或脱去「無咎」、「悔亡」，唯費氏經與古文同。范曄後漢書云：京兆陳元、字長孫，司空南閣祭酒，兼傳左氏春秋。扶風馬融、字季長，茂陵人，南郡太守，議郎，爲易傳，又注尚書、毛詩、禮記、論語。河南鄭衆、字仲師，大司農，兼傳毛詩、周禮、左氏春秋。北海鄭玄、字康成，高密人，師事馬融，大司農徵不至，還家，凡所注易、尚書、三禮、論語、尚書大傳、五經中候，箋毛氏，作毛詩譜，駁許慎五經異義，鍼何休左氏膏肓，去公羊墨守，起穀梁廢疾，休見大慚。潁川荀爽字慈明，官至司空，爲易傳。並傳費氏易。

此約漢書藝文志儒林傳、後漢書儒林傳及陳元等本傳文，略述費易授受源流，兼明費氏殊異之故。按：費氏之易視四家不同，蓋有五事：費氏先師傳無明説，一也；費本以古字號「古文易」，二也；以大傳説經而無章句，三也；今文多脱「無咎」、「悔亡」，費氏獨與中古文應，四也；費氏長於卦筮，儒林傳文。而藝文志所列獨無費氏卦筮之書，明不與孟、京、焦贛同流，五也。自馬、鄭作，費氏興，京氏遂衰；後儒林傳文。自輔嗣注行，而衆家式微矣。

費易無章句而自有本經，故劉向得而校之。七録云：「章句四卷，殘闕。」隋志云：「梁有費注周易四卷，亡。」疑即指殘闕之章句言之。隋、唐志又有易林、神筮二書，並不應録略，疑後世爲費氏學者附益之。（任校：兩唐志有易林無神筮，又新唐志有費氏周易逆刺占災異十二卷。）又晉書天文志述十二分野，云：「費直説周易、蔡邕月令章句，所言頗有先後，今附而次之。」開元占經亦引之，蓋費氏義之僅存者。

沛人高相治易，與費直同時，其易亦無章句，專説陰陽災異。自言出丁將軍，傳至相，相授子康，康以明易爲郎。及蘭陵毋將永，豫章都尉。爲高氏學。

此約漢書儒林傳文，略明高易授受源流。

漢初立易楊氏博士，宣帝復立施、孟、梁丘之易，元帝又立京氏易。費、高二家不得立，民間傳之。後漢費氏興而高氏遂微。永嘉之亂，施氏、梁丘之易亡，孟、京、費之易人無傳者，唯鄭康成、王輔嗣所注行於世，江左中興，易唯置王氏博士，太常荀崧奏請置鄭易博士，詔許，值王敦亂，不果立。而王氏爲世所重。

此明漢魏以來易家興廢之迹。儒林傳曰：「初有易楊，至孝宣世，復立施、孟、梁丘易。至孝元世，復立京氏易。」又曰：「高、費皆未嘗立於學官。」晉書荀崧傳：「崧上疏，請置鄭易博士一人，議者多請從之，會王敦之難不行。」此爲序録所本者也。隋志曰：「後漢，陳元、鄭衆皆傳費氏之學，馬融爲傳以授鄭玄，玄作注，荀爽又作傳。魏代，王肅、王弼並爲之注。自是費氏大興，高氏遂衰。梁丘、施氏、高氏亡於西晉；孟氏、京氏有書無師。梁、陳，鄭玄、王弼二注列於國學。齊代唯傳鄭義。至隋王注盛行，鄭學浸微，今殆絶矣。」此與序録所述大體劣同而稍有出入者也。今欲會合同異，明其事狀，別考如左方：

一事：漢宣元後，易有四家，不審楊氏所終。蓋四家既起而代之，故楊氏不久衰歇耳。近人（批注：沈欽韓。）又以「易楊」爲「易田」之譌。

二事：高相授子康及毋將永而止。中興以來，不聞有傳高氏學者，其衰微久矣。隋志乃謂「二王注行，高氏遂衰」，又云「高氏亡於西晉」，殆非事實。

三事：序録云「孟、京之易，人無傳者」，隋志所謂「有書無師」是也。蓋孟、京易行而施、梁丘衰；鄭、王易行而孟、京衰；王氏大行而鄭氏衰。術數之學絀於玄言，於此可以觀世變矣。

四事：陸澄曰：「王弼注易，玄學所宗，今若弘儒，鄭注不可廢。自商瞿之後，雖有異家之學，同以象數爲宗，數百年後乃有王弼之注。」此言玄學與象數異也。序録言費易「人無傳者」，本不以王易爲費氏學也。隋志首述陳元、鄭衆，次言馬、鄭，次言二王作注而費氏大興，似謂輔嗣之學遠宗費氏，近接馬、鄭。自爾以訖近世，皆謂王易即費易矣。愚意王氏注經不注繫辭以下，蓋用費氏家法；又漢魏之際，諸經皆尚古文。世儒之説，殆以此歟？

五事：序録初據范書，謂「陳元、鄭衆、馬融、鄭玄並傳費氏易」，次言「費易人無傳者，唯鄭、王所注行於世」，自相違伐，似爲疏舛。

今以王爲主，其繫辭以下王不注，相承以韓康伯注續之，今亦用韓本。

韓伯蓋卒於晉孝武初元，以其繫辭注續王易始於何時雖不可知，尋陸澄與王儉書曰：「顔延之黜鄭置王，意在貴玄，事成敗儒，謂宜並存。且弼於注經中已舉繫辭，故不復別注，今若專取弼易則繫説無注。」是齊永明初尚未以韓注續王也。隋志本於阮録，則已合王、韓爲一書矣。

子夏易傳三卷。卜商，字子夏，衞人，孔子弟子，魏文侯師。七略云：漢興，韓嬰傳。中經簿録云：丁寛所作。張璠云：或馯臂子弓所作，薛虞記。虞不詳何許人。

隋志云：「周易二卷，魏文侯師卜子夏傳，殘闕。梁六卷。」是阮録六卷，序録三卷，隋志二卷，則代有闕遺也。序録首題「卜商」，次引劉、荀、張氏之言，猶不敢質；隋志乃輒題「子夏」，非闕疑之道。張惠言曰：「藝文志有韓氏二篇，丁氏八篇，而無馯臂子弓，則張璠之言不足信。丁寛受易田何，上及馯臂子弓受之商瞿，非出自子夏，則荀言丁寛亦非。劉向父子博學近古，以爲韓嬰，當必有據。儒林傳稱『韓生亦以易授人，推易意而爲之傳』，不聞其所受。意者出於子夏，與商瞿之傳異邪？」易義別録。此謂韓生遠紹子夏之傳，故作傳而題以「子夏」。臧庸則以「子夏」爲韓生之字，説亦近信。按：班志本於劉略，止載韓嬰易傳二篇，或即用七略之説，題其本名，而不別言「子夏」邪？隋、唐志著録子夏易傳二卷。其佚文見於陸、孔、李氏及一行等所引者，已非韓氏之真，清儒多有輯本。至宋世崇文總目所載子夏易傳十卷，則爲唐末人張弧所僞作，晁以道故明言之矣。若今世所行子夏易傳十一卷者，即王應麟所引，亦不可見，是又出於宋末以來，不獨非隋志之舊，亦非張弧之僞書矣。

孟喜章句十卷。無上經。七録云：又下經無旅至節，無上繫。

京房章句十二卷。七録云十卷，録一卷。

費直章句四卷。殘缺。

右三書前已疏訖。

馬融傳十卷。七録云九卷。

張惠言曰：「傳費易者，前漢王璜、後漢陳元、鄭衆皆無書，有書自馬融始。馬融爲易傳授鄭玄，玄爲易注，馬融喟然謂門人曰：『鄭生今去，吾道東矣。』鄭易之於馬，猶詩之於毛，然注詩稱『箋』而易則否，則本之於馬者蓋少矣。今馬傳既亡，所見僅訓詁碎義，就其一隅而反之，大抵以乾坤十二爻論消息，以人道政治議卦爻，此鄭所本於馬也。馬於象疏，鄭合之以爻辰，馬於人事雜，鄭約之以周禮。此鄭所以精於馬也。」

七録云九卷，序録及唐志皆云十卷。隋志云：「馬注一卷，亡。」疑隋志誤，或隋時佚之而唐世復行邪？清儒有輯本。

荀爽注十卷。七録云十一卷。

荀爽傳費氏易，事見後儒林傳，前已具説。荀悦漢紀曰：「叔父故司空爽著易傳，據爻象承應陰陽變化之義，以十篇之文解説經意，由是兖豫之言易者咸傳荀氏學。」鄒湛曰：「荀爽訓『箕子』爲『荄滋』，漫衍無經，不可致詰。此則取之趙賓者。」張惠言曰：「費氏本無訓説，諸儒斟酌各家以通之。馬、鄭、荀各自名家，非費氏本學也。」按：漢初先師大抵近樸學，一再傳而稍有文飾，如易有孟喜、趙賓、京房，同門非之，以爲非古法；書有倪寬，其説可觀，夏侯建左右采獲，牽引以次章句；詩有轅固、韓生，或取春秋、采雜説，咸非其本義。五經家皆然，而卜筮象數之學爲尤甚。明易家後學雖同名一師，而立義自異，未足怪也。荀氏以十篇解説經意，猶用費易本法，此其可知者。

鄭玄注十卷。録一卷。七録云十二卷。

隋志十一卷，唐志十卷。清儒有輯本。

鄭亦傳費氏學，而合之以爻辰，約之以周禮，此其少異於諸家者也。淳于俊曰：「鄭玄合彖、象於經，欲令學者尋省易了。」則漢志十二篇之次亦自鄭變之。及王弼更以文言分附乾、坤，而古易遂不可復矣。魏晉之際，玄學大行，江左中興，唯置王易，歷宋齊梁陳間，陸澄、王儉等皆謂玄、儒不可偏廢，請置鄭氏。二家亦互爲消長：大抵北朝用鄭，南學宗王，至隋則王注盛行，鄭學浸微。唐初撰正義定用王、韓，而鄭學益衰矣。

七録十二卷，舊唐志同；序録十卷，新唐志同；隋志九卷；至崇文總目則僅有文言、説卦、序卦、雜卦，合四篇爲一卷，其後亦亡。王應麟裒輯爲三卷；清儒補苴，尤爲完具。

劉表章句五卷。字景升，山陽高平人，後漢鎮南將軍、荆州牧、南城侯。中經簿録云注易十卷，七録云九卷，録一卷。

宋衷注九卷。字仲子，南陽章陵人，後漢荆州五等從事。七志、七録云十卷。

三國志注，劉表爲荆州牧，「開立學官，博求儒士，使綦毋闓、宋忠等撰五經章句，謂之『後定』」，即此是也。宋衷自易注外，於七經祕緯、世本、太玄皆有訓釋。張惠言曰：「虞仲翔表云：『北海鄭玄、南陽宋忠，雖各立注，忠小差玄，而皆未得其門。』今以殘文推之，仲子言乾升坤降、卦氣動静，大抵出入荀氏。景升章句尤闕略難考，案其義於鄭爲近。大要兩家皆費氏易。」

劉氏章句，七録九卷，目一卷，序録及隋、唐志並云五卷，蓋非完書。宋注九卷，王、阮、陸及唐志並作十卷，而隋志云亡，疑隋志偶失之。

「五等」字，隋志作「五業」，盧文弨、張惠言等不能定其是非。馬國翰云：「『五業』不可解，當是『五等』之誤。」

按：三國志注引魏略云：「樂詳少好學，五業並受。」五業謂五經之業也，「等」爲「業」字形近之譌。

虞翻注十卷。字仲翔，會稽餘姚人，後漢侍御史。

吴志注引翻别傳曰：「翻初立易注，奏上曰：『臣高祖父故零陵太守光，少治孟氏易；曾祖父故平輿令成纘述其業；至臣祖父鳳爲之最密；臣亡考故日南太守歆受本於鳳，最有舊書。世傳其業，至臣五世。前人通講，多玩章句，雖有祕説，於經疏闊。臣蒙先師之説，依經立注。所覽諸家解不離流俗，義有不當實，輒悉改定，以就其正。』又曰：『經之大者，莫過於易。自漢初以來，海内英才其讀易者，解之率少。至孝靈之際，潁川荀諝爽一名諝號爲知易，有愈俗儒。又南郡太守馬融名有俊才，其所解釋復不及諝。若乃北海鄭玄、南陽宋忠，雖各立注，忠小差玄而皆未得其門，難以示世。』」仲翔自本所學，並平章近世易家長短如此。張惠言曰：「漢儒説易大指可見者三家：鄭氏、荀氏、虞氏。鄭、荀，費氏易也；虞，孟氏易也。自王弼以空虛之言解易，唐立之學官，而漢世諸儒之説微。李鼎祚作集解，頗采古易家言，而翻注爲多。然則求七十子之微言，田何、楊叔、丁將軍之所傳者，舍虞氏之注，其何所自焉？」按：張説三家興衰之迹是也；其謂商瞿、田、楊之緒寄於孟喜，而孟喜之學備於仲翔，恐非其實，證以史漢明文及上來所述，可以明其故矣。

虞注十卷，隋志九卷，清儒有輯本。

陸績述十三卷。字公紀，吴郡吴人，後漢偏將軍、鬱林太守。七志云録一卷。

吴志本傳曰：「虞翻舊齒名盛，與績友善。意存儒雅，雖有軍事，著述不廢，作渾天圖，注易釋玄，皆傳於世。」績既述易十三卷，更注京氏易，現存三卷。則陸爲京氏學也。又與虞翻撰日月變例六卷，隋志云：梁有，亡。則又兼治孟氏學者也。張惠言曰：「京氏章句既亡，存于唐人所引者僅文字之末。而京氏自言即孟氏學，由公紀之説，京氏之大指庶幾見之。」

述十三卷，唐志同；隋志云十五卷。唐志別有會通一卷。朱彝尊曰：「鹽邑志林載有一卷，曹秋岳曾見藏書家有存三卷者，今並不可見。」清儒有輯本。

董遇章句十二卷。字季直，弘農華陰人，魏侍中、大司農。七志、七録並云十卷。

魏志注引魏略曰：「遇善治老子，爲作訓注，又善左氏傳，更爲作朱墨別異。人有從學者，遇不肯教，而云『必先讀百徧，而義自見』。又言『學當以三餘』。」遇於魏明帝時最爲老師，而旁治老子，馬季長亦然。後來競尚玄學，老、易並稱，此開其先者也。張惠言曰：「遇著書在王肅前，故無與肅合者，於鄭、荀則多同，義雖不可考，要之爲費氏易也。」今以並注老子一事證之，或與輔嗣爲近。

隋志云：梁有十卷，亡。唐志云：注十卷。集解不引董説，疑唐時已亡。

王肅注十卷。字子邕，東海蘭陵人，魏衛將軍、太常，蘭陵景侯。又注尚書、禮容服、論語、孔子家語，述毛詩注，作聖證論難鄭玄。

魏志本傳云：「年十八，從宋忠讀太玄，而更爲之解。初，肅善賈、馬之學而不好鄭氏，采會同異，爲尚書詩論語三禮左氏解，及撰定父朗所作易傳，皆列於學官。其所論駁朝廷典制、郊祀、宗廟、喪紀輕重，凡百餘篇。又集聖證論以譏短玄。孫叔然駁而釋之。」其父朗傳曰：「朗著易春秋孝經周官傳，奏議論記，咸行於世。」按：漢儒説經各守師法，至鄭君偏治經緯，兼通古今，擇善而從，不執一説，蔚爲大師，其學足以易天下。子雍繼起，遠紹賈、馬，近傳父業，乃專與鄭學爲讎；其言心之精神是謂聖，又爲玄學之宗。然則僞孔之傳、清言之緒，亦自子雍啓之。其關於學術升降者蓋亦大矣。張惠言曰：「肅注書務排鄭氏，故于易義馬、鄭不同者則從馬，馬與鄭同者則並背馬。然其訓詁大義則出於馬、鄭者十七，蓋易注本其父朗所爲，肅更撰定。疑其出於馬、鄭者，朗之學也；其掊擊馬、鄭者，肅之學也。王氏父子竊取馬、鄭，而棄其言禮言卦氣爻辰之精切者；王弼祖述王肅，而棄其比附爻象者；於是空虚不根，而道士之圖書作矣。」愚謂漢師拘虚迂闊之義已爲世人所厭，勢激而遷，則去滯著而上襄玄遠。二王之易，因世則然。張氏所談，誠所謂拘牽漢學，不知魏晉諸師有刊綴異言之迹者也。因説王易而附著學術流變之故於此。

注十卷，隋、唐志同。崇文總目十一卷，乃後人聚斂而成，非肅本書。王應麟曰：「今不傳。」清儒有輯本。

王弼注七卷。字輔嗣，山陽高平人，魏尚書郎，年二十四卒，注易上下經六卷，作易略例一卷，又注老子。七志云注易十卷。

魏志云：「弼好論儒道，辭才逸辯，注易及老子，爲尚書郎，年二十餘卒。」注引何劭傳云：「正始十年秋，遇癘疾亡，年二十四。」當時達人何晏、鍾會之倫服其高致，而何劭、孫盛、王儉等每有非難。逮陳隋以來，乃益爲世所重。故正義序云：「魏世王注獨冠古今，所以江左諸儒並傳其學，河北學者罕能及之。」亦足覘當時風氣矣。江左中興，唯置王氏；梁陳鄭、王並列；齊代唯傳鄭氏；至隋王注盛行。要之，江左間行鄭氏，而王易爲盛；青齊亦講王氏，而師説蓋寡。約晉書、南北史、隋志、序録等。自唐撰正義定用王易，而一切並廢。見行王、韓注爲唐正義本。略例一卷，唐邢璹注，見存。唐志又有周易大衍論一卷。（任校：此指舊唐志，新唐志則爲三卷。）

姚信注十卷。字德祐，七録云字元直，吴興人，吴太常卿。七録云十二卷。

姚信事狀略見吴志陸績陸遜孫和傳中。隋志云：梁有士緯新書十卷，姚信撰。又姚氏新書二卷，與士緯相似。集二卷。晉書天文志又載其昕天論，隋志云梁有一卷。則姚氏亦兼綜刑名術數者也。張惠言曰：「姚氏言乾坤致用，卦變旁通，九六上下，與虞氏之注若應規矩，豈仲翔之徒歟？抑孟氏之傳在吴，姚氏亦得其舊聞歟？虞翻之易三百年而亡，其略可見者姚信而已耳，翟子玄、蜀才而已耳。」

注十卷，隋、唐志同，清儒有輯本。

王廙注十二卷。字世將，瑯邪臨沂人，東晉荆州刺史、贈驃騎將軍、武陵康侯。七志、七録云十卷。

王廙，晉書有傳。張惠言曰：「東晉以後言易者大率以王弼爲本，而附之以玄言。其用鄭、宋諸家，小有去取而已，非能通其説如王廙者是也。」按：王氏遺説見存者鮮，不可審知。張氏謂東晉以後大率本於輔嗣，於事爲近。

隋志三卷，「殘闕，梁有十卷」，唐志十卷，清儒有輯本。

張璠集解十二卷。安定人，東晉秘書郎參著作。集二十二家解序云依向秀本。鍾會，字士季，潁川人，魏鎮西將軍，爲易無互體論；向秀，字子期，河内人，晉散騎常侍，爲易義；庾運，字玄度，新野人，官至尚書，爲易義；應貞，字吉甫，汝南人，晉散騎常侍，爲明易論；荀煇，字景文，潁川潁陰人，晉太子中庶子，爲易義，七志云注易十卷；張輝，字義元，梁國人，晉侍中、平陵亭侯，爲易義；王宏，字正宗，弼之兄，晉大司農、贈太常，爲易義；阮咸，字仲容，陳留人，籍之兄子，晉散騎常侍、始平太守，爲易義；阮渾，字長成，籍之子，晉太子中庶子、馮翊太守，爲易義；楊乂，字玄舒，汝南人，晉司徒左長史，爲易卦序論；王濟，字武子，太原人，晉河南尹，爲易義；衛瓘，字伯玉，河東人，晉太保、蘭陵成侯，爲易義；欒肇，字永初，太山人，晉太保掾、尚書郎，爲易論；鄒湛，字潤甫，南陽新野人，晉國子祭酒，爲易統略；杜育，字方叔，襄城人，國子祭酒，爲易義；楊瓚，不知何許人，晉司徒右長史，爲易義；張軌，字士彦，安定人，涼州刺史，謚武公，爲易義；宣舒，字幼驥，陳郡人，晉宜城令，爲通知來藏往論；邢融、裴藻、許適、楊藻四人，不詳何人，並爲易義。七録云集二十八家，七志云十卷。

張璠事迹無考，唯魏志三少帝紀注云：「張璠，晉之令史，撰後漢紀，雖似未成，辭藻可觀。」史通曰：「荀悦、張璠，丘明之黨。」是晉代文儒兼該經史者也。集解十卷，隋志八卷，「殘闕」；唐志十卷。其所采獲二十有二家，七録云「二十八家」者，疑其不出主名，或名字不具故，序録闕之歟？蓋以玄言爲宗，鍾、向、王、阮、衛、欒之倫文采風流，訖今未沫，觀厥取舍，則集解之臭尚可知也。今略出二十二家事狀著述如左方：

鍾會，見魏志。隋志列周易盡神論一卷，「梁有周易無互體論三卷，亡」。

向秀，見晉書。

庾運，未詳。

應貞，見晉書。唐志有明易論一卷。尋朱昭之難顧道士夷夏論云：「昔應吉甫齊孔、老於前，吾賢又均李、釋於後。」則應氏亦王、何之流亞也。

荀煇，魏志荀彧傳注引荀氏家傳云：「閎從孫煇，字景文，太子中庶子，亦知名，與賈充共定音律，又作易集解。」按：魏志稱：「彧薨，子惲嗣侯，官至虎賁中郎將，與植善，又與夏侯尚不睦。文帝深恨之。早卒。」注引荀氏家傳云「惲字長倩」。據此，則惲爲彧子，魏文帝時卒。其字「景文」、著易義者，爲閎之從孫，閎爲諶之子，諶爲彧之兄。即彧之曾孫行，仕晉爲太子中庶子者也。二人不應同名，或應據序録以定志注矣。隋志云：「梁有魏散騎常侍荀煇注周易十卷。」以爲魏人，誤。朱彝尊以景文、長倩爲一人，尤誤。

張輝，未詳。

王宏，見魏志鍾會傳注及晉書良吏傳。晉書以宏爲粲之從孫，與魏志注及序録異。

阮咸，晉書有傳。唐志有「周易論二卷，暨長成答仲容難」。

阮渾，見晉書阮籍傳。隋志有周易論二卷。

楊乂，隋志、唐志並列周易卦序論一卷。

王濟，晉書有傳。

衞瓘，晉書有傳。

欒肇，隋志有周易象論三卷，唐志一卷。

鄒湛，晉書有傳。隋志有周易統略五卷，唐志三卷。

杜育、楊瓚，未詳。

張軌，晉書有傳。

宣舒，唐志有通易象論一卷。（任校：舊唐書作「宣聘」，新唐志作「宣駛」。）

邢融、裴藻、許適、楊藻，陸云不知何人，今亦無可考。

干寶注十卷。字令升，新蔡人，東晉散騎常侍領著作。

晉書本傳稱：「寶性好陰陽術數，留思京房、夏侯勝等傳，爲春秋左氏義，注周易、周官凡數十篇，又撰集古今神祇靈異人物變化，名爲搜神記，凡二十卷，皆行於世。」中興書目云：「寶之易學，以卦爻配月，或配日時，傳諸人事，以前世已然之迹證之，訓義頗有據。」昔人皆謂干氏用京君明占候之法以爲象，而援文武周公遭遇之期運，一一比附之。然則干以察往，京以知來生，東晉以後，排遣玄言而專明象數，此干易所由獨異也。

注十卷，隋、唐志同。隋、唐志又有爻義一卷。隋志又云：「梁有周易宗塗四卷，亡。」册府元龜有周易問難二卷，周易玄品二卷，周易爻義一卷。宋宣和四年，蔡攸上干傳十卷、爻義一卷，故中興書目、遂初堂書目得載之，後旋散佚。屠曾曰：「干注僅存三十卦，唯乾備六爻，餘止一彖一爻而已，要皆自古易類萃中摘抄。」明姚士粦輯爲三卷，清儒多有補輯本。

黄穎注十卷。南海人，晉廣州儒林從事。

隋志：注四卷，「梁有十卷，今殘缺」。唐志仍列十卷。釋文僅引音訓數事，不能窺其流別。

蜀才注十卷。七録云不詳何人，七志云是王弼後人。按蜀李書云姓范，名長生，一名賢隱，居青城山，自號「蜀才」，李雄以爲丞相。

顔氏家訓曰：「易有蜀才注，王儉題云『王弼後人』；謝炅、夏侯該並讀數千卷書，皆疑是譙周；而蜀李書一名漢之書，云『姓范，名長生，自稱蜀才』。南方以晉家渡江後北閒傳記，皆名爲僞書，不貴省讀，故不見也。」華陽國志云：「范賢名長生，一名延久，又名九重，一曰支，字元壽，涪陵丹興人。」十六國春秋云：「雄即成都王位，長生乘素輿詣成都，即拜丞相，尊曰蜀賢。長生善天文，有術數，民奉之如神，玉衡八年卒。」當晉大興元年。張惠言曰：「蜀才之易大抵用鄭、虞之義爲多，卦變全取虞氏。」

注十卷，隋、唐志同，清儒有輯本。

尹濤注六卷。不詳何人。

費元珪注九卷。蜀人，齊安西參軍。

隋志云：梁有，亡。

荀爽九家集注十卷。不知何人所集，稱「荀爽」者，以爲主故也。其序有荀爽、京房、馬融、鄭玄、宋衷、虞翻、陸績、姚信、翟子玄。子玄不詳何人，爲易義。注内又有張氏、朱氏，並不知何人。

或以九家爲淮南九師，或以爲荀爽集古易家凡九，朱震語。皆非也。惠棟曰：「九家易，魏晉以後人所撰，其説以荀爽爲宗。」爲得其實。張惠言曰：「釋文雖引翟玄，而敍録不列子玄易義，則知德明未見其書，特就九家集解引之。李鼎祚既引九家，又别引翟玄，則九家非此九人。元朗亦云『其注又有張氏、朱氏』，則不以九人爲九家可知也。今以李氏所引九家之文往往指釋荀注，則九家解荀非荀解九家又明。要之，九家所以述荀，而旁引他家以證成之。」按：張説非也。魏晉以後儒者每有集解之作，雜取衆説，合爲一編，如隋志云：「梁有尚書音，孔安國、鄭玄、李軌、徐邈等撰。」時代各不相接，撰録者又無主名，斯類甚衆。此之集注，亦昔人隱栝京、馬、鄭、虞等九家説，而以荀義爲依，如「用拯馬」作「承」，「其刑渥凶」作「剭」，本於鄭；「日中見昧」爲小星，本於馬。此類尚多，不能具説。則九家即序録所稱之九人，故集解引九家處即不别引馬、鄭等，明九家中函有馬、鄭義也。陸云其序有荀爽等云云，其序即集注作者所自序，以荀爲宗，故以荀爽稱首；後人據其名弟，遂冒題荀爽集注矣。張、朱自在九家外，朱彝尊疑爲張倫、朱仰之。

集注十卷，隋、唐志同，今有輯本。

謝萬，字萬石，陳郡人，東晉豫州刺史。韓伯，字康伯，潁川人，東晉太常卿。袁悦之，字元禮，陳郡人，東晉驃騎諮議參軍。桓玄，字敬道，譙國龍亢人，僞楚皇帝。卞伯玉，濟陰人，宋東陽太守、黄門郎。荀柔之，潁川潁陰人，宋奉朝請。徐爰，字季玉，琅邪人，宋太中大夫。顧懽，字景怡，或云字玄平，吴郡人，齊太學博士徵不起。明僧紹，字承烈，平原人，國子博士徵不起。劉瓛，字子珪，沛國人，齊步兵校尉不拜，謚貞簡先生。七録云作繫辭義疏。自謝萬以下十人並注繫辭。

謝萬、韓伯、袁悦之、桓玄，並見晉書；徐爰見宋書；劉瓛、顧懽、明僧紹見南齊書；卞伯玉、荀柔之事狀無考。梁書儒林傳：「卞華，濟陰冤句人，壺六世孫，通周易。」疑伯玉其先人也。自元嘉以來，王易盛行，獨闕繫辭以下不注，故自謝訖劉專注繫辭，皆繼輔嗣而作，其同以玄遠爲宗可知也。自韓氏專行，而各家並廢。

隋志桓、謝、韓、荀、劉並注繫辭二卷，卞、徐二家「梁有，亡」。唐志唯存桓、謝、劉三家。（任校：新唐志尚有荀柔之一家。）

爲易音者三人。王肅已見前；李軌字弘範，江夏人，東晉祠部郎中、都亭侯；徐邈字仙民，東莞人，東晉中書侍郎、太子前衛率。

王肅已見前，徐邈晉書有傳，李軌亦見世説劉注引中興書。昔人書音之作每與傳注别行。王肅之卒，略先於孫叔然，反音方始萌芽，或承用比況直音之法；至李、徐二家則多作反語，上自五經、論語，下訖莊子、漢賦，皆爲作音。清儒止輯傳注佚文，於魏晉音書殊少存意。愚嘗采獲魏晉訖唐各家反切，依韻編次，爲經籍舊音二十五卷，序録一卷，倫脊已具，猶待補苴。

李、徐音，隋志各一卷，又有周易雜音三卷。（任校：隋志尚有范氏周易音一卷，而雜音三卷見兩唐志。）

右易。

近代梁褚仲都、陳周弘正弘正作老莊義疏，官至尚書僕射，謚簡子。並作易義，此其知名者。

梁書孝行傳：「褚修，吴郡錢塘人，父仲都，善周易，爲當時最，天監中，歷五經博士。」周弘正陳書有傳，略謂弘正「博物知玄象，善占候。特善玄言，兼明釋典，雖碩學名僧，莫不請質疑滯。著周易講疏十六卷、論語疏十一卷、莊子疏八卷、老子疏五卷、孝經疏兩卷」。唐書稱德明受學周弘正，則周易釋文所引「師説」或爲弘正義也。易正義序曰：「江南義疏十有餘家，皆辭尚虚玄，義多浮誕。」尋隋志所列爲義疏者，有宋明帝、梁武帝、褚仲都、蕭子政、張機、周弘正、何妥、劉瓛等，何妥爲北人，不在江南之限。唐志著録皆未亡失，又有陸德明義疏二十卷。孔疏於褚、周、張、何、劉、莊之語多有采擷，皆以王注爲本，可知也。孔疏引「莊氏」不詳何人。顔氏家訓勉學篇曰：「梁世「老、莊、周易總謂三玄，武皇、簡文躬自講論；周弘正奉贊大猷，化行郡邑；元帝在江、荆間，復所愛習，召置學士，親爲教授，廢寢忘食，以夜繼朝」云云。可以窺當時風尚矣。

書者，本王之號令，右史所記。

藝文志曰：「書者，古之號令，號令於衆，其言不立具，則聽受施行者弗曉。古文讀應爾雅，故解古今語而可知。」記玉藻曰：「動則左史書之，言則右史書之。」注曰：「其書，春秋、尚書其存者。」疏引熊氏云：「按周禮太史之職云：『大師，抱天時與太師同車。』又襄二十五年左傳曰：『太史書曰：「崔杼弒其君。」』是太史記動作之事，在君左廂記事，則太史爲左史也。周禮『内史掌王之八枋』，其職云：『凡命諸侯及孤卿大夫，則策命之。』僖二十八年傳曰：『王命内史叔興父策命晉侯爲侯伯。』是皆言誥之事，是内史所掌，在君之右，故爲右史。是以酒誥云『矧太史友、内史友』，鄭注：『太史、内史，掌記言記行。』是内史記言，太史記行也。」藝文志以「左史記言，右史記行」，説正相反，蓋傳聞之異。

孔子删録，斷自唐虞，下訖秦穆，典、謨、訓、誥、誓、命之文凡百篇而爲之序。

孔子世家曰：「孔子追迹三代之禮，序書傳，上紀唐虞之際，下至秦穆，編次其事，故書傳、禮記自孔氏。」藝文志曰：「書之所起遠矣，至孔子纂焉，上斷於堯，下訖於秦，凡百篇，而爲之序，言其作意。」劉歆移讓太常博士書曰：「孔子自衛反魯，然後樂正，雅頌乃得其所，修易序書，制作春秋，以紀帝王之道。」自爾馬、鄭、王肅並以序爲孔子作。書百篇，有數篇同序者，故書序凡六十有七。尚書釋文云：「馬、鄭之徒百篇之序總爲一卷，孔以各冠其篇首，而亡篇之序即隨其次第，居見存者之閒。」

及秦禁學，孔子之末孫惠壁藏之。家語云：「孔騰，字子襄，畏秦法峻急，藏尚書、孝經、論語於夫子舊堂壁中。」漢紀尹敏傳以爲孔鮒藏之。

家語後序云：「孔子生伯魚，魚生子思，思生子上，上生子家，家生子直，直生子高，高生子順，順生子魚名鮒及子襄名騰，子文名祔。子襄好經書，博學，畏秦法峻急，乃壁藏其家語、孝經、尚書及論語於夫子之舊堂壁中。子文生產，產次子子士生季中名員，員生武及安國字子國。孔子世家記孔氏世系與此不同。魯恭王壞夫子故宅，得壁中詩書，悉以歸子國。子國乃考論古今文字，撰衆師之義，爲古文論語訓十一篇、孝經傳二篇、尚書傳五十八篇，皆所得壁中科斗本也。又集録孔氏家語爲四十四篇。既成，會值巫蠱事寢不施行。」漢記尹敏傳以爲孔鮒所藏，孔叢獨治篇説與漢記同。序録作「漢紀尹敏傳」云云，顔注漢書引作「漢記」，按：漢紀不得有「傳」，師古引作漢記者，蓋謂東觀漢記也；序録作「漢紀」，疑爲傳寫之譌；朱彝尊輒作「荀悦漢紀」，益爲疏失。序録以爲孔惠所藏，隋書經籍志、史通古今正史篇説同，不知本何注記，亦不審惠之世次也。毛奇齡云：「史記『子襄之子名忠』，『忠』與『惠』字形相近而誤。」此不敢輒定。按：家語、孔叢皆王肅所私定，難可保信；漢記所言或得其實；序録以爲「孔惠」，當別有所據。校其時，當爲子魚兄弟子姓輩也。僞孔尚書序亦云：「秦始皇滅先代典籍，焚書坑儒，天下學士逃難解散，我先人用藏其家書於屋壁。」渾言「先人」，不敢指尺，是其慎也。至家語所稱安國撰書、論、孝經傳云云，並不足信，須後詳之。

漢興，欲立尚書，無能通者，聞濟南伏生名勝，故秦博士。傳之，文帝欲徵，時年已九十餘，不能行，於是詔太常，使掌故晁錯受焉。古文尚書云：伏生年老不能正言，言不可曉，使其女傳言教錯。伏生失其本經，口誦二十九篇傳授。漢書云：伏生爲秦禁書，壁藏之。漢定，伏生求其書，亡數十篇，獨得二十九篇，以教齊魯之閒。

自「漢興」訖「王良傳小夏侯尚書」止，據史記、前、後漢書略明今文尚書授受源流也。史記儒林傳曰：「伏生者，集解：「張晏曰：名勝，伏氏碑云也。」後漢伏湛傳云：「九世祖勝，字子賤，所謂濟南伏生者也。」濟南人也，故爲秦博士。孝文帝時，欲求能治尚書者，天下無有，乃聞伏生能治，欲召之。是時伏生年九十餘，老，不能行，於是乃詔太常使掌故朝錯往受之。秦時焚書，伏生壁藏之。其後兵大起，流亡，漢定，伏生求其書，亡數十篇，獨得二十九篇，即以教於齊魯之閒。學者由是頗能言尚書，諸山東大師無不涉尚書以教矣。」顔師古漢書注引衛宏古文尚書序云：「伏生老，不能正言，言不可曉也，使其女傳言教錯。齊人語多與潁川異，錯所不知者，凡十二三，略以意屬讀而已。」按：秦始禁學，伏生壁藏尚書，史漢並有明文。漢興求之，亡失大半，其獨得之二十八篇自有簡畢可知也。

衛宏稱使其女傳言教錯者，蓋漢師授經，簡策雖存，而句讀音義必須口授，所謂授讀者是也。王鳴盛、劉台拱說。以意屬讀，稍有譌失，或事所宜有。僞孔尚書序乃謂「伏生年過九十，失其本經，口以傳授，裁二十餘篇」云云，此由作僞者必妄自張大，以視伏書之不足卲，遂謂「失其本經」。推校文證，殊不爾也。陸氏當陳隋之交，孔書大行，世所崇信，故用僞序「失其本經」之說，而退漢書於注中。序録述尚書古今文原委，胥視此矣。

以上古之書，謂之「尚書」。鄭玄以爲孔子撰書，尊而命之曰「尚書」；尚者，上也，蓋言若天書然。王肅云：「上所言，下爲史所書，故曰『尚書』。」

此據僞孔序文，釋尚書立名之故。尚書正義曰：「此文繼在伏生之下，則知『尚』字乃伏生所加。馬融曰：『上古有虞氏之書，故曰「尚書」。』是也。鄭玄依書緯，以『尚』字是孔子所加，故書贊曰：『孔子乃尊而命之曰「尚書」。』璿璣鈐云：『因而謂之「書」，加「尚」以尊之。』又曰：『書務以天言之。』王肅云：『上所言，史所書。』則『尚』字與『書』俱有，皆不若孔氏說密耳。以『書』是本名，『尚』是伏生所加，故諸引書直云『書曰』，若配代而言，則曰『夏書』，無言『尚書』者。」按：論衡正說篇曰：「尚書者，以爲上古帝王之書，或以爲上所爲，下所書。」則馬、王、僞孔所說皆漢儒舊義也。「尚」字誰所加，今難質言；要之，周秦傳記無稱「尚書」者。太史公自序曰：「余聞之先人曰：『堯舜之盛，尚書載之。』」太史談年輩略與張生、歐陽生等，「尚書」連言，蓋以此最朔。

伏生授濟南張生、千乘歐陽生。字和伯，千乘人。生授同郡兒寬。御史大夫。寬又從孔安國受業，以授歐陽生之子。歐陽、大小夏侯尚書皆出於寬。歐陽氏世傳業，至曾孫高作尚書章句，爲歐陽氏學。高孫地餘，字長賓，侍中少府。以書授元帝。傳至歐陽歙，字正思，後漢大司徒。歙以上八世皆爲博士。濟南林尊字長賓，爲博士論石渠，官至少府、太子太傅。受尚書於歐陽高，以授平當字子思，下邑人，徙平陵，官至丞相，封侯。子晏亦明經，至大司徒。及陳翁生。梁人，信都太傅，家世傳業。翁生授殷崇琅邪人，爲博士。及龔勝。字君賓，楚人，右扶風。當授朱普字公文，九江人，爲博士。及鮑宣。字子都，渤海人，官至司隸。後漢濟陰曹曾字伯山，諫大夫。受業於歐陽歙，傳其子祉。河南尹。又陳留陳弇、字叔明，受業於丁鴻。樂安牟長字君高，河内太守、中散大夫。並傳歐陽尚書。沛國桓榮字春卿，太子太傅、太常、五更、關内侯。受尚書於朱普，東觀漢記云：榮事九江朱文，文即普字。以授漢明帝，遂世相傳，東京最盛。漢紀云：門生爲公卿者甚衆，學者慕之，以爲法。榮子郁以書授章帝，而官至侍中太常。郁子焉復以書授安帝，官至太子太傅、太尉。

漢世歐陽、大小夏侯三家今文尚書皆立於學官。此據前、後漢儒林傳文，略述歐陽尚書授受源流也。前書稱：歐陽和伯事伏生，授兒寬；寬授歐陽生子，世世相傳，至曾孫高、高孫地餘，皆爲博士。地餘少子政爲王莽講學大夫，由是世有歐陽氏學。後書云：自歐陽生傳伏生尚書，至歙八世，皆爲博士。歐陽修外集圖譜序曰：歐陽生名容字和伯，容子曰巨字孝仁，巨子遠字叔游，遠子高字彦士，高子亡其名字仲仁，仲仁子地餘，地餘子崇政，政子歙。藝文志著録歐陽經三十二卷、章句三十一卷、説義二篇，不云章句、説義誰所作。鄭叙云：「伏生終後，數子各論所聞，別作章句。」玉海三十七。是以章句爲歐陽和伯所作，而漢書乃謂三家之學皆出兒寬，寬固和伯弟子也。蓋漢世博士章句之學作始也簡，而將畢也鉅，師資相襲，代有增益。故兒寬説尚書一篇，武帝説之，以爲可觀；又以古法義決疑獄，爲上所重。前儒林傳及寬本傳。平當以經明禹貢，使行河。平當傳。夏侯始昌以齊詩、尚書教授，明於陰陽，豫克柏梁臺災。夏侯始昌傳。夏侯勝以洪範五行説災異，天久陰不雨，知臣下有謀上者。夏侯勝傳。李尋、張儒、鄭寬中、秦恭、假倉等同師張山拊，張、鄭守師法教授，尋獨好洪範災異，以對非常輒中。儒林傳及尋本傳。此漢儒通經致用之術遠於樸學者也。夏侯建師事勝及歐陽高，左右采獲，具文飾説，牽引以次章句。夏侯建傳。秦恭增師法至百萬言。儒林傳。桓榮受朱普章句四十萬言，浮詞過實。及榮入授顯宗，減爲二十三萬言。榮子郁復删省定成十二萬言。由是有桓君大小太常章句。後漢書桓榮傳。張奐師事朱寵，學歐陽尚書。初，牟氏章句浮辭繁多，有四十五萬餘言，奐減爲九萬言。張奐傳文。牟長著尚書章句皆本之歐陽氏，見本傳。此漢儒繁文飾説以次章句違其本真者也。五經家多有此比，弗復悉記。故推其本始，則以章句爲歐陽生所爲，及其末流，則後師所補苴牽飾者多矣。漢師章句之學大略視此。

張生濟南人，爲博士。授夏侯都尉，魯人。都尉傳族子始昌，始昌通五經，以齊詩、尚書教授，爲昌邑太傅。始昌傳族子勝。字長公，後屬東平，長信少府、太子太傅。勝從始昌受尚書及洪範五行傳，説災異；又事同郡簡卿，卿者，兒寬門人；又從歐陽氏問。爲學精熟，所問非一師，善説禮服，受詔撰尚書論語説，藝文志：夏侯勝尚書章句二十九卷。號爲「大夏侯氏學」。傳齊人周堪堪字少卿，太子少傅、光禄勳。及魯國孔霸。字次孺，孔子十三世孫，爲博士，以書授元帝，官至太中大夫、關内侯，號褒成君。霸傳子光。字子夏，丞相，博山侯。光又事牟卿。堪授魯國牟卿爲博士。及長安許商。字長伯，四至九卿，善算，著五行論。商授沛唐林字子高，王莽時爲九卿。及平陵吴章、字偉君，王莽時博士。重泉王吉、字少音，王莽時爲九卿。齊炔欽。字幼卿，王莽時博士。後漢北海牟融亦傳大夏侯尚書。夏侯建字長卿，勝從父兄子，爲博士議郎、太子少傅。師事夏侯勝及歐陽高，左右采獲，又從五經諸儒問與尚書相出入者，牽引以次章句，爲小夏侯氏學。傳平陵張山拊，字長賓，爲博士論石渠，至少府。山拊授同縣李尋字子長，騎都尉。及鄭寬中、字少君，爲博士，授成帝，官至光禄大夫、領尚書事、關内侯。山陽張無故、字子孺，廣陵太傅。信都秦恭、字延君，城陽内史，增師法至百萬言。陳留假倉。字子驕，以謁者論石渠，至膠東相。寬中授東郡趙玄；御史大夫。無故授沛唐尊；王莽太傅。恭授魯馮賓。爲博士。後漢東海王良亦傳小夏侯尚書。

此約漢書儒林傳、夏侯始昌以下各本傳、後漢書儒林傳文，略明大、小夏侯二家授受源流也。歐陽生、張生親聞於伏生，張生再傳得夏侯勝，是爲大夏侯氏學；勝傳從子建，是爲小夏侯氏學。始立學者唯歐陽尚書，至宣帝時乃立大小夏侯，是其名家立學，夏侯皆較晚於歐陽。傳至後漢，夏侯二家亦不如歐陽之盛，此其少異者也。藝文志：尚書今文經二十九卷。注云：「大小夏侯二家。歐陽經三十二卷。」夏侯二十九卷者，伏生所傳二十八篇加後得泰誓一篇也。歐陽經三十二卷者，本經與夏侯同，唯分盤庚爲三，又連序計之，故三十二也。大小夏侯章句及解故各二十九卷，卷數與本經同。歐陽章句三十一卷者，不爲序作章句，故少一卷也。今文有序，説本陳壽祺。

計歐陽、夏侯本經及章句卷數略依莊述祖、王先謙説。

今文尚書之傳始於伏生，盛於三家，歇於永嘉之亂。今欲明其師法流别、著述存佚，故略依史傳分别説之。

今文尚書二十八篇出於伏生，伏生有大傳四十一篇，見於藝文志，爲張生、歐陽生所述，鄭君所注，今猶得窺其大略，一也。伏書傳爲三家，歐陽氏有平、陳之學；大夏侯有孔、許之學；小夏侯有鄭、張、秦、假、李氏之學。俱見前儒林傳。歐陽、大小夏侯有本經，有章句，歐陽有説義二篇，大小夏侯有解故二十九篇，俱見於藝文志者；平、陳、孔、許、鄭、張、秦、假、李等皆傳歐陽、夏侯之業，以名其家，亦宜有章句傳説之等，而藝文志殊無著録，二也。歐陽高孫地餘爲博士論石渠，林尊爲博士論石渠，孔霸爲博士，周堪譯官令，論於石渠，張山拊爲博士論石渠，假倉以謁者論石渠。俱見前儒林傳。藝文志「尚書類」有議奏四十二篇，注云：「宣帝時石渠論。」即最録地餘等尚書説，三也。三家章句既見録略，外此小夏侯氏有張無故善修章句，秦恭增師法至百萬言。俱見前儒林傳。歐陽氏有朱普章句四十萬言，桓榮減爲二十三萬言，桓郁復删省定成十二萬言，由是有桓君大小太常章句。後漢書桓郁傳。牟長著尚書章句本之歐陽氏，俗號爲牟氏章句，牟長傳。牟氏章句四十五萬餘言，張奐減爲九萬言。奐又著尚書記難三十餘萬言。張奐傳。（批注：姚振宗説：本傳奐「養徒千人」。記難即記此徒衆問難，筆之於書，黨禁時作也。）今並不可得見，四也。自夏侯始昌、夏侯勝、劉向父子、見本傳。平當、假倉、許商、李尋等俱見前儒林傳。俱以洪範五行推驗災異，今藝文志有劉向五行傳記十一卷，許商五行傳記一篇。劉知幾以班五行志出於劉向洪範，餘並不見著録，五也。今文書之列於録略者，唯三家，及永嘉而澌滅以盡，自阮録、陸録、隋志以來遂無一有。清初發明孔傳之僞，乃有輯録三家遺説者，始自陳壽祺父子，訖於近儒，蒐集補苴，蔚爲盛業，雖未盡精審，固治尚書者所宜取資也。

漢宣帝本始中，河内女子得泰誓一篇，獻之，與伏生所誦，合三十篇，漢世行之。然泰誓年月不與序相應，又不與左傳、國語、孟子衆書所引泰誓同，馬、鄭、王肅諸儒皆疑之。

泰誓有三：一、真泰誓，左傳、國語、孟子、墨子諸書所引者是也；二、漢泰誓，即漢人所謂後得泰誓是也；三、僞泰誓，即孔傳泰誓，見行梅本是也。序録此節蓋據漢儒成説，以明漢泰誓發見始末，語本無病。唯陸氏生當陳世，知漢泰誓之不足恃，不知孔傳泰誓尤爲僞中之僞；既不憭此，遂謂孔傳泰誓爲真泰誓。此陸氏之失，學者所宜知也。案：劉歆移讓太常博士書曰：「泰誓後得，博士集而讀之。」文選李注引七略曰：「孝武末，有人得泰誓書於壁中者，獻之，與博士使讀説之，因傳以教。」尚書正義引别録略同。論衡正説篇曰：「宣帝時，河内女子發老屋，得逸禮、尚書各一篇，而尚書二十九篇始定矣。」書疏引論衡及後漢史：「獻帝建安十四年，黄門侍郎房宏等説云：宣帝本始元年，河内女子有壞老屋，得古文泰誓三篇。」據此諸文，泰誓出時蓋有二説：一爲武末，一爲宣初。序録所述則王、房之説也，蓋當武、宣之際出於民間，其出自河内女子以不，恐難質定。其以泰誓爲後得，則劉歆、王充、馬融、鄭玄、房宏、王肅等俱有明説，事在不疑，此其大較也。伏生傳二十八篇，後加泰誓，則爲二十九，故今文三家及古文馬、鄭之傳，泰誓皆同此本。其書有「白魚」、「赤烏」之文，事涉神怪，又舊書所引泰誓此悉無有，故諸儒多疑之。馬融書序曰：「泰誓後得，案其文似若淺露。文云『八百諸侯不召自來，不期同時，不謀同辭』，及『火復於上，至於王屋，流爲雕』，『五至以穀俱來』，舉火，神怪，得無在子所不語中乎？又春秋引泰誓曰：『民之所欲，天必從之。』國語引泰誓曰：『朕夢協朕卜，襲于休祥，戎商必克。』孟子引泰誓曰：『我武惟揚，侵于之疆，取彼凶殘，我伐用張，于湯有光。』孫卿引泰誓曰：『獨夫受。』禮記引泰誓曰：『予克受，非予武，惟朕文考無罪；受克予，非朕文考有罪，惟予小子無良。』今文泰誓皆無此語。吾見書傳多矣，所引泰誓而不在泰誓者甚多，弗復悉記，略舉五事以明之，亦可知矣。」王肅亦云：「泰誓近得，非其本經。」僞孔遂乘此瑕隙，别作泰誓三篇，舉内、外傳、諸子書所引舊文，悉采摭之，無有遺失，適足以解馬、王之疑，起當時之信。至于近世，始發其覆。故尚書有真僞之分，而泰誓獨有三本，此尤學者所宜存意者。

序録所稱泰誓年月不與序相應者，書序稱「十有一年，武王伐殷，一月戊午，師渡孟津」。自劉歆、班固皆云十一年觀兵，十三年一月戊午伐紂，僞孔傳從之。太史公述周紀，稱九年東觀兵于盟津，十一年十二月戊午，師畢渡盟津，漢泰誓與史記同。僞泰誓則用劉、班説，故發首云「惟十有三年春，大會于孟津」，謂伐紂時也。陸以僞書爲馮，故謂漢泰誓不與序相應。覈而言之，書序衹稱一月戊午，不正言十三年一月戊午也。所云九年、十一年、十三年，皆就文王受命年計之。

馬融、王肅始疑漢泰誓，鄭意云何？今按記坊記引大誓「予克紂非予武」云云，注曰：「此武王誓衆以伐紂之辭也，今大誓無此章，則其篇散亡。」此謂書傳引泰誓而不在今泰誓中者，篇章爛脱，故不具耳。又周語引泰誓「民之所欲」云云，韋解曰：「今周書泰誓無此言，其散亡乎？」是韋意正與鄭同。蓋馬、王疑今泰誓爲僞書，鄭、韋則謂今泰誓爲殘闕，其立義不同如此。

馬、鄭注本亦用漢泰誓，而鄭注訖唐世尚完具，故賈、孔經疏多引今文泰誓爲説。至宋，澌滅以盡。近儒多有輯本。茲略鈔佚文於左，以視一班。

九年唯四月，周紀。太子發上祭於畢，下至於孟津之上。大傳。乃告司馬、司徒、司空、諸節：周紀。「齊栗，允哉！周紀。予無知，以先祖先父之有德之臣，左右小子，予受先公，大傳。必力賞罰，以定厥功于先祖之遺。」大傳。遂興師。周紀。師尚父左杖黄鉞，右把白旄以誓，號曰：「蒼兕蒼兕，周紀、齊世家、論衡等。總爾衆庶，與爾舟楫，後至者斬！」周紀、齊世家。太子發升于舟，大傳、白虎通等。中流，白魚入于舟中，跪取出涘，以燎。大傳、周紀、孔疏等。群公咸曰：「休哉。」大傳。周公曰：「雖休勿休。」楚辭王逸注。周公曰：「都懋哉。予聞古先哲王之格言。」太子發再拜稽首。賈疏。

「正稽古立功立事，可以永年，丕天之大律，郊祀、刑法志。傳于無窮。」平當傳。

「附下而罔上者死，附上而罔下者刑，與聞國政而無益于民者退，在上位而不能進賢者逐。」說苑、武紀、潛夫論等。

既渡，周紀。至于五日，孔疏。有火自上復于下，至于王屋，流爲烏，其色赤，其聲魄云。周紀、董仲舒傳、大傳、孔疏等。五至以穀俱來。孔疏、大傳等。武王喜，諸大夫皆喜。周公曰：「茂哉茂哉，天之見此以勸之也。」恐恃之，大傳、周紀等。使上附以周公書，報告于王，王動色變。賈、孔疏、鄭注、劉輔傳等。遂至盟津。齊世家。八百諸侯不召自來，不期同時，不謀同辭。孔疏引馬序、婁敬傳、晉紀總論、文選注、齊世家等。諸侯皆曰：「帝紂可伐矣。」孔疏、選注、齊世家等。武王曰：「女未知天命，未可也。」乃還師歸。周紀、齊世家、鄭興傳、孔疏等。丙午逮師，周紀。前師乃鼓鼗譟，鄭注、大傳、孔疏等。師乃掐，說文。前歌後舞，孔疏、大傳、白虎通等。格于上天下地。孔疏、白虎通等。十一年十二月，師畢渡盟津，諸侯咸會，曰：「孳孳無怠。」周紀、孔疏、說文等。天將有立父母，民之有政有居。」孔疏、谷永傳。武王乃作泰誓，告于衆庶：周紀。「今殷王紂乃用其婦人之言，自絶於天，毀壞其三正，離逷其王父母弟。周紀。四方之多罪逋逃，是宗是長，是信是使。五行志、谷永傳、周紀等。乃斷棄其先祖之樂，乃爲淫聲，用變亂正聲，怡悦婦人。周紀、禮樂志。故今予發維共行天罰。勉哉夫子，不可再，不可三！」周紀。

漢書儒林傳云：「百兩篇者，出東萊張霸，分析合二十九篇以爲數十，又采左傳、書序爲作首尾，凡百二篇。篇或數簡，文意淺陋。成帝時，劉向校之，非是。後遂黜其書。」

此據儒林傳文，略明僞百兩篇始末也。論衡佚文篇曰：「東海應作「萊」。張霸通左氏春秋，案百篇序，以左氏訓詁造作百二篇，具成奏上。成帝出祕尚書以校考之，無一字相應者，下霸於吏。吏當霸辜大不敬，成帝奇霸之才，赦其辜，亦不滅其經。故百二尚書傳在民間。」儒林傳稱「霸辭受父，父有弟子樊並，後並謀反，迺黜其書」，而民間或有傳此書者。故論衡感類篇引百兩篇云：本作「百雨」，今校改。「伊尹死，大霧三日。」此佚文之僅存者。書本百篇，漢人多稱「百兩」、「百二」者，鄭玄書論云：「孔子求書，得黄帝玄孫帝魁之書，迄秦穆公，凡三千二百四十篇，斷遠取近，定可爲世法者百二十篇，以百二篇爲尚書，以十八篇爲中候。」此則本於祕緯與張霸扶同者也。陸氏本以張霸所造者爲別一僞書，至唐初孔穎達等乃謂逸書二十四篇及後得泰誓三篇皆張霸所僞作，其言尤謬。後儒鄭樵、李治等皆以二十四篇爲張霸僞書。

古文尚書者，孔惠之所藏也。魯恭王壞孔子舊宅，漢景帝程姬之子，名餘，封於魯，謚恭王。於壁中得之，並禮、論語、孝經，皆科斗文字。博士孔安國字子國，魯人，孔子十二世孫，受詩於魯申公，官至諫大夫、臨淮太守。以校伏生所誦，爲隸古寫之，增多伏生二十五篇，藝文志云多十六篇。又伏生誤合五篇，凡五十九篇，爲四十六卷。藝文志云：「尚書古文經四十六卷，五十七篇。」安國又受詔爲古文尚書傳。值武帝末，巫蠱事起，經籍道息，不獲奏上，藏之私家。安國並作古文論語、古文孝經傳。藝文志云：安國獻尚書傳，「遭巫蠱事，未列於學官」。

自此訖「遂不行用」，略述古文尚書廢興始末。陸氏當六朝之季，孔書盛行，不明其僞，所言多違情實。茲首明本文出處，次疏通證明之。藝文志曰：「古文尚書者，出孔子壁中。武帝末，魯共王壞孔子宅，欲以廣其宮，而得古文尚書及禮記、論語、孝經凡數十篇，皆古字也。共王往入其宅，聞鼓琴瑟鐘磬之音，於是懼，乃止不壞。孔安國者，孔子後也，悉得其書，以考二十九篇，得多十六篇。安國獻之。遭巫蠱事，未列於學官。」按：恭王卒於元光四年，不得至武帝末。藝文志説與劉歆移讓太常博士書同，皆傳聞之誤。論衡以爲景帝時，近之。又孔子世家稱安國早卒，其卒年宜在太初以前，若巫蠱事，乃征和二年，距安國歿久矣。志云「安國獻之。遭巫蠱事，未列於學官」，亦傳聞之誤也。閻若璩、朱彝尊等據袁悦漢紀，以爲獻書者乃安國家人，其説較善。「得多十六篇」者，即漢世所謂逸十六篇是也。志文於發壁、獻書二事既不相應，僞孔書序乃承其謬，又復以私意彌縫之，故其言曰：「魯共王好治宮室，壞孔子舊宅以廣其居，於壁中得先人所藏古文虞夏商周之書及傳、論語、孝經，皆科斗文字。悉以書還孔氏。科斗書廢已久，時人無能知者，以所聞伏生之書，考論文義，定其可知者爲隸古定，更以竹簡寫之，增多伏生二十五篇，伏生又以舜典合於堯典，益稷合於皋陶謨，盤庚三篇合爲一，康王之誥合於顧命，復出此篇，並序，凡五十九篇，爲四十六卷。其餘錯亂摩滅，弗可悉知。悉上送官，藏之書府，以待能者。承詔爲五十九篇作傳。既畢，會國有巫蠱事，經籍道息，用不復以聞，傳之子孫，以貽後代。」按：史漢多言古文，此言科斗文字。科斗者，蝦蟆子，字形頭粗尾細，有似水蟲，故名科斗。盧植上書云：「古文科斗，近於爲實，而壓抑流俗，降在小學。班固、賈逵、鄭興父子並敦説之。毛詩、左傳、周官宜置博士。」明「科斗」之稱，不違於雅素，唯謂科斗廢久，人無能知，則非也。此一事也。隸古定者，謂就古文體而從隸定之，存古爲可慕，以隸爲可識，故曰「隸古」。書疏説。隸古之名前此所無，僞孔既以隸寫古文，則不全爲古字，至范甯初改爲今文，當唐明皇開元天寶間，又悉革隸古之舊，是故見行尚書雖出僞孔，而久非古本。唯日本劣有隸古殘卷，及敦煌所出殘本釋文，尚得窺見大概。此又一事也。藝文志：「尚書古文經四十六卷，爲五十七篇。」謂伏生所傳二十八篇，於中分盤庚爲三，分康王之誥於顧命，加後得泰誓三篇，爲三十四篇，此與漢世見行今文經同者也；孔壁得多十六篇，九共分九，則爲二十四篇，三十四加二十四，凡五十八篇；逸篇中有武成，建武之際亡，故班注云「五十七篇」也。同序者同卷，今文二十八篇爲二十八卷，出康王之誥於顧命爲一卷，泰誓三篇爲一卷，逸書十六篇，除武成爲十五卷，百篇之序總爲一卷，故云四十六也。此藝文志古文尚書篇卷之説也。僞孔書於今文二十八篇中分堯典「慎徽五典」以下爲舜典，分皋陶謨「帝曰來禹」以下爲益稷，分盤庚爲三，分康王之誥於顧命，爲三十三篇，此爲伏生今文所有者；加僞書二十五篇，並序，凡五十九篇也。其云「四十六卷」者，正義云「不見安國明説，蓋以同序者同卷，異序者異卷，故四十六卷」云。此僞孔本尚書篇卷之説也。蓋僞孔傳所造二十五篇，本不與逸書之目相應，規欲附會藝文志篇卷之數，故定爲五十九篇四十六卷。此又一事也。馬、鄭以前，無就經作傳之例，安國承詔作傳，史漢並無其文；且孔果有傳，漢魏諸儒豈得置諸不論？「承詔作傳」之云，全由作僞者創意爲之。此又一事也。藝文志止云安國獻書，僞孔序乃言先獻本經，作傳既畢，會遭巫蠱，不獲奏上，又與實録相遠。此又一事也。孔序既依漢志以造僞文，陸氏又據僞序以會漢志，皆不足保信者也。綜覈舊文，合之事實，竊謂景、武之際，魯共王壞壁發書，孔安國得之，以今文讀之，因以起其家。得多十六篇，獻之而未得立，私家相傳而已，亦無作傳之事。

以授都尉朝。司馬遷亦從安國問故，遷書多古文說。劉向以中古文校歐陽、大小夏侯三家經文，脱誤甚衆。藝文志云：「酒誥脱簡一，召誥脱簡二。文異者七百有餘，脱字數十。」都尉朝授膠東庸生，名譚，亦傳論語。庸生授清河胡常，字少子，以明穀梁春秋，爲博士，至部刺史，又傳左氏春秋。常授號徐敖，右扶風掾，又傳毛詩。敖授琅邪王璜及平陵塗惲，字子真。惲授河南乘欽。字君長。（一本作「桑欽」。）王莽時諸學皆立，惲、璜等貴顯。范曄後漢書云：「中興，扶風杜林傳古文尚書，賈逵字景伯，扶風人，左中郎將、侍中。爲之作訓，馬融作傳，鄭玄注解，由是古文尚書遂顯於世。」

此約前、後儒林傳文，略明古文尚書授受源流。後書杜林傳曰：「林從外氏張竦受學，博洽多聞，時稱通儒。河南鄭興、東海衛宏等皆長于古學。興嘗師事劉歆，林既遇之，欣然言曰：『林得興等固諧矣，使宏得林，且有以益之。』及宏見林，闇然而服。濟南徐巡始師事宏，後皆更受林學。林前于西州得漆書古文尚書一卷，嘗寶愛之，雖遭艱困，握持不離身，出以示宏等曰：『林流離兵亂，常恐斯經將絶，何意東海衛子、濟南徐生復能傳之。古文雖不合時務，然願諸生無悔所學。』于是古文遂行。」又賈逵傳曰：「父徽，從劉歆受左氏春秋，兼通國語、周官，又受古文尚書于塗惲，學毛詩于謝曼卿。逵悉傳父業。」又曰：「逵又數爲章帝言古文尚書與經、傳、爾雅詁訓相應，詔令纂歐陽、大小夏侯尚書古文同異，逵集爲三卷。」又衛宏傳曰：「少與河南鄭興俱好古學，從杜林受古文尚書，作訓旨。時濟南徐巡師事宏，後從林學，由是古學大興。」以是相證，則賈逵受自塗惲。杜林傳之衛、徐，皆與劉歆相涉；賈、馬、鄭諸君雖皆別有師承，又皆與杜林漆書相涉。（批注：張懷瓘書斷曰：「後之學古文者皆祖杜、衛。」書斷作衛密，字次仲。）故鄭君書贊以古文尚書之學遠師棘下，近承衛、賈、馬二三君子之業，其原委亦至顯白矣。然馬、鄭等雖傳孔氏古文，而於逸十六篇皆無訓説，其所注釋亦唯二十八篇及後得太誓一篇而已。馬融云：「逸十六篇絶無師説。」師説之絶，自何時始，今不可知。漢儒無無師之學，故馬、鄭等不爲逸書作注，此其約略可言者。餘杭章先生曰：孔氏傳都尉朝，朝傳庸生，師説固在；至後漢杜林輩不説逸書，則師説自亡。季長又後于伯山百年，故云「絶無師説」。

案：今馬、鄭所注並伏生所誦，非古文也。孔氏之本絶，是以馬、鄭、杜預之徒皆謂之逸書。王肅亦注今文，而解大與古文相類，或肅私見孔傳而祕之乎？

十六篇不立學官，故謂之逸書。馬、鄭、杜預注釋經傳，其引書而不在今二十八篇中者，皆名爲逸書是也。馬、鄭尚書遠承孔氏，所注止二十九篇，與今文篇目同，而實非伏生三家本，蓋師承異也。陸氏不知僞孔古文非馬、鄭所得見，遂謂馬、鄭所傳爲今文而非古文，則誤甚矣。王肅注書務與鄭異，亦有本之賈、馬者，其説往往與孔傳略同。愚謂此乃孔傳采摭王義，非王氏竊自僞書也。陸氏以孔書爲真，故云王私見而祕之。書正義亦言：「王似竊見孔傳，故注『亂其紀綱』爲夏太康時。」正與序録同意，即實非也。（批注：哀六年傳引賈逵以爲桀事。）清儒治尚書者，如惠棟、王鳴盛、孫星衍、李惇、劉端臨等，因陸、孔疑似之詞，據王、孔扶同之義，遂謂孔傳蓋肅所僞作，然亦未敢輒定也。至丁晏撰尚書餘論，始質言之，爾後遂奉爲不刊之論。愚嘗審覈馬、鄭、王、孔、杜預、皇甫謐諸家書説，著爲異同考四卷，疏證僞書非出王肅。而丁氏所立，遂一時摧破矣。

江左中興，元帝時豫章内史枚賾字仲真，汝南人。奏上孔傳古文尚書。亡舜典一篇，購不能得，乃取王肅注堯典從「慎徽五典」以下分爲舜典篇以續之，孔序謂伏生以舜典合於堯典，孔傳堯典止於「帝曰往欽哉」，而馬、鄭、王之本同爲堯典，故取爲舜典。學徒遂盛。後范甯字武子，順陽人，東晉豫章太守，兼注穀梁。變爲今文集注，俗間或取舜典篇以續孔氏。齊明帝建武中，吴興姚方興采馬、王之注，造孔傳舜典一篇，云於大航頭買得，上之。梁武時爲博士議曰：「孔序稱伏生誤合五篇，皆文相承接，所以致誤，舜典首有『曰若稽古』，伏生雖昏耄，何容合之？」遂不行用。

書正義曰：「晉書皇甫謐傳云：姑子外弟梁柳邊得古文尚書，故作帝王世紀，往往載孔傳五十八篇之書。晉書又云：晉太保公鄭沖以古文授扶風蘇愉，愉字休預。預授天水梁柳字洪季，即謐之外弟也。季授城陽臧曹，字彦始。始授郡守子汝南梅賾，字仲真，又爲豫章内史，遂於前晉奏上其書而施行焉。」今唐修晉書無此文。孔氏書正義序曰：「晉世皇甫謐獨得其書，載於世紀，其後傳授乃可詳焉。」太平御覽六百九引正義曰：「魏晉之際，滎陽鄭沖私於人間得而傳之，獨未施行。」今書正義無此文。此僞書授受大略，陸氏所見宜與此同者也。正義又曰：「時已亡失舜典一篇，晉末范甯爲解時已不得焉。至齊蕭鸞建武四年，姚方興於大航頭得而獻之，議者以爲孔安國之所注也。」又曰：「東晉初，梅賾上孔氏傳，猶闕舜典。自『曰若稽古』至『乃命以位』二十八字世所不傳，多用王、范之注補之，而皆以『慎徽』以下爲舜典之初。至齊建武四年，姚方興於大航頭得孔氏傳古文舜典，亦類太康中書，乃表上之，事未施行，方興以罪致戮。至隋開皇初，購求遺典，始得之。」所述視序録稍有出入。蓋梅氏獻書時本闕舜典，時以王肅注類孔氏，故取王注從「慎徽五典」以下爲舜典以續孔傳。徐仙民作音，陸氏尚書釋文，皆用此本。舜典釋文説。此一時也。孔傳既闕舜典，故范甯既爲今文集注，而俗閒又有取范注舜典以補孔書之闕者。隋志云：范甯注古文舜典一篇，梁有范注十卷，亡。蓋范注已亡，而舜典注一篇附於孔傳以行，故猶完具。此又一時也。齊建武中，姚方興采馬、王之注，僞造古文舜典孔傳一篇，又於「慎徽五典」文前輒補「曰若稽古」數語，以爲舜典篇首。釋文云一本「十二字」，一本「凡二十八字」，是姚本亦自不同。梁武時爲博士駁而釋之，訖於陳亡，終未行用。此又一時也。隋開皇初購求遺典，始以姚本合於孔傳，當時不知其非。唐撰正義，遂承用不廢。此又一時也。陸用王注，自與正義不符；宋改釋文，乃删節陸本以合正義。此又一時也。此中繳繞，本自難明，自隋訖清，學人多未分了。至臧琳、段玉裁出，始克明徵其故；近世發見唐寫釋文殘卷，事益顯白。唐寫隸古定本釋文殘卷舜典一篇完具無闕，與陳鄂改本絶異，承仕爲作箋釋，於經學頗有補益。蓋釋文作於陳至德閒，故隋用姚本之事非陸氏所能豫言耳。

漢始立歐陽尚書；宣帝復立大、小夏侯博士；平帝立古文。永嘉喪亂，衆家之書並滅亡，而古文孔傳始興，置博士；鄭氏亦置博士一人。近唯崇古文，馬、鄭、王注遂廢。今以孔氏爲正，其舜典一篇，仍用王肅本。

此節略叙博士廢興及當世崇尚孔書之事。儒林傳贊曰：「初，書唯有歐陽。孝宣世，復立大小夏侯尚書。平帝時，又立古文尚書。」隋志亦云：永嘉之亂，三家並亡。「梁陳所講，有孔、鄭二家。齊代唯傳鄭義。至隋，孔、鄭並行，而鄭氏甚微」。北史儒林傳云：河北尚書「並鄭注，非古文也」。「下里諸生，不見孔氏注解。武平末，二劉始得費甝義疏，乃留意焉」。要之，尚書之業，河北獨崇鄭學；江南則兼行孔、鄭，而鄭學漸微。隋唐以來，鄭學幾於廢閣矣。

孔安國古文尚書傳十三卷。

孔序依託漢志，自稱隸古定本，並序凡五十九篇，爲四十六卷。孔疏不能質言其分卷之故。當梅氏獻書時，正是幾卷，今不可知。按：大禹謨卷二下，釋文引徐邈云：「本虞書，總爲一卷。今依七志、七録爲十三卷。」是陸本、隋志所稱十三卷者，自王、阮來已如此矣。見行釋文及日本人山井鼎所稱「足利古本」及論語皇疏所引，皆依十三卷之舊弟。至唐撰正義二十卷，後人又以附經，則十三卷之次幾不可見矣。按：作僞傳者大抵爲魏晉閒人，舊聞多有存者，足以資其攈拾，又采獲賈、馬、鄭、王各家説義，總紕成文。時有善言，亦固其所。六朝隋唐閒人以爲西京舊傳，謂其辭富而備，義弘而雅，復而不厭，久而愈亮。尊尚過當，事誠有之。清儒既明其僞，則一切糞除，或有陰用其義而乾没其名者，皆非折衷之論也。清儒如王鳴盛、江聲、孫星衍之倫，皆以僞書不足卲，乃別爲集解，其術誠是。然魏晉傳注行世者希，此本雖僞，尚完具無闕，固學者所不能廢。

馬融注十一卷。字季長。

鄭玄注九卷。

馬氏承衛、賈之學，爲古文之正傳。鄭氏受之於張恭祖，以山東無可問者，乃西入關，因盧植以事馬融。二氏並爲尚書作注，鄭君晚出，集厥大成。永嘉以後，鄭、孔並行。梁陳之閒，則羈縻勿絶而已。唐代，馬、鄭之書卷帙完具，各家時見稱引。至王應麟而有輯本，則知宋末已散亡矣。清儒所輯，更爲完備。

馬注，隋志十一卷，唐志十卷。鄭注，隋、唐志同九卷。

王肅注十卷。

王肅好賈、馬之學，務與鄭異，清儒多斥之。按：王義多用賈、馬，亦閒有同鄭者，不得一慨斥之也。王注，隋志十一卷，又有駁議五卷；唐志十卷。（任校：兩唐志均作「釋駁」。）正義多引王説以證孔傳，其書唐時尚存可知。清儒有輯本。愚嘗爲異同考，録得王義二百三十五事：説義同孔者百有七事，異孔者百二十八事。

謝沈注十五卷。字行思，會稽人，東晉尚書祠部郎領著作。録一卷。

謝沈著後漢書百卷及毛詩、漢書外傳，事見晉書本傳，不言注尚書。隋志同十五卷，唐志十三卷。其遺説不可考。

李顒注十卷。字長林，江夏人，東晉本郡太守。

晉書李充傳：「子顒亦有文義，多所述作，郡舉孝廉。」注十卷，隋志作集解十一卷，又有新釋二卷；唐志集注十卷，又有要略二卷。書正義曰：「李顒集注尚書，於僞泰誓篇每引『孔安國曰』。計安國必不爲彼僞書作傳，不知顒何由爲此言。」按：正義所云僞泰誓者，指「白魚赤烏」之漢泰誓言之。孔安國本無作傳之事，僞孔自作僞泰誓傳，不得爲漢泰誓作傳，事理甚明。李顒當東晉之世，何緣得引漢泰誓孔傳邪？愚意僞書初行，二十九篇中之泰誓亦用後得之本，而見行之僞泰誓則又爲後人僞作，非出一手，正與舜典首之二十八字同比。此亦揣度之詞，終難質定。

范甯集解十卷。

晉書有列傳。隋志云：梁有，亡。其遺説無考。今舜典僞傳中或有范義，然已不可識別矣。

姜道盛集解十卷。天水人，宋給事中，字道盛。

隋志十一卷。遺説無考。

尚書大傳三卷。伏生作。

藝文志：大傳四十一篇。鄭氏序曰：「蓋自伏生也。伏生爲秦博士，至孝文時年且百歲，張生、歐陽生從其學。生終後，數子各論所聞，以己意彌縫其闕，別作章句，又特撰大義，因經屬指名曰『傳』，劉子政校書得而上之，凡四十一篇。至玄銓次爲八十三篇。」自序録、隋志以訖郡齋讀書志，並著録三卷，其闕佚久矣。葉夢得、晁公武皆言今本首尾不倫，是宋世已無善本。訖明遂亡。清儒編輯頗有多家，要以陳壽祺本爲最完備。是書雖綴拾於蠹蝕之餘，而稽譔大義，訓詞深厚，最近大、小戴記。除詩傳外，爲漢世經説之近古者。其説洪範五行，則爲夏侯始昌、劉氏父子之傳所自出，尤漢學之先河也。近代唐寫本日出，如原本玉篇之類所引大傳佚文足資采擷，學者所宜補苴。（批注：鄭學録云：宋元間尚存，至明無見之者，乾隆間盧見曾於吴中得四卷，亦鈔撮而成者。）

爲尚書音者四人。孔安國、鄭玄、李軌、徐邈。案：漢人不作音，後人所託。

隋志：梁有孔安國、鄭玄、李軌、徐邈等撰尚書音五卷。陸氏所列即其鄰類。按：建安以前不行反語，孔安國更不得有作音之事。此皆後人依義作之，非孔等自作。若李、徐以下，固嘗專撰音書矣。説詳經籍舊音序録。

右尚書。

梁國子助教江夏費甝作義疏，行於世。

書正義序曰：「其爲正義者，蔡大寶、巢猗、費甝、顧彪、劉焯、劉炫等，諸公旨趣，多或因循，詁釋注文，義皆淺略。惟劉焯、劉炫最爲詳雅。炫嫌焯之煩雜，就而删焉。今考定是非，非敢臆説，必據舊聞。」據此，是孔疏本於二劉，而二劉又因費、巢之等。北史儒林傳稱二劉始得費疏，明費氏最爲老師也。隋、唐志有費甝義疏十卷。

詩者，所以言志吟咏性情以諷其上者也。古有采詩之官，王者巡守，則陳詩以觀民風，知得失，自考正也。動天地，感鬼神，厚人倫，美教化，移風俗，莫近乎詩。

書堯典云：「詩言志，歌永言。」詩大序云：「詩者，志之所之也，在心爲志，發言爲詩。情動於中而形於言；言之不足，故嗟嘆之；嗟嘆之不足，故永歌之；永歌之不足，不知手之舞之，足之蹈之也。」又曰：「吟詠性情以諷其上。」藝文志云：「哀樂之心感，而歌詠之聲發。誦其言謂之詩，詠其聲謂之歌。」蓋情感物而形言，聲成文而爲詩；永言謂之歌，播於八音謂之樂。其始本以寫哀樂之情，其終或兼收諷諫之用，所謂言之者無罪，聞之者足以戒，此詩之所由作也。記王制云：「王者巡守，命太師陳詩以觀民風。」食貨志云：「行人振木鐸徇于路以采詩，獻之太師，比其音律，以聞於天子，故曰王者不窺户牖而知天下。」藝文志云：「古有采詩之官，王者所以觀風俗，知得失，自考正也。」詩大序曰：「正得失，動天地，感鬼神，莫近乎詩。先王以是經夫婦，成孝敬，厚人倫，美教化，移風俗。」蓋詩本性情，飢者歌其食，勞者歌其事，循省上下，足以知其政教風俗之中失。且詩者温雅以廣文，興喻以盡意，芳臭氣澤之所被，足以動人心，優柔厭飫，則隨俗雅化。故詩之爲物，上摩則有風刺之益，下被則有興觀羣怨之效，大序云「上以風化下，下以風刺上」，此物此志也。

是以孔子最先删録。既取周詩，上兼商頌，凡三百十一篇。毛公爲故訓時已亡六篇，故藝文志云三百五篇。以授子夏，子夏遂作序焉。或曰毛公作序，解見□□。口以相傳，未有章句。戰國之世，專任武力，雅頌之聲爲鄭衛所亂，其廢絶亦可知矣。遭秦焚書而得全者，以其人所諷誦，不專在竹帛故也。

此節首明孔子删詩，次明子夏作序，次明詩經秦火得全之故。具疏於下：

史記孔子世家云：「古詩三千餘篇，孔子去其重，取可施於禮義，上采契、后稷，中述殷周之盛，至幽厲之缺，始於衽席，故曰：『關雎之亂以爲風始，鹿鳴爲小雅始，文王爲大雅始，清廟爲頌始。』三百五篇孔子皆弦歌之。」藝文志則云：「孔子純取周詩，上采殷，下取魯，凡三百五篇。」陸氏似不信古詩三千之説，故不用世家語；又不從史漢三百五篇之説，故云「三百十一篇」。（批注：左宣十二年：「楚子曰：又作武，其卒章曰『耆定爾功』，其三曰『鋪時繹思』，其六曰『綏萬邦』。」杜解：「此三六之數與今詩頌篇次不同，蓋楚樂歌之次第。」疏：「季札觀樂，篇次不同，杜云『仲尼未刪者，大略未乖越故也』。此之三六全與詩次不同，故云楚樂之次，今篇次桓第八，賚第九。」）

小雅有南陔、白華、華黍、由庚、崇丘、由儀六篇，有其義而亡其辭。鄭注云：「此六篇鄉飲酒、燕禮用焉。孔子論詩，雅頌各得其所，時俱在耳。篇題當在於此。遭戰國及秦之世而亡之。其義則與衆篇之義合編，故存。至毛公爲詁訓傳，乃分衆篇之義各置於其篇端云。」漢儒以見在者爲據，故多言「三百五篇」。

藝文志云：「又有毛公之學，自謂子夏所傳。」雖爲疑似之辭，亦是漢儒通説。尋徐防上疏曰：「詩書禮樂定自孔子，發明章句，始於子夏。」世人根依斯義，故鄭答張逸曰「序，子夏所爲，親受聖言。」棠棣疏引鄭志。魏晉以來，承用鄭説，皆謂子夏作序。子夏造膝親聞，故云孔子授之子夏矣。序録自注稱「或曰毛公作序」者，沈重曰：「案鄭詩譜意，大序是子夏作，小序是子夏、毛公合作。卜商意有不盡，毛更足成之。」詩釋文引。梁昭明太子撰文選，詩大序題名「卜子夏」，其自爲説則云：「大序是子夏全制。其餘衆篇之首序，子夏唯裁初句，至『也』字而止，其下是大毛公自以詩中之意而繫其辭。」毛詩指説引。此亦據鄭義而申言之也。

後書衛宏傳稱：「謝曼卿善毛詩，乃爲其訓。宏從受學，因作毛詩序，善得風雅之旨，于今傳於世。」後人略據范書，故釋文引「或云：小序是東海衛敬仲所作」。隋志云：「詩序，子夏所創，毛公及敬仲又加潤益。」以范書立文不審，後儒遂多調亭牽合之辭。竊謂序在傳前，事在不疑，鄭玄去衛宏才及百年，不應全無聞見，而其箋詩作譜及答弟子皆有誠言，了與衛宏無涉。故衛宏作序云者，如孟喜序卦、鄭氏序易非即十翼，馬融序書非即百篇之序也。嚴可均、俞曲園、黄以周等皆有詳説。至宋儒作而異論滋多矣。（批注：朱彝尊曰：「毛詩雖後出，亦在漢武時，必有序而後可授受。韓、魯有序，毛豈以獨無，直至東漢之世衛宏之序以爲序乎？」）

云「口以相傳，未有章句」者，蓋據録略所著，章句起自漢初。覈而論之，則樂正四術，設教之常經，離經辨志，始學所有事；且孟仲子以「不已」爲「不似」，亦古有章句訓讀之明驗也。陸氏所言，蓋謂周秦之際經無異義，漢時五經家章句之學非當時所有也。

藝文志云：「詩遭秦而全者，以其諷誦，不獨在竹帛故也。」又云：「樂爲鄭衛所亂，故無遺法。」蓋傳之口耳，故諷誦不忘，播之宫商，而節族易失。詩樂相依，故陸氏推言之，謂廢絶者聲容之盛，得全者四詩之文也。

漢興，傳者有四家。魯人申公亦謂申培公，楚王太傅，武帝以安車蒲輪徵之，時申公年八十餘，以爲太中大夫。受詩於浮丘伯，以詩經爲訓故以教，無傳，疑者則闕不傳，號曰「魯詩」。弟子爲博士者十餘人，郎中令王臧、蘭陵人。御史大夫趙綰、趙人。臨淮太守孔安國、膠西内史周霸、城陽内史夏寬、東海太守魯賜、碭人。長沙内史繆生、蘭陵人。膠西中尉徐偃、膠東内史闕門慶忌，鄒人。皆申公弟子也。申公本以詩、春秋授，瑕丘江公盡能傳之，徒衆最盛。魯許生、免中徐公免中，縣名。皆守學教授。丞相韋賢受詩於江公及許生，傳子玄成。賢字長孺，玄成字少翁，父子並爲丞相，封扶陽侯，又治禮、論語。玄成兄子賞以詩授哀帝，大司馬、車騎將軍。又王式字翁思，東平新桃人，昌邑王師。受詩於免中徐公及許生，以授張生長安名長安，字幼君，山陽人，爲博士論石渠，至淮陽中尉。及唐長賓、東平人，爲博士，楚王太傅。褚少孫。沛人，爲博士。褚氏家傳云即續史記褚先生。張生兄子游卿諫大夫。以詩授元帝，傳王扶。琅琊人，泗水中尉。扶授許晏。陳留人，爲博士。又薛廣德字長卿，沛國相人，御史大夫。受詩於王式，授龔舍。字君倩，楚國人，太山太守。

此約史、漢儒林傳文，略明魯詩授受源流也。陳喬樅魯詩遺説考叙曰：「藝文志：『詩經二十八卷，齊、魯、韓三家。魯故二十五卷。魯説二十八卷。』楚元王傳云：『元王少時，嘗與魯穆生、白生、申公俱受詩於浮丘伯。文帝時，聞申公爲詩最精，以爲博士。申公始爲詩傳，號魯詩。』（批注：鹽鐵論：「包丘子與李斯供事荀卿。」李斯之死，荀卿如及見之，已有百餘歲，時距漢武約八十年。則申公之生正當荀卿死時也。）然則志載魯故、魯説，蓋即申公所爲詩傳矣。史記儒林傳言高祖過魯，申公以弟子從師入謁於魯南宮。又言申公以詩教授，弟子自遠方至受業者百餘人。是三家之學，魯最先出，其傳亦最廣。有張、唐、褚氏之學，又有韋氏學、許氏學，皆家世傳業，守其師法。終漢之世，三家皆立學官，而魯學爲極盛焉。魏晉改代，屢經兵燹，學官失業，齊詩既亡，魯詩不過江東，其學遂以浸微。然而馬、班、范三史所載，漢百家著述所稱，亦未嘗無緒論之存，足資考證佚文，采摭異義。宋王厚甫詩考，據儀禮注、公羊注、前後漢書注所引，采爲魯詩，疏漏尚多。石經魯詩殘碑雖文與毛同，亦當備載也。案：魯詩授受源流，漢書可考。申公受詩於浮丘伯，伯乃荀卿門人，則荀子書中詩説大都爲魯説所本也。孔安國申公弟子，太史公從安國問故，劉向世習魯詩，白虎觀會議諸儒如魯恭、魏應，皆習魯詩，爾雅亦魯詩之學，石經以魯詩爲主，互證參觀，固可以考見家法矣。」按：陳氏所述頗爲詳審，略其綱要蓋有數端：魯詩之學出自荀卿，遠承雅訓，一也；三家之學，魯最先出，二也；終漢之世，傳業爲盛，三也；永嘉以後不過江東，隋志遂無著録，四也；采擷佚文始自王氏，猶尚麤疏，清儒踵事，轉益精密，五也。尋申公傳稱「爲訓故以教，疑者闕不傳」；王式傳稱「聞之於師具是矣」，不肯復授；又「唐生、褚生試誦説，有法，疑者丘蓋不言」。其謹嚴有如是者。故藝文志云「齊、韓咸非本義，魯最爲近之」也。魯詩近古，故多與雅訓應。漢興以前，詩無别派，近人以爾雅爲魯學，其立文殆未善也。

申公受詩於浮丘伯：鹽鐵論毁學篇曰：「李斯與包丘子俱事荀卿。」包丘子即浮丘伯也，舊來援桴或爲秉枹，庖人亦作烰人，此孚、包通用之證。據史漢所述，則楚元王交及其子郢客、魯穆生、白生、申公皆受詩於浮丘伯者也。

漢書儒林傳云：「其門人瑯琊王扶爲泗水中尉，陳留許晏爲博士。」宋祁曰：「『尉』下當有『授』字。」此文正作

「扶授許晏」，足以校補漢書。

漢書薛廣德傳云「沛郡相人」也，此作「沛國」，「國」爲「郡」字之譌。

近世有子貢詩傳一卷，申公詩説一卷，明嘉靖閒鄞人豐坊所僞作。坊又自撰魯詩世學三十二卷，其譌妄户知之，不煩疏證。

齊人轅固生漢景帝時爲博士，至清河太傅。作詩傳，號「齊詩」，傳夏侯始昌。始昌授后蒼。字近君，東海郯人，通詩、禮，爲博士，至少府。蒼授翼奉字少君，東海下邳人，爲博士，諫大夫。及蕭望之，字長倩，東海蘭陵人，御史大夫、前將軍，兼傳論語。匡衡。字稚圭，東海承人，丞相，樂安侯。子咸亦明經，歷九卿，家世多爲博士。衡授師丹字公仲，瑯琊人，大司空。及伏理、字游君，高密太傅，家世傳業。（批注：陸璣詩疏：「伏黯傳理家學，改定章句以授子恭，恭删黯章句，定爲二十萬言。」伏生八世理，九世湛，湛弟黯，黯子恭，十五世完。）滿昌。字君都，潁川人，詹事。昌授張邯九江人。及皮容，瑯琊人。皆至大官，徒衆尤甚。後漢陳元方亦傳齊詩。

此約漢書儒林傳及各本傳文，略明齊詩授受源流。唯陳紀傳齊詩今後漢書無文，序録蓋别有所據也。陳喬樅齊詩遺説考叙云：「藝文志載詩經齊二十八卷，齊后氏故二十卷，孫氏故二十七卷，齊后氏傳三十九卷，孫氏傳二十八卷，齊雜記十八卷。隋書經籍志云齊詩魏已亡。是三家詩之失傳，齊爲最早。魏晉以來，學者尠有肄業及之者。王厚甫所撰詩考，寥寥數事。近世余蕭客、范家相、盧文弨、王謨、馮登府諸君皆續有采摭，究未能尋其端緒也。竊考漢世經師，以齊、魯爲兩大宗，文景之際，言詩者魯有申培公，齊有轅固生，春秋、論語亦皆有齊魯之學，其大較也。漢儒治經最重家法，學官所立，經師遞傳，專門命氏，咸自名家。三百年來，雖詩分爲四，春秋分爲五，文字或異，訓義固殊，要皆各守師法，持之弗失，寧固而不肯少變也。喬樅補輯齊詩，於經徵之儀禮、戴記，於史徵之班書、荀記，於諸子徵之繁露、易林、鹽鐵論、申鑒諸書，皆實事求是而已。夫轅生以治詩爲博士，諸齊以詩貴顯者，皆固之弟子，而夏侯始昌最明。始昌通五經，后蒼事始昌，亦通詩、禮爲博士。訖孝宣世，禮學后蒼最明，戴德、戴聖、慶普皆其弟子。三家立於學官，詩、禮師傳既同出自后氏，則儀禮及二戴禮記中所引佚詩皆當爲齊詩之文矣。鄭君本治小戴禮，注禮在箋詩之前，未得毛傳，禮家師説專用齊詩，鄭君據以爲解，知其所述多本齊詩之義。齊詩有翼、匡、師、伏之學，班伯少受詩於師丹，故彪、固世傳家學，地理志所引並據齊詩之文。荀爽詩學太丘所授，紀傳齊詩見於釋文，足證荀氏家學皆治齊詩。至於公羊氏本齊學，治公羊春秋者，其於詩皆稱齊，猶之穀梁氏爲魯學，治穀梁春秋者，其於詩亦稱魯也。董仲舒通五經，治公羊春秋，與齊人胡毋生同業，則習齊可知。易有孟京卦氣之候，詩有翼奉五際之要，尚書有夏侯洪範之説，春秋有公羊災異之條，皆明於象數，善推禍福，以著天人之應，淵源所自，同一師承，確然無疑。孟喜從田王孫受易，得易家候陰陽災變書，喜即東海孟卿子、焦延壽所從問易者，是亦齊學也。故焦氏易林皆主齊詩説，豈僅『甲戌己庚』、『達情任性』之語與翼氏言五性六情合，『亥午相錯，敗亂緒業』之辭與詩汎歷樞言午亥之際爲革命合已哉？若夫桓寬鹽鐵論以周南之兔罝爲刺，義與魯、韓、毛迥異，以邶風之『鳴雁』爲『雃』，文與魯、韓、毛並殊，又其顯然易見者耳。」按：陳説齊學原委是也。竊謂漢儒説經之法，有故，故者體宗爾雅；有傳，傳者體宗春秋傳。傳體至廣博，毛詩故訓傳合二事爲一，仍以詁訓爲主。而翼奉傳注引齊詩内傳，論四始五際，文選江賦李注引韓詩内傳，述鄭交甫遇二女事，皆非經指，此所謂齊、韓爲傳，或取春秋，采雜説，咸非本義者也。此義本黄以周。五際六情之義始於翼奉，奉説本之於師，然轅固生嘗以曲學阿世諷公孫弘矣。則占候災變之學雖或託始於轅，要不如後師所言之具可知也。榷而論之，故者明其字訓，傳者舉其大義，咸依經爲説。若齊詩内傳之倫，蓋與易家之雜災異相鄰類，志在占候，非以説經，名爲「内傳」，實猶後來之稱「内學」、「内事」云爾。是故異文殊詁，故之事也；關雎一篇或以爲美，或以爲刺，傳之事也；推始終之傳，著天人之應，今文家致用之事也。明乎三者之分，庶可與言五經家之異同矣。

齊詩五際六情之説，略見於翼奉傳、郎顗傳及詩緯。明黄道周治詩，一以四始五際爲宗，純爲術數之學。清儒陳喬樅、迮鶴壽等則博采佚文，闡明經術，而旁及術數者也。尋翼氏之學，大抵以情性爲知下之術，以際會爲興衰之候；略謂詩之爲學，情性而已，觀性以曆，觀情以律。性謂五行之性；曆，日也。肝性静，静行仁，甲己主之，木之精也，心性躁，躁行禮，丙辛主之，火之精也；脾性力，力行信，戊癸主之，土之精也；肺性堅，堅行義，乙庚主之，金之精也；腎性智，智行敬，丁壬主之，水之精也。情謂六方之情；律，十二律也。北方之情好也，好行貪狼，申子主之；東方之情怒也，怒行陰賊，亥卯主之；南方之情惡也，惡行廉貞，寅午主之；西南之情喜也，喜行寬大，己酉主之；上方之情樂也，樂行姦邪，辰未主之；下方之情哀也，哀行公正，戌丑主之。貪狼、陰賊，二陰並行，故王者忌子卯；廉貞、寬大，二陽並行，故王者吉午酉，詩曰「吉日庚午」是也。元帝初元二年正月癸未日加申，有暴風從西南來，翼奉以爲「未主姦邪，申主貪狼，風以太陰下抵建前，是人主左右邪臣之氣」。此所謂以律知情，王者之祕道也。五際者，卯、酉、午、戌、亥也。亥爲革命，一際也；卯爲陰陽交際，二際也；午爲陽謝陰興，三際也；酉爲陰盛陽微，四際也；戌爲極陰生陽，五際也。卯，天保也；酉，祈父也；午，采芑也；亥，大明也；戌，十月之交也。是爲五際。大明在亥，水始也；四牡在寅，木始也；嘉魚在巳，火始也；鴻雁在申，金始也。是爲四始。以詩篇直歲，候休咎之應，脩消復之術。故易有陰陽，詩有五際，春秋有災異，皆列始終，推得失，考天心，以言王道之安危者也。初元二年，歲在甲戌，三月戊午，地大震於隴西郡。歲直十月之交篇，翼奉以爲「日蝕地震之效，昭然可明，猶巢居知風，穴處知雨，亦不足多」，宜「損陰氣以應天救邪」。此五際之用也。唯齊詩舊次或不悉與毛同。舊文又多散佚，篇歲相直之術，殆難質言矣。

轅固生爲博士，至清河太傅，作詩傳。據荀紀云作内、外傳，漢志既不著録，疑荀悦推言之耳。

燕人韓嬰，漢文帝時爲博士，至常山太傅。推詩之意，作内、外傳數萬言，號曰「韓詩」。淮南賁生受之。武帝時，嬰與董仲舒論於上前，仲舒不能難。嬰又爲易傳，燕趙閒好詩，故其易微，唯韓氏自傳之。其孫商爲博士，孝宣時涿韓生其後也。河内趙子事燕韓生，授同郡蔡誼。誼以詩授昭帝，至丞相，封侯。誼授同郡食子公爲博士。及琅邪王吉。字子陽，王駿父，昌邑中尉、諫大夫，吉兼五經，能爲鄒氏春秋，以詩論教授。子公授太山栗豐。部刺史。吉授淄川長孫順。爲博士。豐授山陽張就。順授東海髮福。並至大官。

此約漢書儒林傳文，略明韓詩授受源流也。陳喬樅韓詩遺説考叙云：「自魏晉改代，毛鄭詩行，而三家之學始微。韓詩雖最後亡，持其業者蓋寡。惟杜瓊著韓詩章句十餘萬言，見於蜀志；張紘從濮陽闓受韓詩，見於吴書；崔季珪少讀韓詩，就鄭氏學，見於魏志；晉太康中何隨治韓詩，研精文緯，見於華陽國志。此外不數覯焉。稽之藝文志，韓詩經二十八卷，韓故三十六卷，内傳四卷，外傳六卷，韓説四十一卷。而隋書經籍志衹載韓詩二十二卷，薛氏章句。唐書藝文志則載韓詩卜商序韓嬰注二十二卷，又外傳十卷。然觀唐人經義及類書所引韓詩，要皆薛氏章句爲多；至於内傳，僅散見一二焉。據後漢書儒林傳言薛漢『世習韓詩，父子以章句著名』，又言杜撫『少受業於薛漢，定韓詩章句。其所作詩題約義通，學者傳之，曰杜君注』。（批注：華陽國志作詩通議説，然陸疏引書與范史同。）疑唐書藝文志當即此種，故卷數與漢志不同，雖題爲韓嬰注，知非太傅之舊本。蓋韓故、韓説二書，其亡佚固已久矣。他如趙長君詩細，世雖不傳，然韓詩譜二卷、詩歷神淵一卷、侯包韓詩翼要十卷具列隋志，是其書猶未盡佚。（批注：册府元龜云趙曄撰詩道微十一篇，即詩細。范云：「蔡邕至會稽，讀詩細而太息，以爲長於論斷。」）惜當時定五經正義，專主毛詩鄭箋，獨立國學；韓詩雖在，世所不用，課士不取，人無能明之者。經典釋文閒采毛、韓異同，而罣漏尚多，斯亦稽古者之大憾也。宋元以後，毛鄭詩亦復罕有專門，而韓詩之傳遂絶，其僅有存者，外傳十篇而已。説者因班志以『取春秋，采雜説，咸非其本義』之語，遂訾其不合詩意，不知董仲舒有言『詩無達詁』，劉向亦言『詩無通故』；讀詩之法，亦貴善以意逆志耳。太史公儒林傳稱韓生『推詩人之意，而爲内、外傳數萬言，其語頗與齊、魯閒殊，然其歸一也』。夫詩三百篇中，邇之事父，遠之事君，興觀羣怨之旨，於斯焉備。其主文而譎諫也，言者無罪，聞之者足以戒，善惡美刺，蓋不可不察焉。孟子曰：『王者之迹熄而詩亡，詩亡然後春秋作』，詩之與春秋，固相與維持世道也。子夏序詩，言『國史明乎得失之迹，傷人倫之廢，哀刑政之苛，吟咏性情以諷其上，達於事變而懷其舊俗者也』。今觀外傳之文，記夫子之緒論與春秋雜説，或引詩以證事，或引事以明詩，使爲法者彰顯，爲戒者著明，雖非專於解經之作，要其觸類引申，斷章取義，皆有合於聖門商賜言詩之意也。」按：陳説是也。三家之傳，韓詩稍遠。至南宋後，章句故訓之書亦亡，唯外傳十卷孤行於世。然見行十卷，亦非舊本，蓋昔人所引間有出於今本外者，以是明之。

直齋書録解題曰：「今所存唯外傳，而卷多於舊，不知果當時本書否也？」所云「卷多於舊」者，謂多於漢志「六卷」也。盧文弨、周廷寀、陳喬樅、陳士珂所輯佚文不下二三十事，然猶有疏失。今以法苑珠林引外傳「人死爲鬼」一章與御覽八百八十三所引對校，多「脈歸於澤，聲歸於雷，動作歸於風，眼歸於日月，骨歸於木」五句。若此者恐多有之，況舊文間出，寫本日增，後生好古所宜補輯。

王吉「兼五經能爲騶氏春秋」，「兼五經」當云「兼通五經」。

藝文志云：齊、韓詩「或取春秋，采雜説，咸非其本義。魯最爲近之」。

序録述三家授受已了，故引班説以結之也。班志云：「魯申公爲詩訓故，而齊轅固、燕韓生皆爲之傳，或取春秋，采雜説，咸非其本義。與不得已，魯最爲近之。」而太史公又言韓詩内外傳「頗與齊、魯閒殊」。蓋訓故之學，魯爲近之，齊、韓容有小異而已；若詩傳，則齊、韓二家皆失本真，而韓生内、外傳尤與齊、魯殊也。竊謂齊學之五際六情，本與易陰陽、春秋災異相次，猶焦延壽之獨得隱士之説也，則齊學實爲鉅異。顧云韓與齊、魯殊，不言齊與魯、韓殊者，蓋就釋經之傳言之，於漢書翼奉傳注孟康所謂齊詩内傳者無與也。且孔子世家所稱「四始」與毛詩同，不用「大明水始」之説。疑翼學晚出，非馬遷所與聞也。

毛詩者，出自毛公。河間獻王好之。徐整字文操，豫章人，吳太常卿。云：子夏授高行子。高行子授薛倉子。薛倉子授帛妙子。帛妙子授河間人大毛公。毛公爲詩故訓傳於家，以授趙人小毛公。一云名萇。小毛公爲河間獻王博士，以不在漢朝，故不列於學。一云：子夏傳曾申。字子西，魯人，曾參之子。申傳魏人李克。克傳魯人孟仲子。鄭玄詩譜云：子思之弟子。孟仲子傳根牟子。根牟子傳趙人孫卿子。孫卿子傳魯人大毛公。漢書儒林傳云：「毛公，趙人，治詩，爲河間獻王博士，授同國貫長卿。徐整作「長公」。長卿授解延年。爲阿武令，詩譜云齊人。延年授號徐敖。敖授九江陳俠。」王莽講學大夫。或云：陳俠傳謝曼卿。元始五年，公車徵説詩。後漢鄭衆、賈逵傳毛詩，馬融作毛詩注，鄭玄作毛詩箋，申明毛義難三家，於是三家遂廢矣。魏太常王肅更述毛非鄭；荆州刺史王基字伯輿，東萊人。駁王肅申鄭義。晉豫州刺史孫毓字休朗，北海平昌人，長沙太守。爲詩評，評毛、鄭、王肅三家異同，朋於王；徐州從事陳統字元方。難孫申鄭。宋徵士雁門周續之、字道祖，及雷次宗俱事廬山惠遠法師。豫章雷次宗、字仲倫，宋通直郎徵不起。齊沛國劉瓛並爲詩序義。

藝文志云：詩「有毛公之學，自謂子夏所傳」，此爲存疑之詞，與儒林傳稱高易自言出丁將軍同意。此後鄭學之徒並謂子夏作序而毛公足成之。南陔、白華、華黍有其義而亡其辭，鄭注云：「孔子論詩，雅頌各得其所，時俱在耳，篇弟當在於此，遭戰國及秦之世而亡之。其義則與衆篇之義合編，故存。至毛公爲詁訓傳，乃分衆篇之義各置於其篇端云。又闕其亡者，以見在爲數，故推改什首，遂通耳。以下非孔子之舊。」小雅譜云：「漢興之初，師移其弟。」推校鄭意，子夏作三百十一篇之序，總爲一編，至戰國以來，亡其六篇，毛公爲詁訓傳時，乃以見在爲數，而推改什首。然則毛公作傳正當秦漢之際，毛公爲孫卿弟子，孫卿卒於秦始之世，時適相應。以上明毛公作傳之時。

漢書儒林傳：「毛公，趙人也，治詩，爲河間獻王博士，授同國貫長卿」云云。河間獻王傳：「立毛氏詩、左氏春秋博士。」後漢書儒林傳始云：「趙人毛萇傳詩，是爲毛詩。」詩譜云：「魯人大毛公爲詁訓傳於其家。河間獻王得而獻之，以小毛公爲博士。」陸璣疏云：「毛亨作詁訓傳，以授趙國毛萇。時人謂亨『大毛公』，萇『小毛公』。」據此，則號稱大毛公者，魯人，名亨，作詁訓傳，猶無毛詩之名，至河間人小毛公名萇者爲獻王博士，立於學官，河間國學。始題爲毛詩。隋唐以來並以作傳者爲毛萇，蓋考之不審耳。以上明大毛公作傳，小毛公爲博士。

述毛詩傳授者，一爲徐整，一爲陸璣。序録所引一説，蓋本於陸疏也。徐以子夏四傳而及毛公，世次疏闊，又謂大毛公爲河間人，似不如陸疏之諦。高行子即高子，與孟仲子俱見於孟子書，詩絲衣序引高子、維天之命及閟宫傳引孟仲子是也。孫卿並爲毛、魯二家先師，此皆確有文據者。又詩譜及六藝論於大小毛公、孟仲子、解延年輩，並能舉其行義爵里，則鄭君於毛詩授受當有詳説。惜舊文散佚，難可甄明。近人乃謂毛詩原委不可知，其言恐不足據。以上明毛萇以上授受源流。

「或云：陳俠傳謝曼卿。元始五年，公車徵説詩」者，尋平帝紀元始五年，「徵天下通知逸經、古記、天文、曆算、鍾律、小學、史篇、方術、本草及以五經、論語、孝經、爾雅教授者，在所爲駕一封軺傳」，即其事也。後漢儒林傳：「九江謝曼卿善毛詩，乃爲其訓。衛宏從曼卿受學，因作毛詩序，善得風雅之旨，於今傳於世。」衛宏自作序耳。後人以見行詩序爲衛宏所作，非也。前已具説。不言曼卿受之陳俠，序録蓋别有所本。以上明陳俠傳毛詩。

「鄭衆、賈逵傳毛詩，馬融作毛詩注，鄭玄作毛詩箋」，文與後漢書儒林傳同。鄭、賈本傳稱：衆「從父受左氏春秋，兼通詩、易」；逵「撰齊、魯、韓詩與毛氏異同」。隋志云：「梁有毛詩雜議難十卷，漢侍中賈逵撰，亡。」賈書不見於序録，疑其亡於陳、隋之間。以上明鄭、賈傳毛詩。

鄭君初從張恭祖受韓詩，晚得毛公傳，爲之作箋。六藝論云：「注詩宗毛爲主。其義若隱略，則更表明；如有不同，即下己意，使可識别也。」自鄭倡古學，而三家浸微。王肅故與鄭抗，亦託毛以難鄭，非據三家以駁毛也。王基、陳統、馬昭之徒朋於鄭，孫毓、孔晁之徒朋於王，所持亦互有得失。自周續之、雷次宗以下，則均以鄭學爲宗矣。

隋志：王肅注毛詩二十卷，又撰毛詩義駁八卷，毛詩奏事一卷；梁有毛詩問難二卷，亡。魏司空王基撰毛詩駁一卷，殘闕，梁五卷；又有毛詩答問、駁譜，合八卷，亡。晉長沙太守孫毓撰毛詩異同評十卷。晉徐州從事陳統撰難孫氏毛詩評四卷；梁有毛詩表隱二卷，亡。宋通直郎雷次宗撰毛詩序義二卷；梁有毛詩義一卷，亡。劉瓛等撰毛詩序義疏一卷，殘闕，梁三卷；梁有毛詩篇次義一卷，毛詩雜義注三卷，亡。王、孫、陳之書唐志尚存，各家逸義釋文、正義頗見稱述，猶得窺見大略。今俱有輯本。以上明毛鄭詩原委。

前漢，魯、齊、韓三家詩列於學官。平帝世，毛詩始立。齊詩久亡；魯詩不過江東；韓詩雖在，人無傳者。唯毛詩鄭箋獨立國學，今所遵用。

藝文志云：「三家皆立於學官。」據儒林傳及楚元王傳，申公、韓嬰均於孝文時爲博士，轅固於孝景時爲博士。則文景之際三家皆立，而宣帝仍之耳。平帝時，嘗立左氏春秋、毛詩、逸禮、古文尚書。而後漢十四博士無古文，蓋不久而廢。至魏而古文之學皆立於學官，當時經注雖王、鄭並行。自南北朝以訖陳、隋，則專用毛詩鄭箋，北史儒林傳所謂「詩則並主於毛公，禮則同遵於鄭氏」是也。隋志云：「齊詩魏代已亡；魯詩亡於西晉；韓詩雖存，無傳之者。唯毛詩鄭箋至今獨立。」此説與序録略同。今按：三國志王肅傳注引魏略云：「隗禧説齊、魯、韓、毛四家義，不復執文，有如諷誦。」蓋老師宿儒兼通今學者未嘗無人，唯以古文大興，傳習三家者寡，迹近於亡，故云爾也。自唐修正義，專用毛詩鄭箋，定於一尊，不獨鄭學單行，即諸家義疏今亦不可得見矣。

毛詩故訓傳二十卷。鄭氏箋。

藝文志稱毛詩故訓傳三十卷者，毛公作傳，本與經別行，唯以序文分置篇首，今本題「周南詁訓傳第一」至「那詁訓傳第三十」，即毛詩傳之舊次也。鄭氏作箋，則以箋文附於經傳之下，正義云：「未審此詩引經附傳是誰爲之。」其鄭之箋當元在經傳之下矣。」又約卷爲二十。而毛公卷次尚仍其舊，至唐修正義附以詩譜，仍以鄭箋二十卷爲大目，而别爲子卷。

馬融注十卷。無下袟。

隋志：梁有馬注毛詩十卷，亡。（批注：正義及釋文引十一節，水經注引一節。）

王肅注二十卷。

前已具疏。

謝沈注二十卷。

隋志：梁有謝沈注毛詩二十卷，毛詩釋義十卷，毛詩義疏十卷，亡。

江熙注二十卷。字太和，濟陽人，東晉兗州別駕。

隋志：梁有江熙注毛詩二十卷，亡。

鄭玄詩譜二卷。徐整暢太叔裘隱。

詩譜序云：「夷、厲以上歲數不明，太史年表自共和始，歷宣、幽、平王而得春秋。次弟以立斯譜。欲知源流清濁之所處，則循其上下而省之；欲知風化芳臭氣澤之所及，則旁行而觀之。此詩之大綱也。」鄭氏立譜之意如是。唐撰正義，割詩譜説置風雅頌之首，而置譜不録。北宋時，其譜遂亡。歐陽修自稱慶曆四年得於絳州，殘闕錯亂，不可復考，乃爲之補譜十有五，補文字二百七，增損塗乙改正者八百八十三，爲詩譜補亡。清儒戴震、丁晏等以爲正義所載譜文已有脱漏，歐氏所定既不與正義相契，又馮私肊，多所增省，皆不足保信，乃重爲考訂，别立新譜。然原譜散佚來久，後生之所補苴，亦求其近似而止，欲規復鄭氏之本真難矣。

隋志：「毛詩譜三卷，吴太常卿徐整撰。」撰，謂爲鄭氏撰注也。又：「毛詩譜二卷，太叔求及劉炫注。」王應麟曰：「序録所稱『徐整暢太叔裘隱』者，蓋整既暢演而裘隱栝之。」按：王説是也。求、裘文同。

孫毓詩同異評十卷。

前已具疏。

陸璣毛詩草木鳥獸蟲魚疏二卷。字元恪，吴郡人，吴太子中庶子、烏程令。

隋、唐志同。崇文總目云：「世或以璣爲機，非也。機本不治詩。今應以『璣』爲正。」焦循曰：「陸疏太約，爲後人綴拾之本。呂東萊所引陸疏言毛詩授受與此大異，知綴拾者未見讀詩記也。」丁晏曰：「初學記『燭類』引陸士衡毛詩草木疏，唐人已誤爲機，幸有釋文爵里甚明。今所傳二卷即璣之原書，後人疑爲掇拾之本，非也。以爾雅邢疏、齊民要術、太平御覽所引證之，仍以此疏爲詳。疏引劉歆、張奐諸説皆古義之僅存者。間有遺文，後人傳寫佚脱耳。下篇敍四家源流，至爲賅洽，毛公名亨，得此疏而始備。惟其去漢未遠，是以述古能詳，尤信其爲原書也。」清四庫提要曰：「毛晉所刻援引陳振孫之言，謂其書引爾雅郭璞注，當在郭後，因題曰『唐陸璣』。夫唐代之書，隋志烏能著録？且書中所引爾雅注僅及犍爲文學、樊光，實無一字涉及郭璞，不知陳氏何以云然。」按：李匡乂資暇集曰：「陸璣草木疏稱，郭璞云『緑竹，王芻也，今呼爲白脚蘋』。」陳振孫所見與唐本同。毛晉撰廣要或刪去此文，致與唐宋人所言不相應。清儒爲提要者止見明人刪改之書，遂云「無一字涉及郭璞」，其實不爾。然則唐人所見已非陸璣原本，近代所見則又非陳振孫當時本也。提要之誤較然可知。若丁氏之説，則所謂過信亦非者也。

爲詩音者九人：鄭玄、徐邈、蔡氏、孔氏、阮侃、王肅、江惇、干寶、李軌。阮侃字德恕，陳留人，河内太守。江惇字思俊，河内人，東晉徵士。蔡氏、孔氏，不詳何人。

阮侃未詳。江淳見晉書江統傳。

隋志：「梁有毛詩音十六卷，徐邈等撰；毛詩音二卷，徐邈撰；毛詩音隱一卷，于氏撰。亡。」按：「于」當爲「干」之譌。

右詩。

梁有桂州刺史清河崔靈恩集衆解，爲毛詩集注二十四卷。俗間又有徐爰詩音。近吴興沈重亦撰詩音義。

崔靈恩遍通五經，猶精三禮、三傳，集注毛詩二十四卷，注周禮四十卷，制三禮義宗三十卷、左氏經傳義二十二卷、左氏條例十卷、公羊穀梁文句義十卷。徐爰，字長玉，南琅邪開陽人。沈重，字德厚，吴興武康人，博覽羣書，尤明詩及左氏春秋，學業該博，爲當世儒宗，著周禮義三十卷、儀禮義三十五卷、禮記義三十卷、毛詩義二十八卷、喪服經義五卷，又撰三禮音、毛詩音，俱見本傳。隋志不録徐爰書。

詩正義序曰：「近代爲義疏者，有全緩、何胤、舒瑗、劉軌思、劉醜、劉焯、劉炫等。焯、炫並聰穎特達，文而又儒，特爲殊絶，今據以爲本。」按：詩疏所引，上采鄭、王同異，下及南北諸儒，而以二劉爲本。陸撰釋文時居南土，北方儒士非彼所知。沈重初仕蕭巋，時相比近，故特著之。

安上治民，莫善於禮。鄭子太叔云：「夫禮，天之經，地之義，民之行也。」左傳云：「禮所以經國家，定社稷，序民人，利後嗣者也。」禮教之設，其源遠哉！

此泛説禮之義用也。首二句孝經文。記哀公問：「孔子曰：丘聞之，民之所由生，禮爲大。非禮無以節事天地之神也；非禮無以辨君臣長幼之位也；非禮無以别男女父子兄弟之親、婚姻疏數之交也。」故魏貞亮本之以注孝經，云：「禮所以正君臣父子之别，明男女長幼之序，故可以安上化民也。」唐明皇注同。子太叔語，左氏昭公二十五年傳文。「禮所以經國家」云云，隱公十一年傳文。傳記典言，類此者多矣。按：禮運稱「禮必本於太一」，本其所起，在天地未分之前，其言玄遠。荀子禮論則云：「人生而有欲，欲而不得，則不能無求，求而無度量分界，則不能不争，争則亂，亂則窮。先王惡其亂也，故制禮義以分之，以養人之欲，給人之求。使欲必不窮乎物，物必不屈於欲，兩者相持而長，是禮之所起也。」此誠撢本之論，賢於禮運遠矣。

帝王質文，世有損益，至於周公，代時轉浮。周公居攝，曲爲之制，故曰：「經禮三百，威儀三千。」及周之衰，諸侯始僭，將逾法度，惡其害己，皆滅去其籍，自孔子時而不具矣。孔子反魯乃始删定。值戰國交争，秦氏焚坑，惟故禮經崩壞爲甚。

此據史漢諸文，略明漢興以前禮經沿革之略。藝文志云：「帝王質文，世有損益，至周曲爲之防，事爲之制，故曰：『禮經三百，威儀三千。』及周之衰，諸侯將踰法度，惡其害己，皆滅去其籍，此本孟子文。自孔子時而不具，此本史記儒林傳文。至秦大壞。」此序録所本也。子曰：「殷因於夏禮，所損益可知；周因於殷禮，所損益可知。」又曰：「周監二代，郁郁乎文，吾從周。」此言上古樸略，仍世益文，而冠昏喪祭之節，人官物曲之條，必與一時之政俗風化相得，則厚人倫、美教化之效可睹也。是故「三百」「三千」之文，必至周而大備。仲尼從周，明與俗儒三統循環、質文往復之説異矣。事勢異則法制有變更，王迹熄則禮樂有崩壞。穆王制法，漸與成周異，一矣；文襄之霸，改朝聘之法，二矣；禮自孔子時而其經不具，三矣；諸侯惡其害己而去其籍，四矣；遭秦焚坑，書散亡益多，五矣。而世儒乃謂周制不行於春秋，一何迂闊哉！周公制禮及「三百」「三千」諸義前已具疏。

史記孔子世家云：「書傳、禮記自孔氏。」又云：「禮樂自此可得而述。」儒林傳云：「孔子閔王路廢而邪道興，於是論次詩書，修起禮樂。」故趙咨敕子曰：「仲尼重明周禮。」亦謂禮皆成周舊制，而孔子修起之也。俗人據雜記言哀公使孺悲學士喪禮於孔子，「士喪禮於是乎書」，疑禮爲孔子所制。章太炎先生釋之曰：「『三百』『三千』制自周室，不下庶人。其後禮崩樂壞，儒者不得篇篇誦習。自孔子觀書柱下，從師問禮，删定六籍，布之民間。士喪于是乎書者，謂自此復著竹帛，故言『書』不言『作』。晚世尊公旦者黜孔子以爲先師；訟孔子者又云周監二代，實無其禮。不悟著之版法，姬氏之功；下之庶人，後聖之績。成功盛德，各有所施，不得一概以論也。」

漢興，有魯高堂生傳士禮十七篇，即今之儀禮也。而魯徐生善爲容，孝文時爲禮官大夫。景帝時，河間獻王好古，得古禮獻之。鄭六藝論云：後得孔氏壁中、河間獻王古文禮五十六篇、記百三十一篇、周禮六篇。其十七篇與高堂生所傳同而字多異。劉向别録云：古文記二百四篇。藝文志曰：禮古經五十六篇，出於魯淹中。蘇林云：淹中，里名。或曰：河間獻王開獻書之路，時有李氏上周官五篇，失事官一篇，乃購千金不得，取考工記以補之。瑕丘蕭奮以禮至淮陽太守，授東海孟卿。孟喜父。卿授同郡后蒼及魯閭丘卿。其古禮經五十六篇，蒼傳十七篇，所餘三十九篇以付書館，名爲逸禮。蒼説禮數萬言，號曰后蒼曲臺記。在曲臺校書著記，因以爲名。孝宣之世，蒼爲最明。蒼授沛聞人通漢字子方，以太子舍人論石渠，至中山中尉。及梁戴德、字延君，號「大戴」，信都太傅。戴聖、字次君，號「小戴」，以博士論石渠，至九江太守。沛慶普，字孝公，東平太傅。由是禮有大小戴、慶氏之學。普授魯夏侯敬，又傳族子咸。豫章太守。大戴授琅邪徐良。字斿卿，爲博士、州牧、郡守，家世傳業。小戴授梁人橋仁字季卿，大鴻臚，家世傳業。及楊榮。字子孫，琅邪太守。

此節略明禮經授受源流，旁及周官出處，敍次少近疏闊，兹分別詳之。

禮之正經本數不可知，陵夷衰微訖於漢興，魯高堂生所傳十七篇而已。史記儒林傳云：「於今獨有士禮，高堂生能言之。」漢書藝文志云：「漢興，魯高堂生傳士禮十七篇。」儒林傳文同。史記索隱引謝承云：「秦氏季代有高堂伯。」則伯是其字。史漢儒林傳並言「魯徐生以善爲容，爲禮官大夫。而瑕丘蕭奮以禮至淮陽太守」。自蕭奮授孟卿以及大小戴、慶氏，漢書儒林傳始有授受明文；而蕭奮果親受於高堂生以不，似不可質。今案六藝論稱漢書藝文志、儒林傳云：「傳禮者十三家，唯高堂生及五傳弟子戴德、戴聖名在也。」「五傳弟子」，謂高堂生之學傳之蕭奮、孟卿、后倉、戴德、戴聖也，則鄭君故以蕭奮爲高堂弟子矣。

漢書藝文志云：「訖孝宣世，后倉最明。」儒林傳云：「倉說禮數萬言，號曰后氏曲臺記。」志著録「九篇」是也。後漢書儒林傳云「蒼授梁人戴德及德兄子聖」，故有「大、小」之號。戴聖事狀略見漢書何武傳。後漢書橋玄傳云：「七世祖仁，從同郡戴德學，著禮記章句四十九篇，號曰『橋君學』。」仁即班固所謂「小戴授梁人橋仁季卿」者也。以上明禮經授受。

十七篇之次，據大戴目録，以冠、昏、相見、士喪、既夕、士虞、特牲、鄉飲、鄉射九篇居首，故漢人通稱爲「士禮」。黄以周說。以經、曲相對，曲猶事也，則謂之「曲禮」。十七篇者，周之正經，六藝之一目也，則單稱爲禮，亦曰禮經，或曰禮記。阮元說。名十七篇爲儀禮，蓋始見於晉書荀崧傳。然「儀」與「禮」之辨，左氏昭五年及二十五年傳已極言之。張淳曰：「漢後學者睹十七篇中有儀有禮，遂合而名之。」其言近是。至於篇弟前後，大小戴、別録三家並異。鄭以劉向爲據。賈疏以爲由賤而貴，由冠、昏而仕，由吉而凶，凶盡乃行祭祀。邵懿辰則據大戴目録，謂與禮運「八禮」合，而仍有改字以就自說之失，恐亦非諦。以上明「儀禮」爲後起之名。

藝文志云：禮古經五十六卷，「出於魯淹中及孔氏，與十七篇文多相似」。又云：「魯恭王壞孔子宅，得古文尚書及禮記、論語、孝經。」景十三王傳云：「獻王得周官、尚書、禮、禮記、孟子、老子之屬。」是古文禮出處有三：一淹中，一孔壁，一河間也。劉歆移讓太常博士書云：「魯共王壞孔子宅，而得古文於壞壁之中，逸禮有三十九，書十六篇。」鄭玄六藝論云：「復得孔氏壁中、河間獻王古文禮五十六篇，其十七篇與高堂生所傳同而字多異，其十七篇外，則逸禮是也。」劉、鄭不舉淹中，文不具耳。儀禮賈疏云：「三十九篇絶無師說，祕在於館。」此與序録說應。平帝時逸禮嘗立學官，蓋不旋踵而廢。逸禮之文往往散見於他書，丁晏等有輯本。以上明古文逸禮多三十九篇。

周官六篇，同爲成周正經，穆王以後，時有增改。秦自孝公以下用商君之法，與周官相反，故始皇搜求焚燒之獨悉。其時冬官已亡，相承以考工記補之。漢興，河間獻王始得周官經。孝武帝除挾書之律，開獻書之路，既出於山巖屋壁，復入于祕府，五家之儒，莫得見焉。至孝成皇帝，達才通人劉向、向子歆校理祕書，乃知其周公致太平之迹，迹具在斯，始著于録略。約馬融傳文。王莽時，歆奏以爲禮經，置博士。東漢初罷廢。荀悦漢紀。章帝建初八年，周官與古文尚書、毛詩同置弟子，袁弘後漢紀。厥後傳授漸盛。而今文師若何休、臨碩（批注：「臨」亦作「林」。）之倫，發難排斥，以爲末世瀆亂不經之書。（批注：「作十論七難以排棄之」。）後儒訩訩，異論競作，自汪中舉六證以斥世儒之非，陳澧繼得四事，陳漢章又得六十事，其傳習之緒明白可據。今按：史記封禪書引周官曰：「冬日至，祀天於南郊。」武帝世，羣儒采封禪、尚書、周官、王制之望祀射牛事。又藝文志有周官傳四篇，蓋子政所收，爲古文先師之舊傳。此皆周官立博士以前之事也。以非利禄之途，故顯晦不常耳。

序録引或說：「河間獻王開獻書之路，時有李氏上周官（經）五篇，失事官一篇。乃購千金不得，取考工記以補之。」其言自有所本，而與鄭義不悉相應。今試辨之，以明其端委。尋鄭目録云：「司空之篇亡，漢興，購求千金不得。此前世識其事者記録以備大數，古周禮六篇畢矣。」考工記疏引。又六藝論云：「周官，壁中所得六篇。」禮記大題孔疏引。據此，則鄭意蓋謂考工記亦先秦故書，賈疏謂冬官六國時亡，以考工記備其數，即依鄭義爲説。同出於壁中。漢興求冬官不得，不待河間獻書時方求之不得也。序録謂河間王始求書，異一矣；又以爲李氏所上，異二矣。陸氏所述與隋志同而實非鄭説，一也；禮記大題疏曰：「漢書説河間獻王得周官五篇，失其冬官一篇，乃購千金不得，取考工記以補其闕。」此與序録、隋志略同，唯不言李氏所上爲異，然見行漢書實無此文，竟不審其何據？二也；隋志及左傳孔疏以爲河間獻王獻周官，孫詒讓謂祕府之本即獻王所奏，按：馬傳既無明説，古文出處非一，祕府本上自河間以不，恐難質言，三也；後漢書儒林傳稱「孔安國所獻禮古經五十六篇及周官經六篇」，其言無據，四也；禮器孔疏又謂「孝文帝時，求得周官，不見冬官一篇，乃使博士作考工記補之」，尤乖謬不足信，五也。古事難明，傳聞多異，要以馬、鄭所述爲近。以上明周官隱顯源流。

王莽時，劉歆爲國師，始建立周官經，以爲周禮。河南緱氏杜子春受業於歆，還家以教門徒，好學之士鄭興父子等興字少贛，河南人，後漢太中大夫。子衆已見前。並作周禮解詁。多往師之。賈景伯亦作周禮解詁。

此節略明周禮建立及傳受源流也。史漢並稱周官，隋志云：「周官蓋周公所建官政之法。」是也。藝文志本於七略，對傳記言之，則曰周官經。荀悦漢紀云：「劉歆以周官經六篇爲周禮，王莽時，歆奏以爲禮經，置博士。」是立周禮博士蓋在莽居攝，歆爲羲和以前。序録謂在爲國師以後，未得其實。略本孫詒讓正義。馬序云：歆「末年乃知其周公致太平之迹。奈遭天下倉卒，兵革並起，疾疫喪荒，弟子死喪，徒有河南緱氏杜子春尚在，永平之初年且九十，家於南山，能通其讀，頗識其説，鄭衆、賈逵往受業焉。衆、逵洪雅博聞，又以經書記轉相證明爲解，逵解行於世，衆解不行。」鄭玄序云：「世祖以來，通人達士鄭少贛及子仲師、衛次仲、賈景伯、馬季長皆作周禮解詁。二鄭同宗之大儒，發疑正讀，亦信多善，徒寡且約，用不顯傳於世。今贊而辨之，庶成此家世所傳也。」今鄭注所述，杜子春、二鄭之説爲多，賈義則唯輯人注一事。

禮記者，本孔子門徒共撰所聞以爲此記，後人通儒各有損益，故中庸是子思伋所作，緇衣是公孫尼子所制。鄭玄云月令是呂不韋所撰。盧植字子幹，涿郡人，後漢北中郎將、九江太守。云王制是漢時博士所爲。陳邵字節良，下邳人，晉司空長史。周禮論序云：戴德刪古禮二百四篇爲八十五篇，謂之大戴禮；戴聖刪大戴禮爲四十九篇，是爲小戴禮。漢劉向別録有四十九篇，其篇次與今禮記同，名爲他家書拾撰所取，不可謂之小戴禮。後漢馬融、盧植考諸家同異，附戴聖篇章，去其繁重及所敍略而行於世，即今之禮記是也。鄭玄亦依盧、馬之本而注焉。

此節略述禮記緣起，義有隱略，亦又不諦，兹疏證如左方：

藝文志「禮家」：「記百三十一篇」，注：「七十子後學者所記也」；「明堂陰陽(記)三十三篇」，注：「古明堂之遺事」；王史氏二十一篇，注：「七十子後學者。」師古曰：「劉向別録云六國時人。」「樂家」：「樂記二十三篇。」「論語家」：「孔子三朝七篇。」此録略之舊目也。據景十三王河間獻王傳及説文序，則孔壁、河間二處所得皆有古文記。六藝論云：「後得孔氏壁中河間獻王古文禮五十六篇，記百三十一篇，周禮六篇。」是百三十一篇之記其出處與周官、禮經同也。六藝論云：「戴德傳記八十五篇，則大戴禮是也；戴聖傳禮四十九篇，則此禮記是也。」二戴撰記各不相謀，孰先孰後亦無明據。今綜覈衆説，斷以己意，則有六事應説：

一事，二戴記所采，一爲禮家之記，即古文記百三十一篇及明堂陰陽三十三篇等是；劉台拱曰：今小戴月令、明堂位、大戴盛德實記古明堂之遺事，此三篇其僅存者。按：劉説是也。禮家尚有王史氏二十一篇，二戴摭録以不，無文可知。（批注：月令目録云：本呂氏十二紀之首章也，以禮家好事者鈔合之，後人因題之曰「禮記」。月令有「太尉」，鄭云太尉秦官，後人以爲周公所作，未通於古。）二爲樂家之樂記；小戴樂記疏云：「此於別録屬樂記，蓋十一篇合爲一篇。至劉向爲別録時更載所入樂記十一篇，又載餘十二篇，總爲二十三篇也。」三爲論語家之孔子三朝記；藝文類聚引七略曰：「孔子三見哀公，作三朝記七篇。今在大戴禮。」後儒以大戴記中千乘、四代、虞戴德、誥志、小辨、用兵、少閒當三朝七篇。四爲尚書家之周書；大戴文王官人即周書官人解。五爲九流之儒家；小戴之坊記、中庸、表記、緇衣，沈約云皆取子思子。劉瓛則以緇衣爲公孫尼子作。沈約、張守節又以樂記爲公孫尼子作。三年問文本荀子禮論。大戴之哀公問五義本荀子哀公篇，禮三本文本荀子禮論，勸學本荀子勸學，宥坐，曾子立事、本孝、立孝、大孝、事父母、制言上中下、疾病、天圓本之曾子。六爲九流之道家；大戴武王踐阼本之太公陰謀。七爲九流之雜家；小戴月令鄭目録云：「本吕氏春秋十二月紀之首章也，以禮家好事鈔合之。」按：吕氏亦有所本。八爲近代之作；小戴王制爲漢文博士所作，大戴公冠篇録孝昭冠辭皆是。九爲逸禮。小戴奔喪、投壺鄭目録云實逸禮之正篇，大戴諸侯遷廟、釁廟亦其鄰類。小戴聘義與大戴朝事文同，本之周禮典命、大行人、小行人、司儀、掌客諸職文，其時周禮未行，則亦逸禮之次。此其可知者。

二事、二戴各自撰記，本不相謀，故不嫌緟複，如大戴哀公問於孔子與小戴哀公問同，大戴禮察與小戴經解略同，大戴曾子大孝與小戴祭義同，大戴諸侯釁廟與小戴雜記同，投壺二記俱有，文亦略同，而大戴亡篇中尚有禮器、祭法佚文，以此推之，則相同者蓋不止此數。

三事、二戴鈔内舊文間有删節，如小戴取樂記十一篇而舍其十二，大戴取曾子十篇而舍其八，亦有於一篇中取其數章者，類此者多，不能具證。

四事、二戴所録既是雜書，則作者後先相去甚遠。夏本紀云：「孔子正夏時，學者多傳夏小正。」宜以此爲最古，以孝昭冠辭爲最近。

五事、仲長統云「周禮是經，禮記爲傳」，斯言近之。案二記有鈔合周官者，如小戴聘義、大戴朝事。有專釋禮經者，如小戴屬喪服諸篇及冠義、昏義以下皆是。有泛説禮意者，如别録屬通論諸篇。皆傳之流也；其於别録屬制度及逸禮之正篇，則經之流也。

六事、二記諸篇頗多後師之説，其述制度，固容有異代法，亦有去古甚遠不聞其審而妄爲説，致不與正經相應者。鄭荅趙商云：「禮記後人所定，故難據。」是也。及其通注三禮，多以經、記相明，此紛錯所由起也。（批注：儀禮記在傳前。又文王世子引「舊記」而喪服傳亦引「舊傳」。由是觀之，可知劉向校書既列傳記之相傳舊本，如記百三十一篇及樂記二十三篇之等。繼復解散舊本，除去複重，别撰目録，自爲部居，使篇義相從，各有分序，即鄭目録所稱「别録屬某者」是也。以近世書部相況，則記百三十一篇者猶稍古之叢書，其中篇目容與他單行書、他叢書有複重者。二戴之記則猶晚出之叢書，其所采會即本之稍古之叢書，並删取各家單行之書，以自成一部，而二家所録自不嫌互有異同也。劉向之撰别録，正猶今人之爲書目提要，别爲凡最，分攝各家。二戴記既皆有所本，今爲總目，不煩兩見，故録略不著二戴之名，而班志因之，以其足以相攝故也。聊作此通，庶幾與事狀相應乎。以上略明二戴記原委。

陳邵泰始中爲燕王師，撰周禮評，甚有條貫。見晉書儒林傳。序録引其周禮論序，隋志有陳邵周官禮異同評十二卷，此稱周禮論，晉書稱周禮評，爲一書可知。始謂大戴删古記，小戴又删大戴記，馬融等復附益之。班、范無此言，隋志襲之，並以戴聖删大戴之書爲四十六篇，而月令、明堂位、樂記三篇爲馬融所足。（批注：姚振宗「校通典四十一，以『足』字爲『定』字之譌」，謂「考諸家同異，又定此三篇也」。按此説亦未諦。）重紕貤謬，疑誤後生。清儒戴震、錢大昕、臧鏞堂、陳壽祺、吴文起、黄以周等始證明其非，今更無信從陳説者矣。

戴震曰：「後漢書橋玄傳云：『七世祖仁，著禮記章句四十九篇。』仁，成帝時嘗官大鴻臚，其時已稱四十九篇，無四十六篇之説。又鄭目録之末必云『此於劉向别録屬某門』，月令、明堂位、樂記三篇皆别録所有，安得以爲馬融所增？孔疏又引六藝論云：『戴德傳記八十五篇，戴聖傳禮四十九篇。』鄭爲馬融弟子，使三篇果融所增，鄭不容不知，豈有以四十九篇屬於戴聖之理？隋志誤也。」

錢大昕曰：「記本七十子之徒所作，後之通儒各有損益，河間獻王得之，大小戴各傳其學，六藝論言之當矣。謂大戴删古禮，小戴又删大戴禮，其説始於陳邵，而陸德明引之，隋志又附益之，然漢書無其事，不足信也。」陳壽祺曰：「後漢書曹褒傳：『父充，持慶氏禮。褒又傳禮記四十九篇，慶氏學遂行於世。』則褒所受於慶普之禮記亦四十九篇，二戴、慶氏皆后倉弟子，惡得謂小戴删大戴之書邪？」以上引清儒説以明序録、隋志之誤。

序録前引別録云「古文記二百四篇」，此引陳邵序稱「古禮二百四篇」，即本之別録者也。陳壽祺曰：「記百三十一篇，合明堂陰陽、王史氏、樂記、孔子三朝記，凡二百十五篇，而別録言二百四篇。疑樂記二十三篇，其十一篇已具百三十一篇記，除之，故爲二百四篇。孔子三朝記亦重出，不除者，篇名不同也。」黄以周駁之曰：「漢志『樂記二十三篇』，全入『樂家』。『禮家』之記斷不重出此十一篇。一除一不除，亦任意言之。」錢大昕曰：「記百三十一篇，合大小戴而言。小戴禮記四十九篇，曲禮、檀弓、雜記皆以簡策重多分爲上下，實止四十六篇；合大戴之八十五篇，正協百三十一之數。」黄以周駁之曰：「今大戴所存之記已多同於小戴，則小戴所取未必盡是大戴所棄；且大小戴之記亦非盡取諸百三十一篇之中。」按：黄説是也。加之王制漢人之作，孝昭冠辭文出近世，絶非古記所宜有。錢説雖巧，終不足據。以上引黄説以明錢、陳附會篇目之非。

序録注引「別録四十九篇」云云，未聞其審。

范曄後漢書云：中興，鄭衆傳周官經。後馬融作周官傳，授鄭玄，玄作周官注。鄭注引杜子春、鄭大夫、鄭司農之義。鄭玄三禮目録云：「二鄭信同宗之大儒，今贊而辯之。」玄本治小戴禮，後以古經校之，取其於義長者順者，故爲鄭氏學。玄又注小戴所傳禮記四十九篇。通爲三禮焉。

周禮授受前已明之。鄭氏先從張恭祖受周官、禮記，後事扶風馬融亦受其周官傳。今羣書援引馬融佚文與鄭義往往符合，而今注内絶無楬櫫馬説者，蓋稱述師説不嫌蹈襲，故不復別白也。此據孫詒讓説。鄭氏本治小戴禮十七篇，後以古經校之，取其義長者順者，故爲鄭氏學。鄭氏作注參用二本，從今文者，即今文在經，古文出注；從古文者，則古文在經，今文出注。周禮注者則有多門，儀禮所注，後鄭而已。其注小戴禮則在箋詩之前，承用馬、盧之本，檀弓注嘗用盧説是也。鄭氏治禮，既答臨孝存難以禦外侮，復著三禮目録以明樞要。蓋三禮之名上承盧植，而三禮之學自鄭氏集其大成，遂爲百世不祧之祖。唐人所謂禮是鄭學，良不誣也。（批注：姚振宗云：「目録舊坿三禮後，即序録也。賈引鄭序云云（周禮廢興引），證以釋文，亦即三禮目録也。」梁有陶宏景注，亡。王謨從賈、孔疏鈔出周禮目録六條，儀禮目録十條，禮記目録四十九條。）

漢初，立高堂生禮博士，後又立大小戴、慶氏三家，王莽又立周禮。後漢，三禮皆立博士。今慶氏曲臺久亡，大戴無傳學者，唯鄭注周禮、儀禮、禮記並列學官，而喪服一篇又別行於世。今三禮俱以鄭爲主。

此明禮家立學始末也。漢書儒林傳云：「初，禮有后氏。孝宣世，復立大小戴。平帝時又立逸禮。」藝文志則云：「二戴、慶普三家皆立於學官。」後儒考之，以爲宣帝世戴氏實爲后氏博士，尚未自名其家，後始立大小戴；若慶氏禮，中興之初曾立之，後亦衰廢。班説蓋未足恃也。逮魏晉之際，三禮之學尚有鄭、王二家。此後則鄭學專行，無閒南北。隋志亦云：「唯鄭注立於國學，其餘並多散亡，又無師説。」「三禮」之名漢末始作。序録云「後漢三禮皆立博士」，似謂禮記亦立學官矣，説誤。曹元弼云「三禮」當爲「三家」，似近之。

後漢書曹褒傳：「父充持慶氏禮，作章句辨難，於是有慶氏學。褒傳禮記四十九篇，慶氏學遂行於世。」則慶氏殆與小戴同流也。此云「慶氏曲臺」，蓋專以后記屬之，恐爲微誤。慶禮衰歇之時不可審知，序録言慶氏久亡，或別有文據。

大戴記八十五篇，今存三十九篇。史記索隱云：「大戴禮八十五篇，四十七篇亡，存三十八篇。」今實存三十九篇。今傳本爲十三卷，與隋、唐志同，則散亡久矣。世傳盧辨注，止有二十四篇，則亦非完書。毛詩正義云：「大戴禮，遺逸之書，文多假託，不立學官，世無傳者。」謂之遺逸失傳，足與序録相證；斥爲假託，則非也。近世戴震、孔廣森、汪照、王聘珍等皆有校釋。

馬融注周官十二卷。

融自序云：「著易、尚書、詩、禮傳皆訖，惟念前業未畢者唯周官。年六十有六，目瞑意倦，自力補之，謂之周官傳也。」賈序周禮廢興。又云：「欲省學者兩讀，故具載本文，而就經爲注。」詩疏引。自馬氏始，後儒因之，遂無經傳別行之本矣。

隋、唐志十二卷，同。今有輯本。

鄭玄注十二卷。（任校：兩唐志均十三卷。）

隋、唐志同。見行有賈公彦正義本、孫詒讓正義本。

王肅注十二卷。

隋、唐志同。按：王肅遺説甚多，唯周禮注無考。

干寶注十三卷。

隋、唐志皆十二卷。按：釋文於「宫正」下云：「此以下鄭總列六十職，干注則各於職前列之。」此與鄭本異也。今有輯本。孫詒讓曰：「馬傳干注羣書閒有徵引，孤文碎義，無關恉要。」

右周禮。

鄭玄注儀禮十七卷。

隋、唐志同。賈疏序云：「儀禮所注，後鄭而已。其爲章疏則有二家：信都黄慶者，齊之盛德；李孟悊者，隋曰碩儒。二家之疏，互有脩短，時之所尚，李則爲先。擇善而從，兼增己義。」是唐疏略本於黄、李也。清儒胡培翬撰正義，未成而卒。其弟子楊大堉補撰士昏、鄉飲、鄉射、燕、大射五篇，遠不逮胡氏。

馬融、王肅、孔倫、字敬序，會稽人，東晉廬陵太守，集衆家注。陳銓、不詳何人。裴松之、字世期，河東人，宋太中大夫、西鄉侯。雷次宗、蔡超、字希遠，濟陽人，宋丞相諮議參軍。田僧之、字僧紹，馮翊人，齊東平太守。劉道拔、彭城人，宋海豐令。周續之。自馬融以下並注喪服。

喪服一篇總包天子以下五服差降，六術精麤，變除之數既繁，出入正殤交互，研精甚難，故有專治此篇者。蕭望之嘗以論語、禮服授皇太子，戴德撰喪服變除，其最朔也。魏晉以下訖於陳隋，其著録於阮録、隋志者七十餘家，序録所出十家，蓋其尤切要者也。馬、王以下注文，釋文、正義、通典皆有徵引，要以杜氏所録爲多；唯田、劉之説不少概見。（批注：鄭玄有喪服變除一卷（唐志有），蓋爲大戴作注也，正義無引變除鄭義。）

隋志：馬融注喪服經傳一卷，唐志同。（任校：唐志題作「喪服紀」。）王肅注一卷、要記一卷，孔倫集注一卷，唐志無。（任校：新唐志有。）陳銓注一卷，唐志同。裴松之集注一卷，雷次宗略注一卷，唐志無。蔡超集注二卷，田僧紹集解二卷，唐志同。梁有宋徵士劉道拔注一卷，亡。馬、王、孔、陳、裴、雷六家，今俱有輯本。

右儀禮。

盧植注禮記二十卷。

後漢書本傳云：「植作尚書章句、三禮解詁。時立太學石經以正五經文字，乃上書曰：『臣少從通儒馬融受古學，頗知今之禮記特多回穴。臣前以周禮諸經，發起粃謬，敢率愚淺，爲之解詁。願合尚書章句，考禮記失得，庶裁定聖典，刊正碑文。』」明盧氏之學蓋參伍古今，以定中失；少與鄭氏同師，故學術亦相近也。序録二十卷，隋、唐志並云十卷，才及其半。（任校：兩唐志均作「二十卷」。）元行沖釋疑曰：「小戴之禮行於漢末，馬融注之，時所未睹。盧植分合二十九篇而爲説解，代不傳習。鄭因子幹師於季長。屬黨錮獄起，師門道喪，康成於竄伏之中，理紛拏之典，志存探託，靡所咨謀，而猶緝述忘疲，聞義能徙，具於鄭志，向有百科。王肅因之，重茲開釋，或多改駁，仍按本篇。又鄭學之徒有孫炎者，雖扶玄義，乃易前編。自後條例支分，箴石間起」云云。見舊唐本傳。據此，則小戴記本馬、鄭、王肅並仍舊貫，盧植分合二十九篇，孫炎始改舊本，以類相比，有同鈔書。唐初魏徵類禮即因孫炎所修，略加整比。并據元行沖傳。然釋文、正義、隋志並云鄭注依馬、盧之本，此云盧注分合二十九篇，正不審其何據。二十九篇「二」字或爲「四」字之譌，而若爲分合，則終不可説也。今有輯本。

鄭玄注二十卷。

隋、唐志同。見行孔穎達正義六十三卷。序云：「爰從晉宋，逮於周隋，其傳禮業者，江左尤盛。爲義疏者：南人有賀循、賀瑒、庾蔚之、崔靈恩、沈重、范宣、皇侃等，北人有徐遵明、李業興、李寶鼎、侯聰、熊安生等。其見於世者，唯皇、熊二家而已。熊則違背本經，多引外義；皇氏雖章句詳正，微嫌繁廣。今奉敕刪理，仍據皇氏爲本，其有不備，以熊氏補焉。」按：小戴四十九篇，雜有古今文説，自鄭氏作注，條例滋繁。南北章疏，義有多門，甘其臭尚，畢生無厭。孔氏略本熊、皇，博采衆説，今欲上窺魏晉六朝舊義，惟恃此編，誠鄭學之喉襟、禮家之淵藪也。清儒於各經皆有新疏，唯禮記獨闕，將由孔疏翔實，後儒無以加，意包孕甚弘，非一人所能了也。

王肅注三十卷。

王氏之學好與鄭異，於説禮尤著，如郊丘、禘祫、廟祧、祥禫諸事，攻難無已，此聖證論所爲作也。今據釋文、正義所引王注，則文字詁訓亦稍有出入，蓋師讀異也。隋、唐志卷同。今有輯本。

孫炎注二十九卷。字叔然，樂安人，魏祕書監徵不就。

魏志王肅傳：「樂安孫叔然受學鄭玄之門，人稱東州大儒。徵爲秘書監，不就。肅集聖證論以譏短玄，叔然駁而釋之，及作周易、春秋例，毛詩、禮記、春秋三傳、國語、爾雅諸注，又注書十餘篇。」據張説駁奏，孫氏亦與鄭本異，今不可考。隋志云三十卷。今有輯本。

業遵注十二卷。字長儒，燕人，宋奉朝請。

隋志云：梁有十二卷，亡。唐志仍列其目，「業」作「葉」。按：隋志又云：「有業詩，奉朝請業遵所注，立義多異，世所不行。」業遵事狀唯此而已。

庾蔚之略解十卷。字季隨，潁川人，宋員外常侍。

隋志：略解十卷，禮論鈔二十卷，禮答問六卷。唐志無禮答問。（任校：新唐志有「注喪服要記五卷」。）釋文、正義略有徵引。

右禮記。

鄭玄、三禮音各一卷。王肅、三禮音各一卷。七録唯云撰禮記音。李軌、周禮、儀禮音各一卷，禮記音三卷。劉昌宗、周禮、儀禮音各一卷，禮記音五卷。徐邈、周禮音一卷，七録無；禮記音三卷。射慈、字孝宗，彭城人，吴中書侍郎、齊王傅。禮記音一卷。謝楨、不詳何人。禮記音一卷。孫毓、禮記音一卷。繆炳、禮記音一卷。曹耽、字愛道，譙國人，東晉安北諮議參軍。禮記音二卷。尹毅、天水人，東晉國子助教。禮記音一卷。蔡謨、字道明，濟陽考城人，晉司徒、文穆公。禮記音二卷。范宣、字宣子，濟陰人，東晉員外郎不就。禮記音二卷。徐爰、禮記音三卷。王曉。作周禮音一卷，云定鄭氏音。北士，江南無此書，不詳何人。

鄭玄、王肅、李軌、徐邈、孫毓、徐爰並見前。蔡謨博學，於禮儀宗廟制度多所論議，有集行世。范宣博綜衆書，尤善三禮，著禮、易論難皆行於世。俱見晉書本傳。曹耽，永和中太學博士，升平中尚書郎，見通典引。射慈撰喪服圖及變除，見吴志孫休、孫奮傳，通典數引其喪服義。劉昌宗、謝楨、繆炳、尹毅、王曉，未詳。

隋志：劉昌宗禮音三卷，謝氏撰禮記音義隱一卷，徐爰撰禮記音二卷；梁有李軌、劉昌宗儀禮音各一卷，鄭玄音二卷，亡。又有鄭玄、王肅、射慈、射貞，即此之謝楨。孫毓、繆炳禮記音各一卷，蔡謨、曹耽、尹毅、李軌、范宣音各二卷，徐邈音三卷，劉昌宗音五卷，亡。又禮記音義隱七卷。唐志：鄭玄周官音三卷、禮記音二卷，曹耽、謝慈、李軌、尹毅、徐邈、徐爰撰禮記音各二卷。（任校：舊唐志「儀禮音二卷」，無撰人，但次王肅儀禮注，似亦屬肅撰。又徐邈禮記音爲三卷。）按：經典音切漢後始有專書，後儒頗有依先師之義而爲之音，即題先師之名者；亦有撰集各家而爲一編者。題署歧互，顯隱不常，故阮、陸所列各家隋志已亡，而唐志尚存其目也。除謝楨、繆炳、曹耽、尹毅、王曉等今無可徵，其餘各家，釋文所引爲多，今並有輯本。承仕撰經籍舊音，蒐討略備，並附校釋。

右作音人。

近有戚衮作周禮音，沈重撰周禮、禮記音，梁國子助教皇侃撰禮記義疏五十卷，又傳喪服義疏，並行於世。

陳書本傳：「衮字公文，吴郡鹽官人，於梁代撰三禮義記，逢亂亡失。禮記義四十卷行於世。」周禮音唯見於序録，隋、唐志並無其目，則亡佚久矣。今有輯本。

隋志：沈重周官禮義疏、禮記義疏各四十卷。唐志同。不列音書。

梁書本傳：「皇侃，吴郡人，少好學，師事賀瑒，尤明三禮、孝經、論語。撰禮記講疏五十卷、論語義十卷，並見重於世，學者傳焉。」隋、唐志並列喪服文句義疏十卷。按：孔氏正義本於皇疏，除所駁正，大抵皆皇義也。今日本藏舊寫喪服小記殘卷中有「灼案」之文，陳有鄭灼，皇氏之徒，此之寫本蓋鄭氏敷衍師説以爲講疏者也。孔疏引皇疏「三墨」之説正與此同，可知二書之同出一原矣。

古之王者必有史官，君舉則書，所以慎言行，昭法式也。諸侯亦有國史，春秋，即魯之史記也。孔子應聘不遇，自衛而歸，西狩獲麟，傷其虚應，乃與魯君子左丘明觀書於太史氏，因魯史記而作春秋，上遵周公遺制，下明將來之法，褒善黜惡，勒成十二公之經，以授弟子，弟子退而異言。丘明恐弟子各安其意以失其真，故論本事而爲之傳，明夫子不以空言説經也。春秋所貶損大人當世君臣，其事實皆形於傳，故隱其書而不宣，所以免時難也。及末世口説流行，故有公羊、名高，齊人，子夏弟子，受經於子夏。穀梁、名赤，魯人。糜信云與秦孝公同時。七録云名淑，字元始。風俗通云子夏門人。鄒氏、王吉善鄒氏春秋。夾氏之傳。鄒氏無師，夾氏有録無書，故不顯於世。桓譚新論云：「左氏傳遭戰國寢藏。後百餘年，魯人穀梁赤作春秋，殘略多有遺文。又有齊人公羊高緣經文作傳，彌失本事。」

此節首明春秋緣起，次述仲尼筆削及弟子作傳之事。藝文志云：「古之王者世有史官，君舉則書，所以慎言行，昭法式也。左史記言，右史記事，當云「右史記言，左史記事」，互詳尚書疏中。事爲春秋，言爲尚書，帝王靡不同之。」左傳莊公二十三年：「夏，公如齊觀社，非禮也。曹劌諫曰：『君舉必書。書而不法，後嗣何觀？』」即「慎言行，昭法式」之一事也。杜預春秋左傳集解序曰：「周禮有史官，掌邦國四方之事，達四方之志。諸侯亦各有國史。大事書之於策，小事簡牘而已。孟子曰：『楚謂之檮杌，晉謂之乘，而魯謂之春秋，其實一也。』」又曰：「『春秋』者，魯史記之名。」史通六家曰：「按汲冢瑣語記夏殷時事，目爲夏殷春秋。」墨子明鬼下引「燕之春秋」、「宋之春秋」、「齊之春秋」、「周之春秋」。左氏昭二年傳：晉韓起聘魯，「觀書於太史氏，見易象與魯春秋，曰：『周禮盡在魯矣。』」可知時無間於古今，國無分於内外，史書皆名「春秋」。蓋以史之所記必表年以首事，年有四時，則錯舉以爲所記之名。故檮杌、晉乘，表義之别稱；春秋則記事之通號也。以上明春秋緣起及「春秋」名義。哀公十一年冬，孔子自衛反魯，十四年春，西狩獲麟，乃因史記作春秋，上起隱公，下訖哀公十四年，勒成十二公之經。杜序云：「仲尼曰：『文王既没，文不在兹乎？』此制作之本意也。歎曰：『鳳鳥不至，河不出圖，吾已矣夫！』蓋傷時王之政也。麟鳳五靈，王者之嘉瑞也。今麟出非其時，虚其應而失其歸，此聖人所以爲感也。絶筆於獲麟之一句者，所感而起，故所以爲終也。」序録不信公羊家言，乃采杜説以明感麟而作之義，故云「傷其虚應」也。以上明春秋感麟而作。嚴氏春秋引觀周篇曰：「孔子將修春秋，與左丘明乘如周，觀書於周史，歸而修春秋之經，丘明爲之傳，共爲表裏。」左傳疏引沈氏説。史記十二諸侯年表序云：「孔子西觀周室，論史記舊聞，興於魯而次春秋。」杜序云：「仲尼因魯史册書成文，考其真僞，而志其典禮，上以遵周公之遺制，下以明將來之法。」蓋史書記注，周官舊典；魯國雖衰，猶秉周禮。故孔子因魯史，遵周制，明褒貶，起新舊，是非二百四十二年之中，以爲天下儀表。猶懼聞見或未周浹，故與左氏觀書周室，以博異同而正得失。此孔子筆削之志。序録所述，蓋亦略本杜義者也。以上明孔子觀周室，據魯史，遵周制而修春秋。自「弟子退而異言」至「夾氏有録無書」，約藝文志文以明三家作傳之指。藝文志略本於史記十二諸侯年表序。按：杜序云：「左丘明受經於仲尼，以爲經者不刊之書也，故傳或先經以始事，或後經以終義，或依經以辨理，或錯經以合異。身爲國史，躬覽載籍，必廣記而備言之，將令學者原始要終。」桓譚所謂「左傳於經，猶衣之表裏，相得而成。有經而無傳，使聖人閉户十年思之不能得」是也。公穀爲口説流行，著竹帛皆在其後。三傳先後，前已疏訖。鄒、夾二氏蓋亦公、穀之次，當班氏述志時，鄒氏有書無師，夾氏有録無書，然據漢書王吉傳及後書范升傳所説，其授受亦非絶無徵驗也。以上明五傳緣起。馬、班及公羊傳皆有「微文避害」之説，杜序釋之曰：「言高則旨遠，辭約則義微，此理之常，非隱之也。聖人包周身之防，既作之後，方復隱諱以避患，非所聞也。」陸氏大歸從古文説，此用公羊舊義，蓋刪刈未盡者也。以上明「微文避害」説之非。要而言之，自古而有春秋之名，亦不局於魯史。孔子魯人，而周禮盡在魯，故觀寶書，因成典，感獲麟而修十二公之經，以明褒貶，繼王迹。左氏親受聖師，作傳以贊經，共相表裏。公羊、穀梁，則稍晚出者也。傳者，有故事，有故訓，左氏備行實而兼明書法，二家詳文義而忽略事狀，要皆傳之流，而左氏尤要。漢五經家乃以左氏不傳春秋，殆鄭君所謂「疾此蔽冒，疑惑未悛」者邪？

穀梁子之名，桓譚新論、蔡邕正交、應劭風俗通並云「名赤」，論衡作「寘」，七録云「名俶」，楊士勛疏作「淑」，顔師古云「名喜」。按：尗與赤聲相近，寂寞之寂前歷反，赤音昌石反，是其比；尗又與喜聲近，饎昌志反，字亦作[食叔]，與饎同音；寘即置之異文，置、喜同部。赤、淑、俶、寘、喜五文聲轉通作，故字異而人同。漢書顔注本或作「嘉」，則喜形之譌也。皮錫瑞曰：「一人豈有四名，抑如公羊之祖孫父子相傳非一人乎？」不明聲類而妄爲説，其過弘矣。陳漢章説亦然，真所謂不謀同辭者也。

漢興，齊人胡毋生，字子都，景帝時爲博士，年老歸教於齊。齊之言春秋者宗事之，公孫弘亦頗受焉。趙人董仲舒官至江都、膠西相。並治公羊春秋。蘭陵褚大、梁相。東平嬴公、諫大夫。廣川段仲溫、呂步舒步舒，丞相長史。皆仲舒弟子。嬴公守學，不失師法，授東海孟卿及魯眭弘。字孟，符節令。弘授嚴彭祖字公子，東海下邳人，爲博士，至左馮翊、太子太傅。及顔安樂，字翁孫，魯國薛人也，孟姊子也，爲齊郡太守丞。由是公羊有嚴、顔之學。弘弟子百餘人，常曰：「春秋之意在二子矣。」彭祖授琅邪王中。少府，家世傳業。中授同郡公孫文東平太傅，徒衆甚盛。及東門雲。荆州刺史。安樂授淮陽泠豐字次君，菑川太守。及淄川任翁。少府。豐授大司徒馬宫字游卿，東海戚人，封扶德侯。及琅邪左咸。郡守、九卿，徒衆甚盛。始貢禹字少翁，琅邪人，御史大夫。事嬴公而成於眭孟，以授潁川堂谿惠。惠授泰山冥都。丞相史。又疏廣字仲翁，東海蘭陵人，太子太傅。事孟卿，以授瑯邪筦路。筦路及冥都又事顔安樂。路授大司農孫寶。字子嚴，潁川鄢陵人。

此約史、漢儒林傳文，略明公羊授受源流也。按舊説：公羊高，子夏弟子，四傳至壽，當景帝時而著竹帛。其時公羊大師爲董仲舒、胡毋生。史記稱，漢興至于五世之閒，唯仲舒名爲明於公羊春秋；齊人言春秋者多受胡毋生。不言董、胡受之何師。唯公羊疏以子都爲公羊壽弟子，仲舒爲子都弟子。其説不見於惇史，疑莫能質也。藝文志：「公羊董仲舒治獄十六篇」，「春秋家」。「董仲舒百二十三篇」，「儒家」。本傳稱仲舒「説春秋事得失，聞舉、玉杯、蕃露、清明、竹林之屬，復數十篇」，是蕃露當在百二十三篇中，見行春秋繁露十七卷八十二篇，是其存者。子都之書，今不可見，而何休所隱括使就繩墨者，實略依胡毋生條例，則五始、三科、九旨、七等、六輔、二類、七闕之義蓋本之胡毋生，而尋其歸趣，往往與繁露相參。竊意董、胡創通大義，科旨之條已有倫脊，後師轉有附益，至春秋公羊文謚例之倫作而集其大成，此約略可知者也。嚴、顔爲仲舒再傳弟子，後漢皆立博士，徒衆甚盛。鍾興從丁恭受嚴氏春秋，詔令定春秋章句，去其複重。樊儵亦事丁恭，嘗以讖記正五經異説，删定公羊嚴氏章句，世號「樊侯學」。張霸以樊儵所删猶多繁辭，乃減定爲二十萬言，更名「張氏學」。並見後漢書本傳。又有馮氏章句八萬言，亦嚴氏學也。楊終著春秋外傳十二篇，改定章句十五萬言。北海敬王睦作春秋旨義終始論。皆不知本何師。今檢漢志所録，有公羊外傳五十篇，章句三十八篇，顔氏記十一篇。而嚴彭祖之公羊傳、春秋圖欵爾閒見於阮録、隋志，蓋後史所録，有爲後人所作而題其本師之名者。迄六朝隋唐閒，顔、嚴之書尚在，故沈文阿、徐彦、孔穎達猶得援以爲説也。各家章句今亦不傳。近人以何氏解詁蓋兼采嚴、顔二本，而徐疏頗引二家遺説以申何氏學，是故原其始於董生繁露，要其終於何解徐疏，漢世公羊家言，大略具是矣。夫漢世五經家致用之學，易有卦氣，書有洪範，詩有五際六情，春秋有災異，所謂天人之應，消復之術，陰陽五行之變，皆當時經國之要道，儒林之祕典也。而春秋之學，則以仲舒爲不祧之宗，故劉歆頌之曰：「承秦滅學，六經離析，下帷發憤，潛心大業，令後學者有所統一，爲羣儒首。」誠哉其爲羣儒首也！仲舒既以推驗火災、救旱止雨，與少君、文成、五利之徒校勝，復以春秋爲決事比；呂步舒持斧鉞治淮南獄，卒以弄口見戮；眭孟以大石自立，枯木復生，謂漢家有傳國之運，亦以祅言惑衆誅。故終漢一代，其政事學術多以巫道相糅。夫呂步舒以親聞弟子猶不知其師書，以爲大愚；去之二千年，乃云春秋爲萬世制法，其愚亦不可及哉！

冥都有冥氏春秋，見周禮先鄭注。段仲，史記作「殷忠」。

瑕丘江公受穀梁春秋及詩於魯申公，武帝時爲博士，傳子至孫，皆爲博士。使與董仲舒論，江公吶於口，而丞相公孫弘本爲公羊學，比輯其義，卒用董生。於是上因尊公羊家，詔太子受。衛太子復私問穀梁而善之。其後寖微，唯魯榮廣、字王孫。浩星公二人受焉。廣盡能傳其詩、春秋。蔡千秋、字少君，諫大夫、郎中户將。梁周慶、字幼君。丁姓字子孫，至中山太傅。皆從廣受。千秋又事浩星公，爲學最篤。宣帝即位，聞衛太子好穀梁，乃詔千秋與公羊家並説。上善穀梁説，又選郎十人從千秋受。會千秋病死，徵江公孫爲博士，詔劉向受穀梁，欲令助之。江博士復死，乃徵周慶、丁姓待詔，使卒授十人。十餘歲，皆明習。乃召五經名儒太子太傅蕭望之等大議殿中，平公羊、穀梁同異。時公羊博士嚴彭祖、侍郎申輓、伊推、宋顯，穀梁議郎尹更始、待詔劉向、周慶、丁姓並論。望之等多從穀梁，由是大盛，慶、姓皆爲博士。姓授楚申章昌曼君。爲博士，至長沙太傅。初尹更始字翁君，汝南邵陵人，議郎、諫大夫、長樂户將。事蔡千秋，又受左氏傳，取其變理合者以爲章句，傳子咸大司農。及翟方進、字子威，汝南上蔡人，丞相，封侯。房鳳。字子元，琅邪不其人，光禄大夫、五官中郎將、青州牧。始江博士授胡常，常授梁蕭秉，字君房。王莽時爲講學大夫。

此約漢書儒林傳文，述穀梁授受源流也。按：穀梁之學，江公受於申公。史不言申公師，唯楊士勛疏稱穀梁赤受經於子夏，爲經作傳，傳孫卿，孫卿傳魯人申公。然麋信稱穀梁子與秦孝公同時，申公之年，又不得逮事孫子。授受疏闊如此，蓋已難質言矣。儒林傳又云：「宣帝即位，聞衛太子好穀梁春秋，以問韋賢、夏侯勝、史高，皆魯人也，言穀梁子本魯學，公羊氏乃齊學也，宜興穀梁。」按：穀梁文辭淡泊，又無非常異義可怪之論足以譁世取寵，故授受不如二家之盛。中興之初，行世者五家。賈逵傳云：「逵雖爲古學，兼通五家穀梁之説。」注以尹更始、劉向、周慶、丁姓、王亥等當之是也。藝文志有外傳二十篇、章句三十三篇。

按：據文例，「蔡千秋」上應補「沛」字。

左丘明作傳以授曾申。申傳衛人吴起。起傳其子期。期傳楚人鐸椒。楚太傅。椒傳趙人虞卿。趙相。卿傳同郡荀卿名況。況傳武威張蒼。漢丞相，北平侯。蒼傳洛陽賈誼。長沙、梁王太傅。誼傳至其孫嘉。嘉傳趙人貫公。漢書云：賈誼授貫公，爲河間獻王博士。貫公傳其少子長卿。蕩陰令。長卿傳京兆尹張敞字子高，河東平陽人，徙杜陵。及侍御史張禹。字長子，清河人。禹數爲御史大夫蕭望之言左氏，望之善之，薦禹，徵待詔，未及問，會病死。禹傳尹更始。更始傳其子咸及翟方進、胡常。常授黎陽賈護。字季君，哀帝時待詔爲郎。護授蒼梧陳欽。字子佚，以左氏授王莽，至將軍。漢書儒林傳云：「漢興，北平侯張蒼及梁太傅賈誼、京兆尹張敞、太中大夫劉公子皆修春秋左氏傳。」始劉歆字子駿，向之子，王莽國師。從尹咸及翟方進受左氏。哀帝時，歆與房鳳、王龔欲立左氏，爲師丹所奏，不果。平帝時始得立。「由是言左氏者本之賈護、劉歆」。歆授扶風賈徽。字元伯，後漢潁陰令，作春秋條例二十一卷。徽傳子逵。逵受詔列公羊、穀梁不如左氏四十事，奏之，名曰左氏長義，章帝善之。逵又作左氏訓詁。司空南閣祭酒陳元作左氏同異。大司農鄭衆作左氏條例、章句。南郡太守馬融爲三家同異之説。京兆尹延篤字叔堅，南陽人。（批注：謝承書作「延固」。）受左氏於賈逵之孫伯升，因而注之。汝南彭汪字仲博。記先師奇説及舊注。太中大夫許淑，字惠卿，魏郡人。九江太守服虔，字子慎，河南人。侍中孔嘉，字山甫，扶風人。魏司徒王朗，字景興，肅之父。荆州刺史王基、大司農董遇、徵士燉煌周生烈並注解左氏傳。梓潼李仲欽著左氏指歸。陳郡潁容字子嚴，後漢公車徵不就。作春秋條例。又何休字邵公，任城人，後漢諫大夫。作左氏膏肓、公羊墨守、穀梁廢疾。鄭康成箴膏肓，發墨守，起廢疾，自是左氏大興。

此節略據舊文以明左氏授受之事。自左丘明作傳授曾申，至荀卿授張蒼，本於劉向别録。見左傳疏引。自蒼傳賈誼，至賈護授蒼梧陳欽，與漢書儒林傳文稍有異同。而序録首詳左丘明至陳欽師弟相傳之序，次引儒林傳文以足之者，明上述之文亦有所本也。賈徽傳其子逵，陳欽傳其子元，鄭興傳其子衆，孔奮傳其子嘉，馬融、延篤、服虔、潁容、何休，並見後漢書本傳。王朗、王基、董遇、周生烈，並見魏志。李譔，字欽仲，見蜀志。彭汪、許淑，亦見杜序孔疏。此足與序録相證者也。按：左氏再傳而得吴起，起説「元年」之義，見於説苑。鐸椒有鐸氏微三篇，虞卿有虞氏微傳二篇，别録所謂鈔撮者也。張蒼受自荀卿，志有張氏微十篇，沈欽韓疑張蒼作。漢興而獻春秋左氏傳，此西京中祕有春秋古經及左傳之始，蓋當高帝之時，故漢廷謨誥皆引其文。其行於民間者，則張蒼作曆譜五德，見史記十二諸侯年表。賈誼作訓故。見漢書儒林傳。賈氏世傳其業，序録言「誼傳至其孫嘉」，史記賈生傳亦曰「孫嘉最好學，世其家」，即世傳左氏也。誼兼授貫公。貫公爲獻王左氏博士。及太史公紬金匱石室之藏，讀春秋古文，又問故於通人，故史記述左氏特詳，蓋祕府所藏之書，賈、孔所傳之説，惟史遷能綜貫之也。貫公傳子長卿，授張禹。禹傳尹更始。更始通穀梁，又受左氏，取其變理合爲章句，以傳子咸及翟方進、胡常、房鳳。方進授田終術。常授賈護。護授陳欽。欽授賈嚴、王莽。又長卿授張敞。敞傳子吉。吉傳杜鄴、杜竦。大抵尹更始以下以左氏通穀梁；自張竦以下以左氏通公羊，不雜穀梁之説。其傳左氏學而授受不詳及異家而兼通左氏義者尚多有之。此左氏學大行於西漢之明驗，即歆、莽以前亦班班可考如是也。逮成帝陳發祕藏，校理舊文，以考學官所傳，經或脱簡，傳或閒編，而俗儒懷嫉妬，挾恐見破之私意，謂左氏爲不傳春秋。劉歆争之，雖爲衆儒所絀，而成、哀以降，若王龔、王舜、崔發等均通左氏傳，濡染已久，故迄平帝之世，遂立學官。而桓譚、杜林、賈徽、孔奮之徒通習左氏經傳，均當西漢季年，遂啓東漢古文之學。此西漢左氏廢興大略也。以上畧本劉師培説。（批注：姚：「劉歆有春秋左氏條例及章句，漢書本傳云『由是章句義理備焉』，義理即條例，左氏有條例自歆始。）鄭興少學公羊春秋，晚善左氏傳，積精深思，通達其旨。天鳳中，將門人從劉歆講正大義，歆美興才，使撰條例、章句、訓詁，及校三統曆。子衆從父受，作春秋難記條例，後又受詔作春秋删十九篇。（批注：公羊序疏云：「衆作長義十九條，專論公羊之短，左氏之長，但不與讖合，帝王不信。」）陳元少傳父業，爲之訓詁，鋭精覃思。建武初，元與桓譚、杜林、鄭興俱爲學者所宗。時議欲立左氏，范升以爲淺末不宜立，元上疏争之，辨難十餘上，帝卒立之。太常選博士四人，元爲第一，帝以元新忿争，乃用其次李封。諸儒以左氏之立，論議讙譁，會封病卒，左氏復廢。賈徽從劉歆受左氏春秋。逵傳父業，尤明左氏傳、國語，爲解詁五十一篇。左氏三十篇，國語二十一篇也。肅宗使出左氏大義長於二傳者，逵條奏之曰「摘出左氏三十事尤著明者，其餘同公羊者十有七八」云。馬融嘗欲訓左氏春秋，及見賈逵、鄭衆注，乃曰：「賈君精而不博，鄭君博而不精，既精既博，吾何加焉？」但著三傳異同説。延篤少從潁川唐溪典受左氏傳，又從馬融受業，論解經傳多所駁正，後儒服虔等以爲折中。序録稱篤受賈逵孫，未詳所據。何休作春秋公羊解詁，又以春秋駁漢事六百餘條，妙得公羊本意，與其師博士羊弼追述李育意以難二傳，作公羊墨守、左氏膏肓、穀梁廢疾。鄭玄後乃發墨守，鍼膏肓，起廢疾。休見而歎曰：「康成入吾室，操吾戈，以伐我乎？」此據御覽引玄别傳。以上俱約後漢書各本傳文。服虔作左氏傳解，又以左傳駁何休之所駁漢事六十條。潁容著春秋左氏條例五萬餘言。王朗師太尉楊賜，著易、春秋、孝經、周官傳。周生烈、董遇亦歷注經傳，頗傳於世。遇又善左氏傳，爲作朱墨別異。王基據持鄭義，常與王肅抗衡。李譔著古文易、尚書、毛詩、三禮、左氏傳，皆依準賈、馬，異於鄭玄，與王氏殊隔，而意歸多同。以上俱約三國志文。此後漢、魏初左氏漸興之狀，且據序録所舉者疏之，餘未能具也。覈而論之，鄭、賈當古學始興之時，冀幸立學，以與公羊家相抗，又漸染俗説，弗能棄捐。鄭衆雖作長義十九條，十七事專論公羊之短，左氏之長。賈逵亦作長義四十一條，以爲公羊可奪，左氏可興，猶謂左氏同公羊者什有七八。服、鄭之倫頗同此比。迄於魏晉，則以劉、賈、許、潁最爲名家。至杜預撰集解，簡二傳，去異端，舉四家之失違，明姬、孔之條貫，於是漢師怪迂之談，亦庶幾少息矣。

漢初，立公羊博士。宣帝又立穀梁。平帝始立左氏。後漢建武中，以魏郡李封爲左氏博士，羣儒蔽固者數廷争之，及封卒，因不復補。和帝元興十一年，鄭興父子奏上左氏，乃立於學官，仍行於世，迄今遂盛行，二傳漸微。江左中興，立左氏傳杜氏、服氏博士，太常荀崧奏請立二傳博士，詔許立公羊，云：「穀梁膚淺不足立博士。」王敦亂，竟不果行。左氏今用杜預注，公羊用何休注，穀梁用范甯注。二傳近代無講者，恐其學遂絶，故爲音以示將來。

此明三傳立學興衰之迹。漢書儒林傳贊：「初，春秋公羊而已，孝宣世立穀梁，平帝時又立左氏。」劉歆移讓太常博士書同。後漢十四博士，春秋公羊有嚴、顔二家，後漢儒林傳及續漢百官志。復立春秋左氏及穀梁博士，未幾而廢。左氏博士李封見陳元傳，序録本之，前已具疏。光武皇帝亦立穀梁博士，見賈逵上疏。蓋終漢之世，古文竟不久立也。魏文帝時立穀梁。文帝紀。自王肅注行，則以王注與服注並立。自杜預注行，則以杜注與王注並立，皆左氏傳也。江左中興。荀崧請置公、穀博士，因難未果。見晉書荀崧傳。北史儒林傳序曰：「河北諸儒能通春秋者，並服子慎所注，河外儒生俱服膺杜氏，其公羊、穀梁二傳，儒者多不厝懷。」蓋漢世唯立今文，而公羊尤盛；左氏暫立旋罷，而大盛於民閒。魏晉之際，左氏孤行。江左以還，南則多用杜義而閒習服書，北則盛講服書而旁及杜義。至隋唐專用集解，而一切都廢矣。序録云：「二傳近代無講者。」隋志亦言：「晉時，公羊、穀梁但試讀文，而不能通其義。今殆無師説。」

序録又稱「和帝元興十一年，鄭興父子奏上左氏」云云，左傳正義略同。按：鄭衆卒於章帝建初八年，興卒猶在其前；和帝元興元年崩，亦無十一年。錯繆已甚，竟不審其何據。錢大昕以正義爲傳寫之譌。

士燮注春秋經十一卷。字彦威，蒼梧人，吴衛將軍、龍編侯。

吴志本傳：「燮師事潁川劉子奇，治左氏春秋，爲之注解。袁徽與荀彧書曰：『士府君玩習書傳，春秋左氏傳尤簡練精微，吾數以咨問傳中諸疑，皆有師説。又尚書兼通古今，大義詳備。聞京師古今之學，是非忿争，欲條左氏、尚書長義上之。』其見稱如此。」隋志十一卷，唐志十一卷。

賈逵左氏解詁三十卷。

隋、唐志同。賈、服遺説，史記集解、索隱、諸經正義、文選李注等稱引頗多，王應麟始輯之。清儒采摭尤備，洪亮吉、李貽德等並爲之疏釋。賈氏又有長義，隋、唐志並著録。（任校：隋、唐志均作「春秋左氏長經。」）今皆有輯本。

服虔解誼三十卷。

後漢書本傳祇言作左氏傳解。世説新語則謂鄭玄欲注未了，盡以與之。似服説多本鄭義也。隋志：「三十一卷，唐志三十卷。成長説九卷，唐志七卷。膏肓釋痾十卷，唐志五卷。塞難三卷。」唐志同。清儒多有輯録。隋志又云：「梁有春秋漢議駁二卷，亡。」

王肅注三十卷。

隋、唐志同。今有輯本。左氏哀六年傳：「夏書曰：『今失其行，亂其紀綱。』」正義曰：「賈、服、孫、杜皆不見古文，解爲夏桀之時，唯王肅云太康時也。」王注尚書多是孔傳，疑肅見古文，匿之而不言也。」尚書大題疏説同。

按：孔疏以王見古文，非也。然王義多異，於此可見一斑。

董遇章句三十卷。

隋、唐志同。今有輯本。

杜預經傳集解三十卷。字元凱，京兆杜陵人，晉鎮南大將軍、開府儀同三司、當陽穆侯。

晉書本傳：「預耽思經籍，爲春秋左氏經傳集解，又參考衆譜第，爲之釋例。又作盟會圖、春秋長曆，備成一家之學，比老乃成。當時論者謂預文義質直，世人未之重，唯摯虞賞之，曰：『左丘明本爲春秋作傳，而左傳遂自孤行。釋例本爲傳設，而所發明何但左傳，故亦孤行。』」名爲「集解」者，分經之年與傳相附，各隨而解之，故名經傳集解，與何晏論語集解異撰。見行孔穎達正義六十卷，單疏三十六卷。其自序曰：「爲義疏者，有沈文何、蘇寬、劉炫。沈氏於義例粗可，於經傳極疏；蘇氏不體本文，唯旁攻賈、服；劉炫於數君之内，實爲翹楚。今據以爲本，其有疏漏，以沈氏補焉。若兩義俱違，則特申短見。」是沈、劉爲孔疏所本也。清儒好言復古，每攻難杜義而上申賈、服。唯餘杭章君以漢儒猶依違二家，横爲穿鑿，而魏晉諸師則有刊剟異言之績。此守文者所不達也。清中葉，儀徵劉文淇擬輯舊注，采近説，下己意以爲新疏，草創四十年，長編已具。其子毓崧思卒父業，未果。孫壽曾發憤繼述，竟絶筆於襄公四年。今草稿尤存其家。

孫毓注二十八卷。

隋志：「義注十八卷，唐志三十卷。賈服異同略五卷。」唐志同。今有輯本。

杜預春秋釋例十五卷四十篇。

是書自隋志而後，並著於録，至明而軼。唯永樂大典中尚存三十篇，並有唐劉蕡原序，其六篇有釋例而無經傳，餘亦多有脱文。清人編録四庫書，始據大典爲本，並取正義及諸書所引以補之，釐爲四十六篇，仍分十五卷，以還其舊云。

服虔音一卷，魏高貴鄉公音三卷，曹髦字士彦，魏廢帝。嵇康音三卷，字叔夜，譙國人，晉中散大夫。杜預音三卷，李軌音三卷，荀訥音四卷，字世言，新蔡人，東晉尚書左民郎。徐邈音三卷。

隋志列嵇康、李軌、徐邈三家音，服虔、高貴鄉公，曹耽、荀訥四家，則云梁有，亡。而唐志猶列曹、荀、服、杜、李、徐、王元規音。今唯曹耽、荀訥不見稱引。

顔氏家訓曰：「孫叔言創爾雅音義，是漢末人獨知反語。至於魏世，此事大行，高貴鄉公不解反語，以爲怪異。」今按：左傳釋文引高貴鄉公反音一事，或本爲比況之音，而後人依聲類作之，舊音類此者多矣。

魏廢帝及嵇康有紀、傳。荀訥爲庾亮征西掾，穆帝時爲太常博士，領國子祭酒，通典多引其議禮之文。

右左氏。

梁東宫學士沈文何撰春秋義疏，闕下袟，陳東宫學士王元規續成之。元規又撰春秋音。南史儒林傳：「文阿字國衡，「阿」、「衡」名字相應，序録、正義並作「文何」，誤。峻之子。「少習父業，研精章句。通三禮、三傳。所撰禮儀八十餘條，春秋、禮記、孝經、論語義記七十餘卷，經典大義十八卷，並行於時」。「王元規字正範，少從文阿受業。自梁代諸儒相傳爲左氏學者，皆以賈、服駁杜，凡一百八十條，元規引證通析，無復疑滯。著春秋發題辭及義記十一卷，續經典大義十四卷，孝經義記兩卷，左傳音三卷，禮記音兩卷」。據此，則沈、王二子皆杜氏禦侮之臣也。隋志：沈氏經傳義略二十五卷，王續四卷。（任校：隋志作「十卷」。）唐志唯録沈氏二十七卷，蓋通王續者計之也。今有輯本。

何休注公羊十二卷。

本傳稱休坐陳蕃廢錮，「乃作春秋公羊解詁，覃思不闚門者十有七年。其鋭精墨守如此」。又公羊徐疏云何氏作墨守、廢疾、膏肓，「在注傳之前，猶鄭君先作六藝論迄，然後注書」也。見行徐彦疏二十八卷，徐爲唐以前人。公羊疏崇文總目始著録，董逌云世傳徐彦所作。承仕别有詳説。（任校：先生有公羊徐疏考，見師大國學叢刊第一卷第一期。）清儒陳立作新疏。（批注：日本見在書目及宋志僅存膏肓十卷，崇文總目云「休答賈逵事」。）

王愆期注十二卷。字門子，河東人，東晉散騎常侍、辰陽伯。

晉書王接傳：「接常謂左氏辭義贍富，自是一家書，不主爲經發。公羊附經立傳，於文爲儉，通經爲長」，何休黜周王魯，大體乖硋。乃更注公羊春秋，多有新義。子徇期緣父本意，更注公羊。」按：徇期以傳稱「文王」者，斥孔子，非周昌，是與何異而怪迂則同也。隋志十三卷，唐志十二卷。「梁有論二卷，庾翼問，王徇期答，亡」。唐志二卷。

高龍注十二卷。字文，范陽人，東晉河南太守。

隋志云：梁有，亡。唐志十二卷，「龍」作「襲」。

孔衍集解十四卷。字舒元，魯人，東晉廣陵相。

晉書本傳：「衍經學深博，博覽過於賀循，凡所撰著百餘萬言。」左傳正義引孔本公羊傳文與何本異，其佚文可見者止此。隋志云：梁有，亡。唐志十四卷，云「孔氏注」。

李軌音一卷，江惇音一卷。

隋志云：梁有，亡。

右公羊。

尹更始穀梁章句十五卷。

漢志「章句三十三篇」，無作者主名。隋志云：梁有，亡。唐志十五卷。今有輯本。按：西京章句之學傳世者蓋寡，尹氏之書不應訖唐猶完好無闕也。疑後儒間有附益，非其本真。

唐固注十二卷。字子正，丹陽人，吴尚書僕射。

吴志闞澤傳：「固修身積學，稱爲儒者。著國語、公羊、穀梁傳注，講授常數十人。」韋昭國語解所稱爲「唐尚書」者也。隋志十三卷，唐志十二卷。

麋信注十二卷。字南山，東海人，魏樂平太守。

隋、唐志同。又有春秋説要、理何氏漢議等書，則繼鄭玄、服虔而作者也。今有輯本。姚振宗曰：「糜信不見於史，似即糜竺、糜芳之同族，東海朐人也。」

孔衍集解十四卷。

隋志同。唐志十三卷。

徐邈注十二卷。

晉書本傳稱：「邈所注穀梁傳見重於時。」隋志有傳注十二卷，唐志同。傳義十卷。唐志同。（任校：舊唐志作「十二卷」，新唐志同。）答義三卷。唐志無。唐志有音一卷。馬國翰輯本序曰：「范爲集解，引述獨多，則以其書辭理典據實有可觀；亦以爲豫章時，采問風教，邈與寧書，極論諸曹，心折有素。序所謂『二三學士』者，徐其選也。」按：據范甯本傳，徐邈注穀梁在范氏之後，范所引者蓋其口義耳。馬説未諦。

徐乾注十三卷。字文祚，東莞人，東晉給事中。

隋志云：梁有，亡。唐志十三卷。乾，太元中太學博士，安帝時進給事中，見通典引。

范甯集注十二卷。

晉書本傳：「甯以春秋穀梁氏未有善釋，遂沈思積年，爲之集解。其義精審，爲世所重。既而徐邈復爲之注，世亦稱之。」其自序曰：「左氏有服、杜之注，公羊有何、嚴之訓。釋穀梁傳者雖近十家，皆膚淺末學，不經師匠，辭理典據既無可觀，又引左氏、公羊以解此傳，文義違反，斯害也已。於是商略名例，敷陳疑滯，乃與二三學士及諸子弟，各記所識，並言其意，各記姓名，名曰集解。」注中所稱「泰曰」、「邵曰」、「雍曰」、「凱曰」者，皆其諸子也。見行楊士勛疏二十卷。

段肅注十二卷。不詳何人。

隋志十四卷，注云：「疑漢人。」唐志有段氏注十三卷。惠棟曰：「班固奏記東平王云：『弘農功曹史殷肅，達學洽聞，才能絶倫。』章懷注云：『固集「殷」作「段」。』然則殷肅即段肅也。史通言肅與晉馮嘗撰史記，以續史遷之書。」

胡訥集解十卷。

隋志：「春秋三傳評十卷。唐志同。梁有春秋集三師難三卷，春秋集三傳經解十卷，今亡。」唐志：「三傳經解十一卷。」册府元龜云：「字子言，爲尚書左侍郎。」

右穀梁。

孝經者，孔子爲弟子曾參説孝道，因明天子庶人五等之孝、事親之法。

史記仲尼弟子傳：「孔子以曾參爲能通孝道，故授之業，作孝經」。藝文志云：「孝經者，孔子爲曾子陳孝道。」此序録所本也。漢儒皆以孝經爲孔子作，故緯書稱孔子曰：「吾志在春秋，行在孝經。」又云：「丘以春秋屬商，孝經屬參。」而鄭氏且以孝經爲六藝之總會矣。後儒覈其文製，謂與大學、中庸、孔子閒居、仲尼燕居、坊記、表記諸篇同流，爲七十子後學者之遺書。其出稍後於論語，而制作本意自孔子，則謂孔子作亦可也。經有天子、諸侯、卿大夫、士、庶人五章，故云明「五等之孝」。

亦遭焚燼，河間人顔芝爲秦禁，藏之。漢氏尊學，芝子貞出之，是爲今文。長孫氏、博士江翁、少府后蒼、諫大夫翼奉、安昌侯張禹傳之，各自名家。凡十八章。又有古文，出於孔氏壁中，別有閨門一章，自餘分析十八章，總爲二十二章，孔安國作傳。劉向校書，定爲十八。後漢馬融亦作古文孝經傳，而世不傳。

此節略述孝經古、今文出處及授受源流也。序録謂今文傳自顔芝，與隋志同。邢疏亦用其説。古文孝經與古文尚書同出於孔壁，則漢志有明文。又許沖上書曰：「古文孝經者，孝昭帝時魯國三老所獻。」是謂文出孔壁而獻自三老。此古、今文出處不同，一也。志列古孔氏一篇，二十二章。劉向云：「庶人章分爲二，曾子敢問章爲三，又多一章，凡二十二章。」又列孝經一篇十八章，長孫氏、江氏、后氏、翼氏四家。此今文經。所云庶人章與今本同；曾子敢問即今聖治章。又多一章，後儒謂所多者即閨門章，疑莫能明也。桓譚云：「古孝經千八百七十二字，今異者四百餘字。」志云：「『父母生之，續莫大焉』，『故親生之膝下』，諸家説不安處，古文字讀皆異。」此古、今文章句文字之異，二也。劉向校書，以顔本比古文，除其繁惑，以十八章爲定。鄭衆、馬融並爲之注，又有鄭氏注，相承以爲鄭玄。此隋志所述，與序録同。竊意鄭、馬爲古文家，而注本皆從劉校十八章爲定。則二十二章之本世所不行，三也。孔安國雖悉得古文書，而自始無作傳之事。家語後序云孔安國爲孝經傳二篇，王肅説不足信。隋志列古文孝經一卷，云：「孔安國傳。梁末亡逸，今疑非古本。」所云「梁末亡逸」者，當是魏晉間之僞書；云「今疑非古本」者，當即劉炫得本於王孝逸、王劭而自作閨門章之僞書。清乾隆間汪翼滄得自日本者，則又本於劉炫而略有變易之僞書。是古文孔傳有三，其出益晚者，其僞益甚，四也。邢疏云：「劉向以十八章爲定而不列名。」而顔注漢書引劉云庶人章、曾子敢問章者，蓋劉向摘取章中文句以便稱説，非別作章名如「開宗明義」、「聖治」、「感應」之等也。然則章名何自昉乎？丁晏疑漢末人爲之，歸有光、吕維祺謂章名乃皇侃所標。陳漢章從其説。按：抱朴子仁明篇曰：「唐堯以『欽明』冠典，仲尼以『明義』首篇。」是晉時已有章名之證，不待皇侃作之，五也。至劉炫定僞孔傳，在開皇十四年後。詳見隋志、邢疏及司馬貞駁議。陸氏撰釋文時不得豫知其事，故不能言也。

世所行鄭注相承以爲鄭玄。案鄭志及中經簿無，唯中朝穆帝集講孝經，云以鄭玄爲主。檢孝經注與康成注五經不同，未詳是非。江左中興，孝經、論語共立鄭氏博士一人。古文孝經世既不行，今隨俗用鄭注十八章本。

後漢書本傳雖有鄭注孝經之文，(批注：章懷注云：「謝承書不言注孝經，唯此書獨有。」)自晉中經簿以下，有孝經鄭氏注而不題玄名。晉永和及太元中，再聚羣臣，共論經義，有荀昶者，撰集孝經諸説，始以鄭氏爲宗。晉末以來，多有異端，陸澄以爲非玄所注，請從黜廢，王儉不依其請，遂得見傳。至魏、齊雖立學官，而世儒每加非議。隋開皇中，僞孔行世。唐開元七年敕議之際，劉子玄立十二證以明鄭注非玄，其言甚辨。司馬貞昌言排擊，始得與僞孔並行。至十年後，明皇自注孝經，頒於天下，以十八章爲定。宋時作疏，又用唐注。於是鄭、孔二家皆不行用。訖於宋末，而鄭注亦佚不完矣。鄭注南宋尚存，見景定建康志三十三。（批注：宋志有之，日本見在書目有之。洪頤煊、王謨皆輯之。）清儒臧庸、陳鱣始裒輯之，而以嚴可均所撰録爲尤備。近人皮錫瑞依據嚴輯，爲之作疏，扶微輔弱，亦足多云。

孔安國、馬融、鄭衆、鄭玄、王肅、蘇林，字孝友，陳留人，魏散騎常侍。何晏，字平叔，南陽人，魏吏部尚書、駙馬都尉、關内侯。劉邵，字孔才，廣平人，魏光禄勳。一云劉熙。韋昭，字弘嗣，吴郡人，吴侍中領左國史、高陵亭侯。爲晉諱，改爲曜。徐整、謝萬、孫氏，不詳何人。揚泓，天水人，東晉給事中。袁宏，字彦伯，陳郡人，東晉東陽太守。虞槃佑，字弘猷，高平人，東晉處士。庾氏，不詳何人。殷仲文，陳郡人，東晉東陽太守。車胤，字武子，南平人，東晉丹陽尹。荀昶，字茂祖，潁川人，宋中書郎。孔光，字文泰，東莞人。何承天，東海人，宋廷尉卿。釋慧琳，秦郡人，宋世沙門。王玄載，字彦運，下邳人，齊光禄大夫。明僧紹。

孔、馬、二鄭注孝經始末前已具疏。隋志：「古文孝經一卷，孔安國傳。梁末亡逸，今疑非古本。」蓋劉炫所傳僞本也。唐志一卷。又：「孝經一卷，鄭氏注。」又：「梁有馬融、鄭衆注二卷，亡。」唐志：鄭玄注一卷。

王肅注孝經，本傳無文。劉子玄議稱肅孝經傳首有司馬宣王之奏云：「奉詔令諸儒注述孝經，以肅説爲長。」隋、唐志並一卷。今有輯本。

蘇林博學，多通古今字指，凡諸書傳文間危疑，林皆釋之。黄初中，爲博士給事中。景初中，詔撰科郎吏高才解經義者，從林等分授四經、三禮。見高堂隆傳及劉邵傳注。隋志云：梁有，亡。唐志一卷。

何晏敏慧博學，精練名理。劉邵正始中執經講學，又撰皇覽、法論、人物志諸書。韋昭作洞紀，辨釋名，解國語，注漢書，與徐整俱爲吴國名儒。何、劉、韋俱見三國志。徐整詳前疏。隋志有韋昭解讚一卷，徐整默注一卷。唐志亦有。又云：「梁有魏何晏、劉卲注各一卷，亡。」今有韋注輯本。

謝萬，晉書有傳。隋志列集解一卷。唐志、注一卷。今有輯本。

孫氏，序録：「不詳何人。」隋志云：「梁有孫氏注一卷，亡。」唐志有孫熙注一卷，或以熙爲孫氏之名。

楊泓、虞槃佑，隋志作「槃佐」，是。庾氏、車胤、孔光、何承天、釋慧琳、王玄載、明僧紹等，遺説皆無可考。隋志僅有慧琳注一卷，唐志無。其餘各家，並「梁有，今亡」。唐志有虞、孔注各一卷，又「講孝經義四卷，車胤等撰」。疑此亦後儒所集，故題云「車胤等」。

袁宏，晉書有傳，無注孝經之文。隋、唐志亦不著録。邢疏五刑章引之。

殷仲文，晉書有傳。隋志云：「梁有，亡。」唐志仍列之。今有輯本。

宋書荀伯子傳：「族弟昶，元嘉初以文義至中書郎。」劉議稱「永和十一年及太元元年，再聚羣臣，集論經義，荀昶撰集孝經諸説，始以鄭氏爲宗」。按：永和十一年，即序録所云穆帝集講，以鄭爲主是也。至宋元嘉元年，凡七十三年，荀昶恐不相及。蓋昶仕於晉孝武之世，太元元年集議孝經，當身與其事，宋初爲中書郎，則年在六十左右矣。隋志有「集議孝經一卷，晉中書郎荀勗撰」。勗爲晉室佐命之臣，開府封侯，卒於武帝之末，嘗撰中經簿，初無集議孝經之事。然則隋志「荀勗」爲「荀昶」之誤，居然可知。姚振宗説同。

右並注孝經。

皇侃撰義疏。先儒無爲音者。

皇疏，隋、唐志並三卷，今有輯本。

孝經文句簡易，亦無難字，讀之易過，故先儒不爲作音。

論語者，孔子應答弟子及時人所言，或弟子相與言而接聞於夫子之語也。當時弟子各有所記。夫子既終，微言已絶。恐離居已後，各生異見，而聖言永滅，故相與論撰，因輯時賢及古明王之語，合成一法，盧校云：「法」疑「秩」之譌。謂之論語。鄭康成云：仲弓、子夏等所撰定。

此略本藝文志義以明論語緣起。志又云：「門人相與輯而論纂，故謂之論語。」似論語所記專述言辭，實則兼記行事，故王充曰：「論語者，弟子共紀孔子之言行。」皇侃發題亦云：「門人痛微言一絶，景行莫書，於是僉陳往訓，各記舊聞，撰爲此書。成而實録，上以尊仰聖師，下以垂軌萬代。」劉知幾以論語記言，家語記行，非通論也。撰論語者，鄭玄以爲仲弓、游夏之倫；釋文又引鄭玄云：「仲弓、子游、子夏等撰。」論語緯以爲子夏等六十四人；傅子亦云「仲弓之徒追論」；唐宋諸儒閒有揣測之説。要以班志所述爲得其實。

漢興，傳者則有三家：魯論語者，魯人所傳，即今所行篇次是也。常山都尉龔奮、長信少府夏侯勝、丞相韋賢及子玄成、魯扶卿、鄭云扶先，或説先先生。太子少傅夏侯建、前將軍蕭望之並傳之，各自名家。齊論語者，齊人所傳，別有問王、知道二篇，凡二十二篇，其二十篇中，章句頗多於魯論。昌邑中尉王吉、少府宋畸、琅邪王卿、御史大夫貢禹、尚書令五鹿充宗、膠東庸生並傳之，唯王陽名家。古論語者，出自孔氏壁中，凡二十一篇，有兩子張，如淳曰：「分堯曰篇後子張問『何如可以從政』以下爲篇，名曰從政。」篇次不與齊、魯論同。新論云：「文異者四百餘字。」孔安國爲傳，後漢馬融亦注之。

此節略據藝文志及舊説以明三家傳授之事。按：坊記引「論語曰：三年無改於父之道」，則論語之稱古而有之。然其所包甚廣，如三朝記、仲尼閒居、孔子燕居及家語、孔子徒人圖法之倫悉得名爲論語。故王充言論語有「數十百篇」也。漢興，魯人所傳二十篇，謂之魯論；齊人所傳二十二篇，謂之齊論。魯最先行而齊論次之。至景、武之際，魯共王壞孔壁而得古文論語二十一篇，孔安國受之，以授扶卿。自是論語之名始有限局，論語之學始有專師，故王充曰「孔教扶卿，始曰論語」也。魯論二十篇，即今所行篇次是也。古論文字異者四百有奇，又分今堯曰篇子張問從政以下爲一篇，則爲二十一篇。齊論二十二篇，其二十篇與魯同，而章句頗多於魯，何晏集解序説。所多問王、知道二篇則二家所無也。魯夏侯、安昌侯説並爲二十一篇，蓋猶存古論舊目；唯王駿説爲二十篇，頗似兩子張之合自駿始。駿父吉本傳齊論，而駿爲魯説，安昌侯受魯論，亦兼講齊説。蓋齊多二篇，斯爲巨異。此外章句訓詁則三家師説錯互實多，殆所謂「左右采獲牽引以次章句」者也。略參餘杭章先生説。孔安國爲古論作傳，史漢無文，何晏集解序始言安國爲之訓説而世不傳，而集解頗引孔傳文，未詳其所自出也。劉台拱、陳鱣、臧庸等始疑之，沈濤又專爲一書以明其僞。愚意孔傳雖未足恃，然魏初已有其書，沈氏謂何晏所自爲，蓋考之未諦耳。

安昌侯張禹受魯論於夏侯建，又從庸生、王吉受齊論，擇善而從，號曰張侯論，最後而行於漢世。禹以論授成帝。後漢包咸、字子長，吴人，大鴻臚。周氏不詳何人。並爲章句，列於學官。

皇疏發題引别録云：「晚有安昌侯張禹，就建學魯論，兼講齊説，擇善而從，號曰張侯論，爲世所貴。」何序説略同。此爲序録所本。漢書本傳云：「禹先事王陽，後從庸生，采獲所安，爲論語章句，最後出而尊貴。諸儒爲之語曰：『欲爲論，念張文。』由是學者多從張氏，餘家寖微。」沈欽韓曰：「王、庸皆爲齊論，而藝文志直係張禹於魯論下，志、傳不相蒙。」按：王吉爲齊論，而其子駿受之，則爲魯説，是齊、魯參也。張禹本從夏侯建受魯學，又從王庸受齊學，而爲説二十一篇，則又用古論篇次，是兼采三家而以魯爲主，故志系之魯也。傳不言從建學者，文不具耳，何不相蒙之有？隋志云：「禹删其繁惑，除去問王、知道二篇。」後漢書儒林傳：「包咸，字子良，師事博士右師細君，習魯詩、論語。建武中，授皇太子論語，又爲其章句。子福，亦以論語授和帝。」周氏，皇序亦云「不悉其名」。（批注：姚：「王肅傳注以爲周生烈。按：蔡邕石經已載包、周。烈，魏人，未必如蔡説也。」）

趙岐孟子題辭云：「孝文皇帝論語、孝經、爾雅、孟子皆置博士，後罷傳記博士，獨立五經。」蓋孝經、論語漢人所通習，有受孝經、論語而不受一經者，無受一經而不先受孝經、論語者，故五經既立，不須爲二書别立博士也。

序録稱「列於學官」，謂當時行用者爲張侯論及包、周之章句耳，與五經博士異撰。

鄭玄就魯論張、包、周之篇章，考之齊、古，爲之注焉。

論語釋文又云：「鄭校周之本以齊、古讀正，凡五十事。」今以釋文及舊寫鄭注殘卷校之，得二十七事。釋文二十四，寫本三。皆以古校魯而以古爲埻，未見有齊論與魯、古異讀者。或齊論初無異本，非同於魯則同於古耳。蓋張侯據魯爲本，而擇齊、古之善者而從之。鄭玄又據張本，而復以齊、古校之，則謂之張論、鄭論可也。三家之辨於是益微矣。鄭氏又撰論語孔子弟子目録一卷，見隋志。

魏吏部尚書何晏集孔安國、包咸、周氏、馬融、鄭玄、陳羣、字長文，潁川人，魏司空。王肅、周生烈燉煌人，七録云字文逢，本姓唐，魏博士侍中。之説，並下己意爲集解，正始中上之，盛行於世，今以爲主。

何晏集解序云：「近故司空陳羣、太常王肅、博士周生烈皆爲之義説。前世傳受師説雖有異同，不爲之訓解。中間爲之訓解，至于今多矣，所見不同，互有得失。今集諸家之善説，記其姓名，有不安者，頗爲改易，名曰論語集解。孫邕、鄭沖、曹羲、荀顗、何晏等上。」晉書鄭沖傳云沖與孫、何、曹、荀等共集。皇侃云：「何晏集季長等七家，謂與鄭、包、周、陳、王、周生爲七家。又採古論孔注，又自下己意，即今所重者。今日所講即是魯論，爲張侯所學，何晏所集者也。張侯參用三家，以魯爲本，鄭玄更爲校注，至何晏采獲師説，爲之集解，正始中上之。」邢昺疏同。即今所行皇、邢疏本是也。魏末，王肅注嘗立博士。隋志云：「何晏爲集解，是後諸儒多爲之注，齊論遂亡。古論先無師説，梁、陳之時，唯鄭、何立於國學，而鄭氏甚微。周、齊鄭學獨立。至隋何、鄭並行，鄭氏盛於人間。」而皇疏陸序並云何解爲世所重者，亦猶易有鄭、王，書有鄭、孔，左氏有鄭、杜，江南河北風氣固殊焉。

何序曰：「近故司空陳羣、太常王肅、博士周生烈皆爲義説。」邢疏曰：「此敘魏時注説論語之人也。年世未遠，人已殁故，是『近故』也。」按：陳羣卒於青龍四年，在正始前。周生烈卒年今雖無考，若王肅則卒於甘露元年，距曹爽之難已八年矣，然則「近故」專斥陳羣，不得下包王肅、周生烈也。邢疏未爲分了。

周生烈見王朗傳，亦蘇林、董遇之流也。此引七録云字「文逢」，邢疏引作「文逸」。

鄭玄注十卷。

隋志同，唐志作「釋義」。宋志不著録，其亡逸久矣。惠棟、陳鱣、王謨、馬國翰、孔廣林、臧庸、丁杰、宋翔鳳等並有輯本。近來敦煌及日本唐寫殘卷日有發見，皆爲清儒所不見，友人孫人和嘗録爲一書，鄭注全文，蓋已十得六七矣。

王肅注十卷。

隋志云：梁有，亡。唐志十卷。今有輯本。

虞翻注十卷。

吴志本傳云：「翻爲老子、論語、國語訓注傳於世。」隋志云：梁有，亡。

何晏集解十卷。

隋、唐志同。今有皇疏、邢疏二本。

譙周注十卷。字允南，巴西人，晉散騎常侍不拜，陽城亭侯。

譙周耽古篤學，誦讀典籍，研精六經，事狀見蜀志本傳。隋志云：「梁有論語注十卷，亡。」續漢志劉昭注及釋文一引之。今有輯本。

衛瓘注八卷。少二卷，宋明帝補闕。

衛瓘已見前。宋書明帝紀：「(帝)好讀書，愛文義，在藩時，撰江左以来文章志，又續衛瓘所注論語二卷，行於世。」隋志云：梁有，亡。今有輯本。

崔豹注十卷。字正熊，燕國人，晉尚書左中兵郎。(任校：隋志正文「八卷」，「梁十卷」。)

世説新語注引晉百官名曰「惠帝時官至太府丞」，册府元龜云「豹爲尚書左丞」，疑其歷官如此。序録所署與隋志同，或其卒官也。隋志作「集義十卷」，唐志作「大義解十卷」。

李充集注十卷。東晉人。

李充，字弘度，分典籍爲四部，甚有條貫，注尚書及周易旨六篇、釋莊論二篇行於世，事狀見晉書本傳。隋、唐志俱十卷，與序録同。隋志又云：梁有釋一卷，亡。裴駰史記集解、釋文、皇疏、邢疏皆引之。今有輯本。

孫綽集注十卷。字興公，太原人，東晉廷尉卿、長樂亭侯。

孫綽，晉書有傳。隋、唐志並作「集解」。皇疏、釋文皆引之。今有輯本。

盈氏注十卷。不詳何人。

隋志云：梁有，亡。唐志作「集義十卷」。

孟整注十卷。一云孟陋。陋字少孤，江夏人，東晉撫軍參軍不就。

孟陋博學多通，長於三禮，注論語，行於世，見晉書隱逸傳。隋志作「孟釐」，云：梁有，亡。唐志九卷。

梁覬注十卷。天水人，東晉國子博士。

隋志云：梁有，亡。唐志十卷。皇疏引「梁冀」説二事。馬國翰曰：「冀、覬音義相近，故通用，非漢之跋扈將軍也。」今有輯本。

袁喬注十卷。字彦叔，陳國人，東晉益州刺史、湘西簡侯。

晉書袁瓌傳：「子喬，字彦叔，博學有文才，注論語，行於世。」隋志云：梁有，亡。唐志十卷。今有輯本。

尹毅注十卷。

尹毅有禮記音，已見前。隋志云：梁有，亡。

江熙集解十二卷。

江熙有毛詩注，已見前。隋、唐志並十卷。江氏所集各家姓氏皇疏具列之，後當詳説。

張馮注十卷。字長宗，吴人，東晉司徒左長史。

張馮見晉書劉惔傳，簡文帝歎爲「勃窣理窟」者也。隋志云：梁有，亡。唐志十卷。（任校：舊唐志無張馮，有論語釋十卷，不具撰人。新唐志有張氏注十卷，不知是否此所稱。）今有輯本。

孔澄之注十卷。字仲淵，會稽人，宋新安太守。

宋有孔淳之，魯人，居會稽剡縣，澄之或其族人也。隋志云：梁有，亡。

虞遐注十卷。會稽人，齊員外郎。

隋志云：梁有，亡。

王弼釋疑三卷。

王弼已見前。隋志作「釋義」，（任校：隋志仍作「釋疑」。）唐志仍作「釋疑」，皆二卷。皇疏、釋文皆引之。今有輯本。

欒肇釋疑十卷。

隋、唐志同。裴解、皇疏皆引之。今有輯本。隋志又云：「梁有駁序二卷，亡。」

徐邈音一卷。

隋志云：梁有二卷，亡。唐志一卷。

右論語。

皇侃撰義疏行於世。

自何氏集解以訖梁、陳之閒，説論語者，義有多家，大抵承正始之遺風，標玄儒之遠致，辭旨華妙，不守故常，不獨漢師家法蕩無復存，亦與何氏所集者異趣矣。皇氏本通三禮，尤好玄言，故其爲論語疏，頗采華辭以飾經説。兹就江氏所集、皇氏義疏所引，以與序録相證，其顯晦升降之迹或可窺見一班。

皇疏卷首引江熙所集十三家姓名如左：

晉太保河東衛瓘，字伯玉。序録、隋志皆著録。

晉中書令蘭陵繆播，字宣則。序録無。隋志有旨序三卷，皇疏引之。今有輯本。繆播晉書有傳。

晉廣陵太守高平欒肇，字永初。序録、隋志皆著録。

晉黄門侍郎郭象，字子玄。序録無。隋志有略例二卷，又云：「梁有隱一卷，亡。」皇疏引之。今有輯本。

晉司徒濟陽蔡謨，字道明。各家不著録，而皇、陸俱引之。蓋蔡義爲江熙所集，世閒單行之本漸就散失，故各家無其目。今有輯本。

晉江夏太守陳國袁弘，字叔度。序録有「袁喬注十卷」。隋志云：「梁有，亡。」而皇氏所列十三家有弘無喬。馬國翰曰：「喬晉書有傳，稱其『博學有文才，注論語及詩』。弘字彦伯，爲東郡太守，亦見晉書，不言注論語，則『弘』必爲『喬』字之誤。蓋喬字『彦叔』，『彦』、『度』形似，後又倒作『叔度』；又弘字彦伯，喬字彦叔，同爲陳郡人，傳者不察，因而誤『喬』作『弘』。又考喬嘗爲江夏相，此云江夏太守，亦因喬官江夏而失之，初於袁弘無與也。」按：皇氏引諸家説多稱名號，無單言氏者，唯引袁説獨稱氏。疑皇氏述江熙集注時已不審知，且以彦伯當之，非後人傳寫之譌。又爲政篇「人而無信」疏云「江熙稱彦升」云云，按：「升」即「叔」字隸體之譌，彦叔爲袁喬字，然則江氏集注所引正袁喬義也。江熙引之，或稱「袁氏」，或稱「彦叔」，皇氏不知其爲一人，所以致誤。

晉著作郎濟陽江淳，字思俊。各家不著録，亦無稱引者。淳爵里已見前。

晉撫軍長史蔡系，字子叔。序録無。隋志云：「梁有釋一卷，亡。」系，蔡謨少子，有才學，位至撫軍長史，見晉書蔡謨傳。玉海引中興書目作「蔡奚」。

晉中書郎江夏李充，字弘度。序録、隋志皆著録。

晉廷尉卿太原孫綽，字興公。序録、隋志皆著録。

晉散騎常侍陳留周懷，字道夷。各家不著録，亦無稱引者。

晉中書令潁陽范甯，字武子。各家不著録，而裴、皇、陸等皆引之。今有輯本。

晉中書令瑯邪王珉，字季琰。王珉見晉書王導傳。其論語義不見著録，亦無稱引者。「季琰」，皇疏本或作「琰」，法苑珠林引亦作「琰」，是也。

皇疏發題云：「侃今所講，先通何集，若江集中諸人有可采者，亦附而申之。其又別有通儒解釋，於何集無妨者，亦引取爲説，以示廣聞也。」皇疏於江集十三家中唯蔡系、周懷、王珉三家不見稱述；其引取諸儒通説在江集外者凡二十八家。兹依論語篇章之次，鈔録於左方：

熊埋。各家不著録。馬國翰輯本序曰：「唐志有『熊理』瑞應圖讚，南齊書祥瑞志引『熊襄』説。疑『埋』爲『理』之譌，『襄』爲『理』之字。」按：馬説不審諦否。

師説　按：皇氏師事賀瑒，「師説」其賀義邪？

王弼、張憑、王肅。

三家已見前。學而篇「賢賢易色」章引「王雍」，疑即王子雍而誤奪「子」字。

顧歡。各家不著録。馬國翰有輯本。

梁冀。已見前。

沈居士。馬國翰輯沈驎士論語訓注序曰：「本傳稱其周易兩繫、莊子内篇訓，注易經、禮記、春秋、孝經、論語、喪服、老子要略數十卷，釋文、正義均不見稱述，唯皇疏引之。史稱驎士隱居餘不吴差山，三徵不起，故直題

『居士』也。」按：晚世之稱居士，對沙門而言，不與隱士一實。姑録馬說於此。

顔延之。　各家不著録，延之官至光禄大夫，贈散騎常侍、特進、金紫光禄大夫，故皇疏或稱「顔特進」。今有輯本。

沈峭。　各家不著録，馬國翰疑爲「沈峻」。

王朗。　本傳稱朗著易、春秋、孝經、周官傳，不言注論語，各家亦無其目。疑子雍述其父學，故皇疏得引之。

殷仲堪。　各家不著録。今有輯本。仲堪晉書有傳。

張封溪。　按：「封溪」似字，然古人作字，無此體例。尋隋志云：「梁有宋司空法曹張略等撰論語疏八卷。」封、略義相應，疑皇所引者張略義也，而「溪」字則爲傳寫之譌。

秦道賓。　各家不著録，亦不詳其爵里。

琳公。　釋惠琳嘗注孝經、老子，又作辨正論，見宋書顔延之傳。其論語義不見著録，皇、邢疏俱引之。今有輯本。

太史叔明。　叔明見齊書沈峻傳。隋志云：「梁有集解十卷，亡。」今有輯本。

季彪。　各家不著録，爵里亦未詳。按：泰伯篇「舜有臣五人」章引季彪難，有「彪以爲」云云，則季姓彪名可知。

繆協。　各家不著録，爵里亦未詳。馬國翰輯本序曰：「皇疏中引『中正』三條，稱官而不名，蓋必素所尊敬者。」按：泰伯篇「學如不及」章、先進篇「季子然問仲由冉求」章皇疏並有「繆協稱中正」之語，蓋中正爲爵號，自有其人，繆協稱之，皇氏又轉引其說也。疏例若此者多矣，馬氏謂「中正」即繆協，失之。

虞喜。　隋志：鄭注九卷，「晉散騎常侍虞喜讚。」又云：「梁有新書對張論十卷，亡。」册府元龜作「新書討張論語十卷」。「新書」即志林，「對張」、「討張」，未聞其審，蓋討論張侯論語而作邪？今有輯本。虞喜晉書有傳。

苞述。　按先進篇「南容三復白圭」章疏引「苞述云：『南容深味白圭，擬志無玷，豈與累紲非罪，同其流致。』玩其文製，當是六朝間人，其非包咸可知。此引「苞述」，或爲人名，或爲後儒述包義，因曰「苞述」，未能質定。

陸特進。　「特進」明爲爵稱，與稱顔延之爲「特進」同。不審陸爲何人，或「陸」即「顔」字之譌。

褚仲都。　隋志十卷。今有輯本。

江長。　不詳何人。

劉歆。　按：先進篇「顔淵死子曰噫」章疏引「劉歆曰：顔是亞聖人之偶，然則顔、孔自然之對物，一氣之别行，玄妙所以藏寄，故顔淵死，則夫子體缺，故曰天喪予噫」，明是玄談，疑六朝間人所爲。或與子駿同名，或爲形聲之誤。（任校：按劉義見漢書董仲舒傳贊。疏引劉歆之語當止爲「顔是亞聖人之偶」一句，「然則」以下至「天喪予噫」，本是皇氏疏文，先生誤以皇語爲六朝人僞託劉文，故有下文論斷。皇疏「藏寄」下尚有「既道旨所由讚明叙」八字，而無「故」字，由「叙」字連繫下文，先生未引。）

庾翼。　隋志云：梁有釋一卷，亡。今有輯本。庾翼晉書有傳。

樊光。　按：子路篇「葉公問孔子」章疏引「樊光曰：父爲子隱者，欲求子孝也。父必先爲慈，家風由父，故先稱父」。漢之樊光不注論語，文亦不類，當别爲一人。

范升。　按：微子篇「長沮桀溺」節疏引「范升曰：欲顯之，故使問也」，恐非范辯卿義。

蔡克。　衞靈公「無爲而治」章疏引「蔡謨曰：謨昔聞過庭之訓於先君」云云，是爲蔡克論語義。

何晏所集七家，并何爲八；江熙所集十三家，并江爲十四；皇疏所引二十八家，并皇爲二十九。通爲五十一家。除複重及皇疏不見徵引者，得馬融、鄭玄、包咸、周氏、陳羣、王肅、周生烈、何晏、衞瓘、繆播、欒肇、郭象、蔡謨、袁喬、李充、孫綽、范甯、江熙、熊埋、賀瑒、王弼、張憑、顧歡、梁覬、沈居士、顔延之、沈峭、王朗、殷仲堪、張封溪、秦道賓、釋惠琳、太史叔明、季彪、繆協、虞喜、苞述、陸特進、褚仲都、江長、劉歆、庾翼、樊光、范升、蔡克四十五家。其稱「舊説」、「或説」、「又一通」、「又一説」者不在此數。自漢末迄梁，論語義具是矣。

附録論語集解皇疏校理自序一首，以明皇疏之原委。

皇侃論語義疏十卷，自釋文、隋志後猶著録于宋國史志、中興書目及晁公武讀書志、尤袤遂初堂書目，逮陳振孫書録解題而闕然不載。自此訖清中葉，蓋五百有餘歲，華夏學士莫得見焉。日本僻居海外，頗存佚書，舊鈔珍本，往往出於山巖屋壁。彼土寬延庚午之歲，清乾隆十五年。根本伯修氏據足利學校舊鈔皇疏，略依明監本、毛氏本邢疏體製刊版行世。流衍差廣，而紙墨，蓋大永天文間所鈔。」按：大永天文當明弘治、嘉靖之際。武内義雄云：「審其式字様一準根本氏書。時海内亦無第二本可資對治，雖欲發正，其道無由。會清廷輯修四庫書，浙江巡撫以獻唐宋以來傳寫舊式遂澌滅以盡。適錢唐商人汪翼滄時往來長崎間，得本以歸。吾歙鮑氏收入知不足齋叢書，版以「夷狄有君」章疏觸犯忌諱，遂奮筆删革，一字不遺。潰夷夏之防，圖藏身之固，矯誣背誕，振古所無有也。僞本既行，鮑氏又削改原文以就之，而皇氏本真，遂不可復睹矣。民國十二年，日本大正十二年。日本人武内義雄雜取舊鈔本十種，（十種中最古者爲文明本，文明當明成化間。）詳爲比勘，排印行世。余以此土所行唯鮑氏本爲盛，其所據根本氏書，既不可盡信，又猥從清廷僞定以避時患，皆足以疑誤後生，故就武内氏所爲校勘記，比度文義，爲之發正，以存皇疏之真。若諸本並誤無可審正及助詞繁省小小異同不關弘恉者，亦不具出也。後有治定皇疏重付剞劂者，其取正于斯！

老子者，姓李，名耳，河上公云名重耳。字伯陽，陳國苦縣厲鄉人也，史記云字聃，又云曲里人。一云陳國相人。生而皓首，劉向列仙傳云受學於容成，生於殷時。爲周柱下史，史記云爲周守藏史。或言是老萊子。蓋百六十餘歲，或言二百餘歲。衆家皆云先爲柱下史，轉爲守藏史。葛洪云文王時爲主藏史，武王時爲柱下史。或云老子在黄帝時爲廣成子。一云爲天老，在堯時爲務光子，在殷時爲彭祖，在周爲柱下史。睹周之衰，乃西出關，周敬王時。爲關令尹喜説道德二篇，尚虛無無爲。劉向云：西過流沙，莫知所終。班固曰：「道家者，清虛以自守，卑弱以自持，此人君南面之術也。」

此節略明老子行實及道家旨趣。史記列傳云：「老子者，楚苦縣厲鄉曲仁里人也，姓李氏，名耳」，字伯陽，謚曰聃，「周守藏室之史也。孔子適周，問禮於老子。居周久之，見周之衰，迺遂去。至關，關令尹喜曰：『子將隱矣，强爲我著書。』於是迺著書上下篇，言道德之意五千餘言而去，莫知其所終。子名宗，宗子注，注子宫，宫玄孫假，仕於漢孝文帝。李耳無爲自化，清静自正」。此實録也。老子爲周室史官，身又老壽，史記稱守藏史，莊子謂之徵藏史，張湯傳謂之柱下史。蓋記言行，正歲年，掌三皇五帝、四方邦國之志皆史官之事守，云守藏、徵藏、柱下，所從言之異，其實一也。博覽書傳，精練典章，識人事善敗之故，爲學術宗。故孔子問禮於老聃，今見於曾子問者凡四事。乃能述禮樂而修春秋。老子既深觀有得，乃著道德五千言，執環中斯能應無窮，故云「當其無，有車之用」，「强梁者不得其死」，故云「勿爲權首，禍福無門，唯人所召」，故云「其鬼不神」，「飄風不終朝，暴雨不終日」，故云「道法自然」，「弱之勝强，柔之勝剛」，故云「知其白，守其黑」。此道家之歸趣，漢人以爲南面之術者也。老子者，儒道之師，學術之宗，本無神變事。其云「谷神不死，是謂玄牝」，文旨近晦。道士遂依傍其説，推爲教祖，傳之神怪。或云感飛星，剖左脅，生而皓首；或云先天地出，代代爲國師不休；或云西昇化胡，以與佛法校勝。其實于老子無與。

漢文帝、竇皇后好黄老言，有河上公者居河之湄，結草爲菴，以老子教授。文帝徵之不至，自詣河上責之。河上公乃踊身空中，文帝改容謝之，於是作老子章句四篇，以授文帝，言治身治國之要。

史記樂毅傳：「樂氏之族有樂瑕公、樂臣公。樂臣公學黄帝、老子，其本師號曰『河上丈人』，不知其所出。河上丈人教安期生，安期生教毛翕公，毛翕公教樂瑕公，樂瑕公教樂臣公，樂臣公教蓋公。蓋公教於齊高密、膠西，爲曹相國師。」故參爲漢相，清静合道。太史談習道論於黄子，故先黄老而後六經。文景之際，大氏以黄老爲治，竇后好老子書，故黜儒術不用。其説義著於録略者，有鄰氏、傅氏、徐氏、劉向四家，此漢世老學隱顯之跡。史遷言戰國時有河上丈人，不謂文帝時有河上公注老子也。序録述河上公事本之葛玄，劉子玄所謂不經之鄙言、流俗之虚語，是也。今所傳章句，有詮發王弼義者，蓋皆以後人爲之。唯文字異同，足資考證，古書異義，傳世者希，故爲學者所不廢耳。隋志：「老子二卷，漢文帝時河上公注。」又云：「梁有戰國時河上丈人注二卷，亡。」其云梁亡者，亦爲相承之僞書可知。

其後談論者，莫不宗尚玄言，唯王輔嗣妙得虚無之旨。今依王本，博采衆家，以明同異。韓非有解老、喻老，次有淮南道應。若漢志所録四家及馬、鄭之注，今已不可見。及其季世，三張之倫作，雖以五千文爲宗，其實與甘可忠、于吉相比；又横爲誣詞，以相涂傳，如張道陵説「道可道」之類，其尤足駭怪者也。玄言盛行之世，或以老易並稱，或以般若爲比，其以道引爐火爲説者，又其敝也。三國之際，漢五經家法漸就衰息，時人惡禮法，厭苛碎，王肅、鍾會、何晏、劉陶、丁謐、王黎、荀融、王濟、嵇康、阮籍之倫涔爾俱作。弼幼而察惠，辭才逸辯，尋極幽微，注易及老子，又作指略，致有理統。三玄之書，王注其二，並爲斯世所宗。其所注悉中老子意以不，固不敢知，然古今作者，莫之或先也。

河上公章句四卷。不詳名氏。

隋、唐、宋志並二卷，見行本四卷。按：彭耜集注、雜説引謝守灝曰：「安丘望之本，魏太和道士寇謙之得之；河上丈人本，齊處士仇嶽傳之。」河上、毌丘之書，蓋皆晚世道家所假託。

毌丘望之章句二卷。字仲都，京兆人，漢長陵三老。

後漢書耿弇傳：「父況，與王莽從弟伋共學老子於安丘先生。」章懷注引嵇康高士傳曰：「安丘望之字仲都，京兆長陵人，少持老子經，恬浄不求進宦，號曰安丘丈人。成帝欲見之，辭不肯見，爲巫醫於人間。」皇甫謐高士傳曰：「望之著老子章句，故老子有安丘之學。」按：毌丘、安丘，本非一族，鄭樵氏族略亦系望之於安丘下。隋志：梁有注二卷，亡；唐志：章句二卷。指趣三卷。唐志四卷。

嚴遵注二卷。字君平，蜀郡人，漢徵士，又作老子指歸十四卷。

漢書王吉傳稱：「蜀有嚴君平，修身自保，卜筮於成都市。得百錢足自養，則閉肆下簾而授老子，博覽無不通，依老子、嚴周之旨，著書十萬餘言。楊雄少時從游學。君平九十餘，遂以其業終。」道藏本道德指歸説目注云：「君平生西漢中葉，王莽篡漢，遂隱遁，楊子雲所謂沈冥者也。」隋志云：梁有注二卷，亡；指歸十一卷。唐志十四卷。見行指歸六卷本爲後人綴輯而成，唯道藏本自七卷起至十三卷止，較通行本多一卷。

虞翻注二卷。

虞翻注老子，見吴志本傳。隋志云：梁有，亡。

王弼注二卷。又作老子指略一卷。

隋志以下並二卷，見行本同。三國志注引弼傳曰：「弼注老子，爲之指略，著道略論。」亦猶注易之有略例也。隋志不著録。唐、宋志仍有其目，或作道德略歸，或作老子略歸。今已亡佚，不可審知。

鍾會注二卷。

魏志：會父繇著易説及老子訓。裴注引會爲其母傳曰「涉歷衆書，特好易、老」。會既承家學，嘗論易無互體、才性同異，又述何晏聖人無喜怒哀樂論，以校練爲家，是合道德形名爲一者也。隋、唐志：注二卷。嚴可均嘗輯之。

羊祜解釋四卷。字叔子，泰山平陽人，晉太傅、鉅平成侯。

晉書本傳稱：「祜博學能屬文，善談論，著老子傳，行於世。」隋志云：梁有解釋二卷，亡。唐志：注二卷，解釋四卷。

范望州注訓二卷。字叔文，會稽人，吴尚書郎。

隋、唐志並不著録。「州注訓」三字疑有譌衍。

王尚述二卷。字君曾，琅邪人，東晉江州刺史，封杜忠侯。

隋志云：梁有王尚述注二卷，亡。唐志：王尚注二卷。按：「述」者，著作之稱，猶言贊矣。隋志以「尚述」爲二名，誤。

程韶集解二卷。鉅鹿人，東晉郎中、關内侯。

邯鄲氏注二卷。不詳何人。

常氏注二卷。不詳何人。

盈氏注二卷。

隋志並云：梁有，亡。唐志有程韶集解二卷。文廷式以盈氏與注論語者爲一人。

孟子注二卷。或云孟康。康字公休，安平廣宗人，魏中書監、廣陵亭侯。

孟康見魏志。隋志云：梁有孟氏注二卷，亡。又有孟智周私記老子義疏五卷。唐志四卷。張君相三十家集解中有「大孟」、「小孟」，杜光庭以梁道士孟安排爲大孟，梁道士孟智周爲小孟；後人又以大孟即序録中所謂「孟子」也。按：魏晉之際，訓説老子者多，或以此「孟子」爲孟康，當有所據。其書隋志已亡，則杜光庭所云梁道士孟安排者，别是一人，非序録所稱「孟子」可知。

巨生内解二卷。不詳何人。袁真注二卷。字彦仁，陳郡人，東晉西中郎將、豫州刺史。張嗣注二卷。張憑注二卷。孫登集注二卷。字仲山，太原中都人，東晉尚書郎。蜀才注二卷。釋慧琳注二卷。釋慧嚴注二卷。陳留人，本姓范，宋世沙門。王玄載注二卷。

隋志有孫登注二卷，音一卷；其餘八家并云梁有，亡。唐志有孫、袁、慧琳、慧嚴四家書。（任校：舊唐志多蜀才、張憑二家，無慧琳；新唐志多張憑、蜀才，爲六家。先生言「四家」，誤。）文廷式曰：「真誥握真輔篇『張生頓首』注云：『又見系師注老子内解，皆稱「臣生稽首」。』此『巨生』或即『臣生』之誤，其人姓張也。」按：道藏玄都律文以張陵爲聖師，衡爲嗣師，魯爲系師，然則系師即張魯矣。張魯自稱臣生，義不可憭，疑米道妄誣之尤，私立名字，不可究詰，今難質言，要爲道士所爲，梁以前書也。孫登爲統之弟，少善名理，注老子行於世。見晉書。王玄載雅好玄言，修士操。見南齊書。二慧皆宋世沙門綜貫儒玄者。

顧懽堂誥四卷。一作老子義疏。

南齊書本傳：「懽年二十餘，從雷次宗諮玄儒諸義」，上表稱「謹删撰老氏，獻治綱一卷」。著夷夏論稱孔老爲佛，以黜梵典。又「著三名論甚工，鍾會四本之流也。又注王弼易、二繫，學者傳之」。序録「堂誥四卷」，疑爲顧氏談玄之書，中有説老子者。隋志有老子義綱一卷，義疏一卷。義綱即所獻之治綱，或爲堂誥中之一篇也。唐志：義疏四卷。序録注云：「一作老子義疏。」當是後人校語。

節解二卷。不詳作者。或云老子所作，一云河上公作。

隋、唐志同。成玄英疏、張君相集解所引節解不下百六七十事，殆即此書。大抵以守一行氣還精補腦爲説，誠米賊之遺法，其語近誕，而其來則甚古。盧文弨曰：「注稱『或云老子所作』，『老子』二字，必非陸氏本文。」按：道藏本玄宗御注疏外傳及杜光庭老子廣聖義序列老子注六十餘家，並有節解上、下篇，云「老子爲尹喜解」，是道家舊題如是，蓋六朝閒已然矣。故陸氏引或説以存舊義，又以野言不足保信，故云「不詳作者」。悉陸氏本文也，盧説未諦。

劉遺民玄譜一卷。字遺民，彭城人，東晉柴桑令。

隋志云：梁有，亡。唐志一卷。（任校：舊唐志題「劉道人撰」。）劉遺民見宋書周續之傳。

想余注二卷。不詳何人。一云張魯，或云劉表。魯字公旗，沛國豐人，漢鎮南將軍、關内侯。

隋志不著録。唐玄宗注疏外傳作「想爾」，與杜光庭序目並以爲三天師張道陵所注。按：弘明集引張陵老子注云：「道可道，朝食美，非常道，莫成屎，二者同出而異名，人根出溺溺出精。」語殊誣誕。張陵者，五斗米道之先師，魯承其緒業，或祖父作而子孫述之也。觀其立名，頗不可解，知非三張莫能爲。李日華曰：「老子有玄師楊真人手書張鎮南本，鎮南即天師三代系師魯也。」按：此似出依託，不可據信。

戴逵音一卷。字安道，譙國人，東晉散騎常侍、太子中庶子徵不就。

戴逵晉書有列傳。隋志云：梁有，亡。

右老子。

近代有梁武帝父子及周弘正講疏，北學有杜弼注，世頗行之。

梁武父子及周、杜撰義疏，各見紀傳。唐玄宗注疏外傳云：「蕭衍注以因果爲義，是以内典説老子也。」隋志唯列梁二帝書，而張君相集解尚引杜弼説。

莊子者，姓莊，名周，太史公云字子休。梁國蒙縣人也，六國時爲梁漆園吏，與魏惠王、齊宣王、楚威王同時。李頤云：與齊愍王同時。齊楚嘗聘以爲相，不應。時人皆尚遊説，莊生獨高尚其事，優遊自得，依老氏之旨，著書十餘萬言，以逍遥、自然、無爲、齊物而已，大抵皆寓言，歸之於理，不可案文責也。

此述莊子爵里事狀，大抵以史記列傳爲據。列傳稱莊子與梁惠王、齊宣王同時；釋文引司馬云「莊子與魏惠王、齊威王同時」，在哀公後百六十年；李頤云「與齊愍王同時」，則在哀公後百七十年；大抵當烈王、顯王間，其年輩蓋較先於孟子也。列傳又稱楚威王聞莊周賢，厚幣迎之，許以爲相。莊周以犧牛、孤豚爲喻無爲有國者所羈云云。按：莊生對楚使，謂死而留骨，不如生而曳尾，文見至樂篇。而犧牛、孤犢之喻，乃所以辭或國之聘，事異而辭指大同，故史公並爲一談，要之皆寓言也。

注引「太史公云字子休」，今史記無文。正統道藏本「莊子字休」，成玄英疏亦云「字子休」。可知此爲六朝以來之通説。

然莊生弘才命世，辭趣華深，正言若反，故莫能暢其弘致。後人增足，漸失其真，故郭子玄云：「一曲之才，妄竄奇説，若閼奕、意修之首，危言、遊鳧、子胥之篇，凡諸巧雜，十分有三。」漢書藝文志「莊子五十二篇」，即司馬彪、孟氏所注是也。言多詭誕，或似山海經，或類占夢書，故注者以意去取。其内篇衆家並同，自餘或有外而無雜。唯子玄所注特會莊生之旨，故爲世所貴。徐仙民、李弘範作音，皆依郭本。今以郭爲主。

藝文志著録莊子五十二篇，無内篇、外篇、雜篇之殊。齊物論「夫道未始有封」章釋文曰：「崔云：齊物七章，此連上章，而班固説在外篇。」釋文所據今雖未聞，然莊子書分内、外篇，則爲劉、班舊次可知也。司馬彪、孟氏所注，即依漢志之本。郭子玄斥爲凡諸巧雜，十分有三，或類山海經，或類占夢書者，蓋古書行世，依託坿益，事所常有，不獨莊子書爲然也。司馬、孟氏注本：内篇七，外篇二十八，雜篇十四，解説三，爲五十二。見行郭氏注本：内篇七，外篇十五，雜篇十一，爲三十三。内篇爲衆家所同；而外篇、雜篇則以注者所見有殊，而意爲取舍，故自崔譔以下，或有外而無雜，或外、雜並有而篇數不同。然今本定著三十三篇，亦非郭氏創意爲之。尋高誘淮南脩務篇注云：「莊周作書三十三篇，爲道家之言。」是漢末已有三十三篇之本矣。

又成玄英疏序云：「内篇理深，故於篇外別立篇目。外篇以去，即取篇首二字爲題。」故陳景元曰：「内七篇目，漆園所命名也。」今按：以内篇爲莊生自署，誠難質言；然消摇、齊物之稱，其來已久則可決也。

五十二篇者，班志之舊目，雖有依託，要秦漢閒人所爲也。今郭本單行，其所稱游奕、意脩、危言、游鳧、子胥之文，十不得見一二。而北齊杜弼注惠施篇，又在其外。巧雜奇説，郢足珍怪，今遂散亡，誠可惜也！唯王應麟輯録佚文三十九事，采獲補苴，或不止此數。至如閻若璩等以嚴君平道德指歸所引爲莊子佚文，而不知爲君平所自説，斯爲巨失。

晉書列傳云：「郭象，字子玄，少有材理，好老莊，能清言。先是注莊子者數十家，莫能究其旨統。向秀於舊注外而爲解義，妙演奇致，大暢玄風，惟秋水、至樂二篇未竟而秀卒。秀子幼，其義零落，然頗有別本遷流。象爲人行薄，以秀義不傳於世，遂竊以爲己注，乃自注秋水、至樂二篇，又易馬蹄一篇，其餘衆篇或點定文句而已。其後秀義別本出，故今有向、郭二莊，其義一也。」按：此文本之世説文學篇，後來無復異論，唯讀書敏求記云：「釋文引向注非一，疑秀有別本行世，時代遼遠，傳聞異詞。晉書云云，恐未必信然也。」清四庫提要曰：「今以釋文所載較之，如逍遥遊『有蓬之心』句，釋文郭、向並引，絶不相同；胠篋引向注二處，郭本皆無。其餘皆互相出入。又張湛列子注中，凡文與莊子同者，亦兼引向、郭二注，有二家一字不異者，有向有而郭無者，有大同小異者。是則所謂郭竊向書點定文句者，殆非無證。又秋水篇釋文引向音，則此篇向亦有注，併世説所云象自注秋水、至樂二篇，尚未必實録矣。錢曾乃曲爲之解，何哉？劉孝標世説新語注引逍遥遊向、郭義各一條，今本無之」云云。按：世説亦稱王丞相持聲無哀樂本之嵇康，養生本之阮籍，（任校：按世説注作「嵇叔夜」，叔夜即康字，作「阮籍」誤。）言盡意本之歐陽堅石，蓋獨標新義，則辭旨未充，因成舊文，而玄風益暢。郭、向之事，宜與同比，非剽竊之科也。又按：先民訓釋典籍，説義之外，別撰音書，提要以秋水篇釋文引向音爲秋水有注之驗，亦非也。世説又稱：「莊子逍遥篇舊是難處，諸名賢所可鑽味，而不能拔理於郭、向之外，支道林卓然標新理於二家之表，皆是諸賢尋味之所不得。」故劉注引郭、向逍遥義，更不分別二家。可證向立義而郭因之，要其定著篇目既不盡同，文句少多自難一揆，則爲事理之常，無足多怪。

崔譔注十卷二十七篇。清河人，晉議郎。内篇七，外篇二十。

劉注世説云：「向秀託遊數賢，蕭屑卒歲，都無注述，唯好莊子，聊應崔譔所注以備遺忘。」是崔之注莊先於向秀，則亦晉初人也。隋志云：「梁有莊子十卷，東晉議郎崔譔注，亡。」説爲「東晉」，似誤。新唐志十卷。

向秀注二十卷二十六篇。一作二十七篇，一作二十八篇，亦無雜篇，爲音三卷。

晉書列傳：「秀字子期，河内懷人也。清悟有遠識，雅好老莊之學。莊周著内、外數十篇，歷世才士雖有觀者，莫適論其旨統也。秀乃爲之隱解，發明奇趣，振起玄風，讀之者超然心悟，莫不自足一時也。惠帝之世，郭象又述而廣之，儒墨之迹見鄙，道家之言遂盛焉。」郭傳云竊；此稱「述而廣之」，爲得其實。隋志：向注「本二十卷，今闕」。舊唐志仍作二十卷，據陳振孫解題，是書蓋亡於宋。

司馬彪注二十一卷五十二篇。字紹統，河内人，晉祕書監。内篇七，外篇二十八，雜篇十四，解説三，爲音三卷。

晉書列傳稱彪「少篤學不倦，不交人事，故得博覽羣籍，終其綴集之業。注莊子，作九州春秋，續漢書，校正古史考」。隋志云「二十一卷，今闕」。舊唐志仍作二十一卷。通志十六卷。

郭象注三十三卷三十三篇。字子玄，河内人，晉太傅主簿。内篇七，外篇十五，雜篇十一，爲音三卷。

郭氏注莊始末前已具説。見行本以唐道士成玄英疏爲近古，近世有郭慶藩、王先謙集解。

李頤集解三十卷三十篇。字景真，潁川襄城人，晉丞相參軍，自號玄道子。一作三十五篇。爲音一卷。李頤爵里行實未聞，釋文多引其音訓。隋志云：梁有，亡。舊唐志有集解二十卷。

孟氏注十八卷五十二篇。不詳何人。

隋志云：梁有，亡。唐志不著録。釋文亦無徵引。

王叔之義疏三卷。字穆□，琅邪人，宋處士。亦作注。

大宗師篇釋文及成疏、序録並引王穆夜説，即此王叔之義疏中語也。隋志云：「梁有義疏十卷，李叔之撰，亡。」舊唐志有王穆撰疏十卷，撰音一卷。作「李」者，「王」字之譌；作「穆」者，二名而省其一。尋宋人陳舜俞廬山記述佛影臺事，引遠公匡山集云：「以晉義熙十八年，罽賓禪師因南國義學道士共立此臺。至於歲在星紀赤奮若九月三日，乃詳驗別記，銘之於石。孟江州懷玉、王別駕喬之、張常侍野、殷晉安隱、毛黄門修之、宋隱士炳、孟散騎、孟司馬二人名闕、殷主簿蔚、范孝廉悦之、王參軍穆夜，咸賦銘讚。」遠公銘文見廣弘明集及高僧傳，同時讚頌之人則唯見於此記耳。「義熙十八年」應作「八年」，明年癸丑，即銘文所稱「歲在星紀赤奮若」者也。據此，則穆夜晉末曾任參軍，入宋隱居，故稱「宋處士」云。

李軌音一卷，徐邈音三卷。

右莊子。　隋志同。

爾雅者，所以訓釋五經，辯章同異，實九流之通路，百氏之指南，多識鳥獸草木之名，博覽而不惑者也。爾，近也；雅，正也。言可近而取正也。釋詁一篇蓋周公所作，釋言以下或言仲尼所增，子夏所足，叔孫通所益，梁文所補。張揖論之詳矣。前漢終軍始受「豹鼠」之賜，自茲迄今，斯文盛矣。先儒多爲億必之説，乖蓋闕之義，唯郭景純洽聞强識，詳悉古今，作爾雅注，爲世所重。今依郭本爲正。

禮三朝記：「孔子曰：『爾雅以觀於古，足以辨言矣。』」「爾雅」之名，此爲最朔。藝文志云：「書者，古之號令，號令於衆，其言不立具，則聽受施行者弗曉。古文讀應爾雅，故解古今語而可知也。」是故劉熙、張晏俱以「爾雅」爲「近正」，謂五方殊音，古今異語，以此爲會通之路，則庶幾乎正是也。張揖上廣雅表曰：「昔在周公，六年制禮以道天下，著爾雅一篇，以釋其意義。爰暨帝劉，魯人叔孫通撰置禮記，文不違古。今俗所傳三篇爾雅，或言仲尼所增；或言子夏所益；或言叔孫通所補；或言沛郡梁文所考。皆解家所説，先師口傳，既無正驗，聖人所言是故疑不能明也。」蓋周公制作禮樂，而爾雅者禮記之流。史佚教其子以爾雅，孔子以爾雅告哀公，又答子夏，明仲尼以前有爾雅，故以爲周公作。孔子修訂六籍，子夏發明章句，叔孫撰定漢儀，故以爲三人所增益。梁文無考。鄭駁五經異義云：「玄之聞也，爾雅者，孔子門人所作，以釋六藝之言，蓋不誣也。」是則爾雅者，始於周公，成於孔子門人，補苴於漢儒。蓋故訓之書因時方之變易而世有增益，或偏據始終，歸之一姓，皆非通人之論。以上明爾雅名義及其作者。

趙岐孟子題辭：「孝文皇帝欲廣遊學之路，論語、孝經、孟子、爾雅皆置博士。」所謂「傳記博士」也。郭璞序云：「爾雅者，蓋興於中古，隆於漢氏，『豹鼠』既辨，其業亦顯。」釋獸篇注云：「鼠文采如豹者。漢武帝時得此鼠，孝廉郎終軍知之，賜絹百匹。」蓋自武帝置五經博士，孝經、論語、爾雅皆儒家小學之業，解釋經藝，無不本於雅訓，不煩更立學官矣。以上明爾雅廢興。

晉書郭璞傳：「璞好經術，博學有高才，好古文奇字，妙於陰陽曆算，注釋爾雅，別爲音義、圖譜，又注三倉、方言、穆天子傳、山海經及楚辭、子虛、上林賦數十萬言，皆傳於世。」其自序云：「綴集異聞，會粹舊説，考方國之語，采謠俗之志，錯綜樊、孫，博關羣言。事有隱滯，援據徵之；其所易了，闕而不論。別爲音圖，用祛未寤。」邢昺疏序云：「其爲注者，則有犍爲文學、劉歆、樊光、李巡、孫炎，雖各名家，猶未詳備。惟郭景純用心幾二十年，郭序云「沈研鑽極，二九載矣」。注解方畢，甚得六經之旨，頗詳百物之形，學者祖焉，最爲稱首。」蓋漢魏舊注今多散亡，郭義既行，更無繼者，故自晉到今，治爾雅者皆以郭注爲本。邢疏陋略，蓋未足卲。清世邵晉涵、郝懿行並作正義，皆勝舊疏。以上明郭注爾雅。

藝文志：「爾雅三卷二十篇。」張揖意謂周公始作一篇，後人增益，則爲三篇。即漢志所云「三卷」也。序録誤會張意，乃謂周公所作爲二十篇之一，殆考之不審也。邵晉涵説。自犍爲文學以至郭璞所注，皆就三卷之本。隋志云郭璞注五卷。今邢疏單行本及附經本皆十卷。漢志爾雅二十篇，今本十九篇，或謂闕序篇，或謂漢志篇弟無可考，其詳未聞。以上明爾雅篇卷。

犍爲文學注三卷。一云犍爲郡文學卒史臣舍人，漢武帝時待詔。闕中卷。

諸書多引作「犍爲舍人」，或以爲即東方朔傳中之「郭舍人」也。然左傳正義中「舍人」、「文學」並見，則又似二人矣。隋志云：梁有三卷，亡。清儒采摭舊義，疏釋轉精，自犍文至孫炎各家皆有輯本。

劉歆注三卷。與李巡注正同，疑非歆注。

此謂劉、李注同。今散見諸書，則不悉相應。疑舊題劉注者，乃後人綴集劉義以釋爾雅，非子駿自有注本也。隋注云：梁有，亡。陸璣詩疏、釋文、玉燭寶典、原本玉篇皆徵引之。

樊光注六卷。京兆人，後漢中散大夫。沈旋疑非光注。

邵晉涵曰：「詩疏所引有『某氏注』，左傳疏引『樊光注』與『某氏』同，則『某氏』疑即樊光。」然詩疏引「樊光注」與「某氏」互見，其爲一人與否，疑未能定也。臧庸則以「某氏」爲樊光。盧文弨謂因沈旋之疑，故不質言樊光而稱「某氏」也。按：爾雅本三卷，樊光漢人，經、傳猶當别行，而作注乃及六卷，草創之世，不應詳備若此。沈旋疑之是也。隋志三卷。唐志六卷，與序録同。

李巡注三卷。汝南人，後漢中黄門。

後漢書宦者呂强傳：「巡以爲諸博士試甲乙科，争弟高下，更相告言，至有行賄定蘭臺漆書經字以合其私文者，乃白帝與諸儒共刻五經文於石。於是詔蔡邕等正其文字，争者用息。」則熹平立石，自巡發之。巡有意於正文字，校異同，故能説爾雅。隋志云：梁有，亡。唐志三卷。

孫炎注三卷。音一卷。

隋志七卷。唐志六卷。疑三卷各析爲二，或又有序録一卷也。邢序稱：「爲義疏者，俗間有孫炎、高璉，皆淺近俗儒，不經師匠。」此别一孫炎，非東州大儒之叔然也。

郭璞注三卷。字景純，河東人，東晉弘農太守、著作郎。音一卷，圖贊二卷。

郭注爾雅前已略説。隋志：「梁有音二卷，孫炎、郭璞撰，亡。」又：「爾雅圖十卷。梁有圖讚二卷，亡。」唐志有音義、圖各一卷。音義略見釋文；而圖讚久亡，今有輯本，十得二三而已。

右爾雅。

梁有沈旋，約之子。集衆家之注。陳博士施乾、國子祭酒謝嶠、舍人顧野王並撰音。既是名家，今亦采之，附於先儒之末。

沈旋，字士規，約子，集注邇言行於世。此語見南史。小學考引作「集注爾雅行於世。」黄奭曰：「其父隱侯著邇言十卷，梁書、南史皆載之。子注父書，情理之常。既集衆家，參以己意，用其父四聲譜以求爾雅形聲假借之原。士規能讀父書，計必出此。」按：南史「邇言」二字當爲「爾雅」之譌，蓋舊來所稱集注不出二途：一集衆家之義，如何注論語；一坿合經傳，如杜解春秋左氏。使沈旋爲邇言作解，子贊父業，固情理之常；若爲作集注，則事所無有。蓋隱侯非姬、孔之聖，邇言無經藝之尊，本是筆語，何待訓説？既不立學，何有徒衆？其子又安所得衆家之義而集之也？況旋注爾雅明見著録，諸書所引文義甚顯，則「邇言」爲「爾雅」之誤，事在不疑。此誤殆非始於近世。黄氏曲爲之説而猶不可通也。謝啓昆誤引梁書，非有碻見。隋志十卷，唐志同。今有輯本。

施乾事狀無考。謝嶠篤學，爲世通儒。顧野王以儒術知名，撰著甚富，其玉篇三十卷今猶可窺其大略。謝、顧俱見陳書。三家之音隋志皆不著録，而釋文多徵引之。今有輯本。

點校後記

一、本書點校以一九三三年九月原北平中國學院國學系叢書本爲底本，全部加了新式標點，爲方便排版及閱讀，將一些較少見的異體字改爲通行字體，並統一了全書的前後用字。

二、作者依據的原文已經過校勘，吸收了宋本、通志堂本經典釋文的長處及盧文弨等人的部分校勘成果，但展轉排印，錯舛亦復不少。點校中根據宋本、通志堂本進行了改定，因釋文各本習見，故不一一標出。釋文原文時有墨釘，數量不齊，以示脱誤字數，然本書對此多有缺略，點校時一並給以補足。釋文夾注中偶有「一作」、「一云」之語，據盧文弨等考證，爲後人校語，作者將此徑行删去。其中有若干明爲校定釋文顯誤，如述古文尚書時提到的「乘欽」，下注「一本作『桑欽』」，盧文弨經典釋文考證云：「作『桑』與漢書合。」凡屬此類，點校時又予加入，爲不致混淆，特用括號標出。

三、對疏證文中引用的各家説法及他書文字，盡可能地作了通校，錯譌處徑行改正。明顯的脱文，如言戴德授禮經，引後漢書橋玄傳文，却漏引「從同郡戴德學」一句，此類情況在慎重斟酌的基礎上作了校補。引書名錯譌脱漏，如言撰禮記音的射慈事「見吴志孫禮傳」，實際上孫禮與射無涉，而孫休傳言休曾從中書郎謝慈學，這裏當是誤記；又如疏春秋緣起時云：「按汲冢瑣語記夏殷時事，目爲夏殷春秋。」按之文義及上下文，必爲引文無疑，但却脱去了引書名。據查，知此言出於劉知幾史通六家。諸如此類，點校中盡可能作了校改。個别地方，如疏證沈文阿名字，引陳書(下面引文實出自南史，已據改)云：「文阿字國衡」，説「『阿』、

『衡』名字相應」，按沈氏南齊書、陳書、南史並有傳，通行本均記其字爲「國衛」而無異文，或是作者誤記，或别有他據，點校時難以改定。這樣的地方尚希讀者注意。引書凡屬摘引原文而非僅略述文義者，均加了引號，以明起訖。個别引文字句全出於原書，但僅是分節摘取連綴成文，爲方便閲讀也加上了引號，亦請讀者注意。

四、北京師範大學藏作者手批本一部，上有大量墨批。其内容，一類爲條理經學源流，但前後體例不一，大約是任教時草擬的授課提綱；另一類是對本書内容的補充，以引文爲主。點校時將後一方面的内容鈔録出來，隨文附入本書中，並盡量作了校正。但因原文用極小的草體書就，辨識非易，恐仍有誤。鈔出的文字用括號標出，上冠以「批注」字樣。個别引書名簡寫易致疑惑者（如鹽鐵論簡作「鹽」），給以補足。人名略寫如「皮」（當指皮錫瑞）、「姚」（當指姚振宗）等，均仍其舊。

五、北師大又藏有一部作者的學生任化遠的批校本，除校改了部分錯字外，還補充了一些材料，對作者的個别論斷失當處亦有匡正。點校中擇取了其中部分校語，隨文附入，亦用括號標出，上冠以「任校」字樣，以資區别。

六、經典釋文序録原書標題較少，且層次不清。點校時特制定一份詳細目録，標明疏文段落大意，注解傳述人也依次列出。現置於書前，以俾檢索。

點校者

一九八三年六月

經籍舊音序録

經籍舊音題辭

承古音之緒而爲唐韻先範者，其漢魏南北朝音邪？往時言古音者，獨取羣經傳記有韻之文爲例，是以明部類，未足以辨紐弄。自顧寧人爲唐韻正，稍取證於經典釋文，其後洪稚存集漢魏音，亦牉具矣。顧君考辨雖詳，不暇求思理；洪氏不知音，拘於漢法，獨箸直音而反語俄空焉。夫所以審變遷、辨弇侈者，獨恃反語刻定之耳。凡出於脣吻者，作始也簡，而其末也繁，分韻固然也，雖分紐亦猶是也。漢世不見韻書，至魏晉乃有聲類、韻集之流。顔之推偁韻集「以成、仍、宏、登合成兩韻，爲、奇、益、石分作四章」，是上既不同於古，下又與唐韻小殊；部類既異，紐亦可知也。不盡取漢魏南北朝諸師所作反語，觀其會通，於道誠未備也。

歙吴承仕檢齋，素好聲韻之術，從余講論，欲紹明江、戴諸公舊藝。余謂之曰：世以反語起孫叔然，蓋施於經典者耳。服子慎、應中遠訓説漢書，其反語已箸於篇，明其造端漢末，非叔然創意爲之。且王子雍與孫叔然説經相攻如仇讎，然子雍亦用反語，其不始叔然可知也。檢齋由是刺取前代音讀，以爲經籍舊音。蓋以陸之釋文、顔之漢書、李之文選所引爲宗，其餘諸書有一音一讀者，率鉤致無所遺；分别部居，以唐韻爲經紀，取近古也。又以時有久近、生有南朔，復取諸師事狀爲作序傳。程以三年，而後成書。其審音考事皆甚精，視寧人之疏、稚存之鈍，相去不可以度量校矣。明清諸彦大抵能辨三代元音，亦時以是與唐韻相斠，中間代嬗之迹，闕而未宣。檢齋之書出，而後本末完具。非洽聞彊識、思辯過人者，其未足與語此也。民國十年十二月，章炳麟撰。

經籍舊音序録

歙吴承仕學

陸法言撰集切韻，所用切語上下二字，大抵沿襲舊文，不自創作。今欲尋其流變，校其異同，故鈔集昔人音切，略依時代先後，各爲一篇，次第迻録，不相雜厠，以求音韻變遷之迹。袁子讓字學元元、江永音學辨微皆有「古人切語常用字」一條；近世陳澧嘗欲取孫炎以後、法言以前各家切語，分韻集爲一書，卒未就成。

陸德明經典釋文所引漢魏六朝音切，不下百有餘家，甄録最爲周備。然繁稱博引，端緒糾紛，頗難董理。是宜鋪觀全書，抽其條貫，略箸凡例，以奠紀綱。釋文以外博采衆家舊音，自漢末以訖隋亡，所有反語悉皆鈔内。錢大昕跋經典釋文曰：「自序云『粤以癸卯之歲，承乏上庠』，考元朗卒年大約在太宗貞觀之初，若癸卯歲，則貞觀十七年也，恐元朗已先卒。即或尚存，亦年近九十，不復能箸書，且在國學久次，不當始云『承乏』。竊意『癸卯之歲』乃陳後主至德元年。此書所述近代儒家唯及梁、陳而止，若周、隋人撰音疏，絶不一及，又可證其撰述必在陳時也。」承仕按：錢説是也。舊唐書本傳：「初受學於周弘正。太建中，太子徵四方名儒，講於承德殿，德明年始弱冠，往參焉。」按：弘正卒於太建六年，德明受業宜在太建之初，當至德癸卯歲，蓋年近三十矣。又沈重雖於保定末入周，而隋書經籍志毛詩義疏署云「蕭巋散騎常侍」，則沈重撰詩音義時尚居南土，故德明得引之耳。至德癸卯下距法言撰切韻時相去十九年，釋文一書實屬稿於陳世，故據以入録。其編輯條例亦即視此，同律不煩别出。以下首述名例，次述編輯例，次述出字例，次述按語例。

以一字比況作音，謂之直音。

以二字比況作音，謂之反切。

直音與反切統謂之音。

反切所用字謂之反語，亦謂之切語。

切語上字謂之聲，謂之聲類，亦謂之紐。

切語下字謂之韻。

韻依廣韻所分，謂之韻部。廣韻本於切韻，然婁有增益，終非切韻之舊。陳澧切韻考頗加删削，亦有未諦，故宜質言廣韻。

韻部之中復可分析，謂之韻類。韻類之説，始自陳澧，近人黄侃、錢夏續有修正，今且以陳説爲準。

以一字標韻部，用始東終乏。

以一字標韻類，用陳澧所定。

韻部平上去入相承，用東董送屋。

冣廣韻同音之字，謂之一條，以建首字爲條目。

廣韻聲類與晚世三十六紐相應者，舉見溪羣疑等字以名之，其不相應者，用廣韻首出字。

——以上名例

古人比況作音，如聲近聲同、讀如讀若、長言短言、内言外言、緩氣急氣、舌上舌腹、閉口籠口之等，雜見漢人經傳舊注及許慎、高誘淮南吕覽注、劉熙釋名、韋昭國語解諸書，兹不具列。洪亮吉集漢魏音，略有采摭，兹不再出。即諸儒止作直音，不別下反語者，亦置不録。

昔人謂反切之術秦漢以上蓋已有之。沈括曰：「古語有二聲合爲一字者，如不可爲叵、之乎爲諸之類是也。」鄭樵曰：「慢聲爲二，急聲爲一，如者焉爲旃、者與爲諸之類是也。」沿及六朝，反語益衆，清暑楚聲、大通同泰之等，顧炎武音論所録不下十數事，俞正燮反切證義所舉尤多。或由聲音節族，眇合自然，或由顛到音辭，用資談謔，雖與反語相應，究非比況作音，茲所甄録，一以音義相涉爲依，若彼單文，悉從蓋闕。

顔氏家訓曰：「鄭玄以前，全不解反語。」又曰：「孫叔然創爾雅音義，是漢末人獨知反語。至於魏世，此事大行。」經典釋文序録曰：「古人音書，止爲譬況之説。孫炎始爲反語，魏朝以降漸繁。」又曰：「漢人不作音，後人所託。」尋顔師古注漢書，引服虔、應劭反語不下十數事。服、應皆卒於建安中，與鄭玄同時，是漢末已行反語，大體與顔氏所述相符。至謂創自叔然，殆非情實。王念孫讀書雜志據史記、水經、釋文等以校漢書，謂蘇林音「鄿侯」爲「多寒反」，孟康音「鮦陽」爲「紂紅反」，並誤衍「反」字，其説郅碻。然以此爲量，遂謂「漢書注中所引漢魏人音皆曰某音某、或曰音某某之某，未有曰音某某反者」，説見讀書雜志四之八「鄿侯」條下。李慈銘日記云：「檢全部漢書，有音某某反者，皆小顔自注語，他人固無是也。」亦爲王説所誤。則失之眉睫矣。今以三事證之：史記陳涉世家「夥頤，涉之爲王沈沈者」，裴駰集解引應劭曰：「沈音長含反。」漢書陳勝傳顔注、文選魏都賦李注所引應音皆同。如謂「長含反」一音爲師古所自作，無緣三書所引反語用字無有異同。此一證也。史記留侯世家「狙擊秦皇帝」，集解引應劭曰：「狙，七預反，伺也。」徐廣曰：「伺，候也，音千恕反。」應、徐音義大同，裴具引之者，證明二家讀音少異耳。又漢書張良傳「鯫生」，服虔曰：「鯫，音七垢反。鯫，小人也。」師古曰：「服説是也。音才垢反。」廣韻：「鯫，仕垢切。」七屬清紐，才屬從紐，仕屬牀紐，聲皆相近。此爲顔用服義而改定服音，則服音定非顔作。書音之作，本示僮蒙，以古人讀如、讀若之文不相剴切，後人改從反語，俾無疑昧，蓋有之矣。「鯫生」一語，師古別自作音，服音本所不用，何勞取彼讀如、讀若之文改從反語，無益於發疑正讀，徒爲煩費，有以知師古之不爲矣。此二證也。顔注漢書、李注文選引用諸家音義，有先出訓詁，次出反語，次出「師古曰」、「善曰」者。其所引反語，閒非當人之音，或爲顔、李所自作，如文選楚辭用王逸注，其中反音大抵李善作。可參伍比度得之。其但引反語，或先出反語，次出義訓者，如漢書地理志「罕幵」應劭曰「羌肩反」，張良傳「鯫生」服虔曰「七垢反」等，文證箸明，安得斥爲假託。顔師古漢書敘例曰：「漢書舊無注解，唯服虔、應劭等各爲音義，自別施行。至典午中朝，爰有晉灼，集爲一部，凡十四卷，號曰漢書集注。有臣瓚者，亦在晉初，總集諸家音義，稍以己意，續厠其末。蔡謨全取臣瓚一部散入漢書，自此已來始有注本。」據此，知師古注蓋依蔡本，而蔡謨注又依瓚本。如謂後來作注之人必追改前儒讀如、讀若之文，以從反語，則晉灼、臣瓚、蔡謨三家已先師古爲之矣。音韻時有變遷，後來遞相改易，恐集注諸家或無此體例也。此三證也。至如文潁、張揖、蘇林、如淳、孟康、韋昭之儔，反語尤難悉數。顔、陸並謂魏世大行，後人亦無異論。反語大行，以後作音諸師亦以直音與反語並用。漢書高紀「踰蕢山」，鄭氏曰：「蕢音匱。」蘇林曰：「蕢音蒯。」師古曰：「蘇音是也，丘怪反。」師古從蘇音蒯，並爲作反語，以刻定之，不直改蘇之直音爲反語也。此例甚多，茲舉其一。念孫謂漢魏人不作反語，近於專輒。

「鄲侯」音「多」，「鮦陽」音「紂」，俗本誤衍「寒反」、「紅反」等字，既爲王念孫所證明，然史漢誤音尚不止此。尋史記八十四「變化而嬗」，集解引服虔曰：「嬗音如蟬反。」九十三「國被邊」，集解引李奇曰：「被音被馬反。」據清官本。皆誤衍一「反」字。漢書八「谷蠡王入侍」，韋昭曰：「蠡音如麗反。」十四「騁狙詐之兵」，應劭曰：「狙音若蛆反。」此二條汲古閣本、清官本並同。二十八「大末」，孟康：「音如闥反。」清官本有「反」字，汲古閣本無。並誤衍一「反」字。清儒無説，王先謙漢書補注閒列誤音，亦其疏也。五十八「行錢使男子茶恬上書」，蘇林曰：「茶音食邪反。」宋祁曰：「浙本注文無『反』字，云『茶音琅邪』，淳化本音『琅邪反』，皆未安。」錢大昕曰：「漢書『茶恬上書』，蘇林音『食邪反』，則余姓讀如蛇者，即茶之省文耳。」承仕按：宋祁引浙本「茶音琅邪」者是也。集韻「邪」余遮切。字條下有「荼」，注云：「荼陵，縣名。」此正與琅邪之邪同音，蓋人地名物自有此讀，通志氏族略「荼氏」引「蘇林讀如琅邪之邪」，其明證也。浙本不誤，淳化本誤沾一「反」字，後人不得其解，輒改爲「食邪反」，以就爾雅「蘽荂荼」之音，錢氏亦未瞭此也。凡此譌文，自不入録，既爲昔人所未發正，故箸其説於此。

漢末已行反語，具如前述。然以各家所引漢人反語一切無別，槩斥爲當人所作，則又非諦。毛公、孔安國、二鄭、杜、賈之倫，世次縣遠，不作反語，自無可疑。馬國翰玉函山房輯逸書有衛宏古文官書一卷，其序録曰：「古文官書每字反音甚詳，則東漢初已有切字，世謂始於孫炎，非篤論也。」承仕按：馬氏以釋玄應所作音仞爲衛宏音，其説殊誤。又輯杜林蒼頡訓詁一卷，中引顔氏家訓「蒼頡訓詁」一條。按：張揖、郭璞並注三蒼，統言「三蒼」，析言或稱「蒼頡」，則顔氏所録蒼頡反語或爲張、郭之音。杜林卒於建武二十三年，亦不解反語也。此類反語又與經典舊音異趣，故置不録。釋文所引建安以前諸師反語，明爲後儒依義作之。作者非一時，又不盡出一人之手，要爲唐以前音。序録曰：「爲尚書音者四人：孔安國、鄭玄、李軌、徐邈。案：漢人不作音，後人所託。」證知孔、鄭反音自昔承用，其所謂「後人」者，遠在德明以前矣。沿襲來久，今更無從辨證。既無主名，故次諸漢人之列。至就建安以還各家音切言之，亦有四事可説：釋文序録曰：「書音之用，本示僮蒙，前儒或用假借字爲音，更令學者疑昧。余今所撰，務從易識，援引衆訓，讀者但取其意義，亦不全寫舊文。」此爲德明以見行反語改易前儒讀如、讀若之文。此一事也。後人託古作音，託者誰氏，莫得主名，則姑以爲古人之音。此又一事也。「亨」字有「香兩反」、「普庚反」之異，「説」字有「始鋭反」、「徒活反」之殊，釋文引漢魏人音頗多此類，蓋由師授不同，音隨義轉，後人自下反語，以定從違，異讀所關，非曰僞託。毛詩音義中每有「徐邈云毛某某反」、「沈重云鄭某某反」者，明爲徐、沈等依傳箋之意以定毛、鄭之讀耳。閒無説者姓名，則直作「毛某某反」、「鄭某某反」矣。此又一事也。釋文中有引先儒直音復下反語者，此是德明爲所引之直音作切，非被引人自作切。此又一事也。於後一事次於陸音之列，於前三事即視爲當人所作。

經籍音義本多關涉人地名物，又多異讀，漢書高紀顔注曰：「今讀貰與射同。」乃引地名「射陽」其字作「貰」以爲證譣，此説非也。假令地名射陽自是假借，亦猶鮦陽音紂，蓮勺音酌，當時所呼別有意義，豈得即定其字以爲正音乎？止寫一字或致疑殆者，依釋文之例，連類書之，以示音義相關之理。

訓釋之語有與音義相關者，隨應迻録，使得互證。

同一字而有多切，聲韻同、切語用字同者，但録其一；聲韻同、切語用字異者，一一列之。

同一字同一音切而原注中閒引異文云「本或作某」、「字或作某」者，即重出本字以示別異。

釋文作一音外，復有「又音」、「或音」、「一音」、「又一音」諸文，或由字有數讀，或因兼采各家；或出主名，或止言又、或。其有主名者，寫入當人；篇中不出主名者，次於有主名者之下。

一字有又音，又音無主名，其又音與本音切語用字雖異而聲韻實同者，亦重出本字以示別異。

一字首作直音，次云「又某某反」者，列其字與直音相應條下。

釋文首引他人直音，次云「又某某反」者，即寫此又音於當人直音條下。

釋文不自作音，首引他人切語，次云「又某某反」者，即寫此又音於當人音切之下。

釋文或爲注中之字作音，此指釋文自作注，非經傳本注也。其字乃爲經傳本文所無者，方便列入不別出。

經典文字閒有師承，異讀與本字截然兩音者，亦方便列入不別出。

別本異文與本字截然兩音者，亦方便列入不別出。

釋文有云「舊音某」、「衆家音某」者，不出主名，無所坿麗，方便次於陸音之列。唯「師音」録入周弘正篇中。説見後。

一字備引衆家音者，於首出一家，並連類具録各家之音，使可互勘；次出各家即僅録本音不煩徧及。采録舊音，悉於字條之下旁注所引書名。於當人篇題之下備列所引書名，次出字條即略標數字。

畢沅撰經典文字辨證書，於文字形體、異同、舉正、省通、別俗五例以隱栝一切，信爲周備。釋文序録曰：「六文八體，各有其義；形聲會意，寧拘一揆？豈必飛禽即須安鳥，水族便應著魚，蟲屬要作虫旁，草類差從兩中，如此之類，實不可依。今並校量，不從流俗。」是陸氏於文字形聲頗加持擇。然錢大昕舉「飰飯」、「校挍」等文以譏彈陸氏，斥其不能辨正雅俗。俱見十駕齋養新録。此外於釋文「訊誶」、「憯慘」、「貸貣」等文，錢氏皆有駁正。蓋由六朝俗師妄生分別，釋文沿襲舊説，未能發正，故其所列異文俗書破體，隸變承譌，不合六書，無以下筆者殆難悉數。今撰音書，形體自非所急，如其不關反語，悉隨本迻寫，不復糾正。

岳珂刊正九經三傳沿革例校正釋文音切，所舉參雜失次、傳寫譌疑諸事，閒亦中其要害，以與反語無涉，亦不復出。

經典釋文而外，引證舊音較爲繁夥者，無過於顔注漢書、李注文選。見行漢書未經矯亂，故易於董理。明監本於顔注本文頗有删削。清武英殿本據宋本校補，大抵可據。而文選李注自昔已無善本，雜糅沿襲，閒失本真，兹就注文涉及反語者，略設科條，以憑取舍。尋注文有先出「善曰」次出反語者，明爲李音，此一例也。有引毛萇、孔安國、宋均、王逸、賈逵、鄭玄諸家説義既竟，次出反語者，雖無「善曰」之文，仍爲李所自作，文選十「烕爲亡國」，李注引「詩『褒氏滅之』毛萇曰：『烕，呼滅切。』」陳景雲校曰：「『烕』字下脱『滅也』二字。」五十四「天地板蕩」，李注引「詩『上帝板板』毛萇曰：『板，杯晚反。』」陳景雲校曰：「『曰』下脱『板板反也』四字。」承仕按：陳校是也，如依誤文，更滋疑殆。此二例也。有引用舊義次出反語，而證以漢書顔注引，義大同而師古别自作音者，如上林賦「他他藉藉」，李注引郭璞曰：「言交横也，他，徒河切。」漢書五十七引郭璞義同，師古曰：「他音徒河反。」今謂顔用郭義，無緣獨舍郭音，證知前述反語是李所作，此三例也。有引用舊音僅録反語不出義訓者，自爲當人所作，此四例也。有引孟康、蘇林及以郭璞、徐邈諸家，首出義訓，次出反語者，其反語爲當人所作，抑是李作，蓋難質言，略舉四事以明之。一事：西都賦「紅羅颯纚」注引薛綜西京賦注曰：「颯纚，長袖貌。颯，思合切；纚，山綺切。」而西京賦「奮長袖之颯纚」薛綜注曰：「颯纚，長貌也。善曰：颯，素合切；纚，所綺切。」以此證明前述反語非薛所作。二事：上林賦「荅遝離支」注引晉灼曰：「離支大如雞子。遝音沓；離，力智切。」晉灼説「離支」不説「荅遝」，而先出「遝」音後出「離」音，則「離」音亦非晉作。三事：上林賦「崴磈嵔廆丘虚堀礨」注引郭璞曰：「皆其形勢也。崴，於鬼切；磈，魚鬼切；嵔，胡罪切。」漢書五十七引郭音義同，唯「廆音瘣」爲小異耳，此反語明是郭作。四事：上林賦「縝紛軋芴」注引孟康曰：「縝紛，衆盛也。縝，丑人切。」漢書五十七引孟康義同。師古曰：「縝，争忍反。」宋祁曰：「越本注文：『縝，丑人反。』疑『丑人反』本是舊音，師古仍之，一本則改從『争忍反』耳。」上來引漢書、文選注皆節録，原文不悉相應。前後二事互相違伐，要由讀者比勘得之，此五例也。上述五例，前四易明，後一難理，與其過廢，無寧過存。如別無明文足以反證者，則一切視爲當人所作。輯録李注所引字書韻書，大端以是爲例。

昔人聲音訓詁之書，今尚行用如廣雅、玉篇等，王念孫廣雅疏證序曰：「隋曹憲廣雅音釋，隋志四卷，與本書別行。」又：「憲避煬帝諱，始稱博雅。」首尾完具，不煩迻寫。其散佚來久，若三蒼、字林、聲類、韻集以訖纂文、字統之倫，見於六朝隋唐人傳注各書者，所在多有，悉數難終，儒先搜集已有成書。輯録佚書之業，清儒用力最勤，成書亦衆。就字書韻書言之，畢沅有説文解字舊音，任大椿有字林考逸，孫星衍有倉頡篇，臧鏞堂有通俗文等，陳鱣有古今字詁、埤蒼、廣倉、聲類、韻集等；又任大椿小學鉤沈、馬國翰玉函山房輯佚書、黄奭漢學堂叢書所輯小學書，不下三四十種，梁章鉅、諸可寶、陶方琦、費廷璜、胡玉縉、曹元忠、顧震福等續有補苴，轉益精密。此編所録，則以有反語者爲斷，若凡將、訓纂、聖皇、勸學之流，置不入録。然兹編所録，以諸師世次爲經，以聲韻部居爲緯，且所收僅及反語，不涉訓詁，涂術與彼不同，故唐以前字書韻書爲清儒所已輯者，今仍依次録之，體例自殊，不嫌複出。

清儒輯録小學佚文，大抵以玄應、慧琳諸書爲淵藪。一切經音義，玄應二十五卷，慧琳百卷，希麟十卷。尋開元釋教録：「玄應以貞觀之末捃捨藏經，爲之音義。未及覆疏，遂從物故。」又慧琳音義卷首景審序曰：「以建中末年創製，至元和二年方就。」然則玄應音義距法言造切韻時不盈五十年，慧琳則二百年也。二書所引以字書韻書爲多，經史舊音不過數事耳。希麟續作，則當遼統和中，六朝佚文殆不數數覯矣。其云「字林某某反」、「韻集某某反」者，明爲二呂之音，一也。其先引義訓、次下反語者，亦多録自原書，非玄應等所自作，二也。玄應音義二「壽命」條引「釋名云『生已久遠，氣終盡也』，又音視溜反，上壽也。溜音力救反。」承仕按：「視溜」一反，必是舊音，玄應恐後人誤讀溜字，故又爲溜字作切，以刻定之。其云「籀文、古文作某，同某某反」、「三蒼、聲類作某，同某某反」者，則玄應等博考異文，復自下反語，非前二之比矣。任大椿、馬國翰等並誤仞爲原書之音，今所不取。

輯録舊音，一以當人生卒年月爲次。

生卒無考者，次諸可考者之後。

略疏自漢訖唐作音諸師名氏、里居、生卒年月如左，並録其撰述書目，以有反音者爲斷。

毛公。鄭玄毛詩箋、陸璣毛詩疏並云「魯人」，釋文序録引徐整云「河間人」。陸璣以大毛公名亨，小毛公名萇。

隋書經籍志誤謂萇撰故訓傳，六朝隋唐人亦多引作萇，昔人辨之詳矣。

詩故訓傳。經典釋文序録云：「毛詩故訓傳二十卷，鄭氏箋。」隋書經籍志云：「漢河間太守毛萇傳，鄭氏箋。」

孔安國。序録曰：「魯人，孔子十二世孫。」藝文志曰：「武帝末，魯恭王壞孔子宅，得古文尚書，孔安國獻之，遭巫蠱事，未列於學官。」以安國獻書當武帝末巫蠱事，則以征和二年江充之役當之，尋魯恭王餘以景帝前二年立，立二十八年薨，時當武帝元朔元年，下距天漢二十有九年。劉歆移讓太常博士書謂獻書在天漢後。其壞宅得書，論衡正説篇以爲景帝時事，宜可據信。漢志所述定與情實相違。又據孔子世家「安國爲今皇帝博士，至臨淮太守，蚤卒」，尋司馬遷撰史記，作始於太初元年，絶筆於太始二年，章懷太子賢後漢書注曰：「武帝泰始二年，登隴首，獲白麟，遷作史記絶筆於此年也。」按太史公自序曰：「述陶唐以來，至於麟止。」賢説蓋本於此。使安國卒於征和以後，則史記成書，安國尚應健在。又史記兒寬傳：寬受業安國，後補廷尉文學卒史，時張湯爲廷尉。據百官公卿表，在元朔三年。是兒寬受業宜在元光中，訖於征和，安國年當六十以上。又儒林傳曰：趙綰自殺，申公以疾免歸，數年卒。弟子爲博士者十餘人，安國至臨淮太守。按：綰之自殺在建元二年，就使安國請業，才及志學之年，申公授詩，正直臨命之際，安國果卒於征和中者，年且六十矣。「蚤卒」之目，復何所施。馬遷作史，述奉手問故之人，記耳目聞見之事，於其年紀壽夭豈應悠謬？如此覈事而言，則景帝時魯恭王壞宅得書，武帝元光中安國爲博士，其卒年雖不可知，據漢書「安國官諫大夫」，史記則兩稱「臨淮太守」，不言「諫大夫」，如謂歷官諫大夫，百官公卿表：「元狩五年置諫大夫。」卒官臨淮太守，則安國之卒或當元鼎中，其生大抵在文景閒也。閻若璩古文尚書疏證説略同。又家語後序曰：「安國少學詩於申公，受尚書於伏生，年四十餘爲諫大夫、博士，由博士爲臨淮太守，在官六年，以病免，卒於家。」按：孝文時伏生年已九十餘，使安國於孝文末年及事伏生，至征和中年當八十以上，與後序「卒年六十」之説自爲乖刺。又閻若璩、朱彝尊等據荀悦漢紀，謂獻書者乃安國家人，漢書誤奪一「家」字耳。按：漢志説武帝末壞宅得書，已與景十三王傳不相應，不關「家」字之有無也。承仕又按：孔傳本僞書，安國亦不解反語，其生卒原不足論，兹從本書通例，聊復記之。

古文尚書傳。序録十三卷，隋志同。

尚書音。序録云：「爲尚書音者四人，孔安國、鄭玄、李軌、徐邈。案漢人不作音，後人所託。」隋志云：梁有五卷。

古論語傳。序録。

揵爲文學。序録曰：「一云揵爲文學卒史臣舍人，漢武帝時待詔。」孫志祖曰：「漢書東方朔傳有郭舍人，則舍人者官名，郭其姓也。」洪頤煊據西京雜記郭威字文偉，茂陵人，有言爾雅「張仲孝友」云，云即其人也。丁杰曰：「李善注文選羽獵賦引爾雅揵爲舍人注，又引釋詁郭舍人注，則舍人姓郭，但左傳正義中舍人、文學並見，則又似二人矣。」今按：舍人始末，難於質言。姑據序録列諸武帝世。

爾雅注。序録曰：「三卷，闕中卷。」隋志云：「梁有三卷，亡。」

杜子春。序録曰：「河南緱氏杜子春受業於歆，還家以教門徒。」禮記孔疏引後漢書：「杜子春永平之初年且九十，能通其讀，盡識其說。鄭衆、賈逵往受業焉。」朱彝尊經義考曰：「按禮疏所引後漢書馬融傳中文，范史無之。當系謝承、華嶠、袁山松書中語也。」其卒年蓋當永平中。

經典釋文引。

鄭興，字少贛，河南開封人。後漢書本傳：「天鳳中，將門人從劉歆講正大義。公孫述死，詔興留屯成都，頃之，左轉蓮勺令，會以事免。卒於家。」序録曰：杜子春「教授門徒，好學之士鄭興父子等多往師之」。是興與子春同事劉歆，後復轉師子春。興卒年不可知，年輩視子春稍晚。

周禮解詁。序録曰：鄭興父子「並作周禮解詁」。周禮賈疏序周禮廢興引鄭玄序云：「大中大夫鄭少贛名興，及子大司農仲師名衆，皆作周禮解詁。」

鄭衆，字仲師，興子，建初八年卒。藝文類聚六十八引東觀漢記曰：「永平中，遣鄭衆使北匈奴，衆因上疏云云，上不聽。衆不得已，既行，後果爲匈奴所殺。」按本傳述衆使匈奴事甚詳，又稱卒官大司農，事狀箸明。類聚所引誠爲譌誤。

周禮解詁。說見前。

賈逵，字景伯，扶風平陵人，永元十三年卒，年七十二。

春秋左氏解詁。序録三十卷。隋志又有「春秋左氏長經二十卷，賈逵章句」。

馬融，字季長，扶風茂陵人，延熹九年卒，年八十八。

易傳。序録十卷，七録云九卷。隋志云：梁有注一卷，亡。

尚書注。序録十一卷，隋志同。

「馬融、盧植考諸家異同，附戴聖篇章，去其繁重，及所序略，而行於世，即今之禮記是也。」序録。

「何晏集孔安國、包咸、周氏、馬融、鄭玄、陳羣、王肅、周生烈之説，並下己意爲集解。」序録。

樊光。序録曰：「京兆人，後漢中散大夫。」卒年無考。依序録，列於李巡之前。

爾雅注。序録六卷，又云：「沈旋疑非光注。」隋志六卷。盧文弨經典釋文考證曰：「春秋正義引『樊光注』，詩正義引作『某氏注』，殆因沈旋之疑也。據此，可見『某氏』即樊光耳。」

李巡。序録曰：「汝南人，後漢中黄門郎。」後漢書宦者傳曰：「時宦者濟陽丁肅、下邳徐衍、南陽郭耽、汝南李巡、北海趙祐等稱爲『清忠』。」又云：「巡白帝，與諸儒共刻五經於石。於是詔蔡邕等正其文字。」按靈帝紀，熹平四年，詔諸儒正五經文字，刻石於太學門外，則巡爲靈帝世人。

爾雅注。序録三卷。隋志云：梁有今亡。

盧植，字子幹，涿郡涿人，初平三年卒。

禮記注。序録二十卷，隋志十卷。

蔡邕，字伯喈，陳留圉人。後漢書本傳：光和元年，邕上書云「臣年四十有六」。其卒在初平三年，年正六十，傳偁六十一，疑誤。王昶金石萃編列蔡邕年表，亦作「六十」。

月令章句。隋志十二卷。

鄭玄，字康成，北海高密人，建安五年卒，年七十四。

易注。序録：「注十卷，録一卷。」七録云十二卷，隋志九卷。

尚書注。序録九卷，隋志同。

尚書音。説見前。

毛詩故訓傳鄭氏箋。序録二十卷，隋志同。

毛詩音。序録云：「爲詩音者九人，鄭玄、徐邈、蔡氏、孔氏、阮侃、王肅、江惇、干寶、李軌。」隋志云：「梁有毛詩音十六卷，徐邈等撰。」

三禮注。序録：周禮注十二卷，儀禮注十七卷，禮記注二十卷。隋志同。

三禮音。序録云：「各一卷。」

論語注。序録十卷。隋志又云：「梁有古文論語十卷，鄭玄注。」

宋衷。隋、唐志及各家所引多作「宋忠」。序録曰：「字仲子，司馬光太玄集解作「沖子」。南陽章陵人，後漢荆州五等從事。」按：隋志作「五業從事」，是也；太玄集解作「五等主事」，尤誤。依序録及隋志，次諸鄭玄之後。

易注。序録九卷。七志、七録云十卷。隋志云：梁有十卷，亡。

下方自服虔以訖項昭，大抵漢魏閒人，於漢書皆有音訓，卒年並無可考。玆據顔師古漢書序例，依次録之。王先謙漢書補注引朱一新曰：「據監本載景祐二年秘書丞余靖上言，則此下注語皆余氏所爲，非師古原文也。」承仕按：「序例荀悦、鄭氏、蘇林、劉寶、臣瓚、崔浩各條下，「宋祁引景祐余靖校本」云云，大抵考訂異同之語，自與序例本文無涉，諸家名氏爵里乃相承舊文，師古據而録之，非余氏所能坿益也。朱説失之。

服虔，字子慎，初名重，又名祇，後改爲虔，河南滎陽人。

後漢書本傳：中平末，拜九江太守。劉孝標世説新語注引漢南紀云「爲尚書郎、九江太守」，漢書序例云「尚書郎、高平令、九江太守」。按：「尚書郎」、「高平令」皆先時所歷官也。免，後漢書朱儁傳陶謙等推儁共討李傕，奏記於儁，稱「前九江太守服虔」。時爲初平三年，知虔官九江太守，首尾不逾五年。遭亂行客，病卒。

世説新語偁鄭玄以春秋傳注與虔，疑虔年輩與玄略等，其卒亦當獻帝世。

春秋左氏解誼。序録三十卷，隋志三十一卷。

春秋左氏音。序録一卷。隋志云：「梁有服虔、杜預音三卷，亡。」新唐書藝文志有春秋左氏音隱一卷。

通俗文。隋志「一卷，服虔撰」。新、舊唐志有李虔續通俗文二卷。臧鏞堂曰：「據顏氏家訓，知北齊時通俗文題云『服虔造』，以爲即東漢注左氏春秋者。魏江式表次在楊雄方言之下，張揖埤蒼之上，則亦以爲漢之服虔也。晉中經簿及七志無其目。梁阮孝緒七録始云『李虔造』。試合隋、唐志考之，則通俗文一卷，服虔撰，續通俗文二卷，李虔撰，爲當有二書，不可併一。抑史志有誤乎？顏氏謂『河北此書，家藏一本』，並無作『李虔』者，與阮録亦不合；殷仲堪引服虔俗説，當即此書；詩正義於行葦、韓奕兩徵皆曰『服虔通俗文』。至其世先於蘇林、張揖，叔然以前未有反切，此類抵捂，疑出後儒附竄。」馬國翰曰：「服與鄭玄同時，玄以所注春秋與之。孫炎，鄭之徒，正用反切，則服書反語不足爲異。」承仕按：服虔造通俗文，李虔續之，當如臧説。其序乃引蘇林、張揖，疑是後人竄入。通俗文反語爲服所自作，則馬説是也。羣書所引其有標名「李虔」者，置不録，餘皆寫入服書。

漢書音訓。隋志一卷。張守節史記正義曰：「漢書音義中有全無姓名者，裴氏注史記直云漢書音義。」案：大顏以爲無名義，今有六卷，題云「孟康」，或云「服虔」，蓋後所加，皆非其實，未詳指歸也。

應劭，字仲遠，太子賢注曰：「續漢書文士傳作『仲援』，又作『仲瑗』。」汝南南頓人。後漢書本傳：中平六年拜太山太守，興平元年棄官奔袁紹，風俗通曰：「承乏東嶽，忝素六載。」按中平六年至興平元年，首尾適六載。建安二年拜爲袁紹軍謀校尉，後卒於鄴。按：鄭玄傳劭自贊曰：「故太山太守應仲遠，北面稱弟子如何？」是劭年輩視玄少晚，其卒疑在鄭、服後。漢書武紀「還作甘泉通天臺、長安飛廉館」，應劭注引董卓銷銅鑄錢事，證知劭注漢書在董卓誅後矣。

漢書集解音義。隋志：「漢書一百一十五卷，班固撰，應劭集解。」又：「漢書集解音義二十四卷，應劭撰。」錢大昕曰：「漢書序例云：『臣瓚總集諸家音義，稍以己之所見續厠其末，凡二十四卷，分爲兩帙。』今之集解音義則是其書，而後人不知臣瓚所作，乃謂之應劭等集解。依小顏説，知隋志所載即臣瓚所集，非出於應劭一人。隋志多承阮録舊文，則『應劭』下當有『等』字，殆傳寫失之也。」承仕按：漢書集解音義二十四卷，師古目睹其書，證爲臣瓚所集，則隋志誤奪「等」字，定如錢説。然隋志别有「漢書一百一十五卷」，題云「班固撰，應劭集解」者，志文如實，以不誠不敢知。尋後漢書應劭傳曰「又集解漢書，皆傳於後」，劭撰集解蓋無可疑。而顔師古漢書序例曰：「漢書舊無注解，唯服虔、應劭各爲音義，自别施行。至典午中朝晉灼集爲一部，凡十四卷。臣瓚又總集諸家音義凡二十四卷。蔡謨全取臣瓚一部，散入漢書。自此以來，始有注本。」錢大昕曰：「據此，知不獨服、應音義單行，即灼、瓚兩家亦不注於本文之下。」錢據顔説，文證灼然，應注既不坿本文，卷數不宜逾百。師古專精漢書，且又與修隋史，所説不應錯迕若是。今謂漢書應注本自别行，灼、瓚集録諸家，蔡謨散作注本，自爾以還，應注原書已不可得見。隋志所列「集解音義二十四卷」者，如錢氏説，爲臣瓚本；「漢書百十五卷」者，如承仕説，則蔡謨本也。其題爲「應劭集解」者，據晉書蔡謨傳云：「謨總應劭以來注班固漢書者，爲之集解。」則蔡書實以應劭爲偁首，箸録者亦據音訓家之先見者言之，故題云「應劭等集解」，傳寫奪「等」字，與集解音義之譌奪一字，其比正同。衆家撰集之書，隋志每題「等」字，釋文序録偁「爲詩音者九人」，而隋志省偁「徐邈等」，是其例也。

鄭氏。宋祁曰：「景祐余靖校本云：鄭氏，舊傳晉灼集注云北海人，不知其名，而臣瓚以爲鄭德，今書但稱鄭氏。」洪亮吉漢魏音序曰：「漢書高紀、武紀、郊祀志注引鄭氏音，而史記集解作『鄭玄』，是康成又爲漢書音義。」承仕按：漢書高紀「盱眙」、「自剄」二事顔注引「鄭氏」，裴解引作「鄭玄」；「自剄」注文清官本作「鄭玄」，汲古閣本作「鄭氏」。「方輿」、「亢父」二事顔注引「鄭氏」，裴解引作「鄭德」；郊祀志「推始終傳」顔注引「鄭氏」；史記秦始本紀「推終始五德之傳」，裴解亦引作「鄭玄」。其注文悉相應，然則鄭氏、鄭玄、鄭德三名，各家徵引，自多錯迕。亮吉輒言康成作漢書音義，近於臆説。洪頤煊曰：「汴本史記索隱以爲鄭玄。案：高紀『沛公還軍亢父』，鄭氏曰『屬任城郡』，郡國志『任城國』不名爲郡；王子侯表『揤裴戴侯道』，鄭氏曰『揤裴音即非，在肥鄉縣南五里』，肥鄉縣黄初二年置，皆在鄭康成後。汴本索隱誤也。」頤煊之説，信於亮吉，今亦但偁「鄭氏」。

李奇，南陽人。

鄧展，南陽人，魏建安中，顧炎武日知録曰：「序例於鄧展、文穎下並云『魏建安中』，建安乃獻帝年號，雖政出曹氏，不得遽名以『魏』也。」爲奮威將軍，封高樂鄉侯。魏志裴松之注引典論自序説擊劍事，「願將軍捐棄故伎，更受要道」，即其人也。

文穎，字叔良，干寶搜神記作「叔長」，太平廣記三百十七引同。南陽人，後漢末荆州從事，魏建安中爲甘陵府丞。齊召南曰：「兩漢無府丞官名，甘陵改自安帝，或如續志，太常屬官，每園陵令、丞、校長各一人，則文穎爲甘陵丞，不得云『甘陵府丞』也。」文選王粲贈文穎詩李善注曰：「繁欽集云爲荆州從事。文叔良作移零陵文，而粲集又有贈叔良詩。獻帝初平中，王粲依荆州劉表，然叔良之爲從事，蓋事劉表也。詳其詩意，似聘蜀結好劉璋也。」承仕按：王粲依劉表在初平四年，據王粲傳「十七乃之荆州」推知之。粲贈穎詩宜在興平、建安之閒。興平元年劉璋始爲荆州刺史。劉表卒於建安十三年，疑穎官甘陵丞當在建安十三年後。漢書注。隋、唐志均不箸録。元和姓纂曰：「文穎注漢書。」近人葉德輝撰世説新語劉注引用書目列有「徐廣晉紀文穎注」一部，自注云：「隋志不箸録。尋世説新語『太元末長星見』，劉注曰：『徐廣晉紀云：「太元二十年九月有蓬星如粉絮，東南行，歷須女至央星。」按太元末唯有此妖星，不聞有長星也。且漢文八年有長星出東方，文穎注曰』云云。」今按世説注「按太元」以下乃孝標自下按語，非晉紀語，「文穎注曰」以下乃孝標引文穎漢書注文。穎，漢末人，安得爲晉紀作注邪？葉説疏謬甚矣。

張揖，字稚讓，清河人，一云河間人。魏太和中爲博士。

埤倉。隋志三卷。魏書江式傳曰：「魏初，博士清河張揖箸埤倉、廣雅、古今字詁。究諸埤、廣，綴拾遺漏，增長事類，抑亦於文爲益者。然其字詁方之許篇，古今體用，或得或失。」

古今字詁。隋志三卷，舊唐志作「古文字詁二卷」，新唐志作「古文字記二卷」。引或省偁字詁。

三倉訓詁。隋志：「三倉三卷，郭璞注。秦丞相李斯作蒼頡篇，漢楊雄作訓纂篇，後漢郎中賈魴作滂喜篇，故曰三倉。」不箸録張揖書。舊唐志：「三倉三卷，李軌等撰，郭璞解。」新志作「李斯等三倉三卷，郭璞解」。舊唐志「三倉訓詁二卷，張揖撰」，新志作「三卷」。承仕按：舊志「李軌等」，「軌」爲「斯」字之譌，灼然易知。而孫星衍輯本序曰：「三倉三卷者，晉張軌所合；三倉訓故三卷者，魏張揖、晉郭璞所撰。」不審孫意以舊志「李軌」爲「張軌」之誤，抑別有所本也？然孫序上言晉張軌所合，下言魏張揖、晉郭璞所注，張揖魏人，固不得爲晉人所合之書作注，即依舊志作李軌，則李軌亦後於郭璞，謬誤顯箸。孫亦未必信據，而承用之。孫氏所言，承仕未聞其審。今謂三倉之書起自張揖以前，而張、郭皆訓説之，羣書所引有析言「張注」、「郭注」者，有泛偁「訓詁」、「解詁」者。有主名者，分別寫之，其無主名者，則降在坿録。

雜字。隋志云：「梁有難字、錯誤字各一卷，亡。」新唐志有雜字一卷。爾雅音義引張揖反音數條，不出書名，馬國翰收入張揖雜字中。承仕按：張揖所撰字書不止一種，釋文所引果出自何書，蓋難質言。今但偁「經典釋文引」。

司馬相如傳解。漢書序例曰：「止解司馬相如傳一卷。」

經典釋文引。說見前。

蘇林，字孝友，宋祁曰：「余靖校本有『一云彥友』四字。」陳留外黄人，魏給事中領秘書監、散騎常侍、永安衛尉、太中大夫，黄初中遷博士，封安成亭侯。魏志劉劭傳裴注引魏略曰：「建安中爲五官將文學，黄初中爲博士。以老歸弟，年八十餘卒。」又高堂隆傳曰：「景初中，帝以蘇林等並老，恐無能傳業者，乃令人分受經義。數年，皆卒。」據此，林卒年宜在正始初。裴注又云：「林博覽，多通古今字指，凡諸書傳文閒危疑，林皆釋之。」不言注漢書事，而顔注所引頗多，疑蘇林自有音訓之作，自瓚、灼、蔡謨集解行世，而蘇林所撰爲何等書遂無可考見。謝啟昆小學考列有蘇林漢書音義一部，似爲無據。

如淳，馮翊人，魏陳郡丞。

漢書注。廣韻九「魚」引晉中經簿云：「魏有陳郡丞馮翊如淳注漢書。」

孟康，字公休，安平廣宗人，魏散騎常侍、弘農太守領典農校尉、勃海太守、給事中散騎常侍、中書令，後轉爲監，封廣陵亭侯。魏志裴注引魏略說略同。其卒宜在魏末矣。錢大昕曰：「晉書王濬傳太子洗馬孟康等訟濬之屈。此別一孟康。注漢書之孟康，不聞其仕晉也。」

漢書音。隋志：「梁有九卷，亡。」孟康音隋志已亡，顔注所引疑采自蔡謨集解等書。謝啟昆謂「崇文總目始不著録，蓋亡於宋」云，恐非其實。承仕又按：漢書高紀「遇剛武侯」、惠紀「女子年十五以上至二十不嫁五算」兩條，孟康皆駁應劭說，是康注漢書乃在應義大行之後。又高紀「沛公乃北攻陰平」，孟康曰：「縣名也，屬河南。魏文帝改曰河陰。」證以裴注引魏略所言「因在冗官，博讀書傳，衆人乃更加意」，證知康說漢書宜在太和以後矣。

項昭，不詳何郡縣人。

陸績，字公紀，吴郡吴人，卒年三十二。吴志本傳：「績年六歲，藝文類聚八十六引作「十六歲」，「十」爲「年」字之譌。

於九江見袁術。」按袁術初平四年入九江，建安二年敗走。則績之卒當漢建安二十四年至魏黄初三年間。

周易述。序録十三卷，隋志十五卷。

薛綜，字敬文，沛郡竹邑人，吴赤烏六年卒。魏正始四年。

張衡二京賦注。隋志：「二京賦注二卷。」舊唐志：「二京賦音二卷。」何焯校文選曰：「此注謂出薛綜，疑是假託。綜赤烏六年卒，安得引王肅易注？又孫叔然始造反切，未必遂行於吴。」邵晉涵漢魏音序曰：「薛綜注張平子賦已有反語。」承仕按：李注文選閒與五臣相亂，或多錯互。至反音起自建安，無緣斷言薛綜不作反語。何説非是。

何晏，字平叔，南陽宛人，嘉平元年卒。

論語集解。序録曰：「晏集孔安國、包咸、周氏、馬融、鄭玄、陳羣、王肅、周生烈之説，并下己意，爲集解。正始中上之，盛行於世。」隋志十卷。

王弼，字輔嗣，山陽人。裴注魏志引世語曰：「魏嘉平元年卒，年二十四。」

易注。序録：「易注七卷：注易上、下經六卷，作易略例一卷。」隋志同。七志云：「注易十卷。」疑七志「十卷」者，合韓伯繫辭注三卷計之。

論語釋疑。序録三卷，隋志同。

老子注。序録：「注二卷，又指略一卷。」隋志無指略。

諸葛恪，字元遜，琅邪陽都人，吴太和二年卒。魏嘉平四年。

裴注吴志引吴録曰：「卒年五十一。」

經典釋文引。

王肅，字子邕，東海郡人，甘露元年卒。據魏志朱建平傳，肅卒年六十二。蜀志許靖傳裴注引魏略曰：「王朗與許靖書云：『僕今有二男，大男名肅，年二十九，生於會稽。』」承仕按：王朗初平、興平之際爲會稽太守，建安元年降孫策。肅生於興平二年，朗與許靖書則黄初四年也。

易注。序録十卷，隋志同。

易音。序録曰：「爲易音者三人，王肅、李軌、徐邈。」隋志不箸録。

尚書注。序録十卷，隋志十一卷。

毛詩注。序録二十卷。隋志又云：「梁有毛詩二十卷，鄭玄、王肅合注。」

毛詩音。序録。

三禮注。序録：「周禮注十二卷，禮記注三十卷。」隋志同。隋志又有「儀禮注十七卷」。

三禮音。序録各一卷。七録唯云撰禮記音。隋志云：「梁有王肅禮記音一卷，亡。」

論語注。序録十卷，隋志云梁有。

高貴鄉公曹髦，字士彦，沛國譙人，甘露元年卒。

春秋左氏音。序録三卷，隋志同。

孫炎。魏志王肅傳：「樂安孫叔然，受學鄭玄之門，人偁東州大儒。徵爲秘書監，不就。」朱彝尊曰：「訪碑録載，淄州長山縣西南二十里長白山東有孫炎碑，碑陰有門徒姓名，係甘露五年立。」按：王肅卒於甘露元年，炎與同時，蓋卒於甘露之末。鄧名世古今姓氏書辨證：「躭二子：鍾、旃。鍾，吴先主權之祖也。旃二子：炎、歷。炎字叔然，魏秘書監。」唐書世系表説略同。元和姓纂孫氏列「樂安」、「富春」二望，不載此事。承仕按：顔師古漢書注曰：「私譜之文，出自閭巷，家自爲説，事非經典，苟引先賢，妄相假託，無所取信，安足據乎？」鄧書唐表所述，蓋采自私家譜狀，不見正史，顔氏所譏，此類是也。

爾雅注序録三卷，隋志七卷。

爾雅音序録一卷。隋志云：「梁有爾雅音二卷，孫炎、郭璞撰。」

嵇康，字叔夜，譙國銍人，卒年四十。魏書本傳：康於「景元中」誅死。不質言景元某年。裴注曰：「干寶、孫盛、習鑿齒諸書皆云：正元二年，司馬文王反自樂嘉，殺嵇康、吕安。蓋緣世語云康欲舉兵應毋丘儉，故謂破儉便應殺康也。其實不然，山濤以景元二年改吏部郎，欲舉康自代，康書告絶。又鍾會作司隸校尉時誅康；會作司隸，景元中也。」如本傳爲審，據此，康之死在景元二年書絶山濤以後，景元四年鍾會入蜀以前。通鑑書康死於景元三年，差近事理。近人程炎震曰：「康與山濤絶交書云：『女年十三，男年八歲。』按嵇紹傳『十歲而孤』，以是知康卒於景元四年。」

春秋左氏音序録三卷，隋志同。

糜信。序録曰：「字南山，東海人，魏樂平太守。」生卒無考。且依經義考次諸嵇康之後。

春秋穀梁注序録十二卷。隋志又有春秋説要十卷，理何氏漢議二卷。

鍾會，字士季，潁川長社人，咸熙元年卒，年四十。

老子注序録一卷，隋志同。

李登。隋志「聲類十卷」，題「魏左校令李登撰」。里居生卒皆無可考。馬國翰、陳鱣並謂登與孫炎同時，亦無左證。按：魏書江式上表曰：「晉世義陽王典祠令任城吕忱弟静别放故左校令李登聲類之法，作韻集五卷。」疑登仕魏而卒於晉初，故偁「故左校令」，其世次或與二吕相接，今列於魏末焉。

聲類隋志十卷。隋書潘徽傳曰：「末有李登聲類、吕静韻集，始判清濁，纔分宫羽。」封演聞見記曰：「魏時有李登者，撰聲類十卷，凡一萬一千五百二十字，以五聲命字。」

周氏。　隋志：「雜字解詁四卷，魏掖庭右丞周氏撰，梁有解文字七卷，周成撰，亡。」錢大昕曰：「據隋志，似周氏與周成非即一人。唐志有周成解文字一卷，而無周氏書。且兩志所載周成書，俱無「雜字」之名，未知即此書否。掖庭左右丞，漢制皆宦者爲之，魏承漢制，則周氏亦必宦者，如注爾雅之李巡，亦中黄門也。」承仕按：羣書所引其偁「雜字」、「難字」、「雜字解詁」者，大抵系之周成，是以周成即周氏矣。今依隋志偁周氏，生卒無考，姑置之魏末。

雜字解詁。說見前。

孔鼂。　隋志題「晉五經博士」。尋晉書傅玄傳，玄上疏言事，書奏，帝下詔曰「近者孔鼂、綦毋龢皆按以輕慢之罪，所以皆原」云云，此詔亦略見武帝紀泰始二年，則鼂爲泰始初人。御覽三十七引聖證論曰：「孔鼂云：能吐生百穀謂之土。」疑鼂卒於晉初，而箸書或先於王肅。

春秋外傳國語注。隋志二十卷。

韋昭，字弘嗣，吴郡雲陽人，吴鳳凰二年卒，晉泰始九年。年七十餘。

國語解。隋志二十一卷，舊唐志二十一卷。宋庠國語補音序曰：「先儒未有爲國語音者，近世傳舊音一篇，不箸撰人名氏，尋其說，蓋唐人也。」黄丕烈校刊宋明道本國語中有反語數條，與宋庠舊音一篇之說不相應，疑非唐人所爲，亦不得目爲韋作。然昔人引韋昭音，間有不標出處者，不審出自何書，故仍列國語解之目於此。

辨釋名。隋志一卷。

漢書音義。隋志七卷。舊唐志譌作「韓韋」撰。

經典釋文引。

崔譔。　序録曰「清河人，晉議郎。」劉注世說曰：向秀本傳或言「秀遊託數賢，蕭屑卒歲，都無注述，唯好莊子，聊應崔譔所注，以備遺亡」云。唐修晉書無此語，劉注引向秀本傳當出自王隱、臧榮緒諸書。序録亦列崔注於向秀之前，是崔譔注莊先於向秀，故即以是爲次。而隋志題云「東晉議郎」，疑其非實。近人吴士鑑撰晉書經籍志，列崔注於李頤、徐邈之間，亦沿隋志之誤。

莊子注。序録「十卷二十七篇，内篇七，外篇二十」。隋志云：梁有十卷，亡。

向秀，字子期，河内懷人。晉書本傳：「嵇康被誅，秀應本郡計入洛，仕至散騎常侍，卒於位。」又云「少爲山濤所知」，疑秀年輩視濤稍晚，其卒亦當武帝世。

莊子注。序録：「二十卷二十六篇。一作二十七篇，一作二十八篇，亦無雜篇。」隋志云：「向秀注本二十卷，今闕。」本傳曰：「秀注莊子成，示康曰：『殊復勝不？』」據郭象傳及世説並云：「秀爲解義，唯秋水、至樂二篇未竟而卒。」

莊子音。序録三卷。隋志云：「梁有一卷。」

吕忱。張懷瓘書斷曰：「忱字伯雍。」爾雅音義亦引作「吕伯雍」。魏書江式傳曰：「晉世，義陽王典祠令吕忱表上字林六卷。」隋志題「晉弦令」，李燾五音韻譜序作「東萊縣令」，疑江式所偁其卒官也。尋晉書，義陽成王望，武帝受禪始封，泰始七年薨。則忱爲晉初人。

字林。隋志七卷。

吕静。諸書或引作「吕靖」。魏書江式傳曰：「忱弟静，別放李登聲類之法，作韻集五卷，使宫商角徵羽各爲一篇。」隋志題銜「晉安復令」。

韻集。隋志六卷。顔氏家訓曰：「韻集以成、仍、宏、登合成兩韻，爲、奇、益、石分作四章，不可依信。」

孫毓。序録曰：「晉豫州刺史孫毓爲詩評，評毛、鄭、王肅三家同異，朋於王。」注云：「毓字休朗，北海平昌人，長沙太守。」成伯璵毛詩指説亦作「長沙太守」，蓋據釋文也。隋志於毛詩異同評題「長沙太守」，於「別集類」

題「汝南太守」，疑長沙太守爲詩評成書時所歷官，其餘則別時歷官，或卒官也。馬總意林孫氏成敗志下注云「孫毓字仲」，馬國翰謂「字仲」文義不具，必屬脱誤。承仕未聞其審。嚴可均輯全晉文卷六十七孫毓略傳云：毓字仲，泰山人，魏時嗣父爵吕都亭侯，仕至青州刺史。（見魏志臧霸傳）一云字休明，北海平昌人，入晉爲太常博士，歷官汝南太守云云。承仕按：魏志臧霸傳：「孫觀薨，子毓嗣，亦至青州刺史。」裴注引魏略曰：「孫觀字仲臺，泰山人。」據此，一爲泰山人，一爲北海人，郡望不同，一也。魏志偁「亦至青州刺史」，覈其文義，當是卒官，二也。據裴引魏略，毓嗣父爵在建安十七年，至晉咸寧中毓爲太常時相去六十餘年，時代恐不相接，三也。疑魏志所書别是一孫毓，非撰詩評之孫毓也，而嚴氏牽合爲一，似難據信。

通典四十八及九十三引孫毓禮議皆咸寧間事，則亦晉初人矣。隋志别集類列孫毓於皇甫謐、謐太康二年卒。司馬彪彪惠帝末年卒。之間，今從之。

詩同異評。序録十卷，隋志同。

張斐。通典百六十四引作「張裴」，「裴」爲「斐」之形譌。晉書刑法志：「泰始四年頒新律，其後明法掾張斐又注律表上之。」隋志題銜「僮長」，疑是卒官。明法掾則注律時歷官也。斐亦武帝世人。

雜律解。隋志二十一卷，又有漢晉律序注一卷。

衛瓘，字伯玉，河東安邑人，元康元年卒，年七十二。

論語注。序録云：「八卷，少二卷，宋明帝補闕。」

鄒湛，字潤甫，南陽新野人，元康末卒。

易統略。序録張璠集解序列二十二家易注中有鄒湛易統略一書。隋志五卷。

劉逵。文選三都賦題「劉淵林注」。晉書左思傳：「中書著作郎安平張載、中書郎濟南劉逵並爲三都賦

經籍舊音序録

訓詁。」

隋志題云「晉侍中劉逵」。錢大昕曰：「趙王倫傳有『黄門侍郎劉逵』，未審即其人否。」據世説注，列於張載之前。

左思三都賦注。隋志云：「梁有張載及晉侍中劉逵、晉懷令衛權注左思三都賦三卷，亡。」李注文選曰：「三都賦成，張載爲注魏都，劉逵爲注吴、蜀，自是之後，漸行於俗也。」劉注世説引左思別傳曰：「思造張載問岷蜀事，交接亦疏，劉淵林、衛伯輿並蚤終，皆不爲思作賦序、注也。凡諸注解皆思自爲，欲重其文，故假時人名姓也。」承仕按：左思賦注，説者多以爲思所自作，然魏都賦「矆焉相顧」，善曰：「張以矆先壠反，今本並爲矆。」是舊本相承題爲「劉逵、張載注」矣。既是舊音，別無所坿，故仍視爲劉、張注。又晉書及隋志並云衛瓘注三都，程炎震曰：「裴注魏志曰衛權字伯輿，作左思吴都賦序及注，則『瓘』爲『權』之形譌。」按：程説是也，今坿箸於此。

張載，字孟陽，安平人。晉書本傳：「太康初，至蜀省父。後起家佐箸作郎，歷官弘農太守。長沙王乂請爲記室督。拜中書侍郎，復領箸作。見世方亂，告歸，卒於家。」此云「世亂」，指八王之役言之。其卒，宜在永寧後。

左思三都賦注。說見前，胡克家本文選魏都賦題下誤奪「張載注」三字。

司馬彪，字紹統，河内人，惠帝末年卒，年六十餘。

莊子注。序録云：「注二十一卷五十二篇：内篇七、外篇二十八、雜篇十四、解説三。爲音三卷。」隋志云：「注本二十一卷，今闕。注音一卷，司馬彪等撰。」

莊子音。説見前。

繆播，字宣則，蘭陵人，永嘉三年卒。

論語旨序。隋志三卷。

晉灼。漢書序例曰：「河南人，晉尚書郎。」又曰：「典午中朝，爰有晉灼集爲一部，凡十四卷，號曰漢書集注。屬永嘉喪亂，金行播遷，此書雖存，不至江左。」據此，則灼爲惠、懷間人。

漢書集注。隋志十三卷。新唐志十四卷，又音義十七卷。

齊恭。元和姓纂：「晉有齊恭注漢書。」通志氏族略引同。不詳其人始末，以其晉人，又注漢書，姑坿之晉灼之次。文廷式補晉書藝文志列於司馬彪、郭璞之間，近之。吴士鑑補志次於蔡謨之後、吕忱之前，世次到亂，似爲無據。

漢書注。漢書序例列音訓二十三家，無齊恭之名，顏注僅引反語一條，疑齊書久佚，其反語蓋出自蔡謨集解等書耳。

郭象，字子玄，河内人，永嘉末卒。

莊子注。序録云：「三十三卷三十三篇：内篇七、外篇十五、雜篇十一。爲音三卷。」隋志「三十卷，目一卷」，又「音三卷」，「梁七録三十三卷」。

莊子音。説見前。

蜀才。序録曰：「七録云不詳何人，七志云是王弼後人。案蜀李書云：「姓范名長生，一名賢隱，居青城山，自號蜀才，李雄以爲丞相。」華陽國志曰：「范賢，名長生，一名延久，又名九重，一曰支，字元壽。本作「字元」，據十六國春秋補。涪陵丹興人。」楊慎藝林伐山云長生事劉玄德，至特時一百三十餘歲。十六國春秋云玉衡八年卒。晉大興元年。

易注。序録十卷，隋志同。顏氏家訓曰：「易有蜀才注，江南學士遂不知是何人，以晉渡江後北間傳記皆名爲僞書，不貴省讀，故不知也。」

王廙，字世將，琅邪臨沂人，永昌元年卒。晉書本傳：「元帝即位，廙奏中興賦，上疏曰：臣犬馬之年四十三矣。」知廙生於咸寧元年，卒於永昌元年，據元帝紀。時年四十八。張彦遠法書要録謂廙生於咸寧三年，與本傳不相應，疑誤。

易注。序録：「十二卷。七志、七録云十卷。」隋志云「二卷，殘闕。梁有十卷」。

郭璞，字景淳，河東聞喜人，太寧二年卒，年四十九。

爾雅音。序録三卷：音一卷、圖讚二卷。隋志云「五卷。梁有爾雅音二卷，孫炎、郭璞撰。爾雅圖十卷」，又云「梁有圖讚二卷，亡」。

爾雅音。説見前。

方言注。隋志十三卷。戴震方言疏證曰：「此書音某及某某反之類，多後人所加，雜入郭注，今無從辨别，姑仍其舊。」承仕按：玉燭寶典引郭璞方言注，其反語用字頗同今本，證知方言郭音行來已久，未必悉後人所加也。

三蒼注。説見前。

穆天子傳注。隋志云「六卷，汲冢書郭璞注」。

山海經注。隋志二十三卷。唐志十八卷，圖贊一卷，音一卷。畢沅序録曰：「山海經音古本别行，今見注中，當是後人所合。」

山海經音。説見前。

司馬相如傳序及游獵詩賦注。漢書序例説如此。隋志云：「梁有郭璞注子虛、上林賦一卷，亡。」李注文選子虛、上林賦並題「郭璞注」。

干寶，字令升，新蔡人。晉書本傳：「寶以平杜弢有功，賜爵關内侯。中興草創，王導薦領國史，官至散騎常侍。」又云：「寶撰搜神記以示劉惔，惔曰：『卿可謂鬼之董狐。』」按：杜弢敗死在建興三年八月，寶時以功賜爵。建武初年薦領國史，大抵年在二十以上。而劉惔卒官丹陽尹，當永和中年，僅三十有六耳。胡震亨搜神記跋曰：「謝尚爲鎮西將軍在永和中。寶此書曾示劉惔，惔卒於明帝太寧中，則書在尚加鎮西將軍前二十餘年。書記謝尚事爲後人所附益。」承仕按：胡説劉惔卒年非也。程炎震曰：「據惔本傳及褚裒、王濛傳，並以世説推之，知惔卒於王濛以後、褚裒以前。濛永和二年卒，裒永和五年卒，則惔之卒年爲永和二年至五年閒也。」據此，則寶視劉惔二十年以長矣。

易注。序録十卷，隋志同。

周禮注。序録十三卷，隋志十二卷。

黄穎。序録曰：「南海人，晉廣州儒林從事。」卒年無考。依序録次諸干寶後。

易注。序録十卷。隋志四卷，「梁有十卷，今殘闕」。

李充，字弘度，江夏人。晉書本傳：「辟丞相王導掾，轉記室參軍。征北將軍褚裒又引爲參軍，充求外出，乃除剡令。遭母憂，服闋，爲大箸作郎。于時典籍混亂，充删除煩重，分作四部，甚有條貫。累遷中書侍郎，卒官。」按：晉書不箸充卒年，皇侃論語義疏序列諸家次於江淳、孫綽之閒，疑充亦卒於永和中。按：充辟王導掾當在咸康閒；褚裒引爲參軍，則永和初也。隋書經籍志曰：「東晉之初，充以荀勗舊簿校書，其見存者，但有三千一十四卷。阮孝緒七録序目、晉元帝書目四部三百五袠三千一十四卷，卷數與充所校者正相應。然則李充校書必在元帝世矣。而晉書記其事於除剡令、丁母憂之後，疑晉書所述前後失次。

論語集注。序録十卷，隋志同。

李軌。劉注世説引中興書曰：「字弘範，釋玄應引作「洪範」。江夏人，仕至尚書郎。序録曰「祠部郎中、都亭侯」。劉氏之甥。」按隋志，咸和起居注「李軌撰」，咸康起居注無撰人，而舊唐志亦題「李軌撰」，則軌爲咸康以後人。據世説記衛江州事並劉注推之，疑充、軌年輩略相等。

易音。序録説見前。隋志一卷。

尚書音。説見前。

毛詩音。説見前。

三禮音。序録：「周禮、儀禮音各一卷，禮記音三卷。」隋志云：「梁有儀禮音一卷，禮記音二卷，亡。」

春秋左氏音。序録三卷，隋志同。

春秋公羊音。序録一卷。隋志云：梁有一卷。

莊子音。序録一卷，隋志同。

二京賦音。隋志：「梁有二京賦二卷，李軌、綦毋邃撰。」舊唐志有「綦毋邃三京賦音一卷。」承仕按：李軌、綦毋邃並爲二京賦作音，隋志言「撰」者，謂撰音耳。玄應音義引李洪範西京賦音，其明證也。

虞喜，字仲寧，會稽餘姚人，卒年七十六。按：晉書禮志：永和二年，就喜諮遷廟禮。喜亦穆帝世人。

李善文選注引。

范宣，字宣子，陳留人，家於豫章，卒年五十四。晉書本傳：太尉郗鑒命爲主簿，咸康四年，郗鑒進位太尉。詔徵太學博士、散騎郎，並不就。家於豫章，戴逵等聞風宗仰，自遠而至。戴逵傳云：「師事范宣於豫章，宣以兄女妻焉。」逵卒於太元二十年，年已耆老，宣年長於逵當二十以上。又世説載韓伯誘范宣入郡事，宣之卒在穆帝世後矣。

儀禮音。序録及隋志皆不箸録，而儀禮音義中引「范散騎音」六條，疑序録或有闕略耳。

禮記音。序録二卷。隋志云：梁有，今亡。

劉昌宗。不詳其人始末。序録列於李軌後、徐邈前，隋志亦次在晉人中。丁國鈞、文廷式、吴士鑑三家補晉志皆録劉書，唯馬國翰以爲齊梁間人，其説未諦。 按：儀禮音義「大羹湆」，劉云：「范去急反，他皆音泣。」劉引范音，故次諸范宣後。

詩注。 序録及隋志並不箸録，顔氏家訓書證篇一引之，但言詩注，當是毛詩也。

三禮音。 序録：「周禮、儀禮音各一卷，禮記音五卷。」隋志「周禮類」有昌宗禮音三卷，又云：「梁有儀禮音一卷，禮記音五卷，亡。」

葛洪，字稚川，丹陽句容人，卒年八十一。 抱朴子自序篇曰「今齒近不惑」，又曰：「洪年二十餘，計作細碎小文，妨棄功日，未若立一家之言。 乃草創子書，至建武中乃定。」據此，洪於建武中建武止一年，明年改元大興。 撰抱朴子成，年近四十。 卒年八十一，當升平三四年間。

要用字苑。 唐志一卷。 引或省偁「字苑」。

抱朴子。 隋志：内篇二十一卷，音一卷，又外篇三十卷。 見行本當文閒埘反語不箸撰人，疑洪所自作。

韓伯，字康伯，潁川長社人，卒年四十九。 按晉書殷浩傳：浩敗，廢徙於東陽之信安縣。浩甥韓伯晉書吴隱之傳：「康伯母，殷浩之姊，賢明婦人也。」劉注世説引鄭緝孝子傳曰：「康伯母，荆州刺史殷浩之妹，聰明婦人也。」疑晉書用孝子傳而説微異。 隨往徙所，經歲還都。 浩廢於永和十年，韓伯自信安還都則永和十一年也。 浩卒於永和十二年，時年五十二。 劉注世説曰：「殷浩大謝尚三歲。」尋穆帝紀升平元年，謝尚卒，年五十。 推知浩卒年五十二。 浩爲韓伯舅，宜二十以長，則伯或卒於孝武初元矣。

易注。 序録曰：「繫辭以下王弼不注，相承以韓康伯注續之。」隋志云：「韓康伯注繫辭以下十卷。」

習鑿齒，字彦威，襄陽人。 晉書本傳：「荆州刺史桓温辟爲從事。 累遷别駕。 世説曰：「鑿齒史才不常，桓宣武甚器之，年未三十，便用爲荆州從事。」按：永和元年，桓温爲荆州刺史，時鑿齒年二十餘耳。 襄鄧反正，朝廷欲徵之。

會卒，不果。」苻堅使其子丕攻陷襄陽，九年四月竟陵太守趙統伐襄陽，克之。鑿齒蓋卒於是年。

顔師古匡謬正俗引。

徐邈。序録云「字仙民」。初學記引晉中興書曰：「邈字景山。」此曹魏之徐邈耳，何法盛説誤。東莞姑幕人。晉書本傳：「祖澄之，屬永嘉之亂渡江，家於京口。隆安元年，邈先疾患，及遭父憂，哀毁增篤，不踰年而卒，年五十四。」

易音。序録説見前，隋志一卷。

尚書音。序録説見前，隋志一卷。

毛詩音。序録説見前。隋志云：「梁有毛詩音十六卷，徐邈等撰；毛詩音二卷，徐邈撰，亡。」

周禮音。序録云「周禮音一卷」，七録無。

禮記音。序録三卷。隋志云：梁有今亡。

春秋左氏音。序録三卷，隋志同。

春秋穀梁傳注。序録十二卷，隋志作「春秋穀梁傳義十卷」。

論語音。序録一卷。隋志云：梁有二卷，亡。

莊子音。序録三卷，隋志同。

殷仲堪，陳郡人，隆安三年卒。卒年據安帝紀。

常用字訓。隋志云：梁有今亡。按：隋志：「梁有毛詩雜義四卷，亡。」又皇侃論語義疏亦引殷説，是仲堪本有説經之書，然爾雅音義引仲堪「螟蛉」一音，疑其出自字書耳。

范甯，字武子，順陽山陰人，卒年六十三。晉書本傳：桓温薨，解褐爲餘杭太守。後徵拜中書侍郎。爲王國寶所忌，出補豫章太守，以事免，卒於丹陽，年六十三。以是推校，甯爲餘杭太守當寧康末，出補豫章，則太元十二三年間。藝文類聚九十九引晉起居注：「太元十六年，豫章太守范甯獻白鹿一頭。」又據宋書范泰傳：「會稽王世子元顯專權，泰建言，非之，旋以父憂去職。」尋元顯專權始於隆安三年，泰丁父憂宜在隆安四五年間。錢大昕疑年録據宋書范泰傳「父憂去職」，證甯卒於隆安五年。

春秋穀梁集注。序録十二卷。隋志云：「集注十二卷，例一卷，梁有音一卷，亡。」錢大昕曰：「序云『升平之末，歲次大梁，先君北蕃迴軫，頓駕於吴』者，謂升平五年范汪以罪免爲庶人，是年歲在辛酉，於十二次爲大梁也。汪屏居吴郡，從容講肄，其卒當在簡文之世。甯撰次集解宜在豫章免郡之後。序又云『從弟彫落，二子泯没』，從弟謂邵，二子謂雍、凱也。」承仕按：范汪傳汪「弱冠至京師，屬蘇峻作難」，時爲咸和二年。汪卒年六十五，宜在簡文、孝武之際。升平五年爲甯講習三傳之始，而集解成書之時則無文證。尋甯本傳：「初，甯以春秋穀梁氏未有善釋，遂沈思積年，爲之集解。其義精審，爲世所重。既而徐邈復爲之注，世亦重之。」據此，則范解先成，徐注後就明矣。然范書頗用徐邈説，不審徐注穀梁以前尚多遺説，抑晉書誤記也。錢氏又謂免豫章後始撰次集解，亦不知何所依據。又按集解序云：「帥我兄弟子姪研講六藝，次及三傳。」楊士勛疏以兄弟子姪爲劭、凱、雍、泰之等，鍾文烝補注以泰爲長子，雍、凱次之。以時考之，升平五年泰僅七歲，似鍾説亦未足馮。

經典釋文引。論語音義中引「范甯音」一條。余蕭客古經解鉤沈序録云：「晁公武讀書後志曰皇侃論語疏引范甯説，則隋志范廙論語別義十卷，或是范甯之誤。」承仕按：范甯或有説論語之書，然謂「范廙」即「范甯」之誤，似爲無據。今但偁「經典釋文引」。

張湛。劉注世説引晉東宫官名曰：「湛字處度，高平人。」又引張氏譜曰：「湛仕至中書郎。」隋志偁「光禄勳」，殷敬順列子釋文同。尋湛注列子自序曰：「湛聞之先父曰：吾先君與劉正輿、傅穎根皆王氏甥也。舅始周、始周從兄正宗、輔嗣並好集文籍。」據此，則湛祖母，王弼之從姊妹也。清四庫全書總目謂湛母爲王弼從姊妹，世次不相及，殊誤。又晉書范甯、袁山松傳俱説湛事，范、袁並隆安中卒，湛年或與相比。

列子注。隋志八卷。盧文弨羣書拾補曰：「明世德堂列子用張湛注，又以唐殷敬順釋文及宋陳景元校語參厠其中，不加識别，後人多認釋文爲注，職此之由。」黄丕烈宋本列子跋曰：「顧廣圻爲余校是書，見其中所坿音，始猶疑爲釋文，後細審之，乃知非釋文，蓋作注者之舊音也，釋文所云『一本作某某』者，皆與此合，則此本之在釋文以前可知。」按：黄説近是。

今録張湛音以不坿釋文本爲準。

周續之，字道祖，雁門廣武人，其先過江居豫章建昌縣，宋景平元年卒，年七十四。宋書本傳：「續之年十二，詣豫章太守范甯受業。」時當晉太元十三年。與范甯傳相應。漢魏叢書本蓮社高賢傳俱「景平元年卒，年六十七」，誠爲譌錯。

毛詩序義。序録云：「宋徵士雁門周續之、豫章雷次宗、齊沛國劉瓛並爲詩序義。」隋志有雷次宗序義二卷。

徐廣，字野民，邈弟，元嘉二年卒，年七十四。

史記音義。隋志十二卷。裴駰史記集解序曰：「故中散大夫東莞徐廣研核衆本，爲作音義。」司馬貞索隱後序曰：「徐廣作音義十一卷，唯記諸本異同，於義少有解釋。」張守節正義曰：「徐廣『作音義十三卷，裴駰爲注，散入百三十篇中』。」

謝靈運，陳郡陽夏人，元嘉十年卒，年四十九。

山居賦自注。宋書本傳曰：「少帝即位，出爲永嘉太守，在郡九年，偁疾去職。遂迻籍會稽，修營别業，傍山帶江，盡幽居之美，作山居賦並自注，以言其事。」據此，知靈運作賦當元嘉元二年閒，宋書所録山居賦本有闕文，藝文類聚六十四所引尤多删節。

劉昞，字延明，太平御覽引作「彦明」，十六國春秋同。敦皇人。魏書本傳：「世祖平涼州，拜樂平王從事中郎。歲餘，病卒。」世祖平涼事在太延五年，即宋之元嘉十六年。

劉卲人物志注。唐志三卷。

何承天，東海郯人，元嘉二十四年免官，卒於家。

纂文。隋志云：梁有三卷，亡。舊唐志始題「何承天撰」。元和姓纂、通志、古今姓氏書辨證亦引作「纂要」，或作「纂文」，要當是一書。

姓苑。隋志：「一卷，何氏撰。」舊唐志：「十卷，何承天撰。」疑隋志「一」字爲「十」之形譌。

崔浩，字伯淵，漢書序例作「伯深」，朱一新曰：「唐人避諱，改『淵』爲『深』耳。」清河人，魏太平真君十一年卒。宋元嘉二十七年。

荀悦漢紀音義。漢書序例。

裴松之，字世期，河東聞喜人，元嘉二十八年卒。

三國志注。隋志：「六十五卷，叙録一卷。」宋書本傳：「元嘉三年，奉使巡行天下。反使，上使注陳壽三國志，既成，奏上。」明南監本卷首松之表後有「元嘉六年七月二十四日」十字。

孫檢。司馬貞索隱曰：「注引孫檢，未詳何代。或云齊人，亦恐其人不注史記，所以七志、七録並無。不知裴駰何所從録。」又曰：「裴注頻引孫檢，不知其人本末，蓋齊人也。」按：裴駰注史宜在宋世，不得下引齊人，索隱説誤。如謂孫檢入齊乃卒，既云不知本末，更難質言。孫檢既爲裴駰所引，故列諸駰前。

裴駰史記集解引。

裴駰，字龍駒，松之子。駰卒年無考。南史：駰子昭明，齊中興二年卒；孫子野，梁中大通二年卒；駰妻殷氏，宋昇平元年卒。隋志及索隱自序並偁駰「宋外兵參軍」，疑其卒於宋世，故坿之松之後。

史記集解。隋志八十卷。駰自序曰：「采經傳百家并先儒之説，豫是有益，悉皆鈔內。」索隱後序曰：「中兵郎裴駰，亦名家之子也，作集解注本，合爲八十卷，見行於代。仍云亦有音義，前代久已散亡。」承仕按：裴駰集解多自作音，索隱所云別有音義者，或前代尚有單行之本也。章宗源隋書經籍志考證曰：「今本一百三十卷，非裴氏之舊，陳振孫所見已然。」

顏延之，字延年，琅邪臨沂人，孝建三年卒，年七十三。

詁幼。隋志云：「梁有詁幼二卷，顏延之撰。廣詁幼一卷，宋給事中荀楷撰。亡。」爾雅音義「騆」字下連引顏、荀二家音，其出自詁幼、廣詁幼，殆無可疑。

荀楷。隋志題官「宋給事中」，年輩視延之稍晚，故次之延之後。

廣詁幼。說見前。

戴凱之。晁公武郡齋讀書志曰：「字慶豫，武昌人。」宋書鄧琬傳：「琬遣武昌戴凱之爲南康相。」鍾嶸詩品亦偁戴凱爲「宋參軍」，則凱之爲明帝泰始閒人。王謨曰：「凱之竹譜當是相南康時所作，故書中所載多在五領左右，亦就所見聞言之耳。」按：竹譜何時所作，似難質言，而左圭百川學海本題爲「晉人」，則非也。清四庫全書總目曰：「竹譜所援引如典録、蜀志、雜記、異物志等亦皆晉人之書，而尚書用鄭注，似在孔傳未盛行以前云。」承仕按：竹譜所引書，自方言、爾雅、山海經諸書外，以東晉人撰述爲多；而徐廣則卒於宋元嘉初，凱之引之，其爲宋人無疑。

竹譜。隋志一卷，不箸撰人。舊唐志「農家類」有戴凱之竹譜一卷。

徐爰，字長玉，釋文序録作「季玉」。南琅邪開陽人，元徽三年卒，年八十二。

潘岳射雉賦注。隋志云：梁有一卷。李注文選戴爰自序曰：「晉邦過江，斯藝乃廢，歷代迄今，寡能厥事。甞覽茲賦，昧而莫曉，聊記所聞，以備遺忘。」

庾蔚之。孔穎達正義引「或作庾蔚」。序録曰「字季隨」，盧文弨曰：「舊脫『季』字，據册府元龜補。」潁川人，宋員外常侍，册府元龜六百六作「員外散騎常侍」。卒年無考，依隋志别集類列之徐爰後。

禮記略解。序録十卷。隋志云「庾氏撰」。

諸詮之。盧文弨曰：「舊引作『褚詮之』，譌作『諸詮之』，今改正。」承仕按：隋志作「褚詮之」，唐志及通志作「褚令之」，「令」爲「詮」形之殘；蕭該、顔師古並引作「諸詮之」。或省「之」字，隋唐人引書於人二名每舉一字，如「何承」、「酈元」、「庾蔚」、「熊安」、「陳武」、「顔古」之等，所在多有。唯「褚」、「詮」二文未詳孰是。盧氏取舍亦爲無據。今從蕭該漢書音義作「諸詮之」，以俟考定。隋志署官「宋御史」，卒年無考，故坿諸宋末。

百賦音。隋志十卷。顔氏家訓曰：「習賦頌者，信褚詮而笑吕忱。」顔師古漢書注曰：「近代之讀相如賦者多矣，皆改易文字，競爲音説，致失本真，徐廣、鄒誕生、諸詮之、陳武之屬是也。」據此，知詮之賦音蓋盛行於齊梁陳隋之世矣。按：釋文引上林賦音，蕭該漢書音義引靈光殿賦音，蓋總偁「百賦」，而引者或分别言之耳。

陳國武。釋文作「陳國武」，顔注漢書作「陳武」。不詳其人本末，方便次之諸詮之後。

司馬相如賦音。説見前。

顧歡，字景怡，咸淳臨安志云「一字玄平」。吴郡鹽官人。齊書本傳：「歡年二十餘，從豫章雷次宗咨玄儒諸義。永明元年，太學博士徵不就。卒年六十四。」按：次宗卒於宋元嘉二十五年，時歡年不盈三十，其卒宜在永明初。

堂誥。序録云：「堂誥四卷，一作『老子義疏』。」隋志：「老子義綱一卷，老子義疏一卷。」

劉瓛，字子珪，沛國相人。永明七年，竟陵王子良爲立館，未及徙居，卒，年五十六。

易繫辭義疏。序録引七録説如此。隋志：「周易繫辭義疏二卷，周易乾坤義一卷。」又云：「梁有周易四德例一卷，亡。」

毛詩序義。序録説見前。隋志云：「毛詩序義疏一卷，劉瓛等撰，殘缺。梁三卷。梁有毛詩篇次義一卷，劉瓛撰。毛詩雜義注三卷，亡。」

張融，字思光，吴郡吴人，建武四年卒，年五十四。

海賦自作音。　齊書本傳録海賦並坿反音，蓋融所自作。

鄒誕生。　舊唐志譌作「邵鄒生」。隋志題云「梁輕車録事參軍」，司馬貞索隱序作「南齊輕車録事」，當是齊梁間人。　謝啟昆曰：「隋志敘銜依上書及成書時言，故與本傳每多不符；但小司馬所敘，則必舉其後者也，何反出其前乎？不可解矣。」按：謝説非也。隋志與索隱所敘實即一官，而齊梁異世，蓋必有一誤，今不可考矣。

史記音。　隋志三卷。索隱序曰：「鄒誕生撰音義三卷，音則尚奇，義則罕説。」

賀瑒，字德璉，會稽山陰人，梁天監九年卒，年五十九。

禮記新義疏。　隋志二十卷。

褚仲都，錢塘人。　梁書本傳：「天監中，歷官五經博士。」

易義。　序録云：「近代梁褚仲都、陳周弘正並作易義，此其知名者。」隋志：「周易講疏十六卷」。

劉峻，字孝標，平原平原人，普通二年卒，年六十。

世説新語注。　隋志十卷。

王僧孺，東海剡人，普通三年卒，年五十八。

章懷太子賢後漢書注引。

劉昭，字宣卿，平原高唐人。　梁書本傳：「外兄江淹早相偁賞。天監初，起家奉朝請。卒官剡令。子緩，鎮南湘東王中録事。隨府江州，卒。」其子卒於大同中，而昭之年輩與江淹略等，疑昭卒於天監、普通間也。

司馬彪續漢志注補。　隋志：「後漢書一百二十五卷，范曄本，梁剡令劉昭注。」錢大昕曰：「劉昭注補後漢志三十卷，本自單行，與章懷太子所注范史九十卷各別，其併於范史，實始於宋乾興元年。昭本注范史紀傳，又取司馬彪續志兼注之，以補蔚宗之闕，故於卷首特標『注補』，明非蔚宗元文也。」承仕按：錢説是也。梁書本傳、隋志、新、舊唐志所記後漢書卷數不與見行本同者，蓋因篇卷分合，名實既有混淆，卷軸版本，又多錯互，故史家所記卷數每難齊一也。

何胤，字士季，廬江灊人，中大通三年卒，年八十六。

毛詩説。隋志云：「梁有毛詩總集六卷，毛詩隱義十卷，亡。」

陶弘景，字通明，丹陽秣陵人，大同初卒。梁書及南史並云「大同二年卒，年八十五」。南史又記弘景生於宋孝建三年丙申歲夏至日，至大同二年正八十一年，與「卒年八十五」之説自相違伐。錢大昕疑年録引景定建康志曰：「孝建三年丙申歲夏至日生，大同二年卒，年八十五。又王質撰年譜謂生孝建丙申，卒大同六年庚申，時年八十五。」承仕按：重修政和證類本艸「桂」條下「陶隱居曰：齊武帝時，湘州送樹，以植芳林苑中，臣禹錫等」。按隱居雖是梁武帝時人，實生自宋孝武建元三年，歷齊爲諸王侍讀，故得見此樹也。所述生年與南史合，弘景生於孝建三年，諸説並同，宜可保信。文苑英華八百七十三引劭陵王綸隱居貞白先生陶君碑曰：「年二十七，爲宜都王侍讀，宋孝建三年至齊建元四年，計二十七年。梁書及南史並云「未弱冠，齊高帝作相，引爲諸王侍讀」。按：弘景十八九歲時，當宋元徽初，高帝尚未作相，又不得有諸王侍讀也。所述並不如綸碑之諦。除奉朝請，乃與親友書曰：「今三十六矣，無爲自苦。』明年遂拜表解職。弘景年三十六當永明九年，明年解職，則永明十年也，梁書及南史並云「永明十年，上表辭禄」，與碑説符。又道藏尊字號載肘後百一方序曰：「太歲庚辰，隱居曰：余宅身幽嶺，迄將十載。」永明十年壬申，訖永元二年庚辰，首尾九年，故自序云「迄將十載」，與綸碑所述相應。以大同二年歲次丙辰三月壬寅朔十二日癸丑告別年化，春秋八十有一。」太平廣記十五引神仙感遇傳説同。尋綸碑所述，與弘景本集致親友書及肘後方自序悉相應，且綸卒於大寶二年，距弘景卒僅十五年，身所聞見，彌足據信矣。梁書不記生年，南史則兼記生卒年月，致與「卒年八十五」一語自相矛盾，延壽作史不應荒忽至此。承仕按：太平御覽五百五引南史作「大同初卒，年八十五」。疑南史本作「大同初」，不作「大同二年」也，後人據梁書改從「大同二年」耳。

本艸經集注。隋志云：「梁有神農本艸五卷，陶隱居本艸十卷，陶弘景本艸經集注七卷，亡。」舊唐志：「本艸集經七卷。」又：「名醫別録三卷。」新唐志：「集注神農本艸七卷。」承仕按：重修政和證類本艸二十七：「白瓜子，一名白爪子，側絞切。開寶今案云：別録爪字側絞切，今以讀作瓜子，唐注謬誤，都不可憑。」此言唐顯慶注本讀別録「白爪子」爲「白瓜子」之譌，證知本經及別録中所坿反音悉出自唐顯慶以前明矣。其所坿反音爲弘景所自作，抑姚最、甄立言等所撰，今已無可質言。尋集注中有弘景自下反語一條，兹據録之。

黃庭經注。吴棫韻補引道藏本。

阮孝緒，字士宗，陳留尉氏人，大同二年卒，年五十八。

文字集略。隋志六卷。釋文引或省作「阮孝緒字略」，明是一書。任大椿小學鈎沈分隸兩篇，黃奭取釋文所引輯入宋世良字略中，並誤。

正史削繁音義。隋、唐志皆箸録正史削繁，别無音義。顔氏家訓書證篇引削繁音義一條，疑即阮所自作。

皇侃，吴郡人，大同十一年卒，年五十八。

禮記義疏。序録云：「近有梁國子助教皇侃撰禮記義疏五十卷，又傳喪服義疏，並行於世。」隋志：「義疏九十九卷，講疏四十六卷。」

沈旋，隋志作「琁」。字士規，武康人。按：旋父約卒於天監十二年，年七十二，旋及約時已歷官中書侍郎、永嘉太守、司空從事中郎、司徒右長史，疑旋之卒亦在武帝世。

爾雅集注。序録云：「梁有沈旋集衆家之注。」隋志十卷。

崔靈恩，清河武城人。　梁書本傳「先在北，天監十三年歸國」，又云「助教孔僉尤好其學」，疑靈恩視僉年少長，僉太清末卒，知靈恩亦武帝世人。

毛詩集注。序録云：「梁有桂州刺史清河崔靈恩集衆解爲毛詩集注二十四卷。」隋志同。

梁武帝蕭衍，字叔泰，南蘭陵人，太清三年卒，年八十六。

周易講疏。隋志二十五卷。

孔子正言。梁書本紀。

老子講疏。序録曰：「近代有梁武父子及周弘正講疏，北學有杜弼注，世頗行之。」隋志六卷。

陽承慶。　沈濤曰：「魏書陽尼傳：『造字釋數十篇，未就而卒。其從孫太學博士承慶撰爲字統二十卷，行於世。』然則承慶非姓楊也，諸書引『楊承慶字統』皆承隋志之誤。」承仕按：沈説是也。隋志止題「楊承慶」，不著爵里。馬國翰據玉篇引字統知承慶爲齊、梁間人，任大椿題云「後魏楊承慶」，疑其別有所本，非即以承慶爲陽尼後人也。魏書：「陽尼，北平無終人，與李彪齊名。」彪卒於景明二年，尼年或與相比，承慶爲其從孫，姑次之梁武後。北史：「承慶從弟固，京兆王繼爲司徒，辟從事中郎，府解，除前軍將軍，卒。」按：京兆王爲司徒在正光元年，即梁普通元年也。承慶與固爲兄弟，行亦當武帝世矣。

字統。隋志二十一卷。

梁簡文帝蕭綱，字世纘，大寶二年卒，年四十九。

老子講疏。序録説見前。隋志云：「梁有老子私記七卷，亡。」

莊子講疏。隋志云：「莊子講疏十卷，本二十卷，今闕。」

周遷。　不詳其人本末，據隋志知爲梁人而已。姑坿之梁末。

古今輿服雜事。隋志二十卷，題「梁周遷撰」。唐志十卷。章懷太子賢後漢書注引作「輿服雜字」。

賈思勰。隋志：「齊民要術十卷，賈思勰撰。」不箸時代爵里。唐志、崇文總目並同。郡齋讀書志、玉海始題「元魏」，通志作「後魏」，本或譌作「後漢」。見行本並題「後魏高陽太守」。四庫全書總目曰：「不詳其人始末，唯知其官爲高陽太守而已。」承仕按：思勰東魏、北齊閒人，其箸書宜在武定、天保之際。尋要術弟四十五注曰：「杜、葛亂後，饑饉薦臻，唯仰乾椹以全軀命。」杜洛周、葛榮之役當孝昌、永安年閒，其事蓋思勰所親見，一也。要術弟六十四引元僕射家法，北齊書：元斌歷官尚書左僕射，天保二年賜死。弟六十五引皇甫吏部家法，魏書：皇甫瑒歷官吏部郎，太昌初卒。斌、瑒蓋與思勰同時，二也。要術弟三注曰「昔兖州刺史劉仁之老成懿德，謂予言曰昔在洛陽」云云。按：魏書：仁之武定二年卒，官西兖州刺史。思勰偁其卒官，則撰要術時必在武定二年以後，三也。要術引書，自東晉以下有戴凱之竹譜、何承天纂文、劉敬叔異苑、鄭緝之永嘉記等，訖陶隱居本艸止矣。按：弘景卒於梁大同初，思勰箸書疑在梁武之末，當東魏武定末。四也。唐書宰相世系表有「賈勰，北齊青、兖二州刺史」，隋、唐閒人於人二名每偁一字，舊唐志「齊人要術十卷，賈勰撰」，則「勰」即「思勰」，殆無可疑，五也。據此五證，知思勰卒年必當天保後矣。

齊民要術。隋、唐志並十卷。四庫總目曰：「思勰序不言作注，亦不言有音，今本句下之注，有似自作，然多引及顏師古者。考文獻通考載李燾孫氏齊民要術音義解釋序曰『奇字錯見，往往艱讀，今運司祕丞孫公爲之音義，解釋略備』，則今本之注蓋孫氏之書。」承仕按：賈書本文、注文詞義實相次比，意有未盡，以注足之，弟三篇注引劉仁之言尤其明證。注爲賈作，灼然無疑。且賈書每引當時諺語，方土異名，不自音釋，後人殆無從妄測，則反語亦賈所自爲也。胡震亨序曰：「宋孫祕丞音義解釋今已失傳。」孫注久佚，昔人已言之矣。至注引顏師古說，僅卷一賈引食貨志、卷七引貨殖傳兩處，其注文大抵轉録漢書顔注，别無發正，與他篇子注體勢不類，此自後人竄入，不獨不出自思勰，亦非孫祕丞所爲明矣。四庫總目之説良爲疏失。

北齊廢帝高殷，字正道，乾明二年卒。陳天嘉二年。

北齊書本紀引。

沈文阿，字國衡，釋文及春秋正義序作「文何」，陳書作「文阿，字國衛」，通志作「國衡」。按：「阿」、「衡」，名字相應，今定從通志。吴興武康人，陳天嘉四年卒，年六十一。

春秋左氏義疏。序録云：「梁東宫學士沈文阿撰春秋義疏，闕下袟，陳東宫學士王元規續成之。」隋志：「春秋左氏經傳義略二十五卷。」

周弘正，字思行，汝南安城人，太建六年卒，年七十九。唐書陸德明傳：「初，受學於周弘正。」釋文中有云「師音某」者，即弘正音也。

易義。序録説見前。隋志：「周易義疏十六卷。」

老莊義疏。序録云「弘正作老莊義疏」，餘見前。隋志：「莊子内篇講疏八卷。」

施乾。序録云「陳博士」，卒年無考，依序録爲次。

爾雅音。序録云：「陳博士施乾、國子祭酒謝嶠、舍人顧野王並撰音，既是名家，今亦采之，附於先儒之末。」隋志並不箸録。

謝嶠。陳書謝岐傳曰：「岐，會稽山陰人。弟嶠篤學，爲世通儒。」

爾雅音。説見前。

顧野王，字希馮，吴郡吴人，太建十三年卒，年六十三。

爾雅音。説見前。

戚袞，字公文，吴郡鹽官人，太建十三年卒，年六十三。

周禮音。序録云：「近有戚袞作周禮音。」

臧兢。太子賢後漢書注引「臧兢音」，「兢」、「矜」同音，定是一人，惠棟後漢書補注云「『矜』當作『兢』」，是也。隋志題「陳宗道先生」，卒年無考，故坿於陳末。

范漢音訓。隋志三卷。

聶氏。周禮音義上「之疊」，「舊許靳反，沈依聶氏音問」，然則聶氏先於沈重矣。不詳其人本末，即列諸沈重之前。馬國翰曰：「晉書有『國子祭酒聶熊注穀梁春秋，列於學官』，或是其人。」文廷式、吴士鑑補晉志俱依馬説，列聶氏周禮音一部，別無文證，今所不用。

經典釋文引。

陽休之，字子烈，北平無終人，隋開皇二年罷官，終於洛陽。

韻略。隋志一卷。顔氏家訓曰：「陽休之造切韻，殊爲疏野。」

沈重，字德厚，吴興武康人，開皇三年卒，年八十四。

毛詩音義。序録云：「近吴興沈重撰詩音義。」隋志：「義疏二十八卷。」

王元規，字正範，太原晉陽人，幼依舅氏住臨海郡，卒年七十餘。陳書本傳：「元規年十八，通春秋。」南史同。梁中大通元年詔策春秋，舉高弟。禎明三年入隋，爲秦王府東閣祭酒。年七十四，卒於廣陵。」南史不箸卒年。按：元規當梁中大通元年年已十八，陳亡入隋，年七十八矣。傳稱卒「年七十四」，疑誤。

春秋左氏義疏。序録説見前。隋志云：「王元規續沈文阿左氏經傳義略十卷。」本傳及唐志有春秋音十卷。

顏之推，字介，琅邪臨沂人。顏氏家訓序致篇曰：「年始九歲，便丁荼蓼。」以梁書顏協卒年證之，知之推生於梁中大通三年。終制篇曰：「吾年十九，值梁家喪亂。」此指侯景之役言之，之推年十九，當太清三年。又曰：「吾年已六十餘，今雖混一，家道罄窮。」開皇十年陳亡，之推年正六十。又陸法言切韻序曰：「昔開皇初，有儀同劉臻等八人同詣法言門宿。」據此，則之推年五十餘與法言同論切韻，年六十餘撰家訓成，其卒或當開皇、仁壽間。

顏氏家訓。唐志七卷。

蕭該，蘭陵人。隋書本傳：「開皇初，詔與何妥正定經史，久不就，罷之。」

漢書音義。隋志十二卷。隋書本傳曰：「該撰漢書及文選音，咸爲當時所貴。」宋景文筆記曰：「予曾見蕭該音義若干篇，時有異義，然本書十二篇，今無此本，顏注獨遺此不收。疑顏當時不見此書。今略記於後。」承仕按：宋祁所云「十二篇」即據「十二卷」言之。宋史藝文志載蕭該音義三卷，蓋久無全本矣。百川學海本宋祁筆記所録蕭該音義僅有七條，則筆記亦非完書也。錢泰吉宋本漢書考異曰：「循吏傳黄霸傳中『霸以爲神爵，議欲以聞』下録蕭該音義有『予見徐鍇本』之語，乃誤以宋景文爲蕭氏。薛宣傳中『焉可憮也』下蕭該音義引學林，翟方進傳『多辜榷爲姦利者』下宋祁引學林，今皆見王觀國學林中，王爲宋南渡以後人，不獨蕭博士曠代遥遥不相及，宋景文亦豈得引之？然武英殿校刻漢書，據慶元舊本録蕭氏、宋氏語亦然，蓋宋氏校語爲南宋人坿益者不少。」按：錢説是也。清官本所坿音義有直標「蕭該」者，有引自宋祁校語者，其爲後人所亂不過數條，大體固蕭氏舊文也。

文選音。隋志三卷。

杜臺卿，字少山，博陵曲陽人。隋書本傳：「開皇初，被徵入朝，拜著作郎。十四年，請致仕。數載，終於家。」

玉燭寶典。隋志十二卷。本傳云：「臺卿嘗采月令，觸類而廣之，爲書名玉燭寶典十二卷。開皇初奏之。」此書宋時已佚，日本有舊鈔本，闕弟九卷，亦多譌誤，黎庶昌收入古逸叢書中。

王劭，字君懋，太原晉陽人，煬帝嗣位，遷秘書少監，數歲卒官。

司馬貞史記索隱引。隋書王劭傳曰：「指摘經史謬誤，爲讀書記三十卷。」馬國翰輯索隱所引王説爲讀書記一卷，然索隱不題書名，則所引王説是否出自讀書記，殊無明證。

諸葛潁，字漢，丹陽建康人。隋書本傳：「潁起家邵陵王參軍。侯景之亂，奔齊。從煬帝北巡，卒於道，年七十七。」其卒宜在大業四、五年間。

桂苑珠叢。唐志一百卷，又要略二十卷。

劉炫，字光伯，河間景城人，卒年六十八。隋書本傳：「炫奉敕與王劭同修國史。」北史：「炫開皇中奉敕與劭同修國史。」隋書不箸修史之年。以李德林及王劭傳推之，北史所書是也。而劉知幾史通曰：「王劭、魏澹展效於開皇之朝，諸葛潁、劉炫宣功於大業之世。」其所説乃與事實相違，取足偶詞，遂成矯亂。按：炫年輩與劉焯相比，焯大業六年卒，炫爲請謚。錢大昕謂炫卒於大業八、九年間，近之。

毛詩述義。隋志四十卷。

包愷，字樂和，東海人，大業中國子助教。

漢書音。隋志：「十二卷，廢太子勇命包愷等撰。」

柳䛒，宋景文筆記曰：「後魏北齊時，里俗多作僞字，如巧言爲辯。隋有柳䛒，傳又『䛒』之訛，以巩易巧矣。」史炤通鑑釋文引宋祁説同。字顧言，清官本晉書音義引作「柳碩言」，誤。本河東人，世居江南，隨煬帝幸揚州，卒，年六十九。

史記音解。索隱後序曰：「隋秘書監柳顧言尤善此史。劉伯莊云，其先人曾從彼公受業，或音解隨而記録，凡三十卷。」

隋季喪亂，遂失此書。」據此，則柳書隋末已亡，而遺文佚説唐世尤有存者，何超晉書音義據楊齊宣序作於天寶初元，故尚得引之也。

陸元朗，字德明，以字行，蘇州吴人。　舊唐書本傳：「貞觀初，拜國子博士，封吴縣男，尋卒。」德明及事周弘正，其年壽當在七十以上。元和姓纂曰：「德明父雍，陳豫章王諮議。」臧鏞堂曰：「高祖已釋奠，賜帛五十匹，遷國子博士，吴縣男，卒。後太宗聞其書，嘉德明博辨，以布帛二百段賜其家。然則德明之卒當在高祖之初明矣。」承仕按：舊唐書明言貞觀初，則卒於太宗初元矣，新書略之耳。德明撰釋文本末具如前述。

經典釋文。　序録云「合爲三袟三十卷」，唐志同。序録後坿目録，當是德明原文。兹具列其子目於下：周易音義古文尚書音義文獻通考引崇文總目曰：「皇朝太子中舍陳鄂奉詔刊定。始開寶中以德明所釋乃古文尚書，與唐明皇所定今文駁異，令鄂删定其文，改從隸書。蓋今文自曉者多，故音切彌省。」盧文弨曰：「今尚書釋文非復陸氏之舊，所標經注兩字多删去一字，有必不可省者而亦省之。今於古文有可考者，箸其本字，然依傍字部改易經文，如陸氏穿鑿之譏，庶免焉。」承仕按：今本釋文唯尚書音義引切韻十一事，其切語用字並與見行廣韻同。法言撰切韻遠在釋文成書以後，尚書音義非德明之舊，此亦一證也。清光緒庚子、辛丑閒，發見燉煌莫高窟石室，得唐人寫尚書音義殘卷，已多朽爛。羅振玉、吴士鑑以校今本釋文，切語頗有異同，且字條較多於今本，其中雖有爲孔疏作音者數條，亦閒有鄙別字，然「讒説殄行」不引切韻，足與前説相扶。其爲開寶以前之本，似無可疑。又按：宋史藝文志「尚書類」有陸德明釋文音義一卷，陳鄂開寶新定尚書釋文三卷，蓋以新本爲官書，而舊本亦未嘗廢棄，故宋祁撰筆記尚得見之也。今録書音仍用盧文弨本，而以唐寫本參校焉。毛詩音義周禮音義儀禮音義禮記音義春秋左氏音義春秋公羊音義春秋穀梁音義孝經音義論語音義老子音義。四庫全書總目以王弼注本不偁「道經」、「德經」，釋文用王本，而分「道德」爲二，疑非德明之舊。承仕按：史記：「老子箸書上下篇，言道德之意五千餘言。」藝文志有老子鄰氏經傳、傅氏、徐氏經説，是老子偁「經」，又分上下二篇，其來蓋久。牟子理惑論曰：「佛經之要有三十七品，老氏道經亦三十七篇。」老子書之在漢末，其篇章題目與後來無大殊異，此其明證。所云「道經」、「德經」者，古書小題在上，猶毛詩卷首偁「周南關雎詁訓傳」也。況隋志又有明文，安得以宋人之説，疑自昔相承之舊題乎？武億金石跋文歷引顔師古漢書注偁「老子道經」、「老子德經」者八事，謂必襲自晉宋舊本，其説近之。莊子音義爾雅音義。盧文弨曰：「邢昺爾雅注疏中音義多即邢氏所定，不全用陸氏原文，其正文與陸氏本往往異同。今官本以陸氏音義入之邢疏中，不難改易删節，以求合於邢氏，甚失其舊，故釋文一書斷斷當别行也。至書中『本今』云云者，當是後人以邢本參校，所謂『今』者，即指邢本，並非陸氏原文亦混入其中。論語、孝經與時下本不合者並加此語，讀者當分别觀之。」承仕按：邵晉涵爾雅音義坿刊釋文，昔人謂其校勘精審，今檢邵刊舊本，譌文閒未舉正，與盧本大同，今仍據盧本。

下列四家皆唐以前人，而始末不詳，列爲坿録甲。

王嗣宗。序録無文，而周易音義三引之，吕祖謙古易音訓同；徧尋史志，亦無「王嗣宗易注」之目。馬國翰曰：「張璠集解序二十二家有王宏，字正宗，弼之兄，晉大司農贈太常，爲易義。『嗣宗』蓋『正宗』之别字，弼字輔嗣，或緣此取義乎？」承仕按：阮嗣宗有通易論，御覽引之，「王嗣宗」或「阮嗣宗」之譌亦未可知。然别無文證與馬説同，今仍題「王嗣宗」。

江氏。周易音義引。

劉氏。尚書音義引。尋隋志「書類」有劉叔嗣、劉炫、劉先生三家，劉炫北人，年輩又少晚，釋文不得引之，不審此劉爲誰某也。又尚書音義自宋開寶後已有删革，誠非德明之舊，然劉氏一家，或非陳鄂所增，故仍録之。

明式。老子音義引「明式音」一條，序録及隋、唐志皆不箸録。盧文弨曰：「明式，不詳何人。」承仕按：齊明僧紹兄僧胤，能玄言，僧紹箸正二教論，述佛老事。梁明山賓善談玄理，史述其父子兄弟。並無名「式」之人。江左以訖隋唐，最重氏族，苟有名士，應見偁述，而唐代御撰明徵君碑，亦無一言及之。疑釋文或有誤字，今不能質言矣。

下方音訓各書皆唐以前人所作，以主名無考，故列爲坿録乙。

禮記隱義。禮記音義引「音義隱」數條，又引「隱義」反音一條，不審爲一書以否？序録無説。隋志「音義隱一卷，謝氏撰」，又七卷，無撰人。

三蒼音。説見前。

説文解字音。畢沅輯本序曰：「唐以前傳注家多偁説文解字音，隋書經籍志有説文音隱，疑即是也。是編次在吕忱字林之上，則爲吕忱以前人所作。」承仕按：魏晉南北朝小學家爲許書作音者宜不止一人，羣書所引「説文音」或偁「許慎音」，亦不必出自一書也。尋顔氏家訓引説文音隱一條，則其餘不題書名者未必出自音隱矣。又隋志列音隱於説文之下、字林之上，以音隱與説文爲列而次之，非謂作音隱者必先於吕忱也，畢説亦非。

字林音隱。玄應音義引「字林音隱」一條。隋、唐志有説文音隱，無字林音隱，疑「音隱」、「音義隱」諸名蓋當時通語，猶言檃栝耳。

證俗音。隋志：「訓俗文字略一卷，顔之推撰」；「證俗音字略六卷」，無撰人。舊唐志「證俗音略二卷，顔愍楚撰」，新唐志作「一卷」，又有張推證俗音三卷。任大椿輯證俗音十條，不題撰人。按：昔人引書標題每多錯互，撰人既無從的指，故退在坿録。

字書。隋志「古今字書十卷，字書三卷，又十卷」，並不箸撰人。承仕按：「字書」者，昔人集音訓書爲一編，以便省覽，不盡出一人之手，故隋志不題撰人也。

史漢音。裴駰史記集解序曰：「都無姓名者，但云『漢書音義』。」司馬貞索隱序曰：「後漢延篤有史記音義一卷，別有音隱五卷，不記作者何人。」承仕按：經典釋文、史記三家注、李善文選注、李賢後漢書注、何超晉書音義、一切經音義等所引「史記音義」、「史記音隱」、「史記音」、「漢書音義」、「漢書音」，其有反語者甚多，大抵爲延篤、服虔、應劭、孟康、蘇林、韋昭、臣瓚、晉灼諸人所作，視六朝音書尤爲近古，先儒未遑輯録，今采擷而次爲一編。

張衡思玄賦舊注。李善曰：「未詳注者姓名，摯虞流別題爲『衡注』，詳其義訓，甚多疏略，而注又偁愚以爲疑，非衡注明矣。但行來既久，故不去。」按：思玄賦注隋、唐志並不箸録，據李善説，則作注者先於摯虞，其爲永嘉以前人矣。

——以上編輯例

鈔集經籍音切，出字後先，一依廣韻始東終乏之次，於東韻中一依始東終檧之次，於東字條中一依始東終䲞之次。編次音切，先出廣韻部目，次出字條，次出本字。

形體、音切悉與廣韻同者，首列之。

碻是一字，形體小異而音切實同者，次列之。

形體同而切語聲類昔同而今異者，又次列之。如端知、幫非互用之類。

形體同而切語聲類小異者，又次列之。如端透定互用、知徹澄互用之類。

形體同而切語韻類異者，又次列之。廣韻三十八梗、皿、猛分立二條，而許慎讀「皿」爲「猛」，是二類不分矣。

形體同而切語韻部異者，又次列之。如先仙、尤侯互用之類。

經籍文字每多假借，形體不同而聲類同，且審知其爲同紐相假，或同韻相假者，隨應録之，不悉與廣韻同。

經籍文字每多異讀，其所作音有與本字相去稍遠而審知其所讀爲何字者，隨應録之，不悉與廣韻同。

一字數音，有與廣韻之「又音」相應者，有爲廣韻所遺、致不相應者，隨應録之，不悉與廣韻同。

廣韻失收之字，其聲類又無相應之條可以坿麗者，録其字於韻部之末。

集韻例云：「今所撰集，務從該廣。」又云：「經典字有數讀，先儒傳授，各欲名家。今並論箸，以粹羣説。」集韻注文每有「劉昌宗讀」、「徐邈讀」之語，大抵采自釋文。諸家音讀爲廣韻所未收者，集韻頗多采獲，今所輯録，其音讀或不與前例相應者，亦以集韻爲依。

上述各例頗近繁瓿，要而言之不過數事。首據廣韻；次據集韻；韻所不收，即以聲形爲準。反語雖異而聲韻條理有可説者，則據聲系聯之；反語有異而異同之故疑莫能明者，則據形系聯之。前所未詳，悉從此比。

——以上出字例

切語用字與廣韻同、或用字異而聲韻實同者，不下按語。

一字有數家音，於首出一家所作按語兼及各家中失，次出各家即不複述。

各家切語與廣韻閒有異同：有關涉音轉有理可尋者，有部居縣遠莫知其審者，有寫書雕版形近致譌者。於前二事則按明之，於後一事即輒自改定。

按語所述，率以廣韻部居校其出入，旁及晚世音書。於陳澧切韻考所言，頗亦論其得失焉。韻部始於陸法言，聲類、韻集之倫已散亡不可見。三十六紐始於釋守温，韻部分類始於陳澧。猥以晚出部居比度先人所作，名實相中，以不誠不敢知。然舉後來名言局部，一切棄捐，徒令條貫掍殽，散無友紀，且無以便僩説。眇達神恉者於此自不執著也。

述上例竟，復有疑事數端，今當略説。釋文序録曰：「世變人移，音譌字替，如徐仙民反『易』爲『神石』，郭景純反『餤』爲『羽鹽』，劉昌宗用『承』音『乘』，許叔重讀『皿』爲『猛』。若斯之儔，今亦存之音内。」廣韻「易」字「以豉」、「以益」兩切，徐反「神石」，則紐異而韻與「益」同；「餤」字「徒甘」、「徒濫」兩切，郭反「羽鹽」，則紐遠而韻與「甘」近；「乘、食陵切」、「承、署陵切」，劉則二紐不分；「皿、武永切」、「猛、莫幸切」，許則兩類無别。顔氏家訓亦以劉、許二音爲非。尋今本爾雅音義，「餤」字「沈『大甘反』，徐『音鹽，餘占反』，郭『持鹽反』」。持、徒古同紐，雖韻部有談、鹽之異，而聲韻局限未爲相遠，其「持鹽反」三字定非迻寫及刻木者之譌，然與序録所言則既不相應矣，此一事也。毛詩音義：「蚣，許慎『思弓反』。」爾雅音義：「蚣，説文『息忠反』。」釋文偁「許慎」，或偁「説文」，其實一也。音訓皆同而反語用字有異，竊意昔人引用舊音，就所憶持造次寫記，不必悉檢本書，此又一事也。顏氏家訓偁「高貴鄉公不解反語，以爲怪異」，而左傳音義「粱溠」引「高貴鄉公音側嫁反」，又周禮音義「波溠」歷引各家音，終以「高貴鄉公」反語爲埻，斯與顏説相違，此又一事也。子虚上林諸賦，裴、李、顏三家皆有集注，同引一説雖大義無違而文句實多出入，引音引義，比物宜同，證以文選三十九「右手揕其胸」李注引徐廣曰「揕，丁鴆反」，史記集解引徐廣曰「張鴆反」，丁、張古同紐，究不審何本近真，此又一事也。裴駰集解序曰「都無姓名者，但云『漢書音義』」，而證以顏注所引，於集解所偁「漢書音義」者，大抵爲應劭、張揖、蘇林、晉灼之言，無緣顏所見書，裴氏翻其未睹，此又一事也。諸此事狀，或由古今傳寫展轉多譌，或由俗士刻書妄爲省併，去古日遠，旁證無資。至若滅學焚書，典籍錯亂，家言師説，傳聞異辭，南北互相圖蚩，俗儒勇於改字，形聲貿遷，非關版本，斯則舊聞已有多歧，後生疑而莫正者矣。凡此疑殆，不可勝原，考校是非，特須消息，若其義有可説，即下己意以表明之，愚所未聞，以俟來哲。

——以上按語例

經籍舊音辨證

自序

余以民國八、九年間輯録經籍舊音，泛濫羣書，捃拾秘逸，剌取各家反語，略依切韻部目條分件係，不相雜厠，自漢末訖於唐初，大凡百有餘家，家各一篇，撰爲舊音二十五卷，序録一卷。比之經籍纂詁，體製略同；一則集雅詁之大成，一則綜音聲之流變也。當輯録時，隨事研覈，其於傳寫沿誤、形聲錯迕諸條，前人闕而不言或言而未諦者，葢嘗推校字條，比度音理，頗下己意，以表明之。其所診發，斷自唐以前人，若師古、玄應、李善、李賢、何超、慧琳之儔，雖有失違，不具出也。兹事雖小，而尚覩清儒，亦惟戴、錢、段、王諸公眇達神指，發疑正讀，砉然理解；若畢、孫、盧、顧以下，慮未足與語此也。書既寫定，篇卷繁重，一時不得刊布，亦以聞見淺陋，多所闕遺，稍假日月，庶幾少有補益。兹以愚所發正者五百三十三事，變更前例，一以本書爲次，寫成七卷，名曰經籍舊音辨證，先期印行，以爲學人校勘之助，亦將有補云爾。民國十二年九月十日，歙吴承仕。

附録：餘杭章先生來書

檢齋足下：搶攘半年，殆不復親墳籍，昨因友人來問音韻，稍授大略。適得大著七卷，因以暇日披尋，校正釋文，極爲精當，視臧氏經義雜記，有其過之無不及也。閒爲發正數事，亦無關宏旨者。鄙人尚記莊子音義其音切有殊絶者，如讓王篇「土苴」，「土」音「敕雅反」，又「片賈」、「行賈」二反。「敕雅」爲韻轉類隔之音，無足駭異；其

「片賈」、「行賈」二反于聲紐絶遠，不知何以得此二音也？猝思得此，足下如有發明，可爲補入。〔箋一〕承仕按：類篇「土」字亦有「許下」、「片賈」二切，蓋本自釋文，則宋本固如是矣。頗疑「土苴緒餘」皆爲疊韻連語，二反聲紐雖異，而韻部不殊，或崔譔、司馬彪本自有異同，釋文出其異音，而不具列異文，故不可解，今亦未能輒定。所論凵、張口。凵盧。同字，聲音相轉，其義極是，飯器上開義亦由張口引伸也。楊姓音「盈」更引選注爲證。「荼恬」音「邪」復以荼陵爲據。此類精審之處，皆昔人所未到，足使漢魏故言幽而復彰，爲之快絶。原書校畢，郵寄恐有失誤，即著令弟承傳來取可也。章炳麟白。十一月二十三日。

卷一

經典釋文一

歙吴承仕學

括結否閉　必計反。字林方結反，闔也。

四庫全書考證曰：「字林『兵結反』，刊本『兵』譌『方』，據注疏本改。」承仕按：「方結反」是也，左氏桓五年傳釋文引「字林方結反」，與此引同。作「兵」者乃後人改之以就音和，非釋文之舊。〔箋二〕盧文弨、阮元並據誤本作「兵結反」，失之。

順天休命　虛虯反，美也。徐又許求反。

宋咸熙輯本吕氏古易音訓作：「休，虛虯反，美也；又許求反，息也。」承仕按：休息、休美本爲一文，而釋文分作兩音，訓美者音「虛虯反」，廣韻「虯」屬幽部。訓息者音「許求反」。廣韻「求」在尤部。北魏寧朔將軍司馬紹墓誌以「烋」爲「休」，此由南北朝俗書，結字既竟，復妄加一横，或妄加四點，以求茂密。而玉篇火部遂收「烋」字，注云「火虯切，美也，福禄也，慶善也；又火交切」。唐寫本切韻字作「休」。乃以「烋」字爲休美之休，示異於休息之休，此尤沿譌之甚者也。然徐邈作音，已相别異，又不盡由於六朝俗師之妄生分别矣。

大車以載　王肅剛除反。蜀才作「輿」。

書牧誓釋文引韋昭辨釋名云：「車，古皆尺遮反；從漢以來始有居音。」詩何彼襛矣釋文引略同。清儒錢大昕等並謂古音斂而今音侈，韋説正得其反。章先生曰：「尺奢之音蓋與音居者異紐，非異聲勢也。」國故論衡上。承仕按：韋辨近之，釋名非也。使車字相承音居，則王肅注易不煩作音。正當肅時始有居音，故爲反語以刻定之，懼學者誤從古音尺遮反也。韋昭之卒，上距王肅十有八年，以王肅易音觀之，知韋昭所辨近得其實。〔箋三〕

蠱　音古，事也，惑也，亂也。左傳云於文皿蟲爲蠱，又云女惑男、風落山謂之蠱。徐又姬祖反，一音故。巽宫歸魂卦。

易繫辭「冶容誨淫」，釋文云：「音也，虞、姚、王肅作『野』。」段玉裁云：「冶、野皆蠱之假借，冶音羊者反，古音讀如與。」承仕按：潛夫論志氏姓云：「公冶長，前人書『冶』復誤作『蠱』。」玄應一切經音義卷二：「蠱，功户反；聲類弋者反。」卷三引聲類作「翼者反」，音同。然則蠱字古音聲侈如冶，羊者反。今音稍斂如蠱耳。德明引徐音「姬祖反」，疑讀姬以之反，與冶同紐；如以姬讀如基，則德明引爲「又音」，將以何明？〔箋四〕又按：「蠱」音同冶，足與前條「車」音相證。

觀我朶頤　多果反，動也。鄭同。京作「揣」。

洪頤煊曰：「『朶頤』即『染頤』，染從水杂聲。徐鍇曰：説文無杂字，杂爲朶之形譌，朶即染之省。釋文『朶』京房作『揣』，『揣』當是『擩』之譌，公食大夫禮『以辨擩於醢』，鄭注『擩猶染也』，即其證。」承仕按：禮「擩」字爲「㨎」之形譌，段玉裁、桂馥等皆證明之。耎聲在寒，朶聲在歌，雖得對轉，然聲類不近，「染頤」之説義亦迂曲。尋後漢書李注引蕭該音義曰：「説文：揣，量也。初委反，又丁果反。」玄應音義引同。「丁果」之音正與朶同。「耎」聲在寒部，對轉入歌。爾雅、廣雅「揣」並訓「動」，然則「京作揣」者，音義並與朶同，唯形異耳。〔箋五〕洪不審音，故繳繞不了。

入于坎窞　徒坎反。説文云：坎中更有坎。王肅又作陵感反，云：窞，坎底也。字林云坎中小坎，一曰旁入。

盧文弨經典釋文考證曰：「王肅又『徒感反』，宋本作『陵感反』，宋本誤。」承仕按：盧校依通志堂本作「徒感反」非

也。類篇、集韻「窞」字並有「盧感」一切，注引「王肅云坎底也」，即本自釋文。此北宋本作「陵感反」之證。〔箋六〕

羸其角　律悲反，又力追反。下同。馬云大索也。徐力皮反。王肅作「縲」，音螺。鄭、虞作「纍」。蜀才作「累」。張作「虆」。

「律悲」、「力追」二反聲韻並同。承仕按：井卦辭「羸其瓶」釋文云：「羸，律悲反。徐『力追反』。」大壯之又音，即井之徐音。故反音雖同而反語有異者亦具列之，同人九三「伏戎於莽」釋文云：「莽，莫蕩反，王肅『冥黨反』。」二反同音，是其比。

藩決不羸　音穴。注下同。

玄應一切經音義二云：「易『藩決不羸』，王弼、徐邈等音『背穴』。」承仕按：天文志「暈適背穴」，王、徐蓋讀「決」爲「暈適背穴」之「穴」，云「音背穴」者，省言之。德明作音，與王弼、徐邈同意，故不具引耳。而唐之初元，徐邈易音尚存，故玄應得引之，此逸文之可珍者。又按：臧琳經義雜記曰：「易大過注『音相過之過』，明神廟、崇禎兩刻本皆無，正義標注有此句，釋文大書「相過之過」四字。蓋後人疑注中不當有音，恐非王弼語，故刪之。」承仕按：魏了翁經外雜鈔云：「王輔嗣注易遯卦『音臧否之否』，井卦『音舉上之上』，大過『音相過之過』，是音字起於魏晉間也。」然則南宋善本固無脱文，輒刪此音，疑是明人據誤本爲之。案：井彖注『音舉上之上』，豐彖注『音闡大之大』，可證注中本有音矣。」然則「藩決」「音背穴」亦王弼注語也，後人刪之，與刪大過音同。

繫辭　徐胡詣反，本系也。又音係，續也，字從毄。若直作毄下糸者，音口奚反，非。〔箋七〕此據通志堂本釋文，「若直作毄下糸者」，原誤「糸」作「系」，今據文意正之。

盧文弨曰：「『字從毄』三字下舊脱『下系』二字，今補之。」據盧意，繫字合「毄下從系」，若「毄下從糸」者，非正體也。承仕按：盧校非也。繫辭之字，舊本作「毄」，以同部假毄作系也，司門「祭祀之牛牲毄焉」、校人「三皁爲毄」，釋文本並作「毄」，此經文通例，假毄爲系之證一也。孔穎達撰正義時所見易，本字尚作「毄」，見阮元校勘記引宋本、錢本。二也。玉篇：「毄，公狄切，係也。」此正承用經典以毄爲系之舊義，蓋由野王所見周易、周禮字並作「毄」，故以係訓毄，三也。「胡詣」、「古詣」二反並爲毄字作音，若作毄下糸者，則爲繫縹之繫，音口奚反，非此所用矣。釋文分析甚精，而文弨以毄下系爲正字，以毄下糸爲俗體，不知古今字書韻書初無毄下從系之文，專輒改作，良爲疏謬。

剡木爲矢　以冉反。字林云銳也，因冉反。

禮記玉藻釋文引字林「因冉反」；儀禮聘禮釋文引字林作「才冉反」，云「銳也」。承仕按：釋文三引字林，義同而反語有異，疑「才」字誤也，然類篇、集韻「剡」字並有「才冉」一切，則宋本已然矣。〔箋八〕

日以晅之　況晚反。京云乾也。本又作「暅」，徐古鄧反。又一音香元反。

承仕按：說文字作「煖」，樂記「煖之以日月」釋文云：「徐許袁反，沈況遠反。」音與此同。徐音「古鄧反」者，據又一本字，從亙聲。

爲黔喙之屬　況廢反，徐丁遘反。

承仕按：徐音「丁遘反」者，字應作「咮」，咮、注、噣、啄聲近義同，喙則義近而聲遠矣。集韻噣、喙、咮、注四字同列，失之。〔箋九〕

——以上周易音義

謂之八索　所白反。下同。求也。徐音素。本或作「素」。

洪興祖楚辭補注引書釋文云：「徐邈讀作蘇故切。」承仕按：洪注即本自釋文直音，其反語則洪所自擬。

鳥獸𣯍毛　如勇反，徐又而充反，又如充反。馬云温柔貌。盧文弨校本

鳥獸氄毛　本又作□，又作□。如勇反。徐又而兗反，又如兗反，謂濡毳細毛也。馬云温柔貌。說文作

「毴」，人尹反，云毛盛皃也。涵芬樓影印唐寫殘本

段玉裁曰：「書釋文本作『徐而允反，又如兖反』，俗本並譌作『充』，而集韻、類篇因有『而融』、『如容』兩切矣。」承仕按：以唐寫本證之，段説近是。然謂此字讀入東部悉由「充」、「允」形譌所致，則未然也。尋説文字正作「毴」，尚書古文作「氄」，隼聲、喬聲皆屬古隊部，隊、諄對轉，則「如允」、「如兖」等反是其本音。然説文字亦作「𣯍」，重文作「褎」，俱從弁聲，弁在蒸部，蒸東旁轉，其勢最近，故「𣯍」音「而隴反」。〔箋一〇〕大司徒「其動物宜毛物」，注云：「貂狐貒貉之屬，縟毛者也。」釋文：「音辱，一音如勇反。」辱聲作侯部，侯、東對轉亦最近，故「縟」音「如勇反」。𣯍、縟、氄、毴同義雙聲，又得相轉，則氄、毴二字兼有而隴之音矣。史記「鳥獸氄毛」，徐廣音「茸」，玉篇、切韻皆「如勇切」，證知氄字讀入東部，其來蓋久。而玉燭寶典字作「⿰毛舀」，廣韻字作「酕」，則又因聲而孳乳者也。又按：「而兖」、「如兖」二反同音。

竄三苗于三危　七亂反。

唐寫本「七亂反」下有「字林七外反」五字。承仕按：左傳僖二十六年釋文引「字林千外反」，昭二十六年釋文引「字林七外反」，證知德明尚書釋文原本引字林音而陳鄂等妄删之。尋高唐賦「飛揚伏竄」李善注云：「字林曰：竄，逃也。七外切，非關協韻。一音七玩切。」此賦以礚、厲、濇、霈、喙、邁、竄爲韻，俱屬泰部。竄本音七外反，對轉寒則音七玩反，然六朝以還，本音久不行用，故玉篇、切韻「竄」字遂不收「七外」一音。李注云「非關協韻」者，正以時人不曉竄有七外反，故正言以明本音耳。陳鄂輒删，亦以「七外」一音世所不用故也。

號饕餮　土刀反。

承仕按：盧校依通志堂本作「七刀反」，「七」爲「土」之形譌。盧校釋文形誤之字如與通志堂本同者，此盧之失照，則一一正之；果爲刊寫之譌、衆所共辨者，不悉檢舉。

朕堲讒説殄行　讒，切韻士咸反。殄，切韻徒典反。　惇叙九族　切韻都昆反。

慤愿　切韻苦角反。以爲菹茅　切韻側魚反。　細綿　切韻武延反。　觸山　切韻尺玉反。　告予顛隮

子細反，玉篇子兮反，切韻祖稽反。　嗜酒　市志反，切韻常利反。　褒揚文武之業　薄謀反，切韻博毛反。　耄荒　本亦作「薹」。毛報反，切韻莫報反。

唐寫本尚書釋文殘卷「讒説殄行」不引切韻。大禹謨以下寫本闕，不得對校。承仕按：德明撰釋文當陳至德元年，下迄仁壽之初相距十有九年，自不得引切韻。今本釋文引切韻十一事，則宋開寶中陳鄂所爲也。而陳鄂之删定釋文，下距景德重修廣韻時相去約四十年，所引切韻十一事，其切語用字校今本廣韻無稍差異。以釋文所引切韻校唐寫本切韻唯「綿」作「武連反」、「殄」作「徒顯反」爲異，餘並同；「嗜」、「耄」二字唐寫本闕，不得對勘。然則修廣韻者唯增字耳，於舊有反音蓋不輒改。

山行乘檋　力追反。史記作「橋」，徐音丘遥反。漢書作「梮」，九足反。

承仕按：夏本紀「山行乘檋」，集解引徐廣曰：「『檋』一作『橋』，丘遥反。」河渠書「山行即橋」，集解引徐廣音「丘遥反」。史記各本並作「近遥反」，「近」爲「丘」之譌。釋文引史記音必爲徐廣音無疑，陳鄂誤仞爲徐邈音，故删「廣」字，恐非德明之舊。

予弗子　如字，鄭將吏反。

樂記「易直子諒之心生」，鄭注云：「子讀如不子之子。」正義曰：「尚書云：『啟呱呱而泣，予弗子。』是子愛之義。」承仕按：六朝以還，於好惡毁譽等字每以四聲相轉分别異義。此之反語蓋亦後師比附鄭意爲之，〔箋一一〕定應鄭讀以不，雖不敢知；要之不子之子與父子之子音讀有異，則漢末已然，可斷言也。又「易直子諒之心生」釋文引徐邈音「將吏反」，與鄭音同。廣韻去聲不收「子」字。

浮于濟漯　天荅反，篇韻他合反。

承仕按：「篇韻」者，指玉篇、切韻而言，此亦宋人語，非德明之舊。今本玉篇「漯，通合切」，廣韻「漯，他合切」，與此引「篇韻」同。又按：「天荅」、「他合」二反同音。〔箋一二〕

恪謹天命　苦角反。

承仕按：「角」字非韻，應依注疏本作「苦各反。」盧文弨依通志本作「角」，聲近之譌。〔箋一三〕

王乃徇師　以俊反。字詁云：徇，巡也。

承仕按：「以俊反」，「以」爲「似」之形譌。盧校沿通志本作「以」，失之。

比爾干　徐扶志、毗志二反。

承仕按：「扶」、「毗」同紐，不得爲二音，疑有譌文，無可據正。或陳鄂删定時，「扶」、「毗」蓋已分用，誤仞爲二音耳。

弗迓克奔　五嫁反。馬作「禦」，禁也。尚書。百兩御之　五嫁反。本亦作「訝」，又作「迓」，同「迎」也。王肅魚據反。毛詩。

顏師古匡謬正俗曰：「牧誓『弗御克奔』，徐仙音『御』爲『五所反』。按：御既訓迎，當音『五駕反』，不得音『御』。盤庚『予御續乃命於天』、詩雀巢『百兩御之』訓解亦皆爲迎，徐氏並作音『迓』。何乃牧誓獨爲『御』音？又與孔傳意不同，失之遠矣。」今本作「弗迓克奔」，與顏引異。段玉裁古文尚書撰異曰：「字元作『御』，今作『迓』者，衞、包據僞孔傳改之。」承仕按：顏師古、孔穎達並據孔傳爲説，而字皆作「御」，則所據本作「御」不作「迓」可知。阮元校勘記謂「御」爲「古文」，「迓」爲「今文」，其説未是。徐邈卒於隆安之閒，其所見必與師古、穎達同，義訓「迎」而音「五所反」者，疑當時「五所」、「五駕」二反音尚相近，非與孔傳異義也。〔箋一四〕隋、唐之閒韻部有殊，故師古據今音以駁徐説耳。又按今本釋文不引徐音者，疑是陳鄂所删，非德明之舊。至雀巢「百兩御之」，今本釋文亦無徐音，則當師古時，徐邈毛詩音尚存，故得據以爲説，與牧誓之不列徐音異實。

巢伯來朝　仕交反，徐呂交反。

毛居正六經正誤曰：「『呂交反』，『呂』當作『石』。」承仕按：仕屬牀、石屬禪，聲相近；若呂則屬來，聲類絶遠矣。

居正所改，近得其實，然類篇、集韻「巢」字並有「力交」一切，注云「國名」，則北宋本固作「呂交反」矣。〔箋一五〕

汝乃是不蘉　徐莫剛反，又武剛反。馬云勉也。

錢大昕曰：「孔、馬、鄭皆訓爲勉，而説文無此字，經典亦止一見。釋詁：『孟，勉也。』古讀孟如芒，則蘉即孟，審矣。蘉從侵無義，疑即寢字，孟、夢音近，皆黽勉之轉音，隸變譌蘉耳。」段玉裁以蘉字從侵從瞢省聲；俞樾謂蘉即寢疾字，寢字亦有「莫剛」之音；雷浚以蘉爲薨之形譌。承仕按：錢説近之，諸説並非也。集韻、類篇「寢」字或體作「蔮」，（按：此形亦譌，然與蘉字略相近。）寢變作「蘉」，作「蔮」，皆爲六朝僞體，其音則雙聲相轉，周流於東、陽、蒸之閒，其義則借爲孟，此其大較也。〔箋一六〕又按：五經文字、類篇、集韻並以「莫剛反」爲首音，「莫崩反」爲次音，證知釋文「又武剛反」之「剛」字爲「崩」之譌。

——以上尚書音義

參差荇菜　衡猛反。本亦作「莕」，接余也。沈有並反。

承仕按：衡有異紐，篇韻所列各切無有與沈音相應者，疑「有」字誤，無可據正。〔箋一七〕

灌木叢木也　才公反。俗作「藂」。一本作「最」，作外反。

顏氏家訓曰：「詩傳乃爾雅之文，故李巡注曰『木叢生曰灌』。爾雅末章又云『木族生爲灌』，族亦叢聚也，所以江南詩古本皆爲叢聚之『叢』。而古叢字似最，近世儒生因改爲『最』，解云『木之最高長者』。按：衆家爾雅及解詩無言此者，唯周續之毛詩注音爲『徂會反』，又音『祖會反』，劉昌宗詩注音爲『在公反』，又『狙會反』，皆爲穿鑿，失爾雅訓也。」段玉裁、陳奐、嚴元照等並以「叢」之異文應作「冣」，誤「冣」作「最」，故有「徂會」、「祖會」之音。承仕按：諸家説是也。叢從取聲，冣從冖取，取亦聲，聚從取聲，叢、冣、聚、族皆屬古侯部，音近義同，侯對轉東，叢得音在公反，冣在侯部，本音才句反，此四文者，隨用其一，理皆可通。若最字從曰取會意，本屬泰部，聲義並殊。〔箋一八〕劉昌宗、周續之、陸德明所下「徂會」、「祖會」、「作外」等反，皆最字本音，與灌木義無涉。之推斥之，其識卓矣。

樛木　居虯反，木下句曰樛。字林九稠反。馬融、韓詩本並作「朻」，音同字林己周反。說文以「朻」爲木高。

爾雅：「下曲曰朻。」釋文：「居虯反。本又作樛，同，字林『九稠反』。」承仕按：字林本爲形書，「樛」音「九稠」、「朻」音「己周」，反語用字雖異而音實同，則「樛」、「朻」必分二義，且非同列一處，灼然可知。毛詩爾雅樛、朻互用，則同音通假耳。段玉裁以樛、朻同字而删樛篆，殊近專輒。類篇、集韻「樛」字有「鄰蕭」、「亡幽」二切，並注云「木名」，此訓不知所出，然篇韻必本之舊義，蓋可斷言，且篇韻反語大都改從音和，而「樛」切「亡幽」則引用舊音，失於删改者也。此亦樛、朻異字之一證。

伐其條肄　以自反，餘也，斬而復生者。沈云：徐音以世反，非。

谷風「既詒我肄」釋文引徐音「以自反」。「莫知我肄」引徐又音同。承仕按：肄聲本在隊、泰間，訓勞者假肄爲「勩」，訓餘者假肄爲「櫱」，並屬泰部，「以自」、「以世」二反皆是也。尋沈重意，蓋以肄餘之字合音「以自反」不當作「以世反」，推知沈時韻部與切韻大同。廣韻「肄」自屬至部，「世」屬祭部，當仍切韻之舊。而徐邈則「世」、「自」同部也。徐邈卒於晉隆安初，沈重卒於隋開皇三年，相去一百八十餘年。〔箋一九〕

冬至架之　音嫁。俗本或作「加功」。

顔師古匡謬正俗曰：「鄭箋云『冬至加功，至春乃成』，此言始起冬至加功力作巢，蓋直語耳。而劉昌宗、周續等音加爲架，若以搆架爲義，則不應爲架功也。」正義云：「故知冬至加功也。」承仕按：正義本作「加功」，即德明所偁「俗本」；正義本既與師古說同，蓋從師古定本，不從德明釋文本也。顔師古撰五經定本，事見唐書本傳。德明撰釋文當陳至德之初，未入北朝，故承用劉昌宗、周續之舊義，音「加」爲「嫁」，遂與師古、穎達所說違異。又按釋文「冬至架之」，「架」應作「加」，韻書「架」字並無平聲，使釋文字本作「架」，德明即不煩作音矣。〔箋二〇〕且師古明云劉、周「音加爲架」，定知陸亦作「加」不作「架」也。淮南天文訓：「十一月日冬至，鵲始加巢。」此亦漢人作「加」不作「架」之證。一本作「加之」，一本作「加功」，唯此爲異，今作「架」者，傳寫之譌。

何以速我訟　如字。徐取韻音才容反。

盧文弨釋文考證曰：「訟字古音才容反，書『嚚訟可乎』，馬融本『訟』字作『庸』，史記作『凶』可證。陸氏以徐爲取韻，其實古人無平側之分，雖『才用反』，亦未嘗不與韻協也。」承仕按：盧説古無平側之分，非也。〔箋二一〕唯取韻乃音「才容反」，可知自晉末以還俱以去聲爲訟字本音矣。

素詩五緎　徐音域，又于域反。縫也。孫炎云：緎，縫之界域。

承仕按：「于域反」，于、域雙聲，不得作切；又「于域反」與直音「域」同，疑有譌誤。尋類篇「緎」字列有「越逼」、「忽域」、「乙六」三切，以之互勘，則「于域反」之「域」字應作「彧」，否則「于域反」之「于」字應作「呼」，皆可通。〔箋二二〕

遠送于野　如字，協韻羊汝反，沈云協句宜音時預反。後放此。

廣韻「汝」在上聲，「預」在去聲。承仕按：沈重撰詩音義時當北周保定以前，距德明之撰釋文、法言等之論難切韻約三十年，而沈言協句已有汝、預上去之異，頗疑沈重讀預字爲上聲，非轉此章羽、野、雨三字同入去聲也。蓋上去之閒字音頗多出入，切韻之作雖有整齊之功，後世亦不悉承用，如李涪刊誤等，每以上去異呼，深爲駭笑。即今音讀亦不盡同，如士、市、叙、緒、户、杜等字今無作上聲呼者。〔箋二三〕以是比度，疑南北朝閒上去已多錯迕，沈重「以預」切「野」，其一例也。至於「羊汝」、「時預」聲紐不同，則於協韻協句之説了無關會，故不具説。

有鷕雉鳴　以小反，沈耀皎反。雌雉聲。或一音户了反，説文以水反，字林于水反。

顧炎武詩本音、段玉裁説文注、畢沅説文舊音並謂：鷕，從鳥，唯聲。舊音「以水反」，傳寫譌「水」爲「小」，遂有「以小」、「耀皎」、「户了」各音。畢沅且謂傳寫之誤在沈重前，故沈誤音爲「耀皎反」。清儒説「鷕」字音者並以「以小」爲「以水」之誤，文繁不具引。承仕按：鷕從唯聲，本屬脂部，又與「有瀰濟盈」之「瀰」字爲句中韻，自以「以水反」爲長；然徐爰注射雉賦「音鷕，以少切」，在沈重前百有餘年，玉篇、切韻「鷕」字亦止收「以沼」一音，則此字讀入小韻自有其變通之理，未必盡關形誤，灼然可知。廣雅「䧿，犇也」，曹憲音「子肖反」，王念孫疏證曰：「凡脂部字多與蕭部相轉，如『有鷕雉鳴』

之『鷺』音『以水』、『以小』二反，周官『追師』之『追』音『丁回』、『丁聊』二反，按周禮「追師」釋文「丁回反」，無「丁聊」之音，此由王誤記，説見下文。郊特牲『壹與之齊』，『齊』或爲『醮』，史記萬石君傳『譙訶』音『誰何』，皆其例也。」承仕謂：王説近之，顧、段諸家並非也。今復舉十六事以證成王説：尚書吕刑「寇賊鴟義」，潛夫論述赦篇作「寇賊消義」，一也；詩棫樸「追琢其章」，毛傳「追，雕也」，鄭箋以周禮「追師」釋之，荀子引詩「追」正作「雕」。二也；行葦「敦弓既堅」，釋文「音彫」，三也；有客「敦琢其旅」，釋文「都回反，徐又音彫」，四也；周禮「司几筵每敦一几」，鄭注「敦讀曰燾」，五也；爾雅「鵜鴮鸅」，郭注云「俗呼之陶河」，鴮鸅、陶河一聲之轉，六也；「蜼卬鼻而長尾」，釋文「音誄，字林余繡反」，七也；左思吴都賦劉逵注引異物志説「狖」與郭璞説「蜼」同，則「狖」即「蜼」之異文，〔箋二四〕八也；毛詩傳及春秋公羊傳「達於右髀」，釋文引各家音有「胡了」、「羊紹」、「于小」等反，而字從胤省聲，説見後。九也；茅蒐字從艸鬼聲，據宋保説文諧聲補逸增「聲」字，是也。相承音「所鳩反」，春蒐者假「蒐」爲「捜」，王念孫曰：「記明堂位『脯鬼侯』，正義曰『周本紀作「九侯」』，『九』與『鬼』聲近，然則『鬼』可讀爲『九』，故蒐從鬼聲。」王説據宋保引。十也；爾雅「九達謂之逵」，説文正作「馗」或作「逵」，一從九，亦聲，一從坴，亦聲，十一也；説文「皾，雕也」，「雕，皾也」，二字互訓，十二也；説文「褎」字「從衣，采聲」，十三也；史記高祖本紀「襄城無遺類」，徐廣曰「『遺』一作『噍』」，漢書字正作「噍」，十四也；荀子不苟篇「以己之潐潐」，楊倞注「明察之貌」，韓詩外傳作「皭皭」，而楚辭則作「察察」，十五也；漢書高紀「母媪」，孟康音「烏老反」，十六也。諸此例證不可勝窮，大抵脂隊、真諄、宵幽之閒自可通轉，苟如顧、段諸家所説，則徐爰、沈重、二陸並不審音，恐非其實。

旭日始旦　許玉反，徐又許袁反。日始出大昕之時也。説文讀若好，字林呼老反。

段玉裁曰：「旭亦音『許九切』，『九』誤作『元』，又改『元』爲『袁』，使學者求其説而不能得。」胡承珙曰：「易『盱豫』釋文云『姚作「盱」，云日始出』，引詩『盱日始旦』。今考釋文引詩，『盱』當作『旴』，從干聲，讀與軒同。徐所見本必作『旴日始旦』，故作『許袁反』。段氏未檢易釋文，故求其説而不得耳。」承仕按：毛詩作「旭」，韓詩作「煦」，文選五十五李注引。眗、眴、盱聲義並同，與旭字旁轉亦近。姚信引詩作「盱」者，蓋韓詩之異文耳。使姚引作「盱」，釋文當別作音，不應與「子夏作紆」、「京作汙」二語同列也。且以釋文引音通例推之，「徐又音許袁反」者，謂徐亦首音「許玉反」，次音「許袁反」，無以證徐所見本之必作「盱」也。段、胡二說並非。徐音「許袁」之故，愚所未聞。〔箋二五〕

其視我如毒螫　矢石反，何呼洛反。

周禮釋文引劉昌宗音與何胤音同，玄應一切經音義卷二云：「螫，舒赤反，說文『蟲行毒也』，關西行此音。又呼各反，山東行此音。」音義卷三、卷十說並同。承仕按：說文「蠚，螫也」，「螫，蟲行毒也」，皆古魚部字。「矢石反」，釋文當時之音；「呼洛反」則舊音也。〔箋二六〕

旄丘　音毛丘。或作古「北」字。前高後下曰旄丘。字林作「堥」，云：堥，丘也，亡周反，又音毛。山部又有「嵍」字，亦云：嵍，丘，亡付反，又音旄。毛詩音義。　旄丘　謝音毛。字林作「嵍」又作「堥」，俱亡付反。爾雅音義。

顏氏家訓曰：「柏人城東北有一孤山，古書無載者，世俗或呼爲『宣務山』，或呼爲『虛無山』。後讀城西門內漢桓帝時縣民爲縣令徐整所立銘，云『土有巏務，王喬所仙』，方知此巏務山也。巏字遂無所出，務字依諸字書，即『旄丘』之『旄』也。旄字字林『一音亡付反』，今依附俗名，當音『權務』耳。」按：「權務」字「務」應作「嵍」，「字林」上「旄字」二字疑衍。承仕按：旄丘字正作「嵍」，或作「堥」，「旄」則假字也。周書牧誓「羌髳」即角弓之「如蠻如髦」，柏舟「髧彼兩髦」說文引作「髳」，皆其比。敄在幽部，毛在宵部，部居相近，故有「亡周」、「亡付」等音，而蕭該漢書音義以務音爲乖僻，未爲審諦。蕭該說見清官本漢書叙傳。

祭有畀煇胞翟閽寺者　畀，必寐反，與也。

承仕按：舊作「如寐反」，「如」爲「必」之形譌，今正之。盧校沿通志本作「如」，非也。

得此戚施　千歷反。戚施，面柔不能仰也。新臺。　無然歆羨　歆，許金反。羨，錢面反。皇矣。

承仕按：古人形頌之詞大抵非取雙聲，即爲疊韻，而毛詩於形頌連語則又以雙聲疊韻相閒成文，例如新臺之「籧篨不殄」，得此戚施」，大叔于田之「抑磬控忌，抑縱送忌」，皇矣之「無然畔援，無然歆羨」，皆是也。德明不曉舊音，每致失讀。此文「戚」音「千歷反」，「施」字無音，無音則如字讀矣。又「歆羨」之「羨」音「錢面反」，亦與「歆」字異紐，實則「戚施」、「歆羨」皆屬雙聲。釋文既承俗誤音，即徐邈、周續之、何胤、沈重諸師亦無音釋，然則自晉宋南北朝以還蓋已不能正讀矣。今謂古音舌齒之閒每多出入，今音戚屬清紐，施屬審紐，古音則清、審、透三紐相近，故戚施得爲雙聲也。至若歆羨之「羨」，古音當屬曉紐，與「歆」雙聲，騂，今音息營反，字林音「許營反」，毛詩釋文引，見後。搜，今音所鳩反，通俗文音「兄侯反」，顔氏家訓引。是其明比。板「及爾游衍」，釋文本作「游羨」，地理志「江夏郡沙羨」，晉灼音「夷」，此羨字本有喉音之證。〔箋二七〕

有女仳離　匹指反，徐符鄙反，又敷姊反。別也。字林父几、扶罪二反。

承仕按：盧校依通志本作「及几、扶罪二反」，「及」爲「父」之形譌，兹據注疏本正。

有所操蹙也　七刀反。本亦作「懆」，沈七感反。今作「躁」，與定本異，與箋義合。

今注疏本作「有所躁蹙」，疏云：「箋『有所躁蹙』者，定本作『操』，義並得通。」承仕按：釋文本作「操」，正義本作「躁」，其云「本亦作『懆』，沈七感反」者，則字從參聲矣。釋文「今作躁」以下十一字乃後人所加，非德明之舊。顔師古撰五經定本遠在釋文之後，非德明所能援引，一也；釋文他處無有稱「定本」者，唯此一見，二也；釋文本自作「操」，不應自名爲「定本」，三也；使德明所見異本有作「躁」者，例應別下「躁」音，今則無之，四也；「與定本異，與箋義合」，同異之故竟無一語釋之，使後人莫明其意，五也。蓋釋文原本實無此三語，後人見鄭箋作「躁」，疏言「定本作『操』」，故云今作「躁」，與定本作「操」異字，與箋作「躁」同字也。德明在前，安得豫言其同異之故邪？許宗彦云：「釋文中引『定本』是師古所定，元朗猶及見之。」許説見梁玉繩瞥記卷二。其説非是。互詳「冬至架之」條下。釋文頗有後人增語，尚有旁證，以不闕反音，兹不具説。

雉離於罿　昌鍾反，罬也。韓詩云：施羅於車上曰罿。字林「上凶反」。

爾雅釋文引字林亦作「上凶反」。周禮冥氏注「弧，張罿罦之屬」釋文引劉昌宗音「上凶反」，各本並同。承仕按：「上凶反」之「上」字爲「止」之形譌。類篇、集韻「罿」又「諸容切」，「諸」、「止」同屬照紐，其音即本之字林。證知北宋本釋文作「止凶反」矣。各家並失校。〔箋二八〕

俟我乎堂兮　毛如字，門堂也。鄭改作「棖」，方庚反，門梱上近邊木。

注疏本「棖」音「直庚反」。四部叢刊景印宋巾箱本毛詩附釋文同。通志本作「方庚反」。承仕按：「方」爲「丈」之形譌，盧校從之，非。

出其闉闍　鄭、郭音都，城臺也。孫炎云積土如水渚，所以望氣祥也。徐止奢反，又音蛇。毛詩。　堵者謂之臺　本又作「闍」。音都，又丁古反，徐音常邪反。禮記。　闍謂之臺　音都，徐持遮反。爾雅。

承仕按：止屬照紐，持屬澄紐，常屬禪紐，其聲類皆在齒舌閒，然三事義同，不應三音互異。今謂「止奢反」者，「止」爲「上」之形譌；「持遮反」者，「持」爲「時」之形譌；徐邈不爲爾雅音，爾雅釋文引徐音「時遮反」者，即轉引毛詩「上奢」一音也，上、時、常同類。玉篇、廣韻「闍」字僅列「視遮、當孤」二切，與釋文正相應；類篇集韻則有「東徒、之奢、時遮」三切，證知當北宋時毛詩音已誤而爾雅音尚未誤也。盧校並襲舊本之譌，茲一一正之。〔箋二九〕

言采其藚　音續，水舄也，一名牛脣。說文音似足反。

注疏本作「說文其或反」，巾箱本作「說文其彧反」。承仕按：「似足反」與音「續」同，疑作「其彧反」者近是。然篇韻並不收「其或」、「其彧」等音。

湄水隒也　魚簡反，又音簡。

盧校依通志本如此作。承仕按：「簡」字並應作「檢」，淺人以簡、檢聲近，傳寫致譌。注疏本正作「檢」，應據正。

晨風鸇也　字又作「鸇」，之然反。草木疏云似鷂，青色。説文止仙反，字林尸先反。

左傳、爾雅釋文引字林並作「巳仙反」。承仕按：集韻：「鸇，諸延切，又稽延切。」類篇：「鸇，諸延切，又稽延切，又巳仙切。」唯「諸延」一切與廣韻同，爲見行之音，其又音皆本之字林，蓋舊音也。集韻讀「己仙反」爲「戊己」之「己」，故以「稽」聲擬之；類篇既讀「己仙反」爲「戊己」之「己」，又疑爲「辰巳」之「巳」，故於「稽延切」外又沾「巳仙」一切，要之，無與「尸先反」相應者。今謂宋人所見釋文作「己仙反」或「巳先反」，而「尸先反」之「尸」字則爲形近之譌。毛居正六經正誤曰：「鸇，字林『己先反』，乃與堅同音。」此字林作「己仙反」之明驗也。〔箋三〇〕覈實言之，字林僅有「己仙反」一音，左傳「若鷹鸇之逐鳥雀」釋文引徐邈音「居延反」，與字林同，可證「己仙反」爲切韻以前之舊音。大抵聲音流變，由内及外，由喉牙以達於舌齒，此其一例耳。然北宋本釋文僅誤「己」作「巳」，宋以後本又誤「己、巳」作「尸」，此蹤跡之可尋者也。盧文弨釋文考證、任大椿字林考逸並沿舊文，未能發正。上來所説作於民國十年。今得宋巾箱本毛詩所附釋文校之，正作「己仙反」，乃與前此所説冥符。清儒校讎文字，其精者閒與後來所發見之善本相應，如段玉裁之治説文，嚴可均之校抱朴子，其所改定頗有與唐寫本同者，斯足卲也。舊説雖已無用，今猶過而存之。

歌以訊之　本又作「誶」。音信。徐息悴反，告也。韓詩：訊，諫也。

江、戴、錢、段諸家並謂「訊」爲「誶」之形譌；王引之、胡承珙則謂「訊」、「誶」二字聲近義同，非關譌誤。承仕按：王、胡説是也。誶屬隊部，訊屬真部，隊、真對轉，其例甚多，故二文得相通假。

咮喙也　虚穢反，又尺税反，又陟角反。鳥口也。

承仕按：「又陟角反」字應作「啄」，與「喙」形近而音義並異。釋文作音每多相混，易傳「爲黔喙之屬」，徐音「丁遘反」，是其比。

町畽鹿場　本又作「疃」，他短反。町畽，鹿迹也。字又作「墥」。

説文字作「疃」，「禽獸所踐處也，從田，童聲」。相承音他短反。承仕按：東、侯部字閒有轉入寒部者，蓋變例也。

短字從矢，豆聲本屬侯部，相承音都管反。説文「鏦，矛也，從金從聲」，字在東部，而重文作「鎵」，彖屬寒部，是其比。段玉裁曰：「鎵、鏦不爲同字，疑轉寫有誤耳。」按：段説失之，蓋不明東、寒亦有相轉也。

如月之恒　本亦作「緪」，同。古鄧反，沈古桓反。弦也。

盧文弨曰：「正義作『縆』，云集注定本『縆』作『恒』，白帖一引作『緪』，沈音譌。」承仕按：盧據通志堂本作「古桓反」，「桓」爲「恆」之形誤。注疏本作「古恆反」，是也。盧據誤本，故云音譌。

弓反末彆者　説文方血反，又邊之入聲。埤倉云弓末反，戾也。

篇韻「方結反」，正義引説文亦「方結反」。承仕按：韻書以先、屑平入相承，陳灃切韻考分爲兩類，此云「方血反」，屬抉類，「方結反」則屬噎類。云「邊之入聲」者，疑與「方結反」同音也；不言「方結、方血二反」，而云「邊之入聲」者，蓋舊文如是，而德明承用之耳。〔箋三二〕

烝然罩罩　張教反，徐又都學反。篧也。字林竹卓反，云捕魚器也。

爾雅釋器「篧謂之罩」釋文引字林音同。承仕按：竹、卓同紐，不得作切，疑「卓」應作「角」，傳寫之譌。〔箋三三〕

今之撩罟也　力弔反，又力條反，沈旋力到反。

盧文弨曰：「『旋』字後人妄增，當删。沈旋是爾雅音，沈重是毛詩音，人往往致誤。」承仕按：盧説非也。爾雅注「今之撩罟」釋文引「沈力到反」，蓋毛詩音義轉引爾雅沈旋音，恐人誤仞爲沈重，故題名以别之。又「不可方思」傳「方，泭也」釋文引「沈旋音附」，「亂是用餤」釋文引「沈旋音談」，此皆詩音轉引爾雅沈旋音之明比也。爾雅釋詁「餤，進也」，釋文云「沈音大甘反」，釋言「舫，附也」釋文云「沈音附」，並相應。盧校不一檢勘，以不誤爲誤，郅爲疏舛。

炰鼈膾鯉　白交反，徐又甫久反。

盧文弨據通志堂本作「徐又甫交反」，段玉裁校本作「甫久反」。四部叢刊影印本。承仕按：「甫久反」是也。韓奕「炰鼈鮮魚」釋文引「徐音甫九反」，與此正同，證一；類篇「炰」字列「蒲交、府九、披教」三切，無與「甫交反」相應者，知各家自無「甫交」之音，證二；炰又作「缹」，皆幽部字，而缹字相承止有甫久一音，韓奕正義云「此及六月云『炰鼈』者音皆作『缹』」，此爲徐音「甫久」之證三；毛居正曰：「炰，徐『甫交反』，『交』作『久』，誤。」據此，則宋人所見本無作「甫交反」者，誤「久」爲「交」，乃宋以後人據毛説輒改耳。

裘纏質以爲槸　魚列反，何魚子反。門中臬。

宋巾箱本、通志本、盧校本、注疏本並作「魚子反」。承仕按：「子」爲「孑」之形譌，「魚列」、「魚孑」二反雖同，然斷無「魚子」之音也。〔箋三三〕

達于右⿰骨肙爲下殺　餘繞反，又胡了反。謂水膁也。字書無此字。一本作「⿰骨号」。音羊紹反，又羊招反，呂忱于小反。本或作「膘」。毛詩。　達于右⿰骨肙　羊紹反，字林子小反。一本作「胘」，音賢。公羊傳。

段玉裁曰：「五經文字作『䯚』，是也。毛詩釋文、正義皆作『⿰骨肙』，乃轉寫之譌。釋文云『一本作「⿰骨号」』，『⿰骨号』即『䯚』字耳。又云『⿰骨号』、『⿰骨肙』二字皆説文所不載，當以本作『膘』者爲長。」臧鏞堂説略同。任大椿曰：「據釋文，既云字書無『⿰骨肙』字，則字林作『⿰骨号』不作『䯚』可知。」承仕疑右「⿰骨肙」之字從骨，胤省聲。毛詩作「⿰骨肙」者「䯚」形之譌，作「⿰骨号」者則「⿰骨肙」之異文也。公羊釋文云：「一本作『胘』，音賢。」説文：「胘，牛百葉也。從肉，弦省聲。」玄聲、胤聲同屬真部，故得通假，此字應作「⿰骨肙」之證一；易艮九三「列其夤」釋文曰：「馬云夾脊肉也，鄭本作『䐔』，徐又音胤」，音義並相近，此字應作「⿰骨肙」之證二；胤、餘、羊、于聲紐最近，而肖聲之字韻書無以餘、羊、于諸紐作切者，此字應作「⿰骨肙」之證三；真、諄部字亦得對轉入宵，如「敦弓」、「敦琢」之有雕音，其明驗也，此字應作「⿰骨肙」之證四。段、臧謂字應作「䯚」，任謂字應作「⿰骨号」，亦據一隅言之，無以遠勝斯義也。又按：詩釋文引字林「于小反」，公羊釋文引作「子小反」，校以聲類，疑「子」爲「于」之形譌，而類篇、集韻「⿰骨肙」、「膘」二字並有「子小」一切，則宋時釋文其誤與今本同。〔箋三四〕

其祁孔有　毛巨私反，又止之反。大也。鄭改作「麎」，音辰。郭音脤，何止尸反，沈市尸反。

承仕按：「又止之反」，止、之同紐，不得作切，蓋「止」爲「上」之形譌。類篇、集韻「祁」字有「常支」、「蒸夷」等切，略與「上之」、「市尸」、「止戶」三音相應。後檢宋巾箱本毛詩所附釋文，正作「又上之反」，是也。鄭作「麎」者，則真、脂對轉。

至于矜寡　本又作「鰥」，同。古頑反，徐又棘冰反。篇内「矜寡」同。老無妻曰矜，老無夫曰寡。

顔師古匡謬正俗曰：「鴻雁序『至于矜寡，無不得其所焉』，徐仙音『矜』爲『古頑反』。承仕按：釋文云「古頑反，徐又棘冰反」，據師古所引，知徐亦以「古頑反」爲首音，以「棘冰反」爲次音，釋文又音之例視此。案此詩當章『爰及矜人，哀此鰥寡』，故箋云：『當及此可憐之人，謂貧窮者欲令賙餼之，鰥寡則哀之，其孤獨收斂之，使有依也。』尋序及詩意，蓋云可矜憐之人及鰥寡者皆被勞來安集，鄭箋正得其理。而徐氏讀『矜』爲『鰥』，既無所憑，大失本旨。」承仕按：大田序曰「言矜寡不能自存」，記王制「老而無妻謂之矜」，疏以「矜」、「鰥」爲古今字。又何草不黃以「玄」、「矜」、「民」爲韻，矛矜之字異文作「穳」，相承有巨巾、巨陵二音，皆以同紐通借。字從今聲而讀入寒、真韻者，如監古文作「警」，從言聲，天從干聲，此二證宋保諧聲補逸所舉。箈讀若錢，字林音「看」爲「口甘反」，皆其比也。疑漢魏晉宋閒真、諄部字亦得與蒸、侵、談、盍相轉，故相承假「矜」爲「鰥」，徐邈以下皆音「古頑反」，而以「棘冰反」爲又音也。鴻雁序言「至于矜寡」，自與大田序同意，矜、寡對文，至當章「爰及矜人」則訓爲可矜憐之人，分理甚明，師古混爲一談，乃謂徐音失旨，其説非也。廣雅釋草：「矜禽也。」此矜從今聲之證，段玉裁改從令聲亦非。

下莞上簟　音官，徐又九還反。草，叢生水中，莖圓，江南以爲席。鄭云小蒲席也，形似小蒲，而實非也。

盧文弨曰：「注疏本作『九完反』是。『還』，似宋人避『桓』嫌名改。」承仕按：釋文反語用丸、完字者多矣，不應於此獨改「完」爲「還」，且類篇列「沽丸」、「沽還」兩切，正用釋文「音官」及「九還反」兩音耳。盧説未諦。

維周之氐　丁禮反。毛云本也。徐云：鄭音都履反。氐當作桎鎋之桎之實反，又丁履反。礙也。本有作手旁至者，誤也。

段玉裁曰：「『桎』爲『抵』之譌，『抵』别體作『扺』，與『桎』形近，故誤作『桎』。」阮元校勘記、胡承珙後箋從之。洪頤煊謂「桎」爲「厔」字之譌。李黼平毛詩紬義曰：「玉篇：『軔，礙車輪木，或作杒。』是軔與杒同。杒，説文云『桎杒也』。

此原是木名，以凝輪者，不擇何木，或此木亦可凝輪，故名桎杒。而桎有凝義，故鄭以大師之官爲周之桎鎋也。」（箋三五）承仕按：李説近之，各家並非也。箋破「氏」爲「桎」者，實兼音義言之。氏聲、至聲同屬脂部，即聲紐亦同。正義引孝經鉤命決云：「孝道者，萬世之桎鎋。」「桎鎋」當是漢人常語，猶云五經之「錧鎋」，趙岐孟子題辭。六藝之「鈐鍵」。郭璞爾雅序。大師領録國政，比物略同，此箋改「氏」爲「桎」之意也。軔、杒同字，本以凝輪，杒在真部，真對轉脂，則字作桎，説文作「厔」，俗字作「窒」，音義並同。桎爲凝輪木，説文云「足械也」，義亦相近。鎋爲軸耑鍵，車之進止待之，此「桎鎋」連文之義也。又按：徐邈謂鄭讀「氏」爲「都履反」，疑當徐邈時桎鎋之「桎」本讀「都履」之音，故能確知鄭讀耳。音「之實反」者，德明當時之音，其又音則據徐説也。類篇、集韻「桎」字並有「展几」一切，本此。

潝潝訿訿　許急反。

盧校本、通志本、巾箱本並作「計急反」。承仕按：「計」爲「許」之形譌。注疏本正作「許」，兹據正。

率場啄粟　大良反。

各本並同。毛居正曰：「場應音『丈良反』，作『大』誤。」是今本與毛所見本同。承仕按：大屬定紐，古與澄同類，然釋文「長」、「場」等字俱作「直良反」，無用定紐字者。疑「大」爲「丈」之形譌，毛説近之。

或不知叫號　户報反，召也。協韻户刀反。

匡謬正俗曰：「北山『或不知叫號』云云，從上及下，句句相韻，『叫號』猶言喧呼自恣耳，非必要號咷之『號』。毛傳云：『叫，呼；號，召也。』而徐仙乃音號爲『呼到反』，今讀者遵之，非也。」承仕按：字書韻書「號」字無「呼到」一音。疑「呼」應作「乎」，傳寫致譌耳。釋文以「户報反」爲首音，即當時承用之音，亦即徐邈舊音，師古所謂「今讀」是也。證知師古所駁，乃韻部平去之異，不關聲紐矣。

憂心且妯　敕留反，徐又直留反。毛動也，鄭悼也。郭音爾雅盧叔反，又音迪。毛詩妯騷感訛　顧依詩音敕留反，郭盧篤反，又徒歷反。爾雅。

承仕按：敕屬徹，直屬澄，盧屬來，徒屬定，聲並相近。詩釋文轉引爾雅郭音，而反語用字有異，疑德明就所記誦隨意書之，不必悉檢本書也。凡有異同，似宜以此爲例。

從以騂牲　息營反，字林許營反。信南山。　騂騂角弓　息營反，調和也。沈又音許營反。說文作「弲」，音火全反。角弓。　騂牡既備　息營反，字林火營反。旱麓。

說文：「垟，赤剛土也。從土，觲省聲。」「觲，用角低卬便也。從羊牛角。詩曰『觲觲角弓』。」徐灝說文段注箋曰：「觲取義於牛角，不當從羊。段釋羊爲祥善之意，亦望文爲訓耳。「羊」疑「辛」之譌，以辛爲聲也。字省作觪，牸通作騂。」承仕按：字從辛聲，赤剛土字應作「垶」，牲用騂字，應作「騂」、「牸」，角弓字應作「觪」。周禮草人「騂剛用牛」注云：「故書『騂』爲『挈』，杜子春『挈』讀爲『騂』。」易睽九三「其牛掣」釋文云：「鄭作『挈』，云：『牛角皆踊曰挈。』說文作『觢』，之世反，云『角一俯一仰』。子夏作『契』，傳云：『一角仰也。』」契、挈、掣、觪同訓，實一文所孳乳。蓋契聲屬泰部，泰對轉真，故字從辛聲，觪其本字。毛詩作『騂』，則假『騂牡』字爲之也。辛在真部，而相承讀入清部者，則真、清舊多通轉，無足致疑。引例見後「甡甡其鹿」條下。又按：字林音「許營、火營反」，許、火屬曉，與息異紐，蓋今音在齒舌閒者，舊音或屬喉牙，此古今流變之一例。若通俗文反「搜」爲「兄侯」，（見顏氏家訓。）字林反「鸇」爲「己仙」，見詩釋文。劉昌宗、徐邈反「馴」爲「餘倫」，見周禮釋文。皆其比。（箋三六）

享于祖考　許兩反，徐許亮反。信南山。　以享以祀　許兩反，徐又許亮反。大田。

匡謬正俗曰：「楚茨『以享以祀』箋云：『享，獻也。』又信南山『享于祖考』，大田『以享以祀』，其義並同，此自可曉。而徐仙並音『享』，爲『許亮反』，未審其意。」承仕按：今本釋文楚茨「享」字無音，餘與顏說同。今謂楚茨箋訓「享」爲「獻」，德明意謂衆所易曉，故不作音；信南山、大田箋並無說，故兼出徐音，以明字有兩讀。蓋由獻享、歆享施受異情，乃爲上去二音，以資別異。六朝諸師此例甚廣，要皆强爲分別，無關弘旨者也。玉篇、切韻「享」字俱無「許亮反」，則徐邈之說後來亦不盡承用也。唯類篇、集韻據收徐音。

福禄綏之　音士果反，又如字。

各本並作「士果反」。毛居正曰：「綏之音士果反，作『士果』誤。」承仕按：毛説是也。類篇「綏」字有「吐火」一切，即本諸此。然則北宋本尚未誤，而居正所見蓋誤，與今本同。今改「士」爲「土」。

卜藏其楘　七其反，沫也。又尸醫反。爾雅云：楘，蠡也。蠡音鹿。

毛居正曰：「『楘又尺醫反』，『尺』作『尸』，誤。」承仕按：各本並作「尸醫反」。類篇「楘」字首列「申之」一切，與「尸醫」相應，則北宋本固作「尸醫反」矣。又按：「七其反」，注疏本作「士其反」，以爾雅釋文及曹憲廣雅音校之，爾雅釋文「仕其」、「吕其」、「牛齝」、「丑之」四反。曹憲音「士宜」、「士疑」、「敕之」三反。證知「七」爲「士」之形譌。篇韻所列重音亦無與「七其反」相應者。盧校沿通志本之差，失之。

卬烘于煁　火東反，燎也。徐又音洪。説文巨凶、甘凶二反，孫炎音恭。毛詩。　烘燎也　沈、顧火公反，郭巨凶反，孫音恭，字林巨凶、甘凶二反。爾雅。

承仕按：「巨凶」、「甘凶」二反，一引作「説文」，一引作「字林」。隋唐閒人説文、字林閒有错迕，此其一例。

俔天之妹　牽遍反，磬也。徐又下顯反。説文云譬諭也。韓詩作「磬」，磬，譬也。

承仕按：「俔天之妹，親近于渭」，「俔」、「親」爲句首韻。毛作「俔」，韓作「磬」，猶小旻「是用不集」韓作「是用不就」，皆音義相兼之例也。俔屬寒部，磬屬清部，舊音亦有關通，猶假矜爲鰥矣。

植者爲虡　恃職反。

盧文弨曰：「恃職反，舊作『特』，今從宋本。」承仕按：釋文「植」字每用「時力」、「直力」二音，特、直同紐，依舊本作「特職反」亦通。此類異同，宜並存不宜輒改。

矇瞍奏公　依字作叟，蘇口反，無眸子也。字亦作「瞍」。説文云無目也。字林先幺反，云目有眹無珠子也。

承仕按：周禮釋文引字林云：「瞍，目有眹無珠子也。先久反。」「久」爲「幺」之形譌。類篇、集韻「瞍」字並有「先彫」一切，即本之字林。

實種實裦　徐秀反，長也。

毛居正曰：「實裦，余救反，作『徐秀』誤，建本作『余』。『徐秀反』是衣褎字，與袖同。」承仕按：旄丘「裦如充耳」，釋文「由救」、「在秀」兩反，是此字本有兩音。毛說「裦」音「余救」、「褎」音「徐秀」，妄分音義，殊爲失之。而類篇則「褎」音「余救」，「裦」音「似救」，與毛說正相反，而謬誤則同，並不憭「褎」字實即「裦」之誤形，從爪從由，無以下筆也。又說文「裦」從采聲，段玉裁謂「從衣，采會意，『聲』字誤衍。」宋保、徐灝等並以裦從采聲。今按：采聲是也。脂部亦與幽宵相轉，說詳「有鷕雉鳴」條下。〔箋三七〕又注疏本正作「余救反」，與毛據建本同。毛居正說「建本作余秀反」，「徐」字原本誤衍。

維穈維芑　音門，赤苗也。爾雅作「蘴」，同。郭亡偉反，赤粱粟也。毛詩。　虋赤苗　詩作「穈」。字林亡昆反，郭亡津反。本亦作「蘴」。爾雅。

承仕按：釁聲古諄部字，故字林音「亡昆反」。類篇：「虋，謨奔切。」與之相應。郭音「亡津反」，類篇「眉貧切」，云「郭璞讀與之相應」。諄對轉脂，故郭音「亡偉反」，類篇：「蘴，武斐切。」與之相應。然詩釋文引郭音即轉引爾雅音也，不應互異，疑德明誤記，或「偉」爲「津」之形譌，說皆可通。又毛居正曰：「穈中從林非從秝。」今按：虋，正字；蘴，省字。詩作「穈」者，疑從禾麻聲，歌、諄對轉。

成王將涖政　音利，又音類，徐力洎反。

盧文弨曰：「宋本『力自反』。『洎』字疑後人所改。」承仕按：「力自」、「力洎」同音，無以定其優劣，盧說無據。又按：「力洎反」與音「利」同，又音「類」，則陳澧以爲異韻類是也。

皆胎肩諂笑　本又作「脇」。香及反，又虛劫反，沈又於闔反。

承仕按：沈又「於闔反」，聲類不近。疑應作「乎闔反」，「乎」譌作「于」，「于」又譌作「於」。然類篇、集韻「胎」字並有

「遏合」一切，云「沈重讀」，則宋本固作「於闔反」矣。

甡甡其鹿　所巾反，衆多也。聲類云聚貌。

說文：「甡，衆生並立之貌。從二生。詩曰『甡甡其鹿』。」段玉裁曰：「字或作『詵』、作『駪』、或作『侁』、或作『莘』，皆甡之借。」承仕按：甡者，生之孳乳字，宜同屬清部，舊音清、真多通轉，故甡音「所巾反」。甸在真部，鄭玄音「繩證反」；駪在真部，字林音「許營反」；並見前。畜在清部，音與均同；見周禮釋文。詩「獨行睘睘」，釋文本亦作「煢」；「來旬來宣」，箋云「『旬』當作『營』」；周禮山師注「岱畎絲枲」釋文引劉昌宗「畎」音「孤茗反」；而今聲之字詩韻蓋般旋於真、清之間，尤不勝舉證矣。

諸盩至不窋　直留反，又音侜。

盧文弨曰：「案『侜』即『直留反』，字必誤。」承仕按：廣韻：「侜，張流切。」張、直異紐，盧說非是。

錢銚　七遥反，何士堯反，沈音遥。世本云垂作銚。

各本並作「士遥反」。承仕按：「士」爲「土」之形譌，篇韻有「他彫」一切可證，今正之。〔箋三八〕

爲下國駿厖　莫邦反，厚也。徐云：鄭武講反，是協「拱」及「寵」韻也。

承仕按：徐邈以毛訓「共」爲法，訓「龍」爲和，皆平聲韻，故讀「厖」如字，自足相協；鄭訓「共」爲「執」，改「龍」作「寵」，則「厖」字亦須轉平爲上，始與「拱」、「寵」協韻也。徐讀定應鄭義以否雖不可知，然據徐所説，證知東晉太元、隆安之際，腫、講尚可相通，晉書元帝紀，太安之際童謡云：「五馬浮渡江，一馬化爲龍。」魏晉南北朝閒東、江通用者甚多，兹舉童謡者，證其爲通行之音耳。訖徐邈時，韻部尚未大變，其分部之密，蓋始於齊梁以後耳。

——以上毛詩音義

經典釋文二

卷二

歙吴承仕學

以擾萬民　而小反，鄭而昭反，徐、李尋倫反。

注云：「擾猶馴也。」惠棟云：「擾有柔音，故史記或作『柔』；又有馴音，故徐、李音『尋倫反』。或音『而小反』，失之。」承仕按：犪、擾、柔俱古幽部字，而小、而昭、而周諸音皆是也。音擾爲馴，韻部雖亦可通，真、諄、幽、宵通轉之例，説見「有鷕雉鳴」。而聲類不近，字書韻書亦不收此音。疑昔人並以徐邈、李軌爲異讀，不謂擾字兼有馴音也。〔箋三九〕

鳥皫色而沙鳴貍　音鬱，徐於弗反。〔箋四〇〕

禮記内則作「鳥皫色而沙鳴鬱」，釋文無音。近人孫人和曰：「淮南子俶真訓『塵垢弗能薶』，高誘注云：『薶，污也。』薶讀如倭語之『倭』。詩四牡『周道倭遲』，地理志作『郁夷』；左氏僖二十七年傳『郁釐』，公羊作『鬱氂』；陳杞世家『平公鬱』，索隱云『一作郁釐』，譙周云『平公名鬱來』。可證鬱、倭、郁、貍聲相近，自得相假。」承仕按：孫説近之。然貍、鬱異字，苟爲周禮故書，則子春、二鄭諸君當有訓説。疑漢人所見周禮字或作「緼」。詩「蘊隆蟲蟲」釋文云：「韓詩作『鬱』，同。」「我心苑結」，釋文音「鬱」。「鬱彼北林」，周禮函人注引作「宛」。記檀弓「愠哀之變也」，釋文引徐邈音「鬱」。此類文證甚多，不能悉舉。蓋緼、鬱義同，聲類亦同，又爲諄、隊對轉，本可視爲一文，故注解作音諸師直讀「緼」作

「鬱」，不必更下訓釋也。其後「縕」字以形近譌作「狸」，又譌作「貍」，而本字遂不可識矣。類篇、集韻「貍」字並列「紆勿一切，王安石周官新義云：「内則以『貍』爲『鬱』，則氣無所泄，而其臭惡。貍與鬱，文雖異其義一也。」則北宋人所見固與今本同矣。

今齊人名麴麩曰媒　魚列反，又五結反，徐去穢反。

承仕按：「魚列」、「五結」二反疑讀爲「萌櫱」字，類篇作「糵」，則其俗體也。夬聲之字出入於泰、隊閒，其音義並與櫱近。徐如字讀，故音「去穢反」耳。類篇、集韻據收。〔箋四一〕

傀布　劉音讒，徐才鑑反。

毛居正曰：「徐『士鑑反』，『士』作『才』誤。」承仕按：才屬從，士屬牀，古聲類同，非形近之誤。

則賒貰而與之　音世，貸也。劉傷夜反，一時夜反。

匡謬正俗曰：「貰字訓貸，聲類及字林並音『勢』，古讀皆然。而近代學者用劉昌宗周禮音，輒讀貰字爲『時夜反』。不知昌宗何所憑據？其鄙俚之俗又讀爲『賒』，皆非正也。」漢書高紀「常從王媼、武負貰酒」，師古説與此略同。章先生曰：「貰本訓賒，字從世聲。聲類音『勢』，地理志『鉅鹿郡，貰』，師古亦音『式制反』。而劉昌宗讀『時夜反』，唐韻則『神夜反』，史記高祖本紀索隱引漢書功臣表『貰陽侯劉纏』，而史記作『射陽』，讀『貰』爲『射』，此則古之音，貰正如今呼也。」承仕按：貰本古歌麻部字，李登、呂忱、劉昌宗等讀貰、勢、賒三字音略同。後別出爲祭泰部者，疑其斂不如今之歌，侈不及今之麻耳。貰字古讀侈如今呼賒，時夜反。隋唐時稍斂如今呼勢。式制反。而地名音讀十口相傳，不隨時世爲轉變，故「貰陽」亦作「射陽」。師古誤説爲別有意義，不爲正音者，漢書高紀師古注正足證明舊來貰、射同讀，至德明、師古時，則貰字已無「時夜」之音矣。廣韻禡部所收「貰」字，則據舊讀録之。其謂「鄙俚之俗又讀爲賒」者，正舊音之幸存於方語中者也。釋文以「世」爲首音，以「傷夜」、「時夜」爲次音，蓋亦仞昌宗之音爲非，其意與師古同。〔箋四二〕

則施惠以爲説也　如字，解説也。聶始鋭反。

諸本同作「如銳反」。承仕按：「如」爲「始」之形譌。盧依通志本作「如」，失之。

廾人　革猛反，又虢猛反，劉侯猛反，沈工猛反。周禮。　廾人　革猛反，又虢猛反，徐故猛反。廾人，掌金玉錫石未成器者。禮記曲禮。　廾人　革猛反，又瓜猛反，徐古猛反。禮記禮運。

承仕按：周禮釋文「革猛反」，段玉裁校本作「華猛反」。華音呼瓜切，則華猛一音，與廣韻「廾，呼營切」略同，似段校本近之。然釋文「廾人」每以「革、虢、工、故、瓜、古」等同紐之字作爲又音，正不憭其別異所在，即類篇、集韻亦止列「古猛」、「胡猛」兩切耳。〔箋四三〕

比其具　本亦作「庇」。鄭毗志反。注及下同。司農匹氏反，劉芳美反，沈又上二反。

承仕按：「上二反」，「上」疑應作「方」，或應作「必」，形近之譌也。各本並同，無可據正。

䶉讀爲飛鉆涅闇之闇　涅，乃結反，劉其兼反。

毛居正曰：「涅字無『其兼反』音，字必有誤。」類篇、集韻「涅」字並有「其兼」一切，注云「鬼谷子有『飛鉆、涅闇』，劉昌宗讀」，據此，則北宋本與今本同矣。段玉裁曰：「鬼谷子有『飛鉆』，無『涅闇』，『涅闇』即『抵巇』之異文，抵巇篇曰：『巇者，罅也；罅者，㵎也，㵎者，成大隙也。巇始有朕，可抵而塞。』是知涅訓抵塞，闇訓微舋，故云聲小不成也。」承仕按：涅訓抵塞，雖本於儀禮注，然涅闇、抵巇聲形俱不相近，鄭君讀爲、讀如之例必取當時通語或世所共曉者以爲比況，未必用訓詁以易篇名也。漢書杜周傳贊「業因勢而抵陒」，服虔曰：「抵音紙。陒音羲。謂罪敗而復枰彈之，蘇秦書有此法。」服、鄭同時，服言蘇秦書有此法，是世所周知，鄭玄豈有改「抵戲」爲「涅闇」之理？文證明白如此，則段說非也。今謂「涅闇」之義蓋難質言，而涅反「其兼」頗有可說，西山經「虢山多汵石」、中山經「鹿蹄之山其中多汵石」，畢沅云：「汵石，即涅石也。汵、涅，聲之緩急。」今按：說文「淦」或作「汵」，「一曰泥也」。涅訓水中黑土，與汵義同，故山海經以「汵」爲「涅」，是涅字亦宜有「其兼」之音；又涅訓黑，黔亦訓黑，則涅字得讀如「黔」矣。廣韻「苶」音「奴結切」，又音「奴協切」，念聲之字，屑部、帖部兩收；說文：「銸，箝也。」「籋，箝也。」籋、銸音義並同。此又涅有「其兼」一音之明諭也。

或謂「其兼反」仍爲「鉆」字之音，傳寫者誤移於「涅」字下耳。然釋文「鉆」字已引劉音「渠金反」矣，則「其兼反」明爲涅字作音，殆無可疑。〔箋四四〕

東鼀曰果屬　魯火反。注「蠃」同。

注云：「杜子春讀果爲蠃。」承仕按：本經：「東鼀曰果屬，西鼀曰靁屬，南鼀曰獵屬，北鼀曰若屬。」果、靁、獵、若雙聲，以果爲蠃者，當是周禮故書。爾雅「前弇諸果」釋文云：「衆家作『裹』，唯郭作『果』。」作「裹」者即「蠃」之異文。〔箋四五〕

西鼀曰靁屬　力胄反，又如字。

岳珂九經三傳沿革例曰：「釋文『靁，力胄反』，爾雅云『左倪不類』，『不類』即『類』，疑『靁』當讀爲『類』。從『力胃反』，豈『胄』即『胃』之誤邪？」承仕按：類篇、集韻「靁」又「力救切」，注云：「鼀名左倪靁。」證知北宋本作「力胄反」，不作「力胃反」矣。靁音力胄，亦猶蜼字之有余水、余救兩音，韻部本有通轉之理。例證見「有鷕雉鳴」條下。今本作「力胃反」者，從岳說改之，理亦可通，要非古本耳。〔箋四六〕

掌共焳契　哉約反，李又粗堯反，一音哉益反。

毛居正曰：「李『又粗堯反』，『粗』當作『祖』。」盧文弨校本從之。承仕按：粗屬從紐，祖屬精紐，聲類相近，然類篇集韻「焳」字有「慈遥」一切，云「周禮李軌讀」，是北宋本作「粗」，不作「祖」。盧據毛說輒改，失之。又陳壽祺云：「李軌音『祖堯反』者，『祖』應作『粗』，陳據誤本耳。以杜云『或曰如薪樵之樵』也。『哉益反』，『益』字疑誤。」承仕按：篇韻「焳」字又有「資昔」、「則歷」等切，則「益」字是也。陳說亦未諦。〔箋四七〕

六曰擩祭　而泉反，一音而劣反，劉又而誰反。

錢大昕、段玉裁、桂馥等並以「擩」爲「㨎」之形譌，是也。承仕按：耎聲古寒部字，寒、脂亦得對轉，故劉音「而誰反」，廣韻「擩，儒佳切，又而樹切」，其誤久矣。〔箋四八〕唐寫本切韻脂部「蕤，儒隹切」紐下有「撋」字，無「擩」字，並與今本廣韻異，實與音理相符，此舊本可貴之證，而後來修改之失，亦得於此中徵之。

故書朱總爲緦　戚云：檢字林、蒼雅及説文，皆無此字，衆家亦不見有音者，唯昌宗音廢。以形聲會意求之，實所未了，當是廢而不用乎？非其音也。李兵廢反。本或作「緦」，恐是意改也。

段玉裁云：「此字之誤也，字形之誤不妨誤爲本無之字，宜衆家之不爲音也。」徐養源云：「集韻兼收於六至、二十廢。至韻『基位切』，『繒也』，此因鄭注『鷩總，以繒爲之』，故有此訓，而音終不相近，究屬譌字。」承仕按：周禮故書是否誤爲本無之字，今已不能質言。所可知者，則李軌、劉昌宗、戚袞等所見字作「緦」是也。昌宗音「廢」，戚袞已不知其説，因疑爲廢而不用。若李軌，實在昌宗、戚袞之前，所作反音亦與「廢」字相涉，其非廢而不用，的然可知，然則周禮故書字音當與「廢」近矣。今謂緦從糸，鬼聲，李軌、劉昌宗皆如字作音。劉音「廢」者，誤奪切語上字。李音「兵廢反」者，兵、廢古同紐，不得作切，蓋「兵」字爲「丘」字形近之譌，韓道昭集韻「緦，俱位切，又丘廢切」，而廢部「去穢切」下亦收「緦」字，此爲緦音「丘廢反」之明證。韓書雖晚出，其所見則善本，而宋祁、司馬光所據，乃誤本也。段謂衆家皆不作音，其説未諦。〔箋四九〕

故書藻作轋　音摠，又音藻，李一音蒼會反。

注云：「杜子春讀爲『華藻』之『藻』。」承仕按：藻從巢聲，與藻同屬宵部，取屬侯部，聲韻並相近，故字亦作蘱，侯對轉東，故音摠。釋文「摠」、「藻」二音並與音理相會，唯李音「蒼會反」，則誤仞取聲爲最聲，若叢木字之誤音徂會反矣。〔箋五〇〕

司徒搢扑　劉如字，又音箭，一音初洽反。周禮。　搢三而挾一介　音進，又音箭，劉又祖雞反。插也。儀禮鄉射禮。

承仕按：搢屬真部，對轉脂，故音「祖雞反」，儀禮、禮記注並云「插也」。「初洽反」者，插字音，謂搢亦音插，疑德明之疏。〔箋五一〕

釋弓去扑　普卜反，劉方遘反，説文父豆反。射人注。　執扑而從之　普卜反，劉方遘反。校人。　取扑搢之　普卜反，劉方逼反。後皆同。儀禮鄉射禮。

承仕按：扑從卜聲，本古矦部字，「普卜反」今音，「方遘反」則舊音也。禮經「扑」字義並同，而儀禮釋文引劉音「方逼反」，與周禮釋文異，一也；方、逼古同紐，不能作切，二也；逼、扑韻部不近，三也；則「逼」字爲「遘」之形譌，殆無可疑。〔箋五二〕然類篇、集韻「扑」字並有「拍逼」一切，是北宋人所見儀禮釋文作「芳逼反」矣。要之，今本作「方逼反」，則誤而又誤者也。各家並失校。

王弔勞士庶子則相　老報反。

各本並作「老報反」。盧文弨曰：「『老』字疑譌，今改作『力』。」承仕按：力、老同紐，已無優劣之分；且昔人反語上字每以四聲同系之字爲之，勞切「老報」其一例耳。盧不審音，逞臆輒改，失之。

臂臑　奴報反，字林人于反，又音羊吴反。周禮。　臂臑　乃報反，字林人于反。儀禮鄉飲酒。　肺臑　奴報反，説文讀爲儒。字林云臂羊豕也，人于反。鄉射禮。　臂臑　奴報反，又奴到反。説文云臂羊矢，讀若襦。字林人於反。禮記。

戴震曰：「説文『臑，臂羊矢也』，徐鍇云：『骨形象羊矢，因名之。』釋文於儀禮『矢』譌作『豕』，於周禮『矢』譌作『吴』，其『又音』二字，即『臂』字之譌，下『反』字即『也』字。蓋不知者妄改，而毛居正引釋文又云『羊矣反』，非也。」承仕按：戴説是也。〔箋五三〕北宋本釋文尚不誤，故類篇、集韻「臑」字並無「羊矣」之音。至毛居正撰六經正誤時，其所見周禮釋文「臂羊矢也」四字誤作「又音羊矣反」五字；後人以「羊矣」之音不相比附，乃改「矣」爲「吴」，而聲紐終不相應也。又按：禮記少儀釋文引字林「人於反」，「於」字爲「于」字聲近之譌。

王行洗乘石　如字，劉常烝反。

顔氏家訓曰：「古今言語，時俗不同；著述之人，楚夏各異。聲類以『系』音『羿』，劉昌宗讀『乘』若『承』，此例甚廣，必須考校。」承仕按：周禮釋文引昌宗音唯此「乘石」一事，音「常烝反」。其「車乘」字並音「繩證反」，校以廣韻聲類，承、常屬禪，乘、繩屬神，唐寫本切韻同。當之推時，其類別蓋與切韻同，而昌宗則以常、繩同用，故特斥之。意謂乘合音食陵反，而昌宗誤音爲「承」；廣韻：「承，署陵切。」與「常烝反」同音。羿合音五計反，而李登誤音爲「系」。廣韻：「系，胡計切。」此亦古今音變之一例。劉昌宗下距顔之推卒時約二百四五十年。〔箋五四〕

其浸波溠　音詐，左傳音同。李莊加反，字林同。劉昨雖反，云與音大不同，故今從高貴鄉公。

承仕按：劉音「昨雖反」，韻部甚遠，〔箋五五〕釋文以「昨雖」之音爲不切，故從高貴鄉公之音。左傳莊四年「除道梁溠」，釋文云：「高貴鄉公音側嫁反」，即此之首音「詐」也。又按：顔氏家訓稱「高貴鄉公不解反語，以爲怪異」，而左氏釋文乃引其反語，與顔說不相應。今疑高貴鄉公於左傳「梁溠」字直音「詐」，而德明改爲「側嫁反」耳。

其川虖池　喚胡反，李呼哥反，又香刑反。

承仕按：胡在模部，哥在歌部，李音「呼哥」，猶鵜鶘之轉爲陶河，蘆菔字三蒼音「羅」，音「隱」，音「來都反」也。並見玄應一切經音義。蓋「呼哥」爲舊音，而「喚胡」則今音也。又毛居正曰：「『香刑反』應作『香于反』。」按：「香刑」之音韻部殊遠，然類篇、集韻「虖」字並有「醯經」一切，則北宋本固作「香刑反」矣。〔箋五六〕

幾讀爲衼　九委反，劉居綺反。　祈　沈如字，劉居綺反。小爾雅曰：祭山川曰祈。沈案：爾雅祭山曰庪縣，祭川曰浮沈。祈音九委反。今讀宜依爾雅音。

承仕按：公羊僖三十一年疏引李巡曰：「祭山，以黄玉及璧以庪置几上，遥遥而眡之若縣，故曰『庪縣』。」其異文作「庋攱」，皆以庪閣爲義，與「浮沈」對文。作「衼」者從示，以表神事；「祈」則其借字也。釋文云「宜依爾雅」讀者，爾雅「庪」音「過委」「過僞」二反也。陳澧切韻考以委、綺爲異韻類，釋文依爾雅音，不依劉音，蓋與切韻同。

故書墳爲蕡　扶云反，李一音婦輩反。

毛居正曰：「李一音『婦輩反』，與『憒』同音，作『婦輩反』誤。」承仕按：毛説非也。賁聲本屬諄部，諄、隊對轉，則音「婦輩反」。類篇有「蒲妹」一切，即本之李軌音。

眂其綆　依注音餅，李方善反，又姑杏反。　玉篇云：鄭衆音補管反。

注云：「司農讀爲關東言餅之餅，謂輪箄也。」黎庶昌刊原本玉篇「綆」字注云：「鄭衆曰：『綆讀爲關東言餅之「餅」，謂輪箄也。音補管反。』」與釋文所述相應。承仕按：綆即箄之異文，箄屬支部。對轉清，故字作綆，與餅音近。鄭衆讀如關東言餅，則非餅之正音，而以關東之方語擬之。〔箋五七〕李軌音「方善反」、玉篇音「補管反」者，二君去古差近，憭知餅有異音，故能作反語，以擬鄭讀耳。又按：綆從更聲，屬陽，餅屬清，善、管屬寒，韻部得相轉。

熊旗六斿以象伐也　如字，劉扶廢反。

大司馬「九伐之法」釋文云「如字，劉扶發反」。承仕按：「扶發反」即如字讀。「扶發反」之「發」應據此文改作「廢」，彼作「發」者，形近之譌。尋釋文通例，德明以入聲爲本音者，昌宗音大抵轉去。「伐」音「扶廢」，其明比也。

羊豬戔　劉音普見反，依字才丹反，字林昨善反。沈云：馬融音淺，干寶爲殘，與周易「戔戔」之字同，亦音素干反，不知其義。或云：字則如沈釋，而「羊豬戔」之語未見出處。俗謂羊豬脂爲删，音素干反，豈取此乎？案：周禮注殘餘字本多作「戔」，宜依殘音。

孫詒讓周禮正義引段玉裁、王引之説，並下己意曰：「『羊豬戔』之『戔』以沈重所説推之，蓋與干讀『殘』同。七命『髦殘象白』李善注：『殘白，蓋煮肉之異名也。』此『羊豬戔』疑即『羊殘』，蓋漢時俗語謂煮羊豬肉爲殘。」承仕按：漢時「羊豬戔」之義或如孫説。即實言之，亦與殘餘之訓相應。字正作「㱙」，孳乳作「䏼」，通作「殘」，省或作「戔」。「才丹」、「昨善」之音大體略同，而「昨善反」尤與司農「帴讀爲翦」相近；獨劉音「普見反」，聲紐絶遠，而釋文音例大抵以首音爲正，則「普」字或爲傳寫之譌，〔箋五八〕故玉篇、廣韻皆無此音，類篇、集韻雖有「匹見」一切，本自劉音，蓋北宋時釋文已爲誤本矣。章先生曰：「普見」之「普」疑當作「晉」。

故書涗作湄　劉音眉，一音奴短反。

阮元曰：「釋文當云『一作渜，音奴短反』，今本奪『作渜』二字。」承仕按：阮説本之段玉裁，近是。然釋文異讀不出其所讀之異字者，其例非一。類篇「湄」又「乃管切，湯也」，即本之周禮釋文，此舊本無「作渜」二字之明證。

必讀如鹿車縪之縪　劉府結反。沈音畢，云劉音非也。案：北俗今猶有此語，音如劉音，蓋古語乎？劉音未失。

廣韻「必」、「縪」同在質部，「吉」在屑部。承仕按：必聲、畢聲、吉聲皆古至部字。沈重以劉音爲非，而德明則以爲古音，證知自沈以訖二陸，其韻部蓋同；而劉音則當世所不用，釋文置爲首音者，以其與古音相應耳。

縜寸焉　于貧反，或尤粉反，劉侯犬反，一音古犬反。周禮。　維當爲縜　劉侯犬反，又于貧反，一音古縣反，又古犬反。儀禮。

臧琳經義雜記曰：「『于貧』、『尤粉』兩反皆員聲，字作縜；『侯犬』、『古犬』兩反皆肙聲，字作絹。説文：『縜，持綱紐也。从糸，員聲。周禮曰縜寸。』則綱紐字員聲爲正，劉音『侯犬反』非也。」嚴元照説同。承仕按：員聲屬諄部，肙聲屬寒部，臧琳以音定形，近之。然周禮作「縜」，儀禮注不妨作「絹」，形聲相近二字本得通假；且「縜寸」之字，劉音「侯犬」，則周禮本或作「絹」，亦未可知。不得以説文之有無定字形之正俗也。〔箋五九〕

故書槷或作弋　以職反，下「杙」同。劉音予則反。

各本同作「子則反」。承仕按：子、則同紐，不能作切，「子」爲「予」字形近之譌。盧文弨依通志本作「子」，失之。〔箋六〇〕

——以上周禮音義

冠而敝之可也　婢世反，劉齋斃反。

承仕按：「齋斃反」「齋」字定誤。廣韻「敝」、「斃」並「毗祭切」，然則昌宗之切語上字當取幫紐矣。各本並同，無可據正。〔箋六二〕

拂几授校　劉胡鮑反，又下孝反，一音苦交反。注同。

諸本作「又丁孝反」。承仕按：「丁」爲「下」之形譌，今正之。

黍稷四敦　音對，劉又部愛反。下「敦南」、「對敦」同。

各本同作「部愛反」。承仕按：「部」爲「都」之形譌。盧據通志本作「部」，失之。

大羹湆在爨　劉云：范去急反，他皆音泣。字林云：羹，汁也。口恰、口劫二反。

五經文字云：「湇從泣下肉，大羹也，湆從泣下日，幽深也。今禮經大羹相承多作下字。」說文：「湆，幽溼也。從水，音聲。」段玉裁曰：「湇字不見說文，字本作『湆』，肉之精液如幽溼生水也，廣雅『羹謂之肞』，皆字之或體耳。」承仕按：禮經字正作「湇」，從肉，泣聲，廣雅字省作「肞」，任大椿字林考逸引陳竹厂說石鼓文作「䏁」。從肉，泣省聲，皆「汁」之孳乳字也。字從泣聲，故相承音「去急反」。張參所說，疑依據舊來字書如字林之流，非由妄自分別，如上所云云也。類篇、集韻亦分立「湆」、「湇」二文，蓋亦有所承受耳。說文「湆」從音聲，韻部既有侵、緝之分，即聲類亦與「去急」不近。湆音「去急切」者，疑其未是。徐鍇繫傳云：「今人多言湆浥。」按：浥湆猶言厭浥，皆雙聲連語，此亦湆、湇異聲之旁證矣。今禮經字作「湆」者，則「湇」字形近之譌耳。清儒過信許學，說文所遺之字一切不復置信，亦拘虛之見也。又按：「去急反」與「泣」同音，此云「范去急反，他皆音泣，」未聞其審；且禮經「湆」字義同，亦無彼此異讀者，疑此文或有譌奪。〔箋六二〕

四爵合巹　音謹，劉羌愍反。字林作「巹」，居敏反，蠡也；以此「巹」爲謹身所奉之「謹」。儀禮。　合巹而酳　徐音謹，破瓢爲杯也。說文作「巹」，云蠡也。字林几敏反，以此「巹」爲謹身有所承。說文云讀若赤舄几。禮記。

説文：「𧯷，蠡也。從豆，蒸省聲。」「巹，謹身有所承也。從己，丞讀若詩赤寫几几。」原作「己己」，段玉裁據釋文改作「几几」。宋保曰：「巹從己，丞聲，説文『𧯷，從豆，蒸省聲』，是其例。」承仕按：巹從己丞，丞亦聲，與𧯷同音，故禮經假「巹」爲「𧯷」。丞聲本屬蒸部，蒸、真舊亦通轉，「矛矜」之字本音居陵反，字亦作「[禾堇]」，相承音巨巾反，故説文讀「巹」若「几」，而手部「掔」字讀若「赤舃掔掔」。説者謂作「掔」爲三家異文。掔、几者真、脂對轉，明説文讀「巹」若「几」者，實則讀與「掔」同。〔箋六三〕然則許君讀若之音蓋與吕忱、劉昌宗、徐邈諸家音相近。段玉裁謂釋文所引各家反語爲誤，其説非諦。書「氄毛」相承音「而隴反」，詩「有鷕雉鳴」相承音「以沼反」，清儒皆以爲誤音，不知古古相傳，必有所本，且推求音韻，亦自有條理可尋。若據例下斷，每多專輒之嫌，此類是矣。

女從者畢袗玄　之忍反，一音之慎反，又普真反，後同。

士冠禮「兄弟畢袗玄」釋文云「之刃反，按此「刃」字爲「忍」之形殘。劉之慎反，一音真。」承仕按：此文「又普真反」應作「又音真」，「普」爲「音」之形誤，「反」則衍文。盧校沿通志本之譌，失之。

今文説皆作税　舒鋭反，劉詩税反。

承仕按：劉音「詩税反」，詩、税同音，不能作切，以經文「説服」之音校之，疑「税」爲「悦」之形譌，各家並失校。

今云呫嘗膳　音貼，他篋反。穀梁有「未嘗有呫血之盟」，呫，嘗也。劉音當密反，云此意謂未快，或徐未詳，或音沾。

臧琳曰：「呫既訓嘗，則呫即嘗之駁文，『呫』下不得更著『嘗』字，蓋古文『偏嘗膳』，今文『偏呫膳』，注當作『今文云呫膳』，『文』脱，『嘗』衍也。説文口部無『呫』，食部有『䬤』，云『相謁食麥也』。廣雅『䬤』、『嘗』同訓爲『食』，則䬤爲呫之本字無疑。」胡培翬正義遂據臧説改「今云」爲「今文」。承仕按：方言、説文、廣雅字皆作「䬤」，義訓大同。疑注文「今云」者，以今語比擬古事；臧謂「今云」當作「今文」，亦無明證。〔箋六四〕又按：劉音「當密反」，占聲屬談部，密屬至部，韻部不近，蓋「當密」爲「當審」之譌，類篇、集韻「呫」字並有「當審」一切，注云「嘗也」，即本自釋文劉音，應據正。各本並失校。又按：釋文「此意」以下二語，文不甚可解，疑有譌奪。

三苛　劉古老反，矢幹也。字林云笴笴也，公但反。

盧文弨云：「注疏本作『古可反』。」承仕按：可聲屬歌部，對轉寒，故音「公但反」。劉音「古老反」者，疑讀爲「槀」，夏官槀人注云「箭幹謂之槀」是也。篇韻「笴」字並收「古老」一切，本此。

用緆若錫　悉歷反，劉音余章反。燕禮。　用錫若絺　悉歷反，劉相亦反。細布也。大射禮。　今文錫或作緆　悉歷反，劉余章反，又羊豉反。同前。　緆緆　他計反，劉羊豉反。既夕禮。

承仕按：「緆」訓「細布」，古文假「錫」爲之，字從易聲，「悉歷、相亦、羊豉、他計反」並是也。昌宗音「余章反」者，誤從昜聲。本無從糸昜聲之字，故字書韻書皆不收劉音。〔箋六五〕

及卿大夫皆説屨　吐活反，劉寄悦反。注同。

承仕按：本經「説服」、「説屨」、「説決」、「説矢、束」，釋文引劉音「詩悦」、「始悦」、「舒悦」等反音並同，此文「寄悦反」，「寄」當作「商」，形近致譌。各本並失校。

車三秅　丁故反，四百秉爲秅。字林疾加反。

儀禮經傳通解引字林音「丈加反」。承仕按：疾屬從紐，丈屬澄紐，二紐古通。字林本音「疾加反」，「疾」作「丈」者，乃後人輒改以就今音。〔箋六六〕

壘墼爲之　古狄反，劉薄歷反。

承仕按：説文：「墼，令適也。」「甓，令甓也。」詩「中唐有甓」傳云：「甓，令適也。」墼、甓互訓，疑昌宗讀「墼」爲「甓」，故音「薄歷反」，非「墼」字本有「薄歷」之音；即字書韻書亦無與劉音相應者。〔箋六七〕

古文苦爲枯　如字，又音姑。劉本作「楛」，音先古反。

通志本「楛」作「枯」。盧文弨曰：「『楛』舊作『枯』，譌，今按音改正，注疏本『先古』作『先枯』，譌。」承仕按：鄉射禮注「肅慎貢楛矢」釋文云：「字又作『楛』。」盧説劉本作「楛」近是，然以「先古反」證字當爲「楛」，則大謬矣。尋苦、枯、楛三文，其反語上字不外見、溪、匣三紐，無以齒舌音爲切者。疑「先古反」之「先」字爲「羌」之形譌，以無明證，未能輒改。

〔箋六八〕

豕膮　許堯反。

張淳儀禮識誤引釋文「呼報反」，盧文弨曰：「宋本作『呼雕反』，監本作『呼彫反』，張本作『呼報反』，並非。」約釋文考證及抱經堂文集儀禮識誤書後説。承仕按：「呼雕」、「呼彫」、「許堯」三反同音，盧斥其誤，失之。

——以上儀禮音義

嬰母能言　本或作「鸚」，同。音武，諸葛恪音茂后反。

吴志諸葛恪傳裴松之引江表傳曰：「曾有白頭鳥集殿前，權問何鳥，恪曰：『白頭翁也。』張昭疑恪戲之，因曰：『恪欺陛下，未嘗聞鳥名白頭翁者。試使恪復求白頭母。』恪曰：『鳥名嬰母，未必有對，試使輔吴復求嬰父。』昭不能答。」尋恪本傳及隋、唐經籍志，不聞爲禮記作音，釋文殆據此事爲作反語耳。段玉裁曰：「唐武后時狄仁傑云：『鵡者，陛下之姓。』其字其音皆與三國時不同。此古今言文變移之證。」承仕按：舊音作母，雙聲旁轉作武，猶侮從每聲，每從母聲。詩韻並讀入侯部，而相承音文甫切，此母、武音近之證。段謂唐武后時始有武音，疑其未諦。〔箋六九〕

負劍辟咡詔之　匹亦反，側也。徐芳益反，沈扶亦反。

岳珂刊正九經三傳沿革例引沈音「扶赤反」。承仕按：今注疏本亦作「扶赤反」，與岳説相應。二反雖同，疑舊本作「赤」不作「亦」。

三飯　符晚反，下注禮「飯以手」同。依字書，食旁作卞，扶万反；食旁作反，符晚反。二字不同。今則混之，故隨俗而音此字。禮記。　飰字又作「餅」，俗作「飯」，同。符萬反。字林云：飯，食也，扶晚反，飤也。爾雅。

錢大昕曰：「『飯』譌作『飰』，猶『汳』譌作『汴』，皆魏晉以後俗字，古音反如變，與卞相近，飯、飰非兩字兩音也。自字林有此字，後人乃別飯、飰爲二音。陸氏不能辨正，轉以正字爲隨俗，何哉？廣韻不收『飰』字，是陸法言諸人不承字書之誤，其識高於元朗矣。」〔箋七〇〕承仕按：形聲之字，聲相近者得以配形，義相近者亦得以配聲，說文之有重文，即其明驗。唯後人則以說文之有無定字體之正俗，蓋約定俗成以後，勢必持此爲量，以定一尊，而節泛濫，實則晚出異文苟不違形聲之條，亦六書所不廢也。此條「飯」、「餅」、「飰」聲近，故爲一文，唯分別能所，上去異呼，大抵魏晉以後諸師所爲，許書蓋未必如是耳。

庶人齕之　恨没反，徐胡切反。禮記。　齕之則啼　李音紇，恨發反，齧齗也。徐胡勿反，郭又胡突反。莊子。

盧文弨曰：「毛居正以『胡切』當作『胡勿』。按：下『臧紇』、『梁紇』俱有『胡切』一音，蓋古讀與齧音相近，後人作胡結反，其音正相似。毛說不必從。」承仕按：毛居正說「臧紇」之音應改「胡切」爲「胡勿」，非辨「齕」字音也，盧誤引。又莊子釋文引徐音正作「胡勿反」，「勿」亦應作「切」，今作「勿」者，疑後人所輒改，非形近之譌也。類篇「齕」字列「恨竭」、「下扢」、「胡骨」、「奚結」四切，無與「胡勿反」相應者，是其證。〔箋七一〕

丘與區　並去求反，一讀區音羌虯反，又丘于反。案：漢和帝名肇，不改京兆郡；魏武帝名操，陳思王詩云「脩阪造雲日」，是不避嫌名。

承仕按：丘聲本在之部，漢時讀與區同。丘、區並音「去求反」，猶母聲亦之部字，而嬰䳇之䳇讀莫厚反，侮從母聲亦在之部，讀文甫反，皆之、侯通轉之諭。顏師古引陸士衡詩「普厥丘宇」，「丘」即「區」字，晉宮閣名「若干丘」即「若干區」，爲區、丘同音之證，是也。〔箋七二〕至隋唐之際，丘、區韻部已殊，故正義謂禹、雨音同而義異，丘、區音異而義同，蓋已不曉鄭讀。而釋文並音「去求反」，則舊音如是，德明承用之耳。

從從謂大高　音泰，一音敕佐反。下大廣已猶大大重同。

盧文弨曰：「書内多作『他佐反』，足利考文亦云『敕』字誤。」承仕按：他屬透紐，敕屬徹紐，古同聲通用，詩「無已大康」、莊子「不泰多事乎」，釋文引徐邈並音「敕佐反」，詩「旱既大甚」釋文引徐邈音「他佐反」，同紐之字隨意施之，其實一也。盧不審音，故疑爲誤。

畏厭溺　于甲反。

毛居正曰：「厭，於甲反，作『于甲』誤。于甲反乃狎字也。」承仕按：厭當音「於甲反」，「於」誤作「于」者，聲近傳寫之譌。毛斥其非，則宋本與今本同矣。又按：今蘇杭間人匣紐字每讀入影、喻等紐，毛以「于甲」切狎，其謬正與今蘇杭人同。毛居正衢州人。〔箋七三〕

故帷堂　意悲反。

毛居正曰：「『意悲反』當作『洧悲反』，篇韻並無他音，作『意』非也。」承仕按：毛説近之。疑當德明時影、喻蓋已有別，作「意」者當是誤字。宋本已然，無可據正。〔箋七四〕

衣以青布　于既反。　倚其門而歌　于綺反，徐其綺反。　曰噫毋　本又作「意」，同。于其反。

毛居正並謂「于」應作「於」。承仕按：德明反語蓋與切韻大同，不應于、於同用。通校全書，若徐邈等所下反音，影、喻諸紐閒有出入，至於德明，則不概見，且互譌者，僅有于、於二文，而伊、央、乙、烏、爲、羽、云、有諸文蓋無互用之處，可證作「于」者爲傳寫之譌。假令厭、衣、倚、噫四字並有于紐之音，則類篇、集韻不應闕而不載。今檢篇韻，乃無斯紐，又可證北宋本釋文並不誤「於」爲「于」也。〔箋七五〕

與之邑裘氏與縣潘氏　普干反。

承仕按：通志堂本作「苦平反」，盧校作「苦干反」，並誤。今從注疏本。

天子乃以雛嘗黍　仕于反，又仕俱反。雞也，爾雅云「生琢雛」。

記内則「雛燒」釋文云「仕俱反，又匠俱反」；爾雅「生噣雛」釋文曰「字林云雛子也，匠于反，又仕俱反」。承仕按：此文「雛」字兩音，宜與禮記爾雅同。首音「仕于反」亦應作「匠于反」。〔箋七六〕

蟬始鳴，市志反。

孫奕示兒編曰：「藝苑雌黄云：竊怪杜詩有『阜雕寒始急』，白樂天詩有『千呼萬喚始出來』二者，似涉語病。司馬温公云始字皆作去聲讀，若從上聲，尤可怪笑。故李希聲云始有二音，終始之始則音上聲，萬物資始是也；有所宿留而今甫然者則音去聲，蟬始鳴是也。」承仕按：釋文唯此「始」字作音，明其非如字讀也。實則始字本無二義二音，妄生分别，蓋起自六朝俗師，要非德明所獨創。而玉篇、切韻「始」字並無去聲，可知當時之不盡承用矣。又篇韻始音「詩止反」，釋文作「市志反」，詩、市異紐，毛居正以「市」爲「申」之誤，近之。今舉三事，以證成毛説：始字訓首，訓先，訓息，訓生，雜見經傳舊注。此以聲訓，並與心、審二紐近，此「市」應作「申」之證一；各家止言上去異呼，不言詩、市異紐，又宋人所偁爲語病怪笑者，蓋與死字同聲，（死屬脂，始屬之，昔時已無别異。）〔箋七七〕此「市」應作「申」之證二；類篇、集韻「始」字並有「式吏」一切，注云「蟬始鳴」，即本之釋文，此「市」應作「申」之證三。又按：本篇「始振」、「始華」、「始雷」、「始出」、「始生」、「始鳴」、「始至」、「始收聲」、「始涸」、「始降」、「始凍」、「始裘」、「始坼」、「始交」、「始巢之」等義，與「蟬始鳴」同，先後並不作音，而「蟬始鳴」之「始」德明獨下反語，未聞其故。

可以美土疆　其丈反。注同。

篇韻並無此音。楊伯嵒九經韻補云：「合於禮部韻三十六養内添入此字。」承仕按：釋文本作「土疆」，今注疏本作「土彊」，鄭注云：「土彊，强檃之地。」鄭君讀「疆」爲「彊」，故釋文依鄭義音「其丈反」。尋左氏襄二十五年傳「數疆潦」，釋文引賈逵「其兩反」，疏云：「賈逵以『疆』爲彊檃墝埆之地，是讀『疆』爲『彊』。」彼之賈義與此鄭義同，故釋文依義作音亦同。韻書不收此切者，明其是異讀而非本音也。楊以爲失收，非是。又按：阮元、張敦仁等皆以作「彊」者爲善本，作「疆」者爲誤本。今以左傳賈讀證之，知阮、張説亦未諦。〔箋七八〕

祝聲三　之六反。下同。徐之又反。

匡謬正俗曰：「曾子問曰『祝聲三，告曰：某之子生，敢告』，鄭康成云：『聲噫歆警神也。』此蓋解聲三者謂三稱噫，然後言某之子生耳。而徐仙之徒並音『祝』爲『咒』，之又反。學者相承遵之，並大誤也。」承仕按：據顏意，「祝」應如字，「之六反」，以徐音「之又反」則連讀爲「咒」聲，違失鄭義矣。不知「咒」爲「祝」之俗字，德明讀從入聲字，舊音大抵轉去，未必別有異義也。師古等以今證古，多與情實相違。

抔飲手掬之也　九六反。本亦作「臼」，音蒲侯反。

盧文弨曰：「『臼』即『掬』字，舊作杵臼之『臼』，譌。今依宋本改正。但不當音『蒲侯反』。上『抔』音『步侯反』，此音與之同，疑當有『又作抔』三字脱耳。」承仕按：盧説本之毛居正，以「臼」、「掬」同字，近是。然北宋本釋文實作杵臼之「臼」，類篇、集韻並云：「臼，又蒲侯切，聚也。」即本此爲説。盧云脱「又作抔」三字，尤無明證。〔箋七九〕

播於五行四時　波左反，舒也。

盧文弨曰：「案前『播』音『波我反』，此處『彼左反』，注疏本作『彼佐反』，疑皆非。」承仕按：「波我」、「波左」、「彼左」三反同，「彼佐反」轉去亦通，無以定其是非。盧説殊誤。〔箋八〇〕

皆在郊棷　素口反，徐揔會反，澤也。本或作「藪」。

承仕按：「棷」者，「藪」之假字，「素口反」是也。舊時冣、最二文聲形頗多錯互，徐音「揔會反」者，誤讀如最。〔箋八一〕

烏麃色而沙鳴鬱　本又作「皫」。劉昌宗音普保反，徐芳表反，又普表反。

各本並同。廣韻上聲三十小「麃」字注引釋文云「徐房表反，劉普保反」。唐寫本切韻小部無「麃」字條，廣韻亦列於部末，明爲後人所增。承仕按：今釋文本並誤，應據廣韻正。類篇、集韻「麃」字並有「被表」一切，即本之釋文徐邈音，廣韻直録舊音，類篇、集韻則改從今紐也。證知陳彭年、邱雝、丁度、司馬光等所見釋文並作徐音「房表反」矣。

君羔幦　音覓，徐苦狄反。

毛居正曰：「案少儀『諸幦』徐音『覓』。彼既音『覓』，不應於此音『苦狄反』，『苦狄反』乃『隙』字，應作『莫狄反』。」承仕按：毛以「苦狄」爲「莫狄」之形譌，其説近是。〔箋八二〕儀禮既夕禮「狗幦」釋文云「亡狄反」，記少儀「拖諸幦」釋文云「徐音覓」，同訓爲「覆笭」，似幦字止有「覓」音矣。尋公羊昭二十五年傳「以幦爲席」釋文云「亡歷反，車覆笭也。一音呼闃反」，又説文「帟」、「幦」同訓，而「讀若頊」。「呼闃」之音與「苦狄」較近，去「覓」聲則絶遠。然則「幦」字自有「苦狄」、「呼闃」二音，猶説文之帟，「讀若頊」矣。類篇、集韻「幦」字並有「詰歷」、「呼役」、「呼狊」等切，又可證舊本釋文實作「苦狄反」也。毛説雖近理，不敢輒從。

毛者孕鬻　音育，生也。徐又扶元反。

承仕按：本字作「育」，同音借「鬻」爲之，形近譌作「䰞」，不合六書，徐誤仞從番聲，故音「扶元反」。廣韻二十二元：「䰞，附袁切，生養也。」集韻據收，並謂「字省作𢐂」，滋益謬矣。〔箋八三〕蕃從番聲，雖有生殖滋衍之義，然形從二弓，無以下筆；且此文「伏」、「鬻」、「殰」、「殈」爲韻，廣韻复聲、畐聲、或聲之字屋、職兩部多通，故「伏、殈」與「育、殰」爲韻。足證徐實誤音，非有別本異文可據也。

尸亦俟之於此　音夷。隱義云俟之言移也。庾依韻集大兮反，息也。

周禮淩人、儀禮士喪禮注並云：「夷之言尸也。」承仕按：夷訓「尸」，猶尸訓「陳」，亦與休息義近。作「俟」者，夷之或體耳。韻集音「大兮反」，猶洟字之有「以脂」、「他計」兩音矣。類篇：「俟，又田黎切。屖俟，休息也。」疑本自韻集。隱義以「移」説「俟」，音義闊遠，違失雅訓。〔箋八四〕

既出則施其扂　字林户臘反，閉也。纂文云古「闔」字。玉篇羌據、公荅二反，云閉也。

承仕按：説文：「扂，閉也。從户，劫省聲。」「闔，門扇也，一曰閉也。從門，盍聲。」音義大同，當爲一文，「扂」即「闔」之省耳。〔箋八五〕蓋去聲本屬魚部，亦與盇部通轉。説文「𠭥」從古聲，古聲在魚部，而敢聲之字皆屬談部，談、盇韻近。莊子「胠篋」釋文云：「李起居反。史記作『擠』。徐起法反，一音虛乏反。」是其比。又廣韻業部有「怯」、「狜」、「抾」、「呿」、「㞐」、「𤵺」、「鉣」、「砝」諸文，不必悉從劫省聲也。今本玉篇：「㞐，羌據、公荅二切，閉户聲。」與陸引異。

謂使人執引也　以刃反，一音餘刃反。

承仕按：毛詩及左氏釋文引字並音「夷忍」、「忍慎」二反，證知此文「以刃反」「刃」字爲「忍」之形譌。

純以素　之閏反，又支允反。注同。徐力移反。

徐音「力移反」，聲韻殊異，各本並同，無可據正。篇韻亦無此音。毛居正曰：「徐音『仄移反』，『仄』作『力』，誤。」承仕按：紂帛之字，經傳傳寫因形近每譌作「純」，毛意以徐邈讀「純」爲「紂」，故音「仄移反」。然黑帛之紂與本文純緣之義實不比近，且釋文「紂」字皆以「側基」、「側其」、「莊其」爲切，此音「仄移」，紐同而韻又異，不審徐邈誤讀爲「紂」，抑釋文傳寫久譌也。又按：釋文上出「紕以」二字，記文：「紕以爵韋六寸。」下出「純以」二字，今疑徐實爲「紕」字音「方移反」，傳寫誤移於「純」字下，「方」又譌作「力」耳，說亦可通。如謂紕、純同訓緣，徐本「純」作「紕」，故有「方移」之音，然鄭注明言「在旁曰紕，在下曰純」，則當徐邈時未必別有異本，終是譌字。〔箋八六〕

冕而親迎　逆敬反，下及注同。

通志堂本、注疏本同作「逆敬反」。盧文弨曰：「舊『迎敬反』譌，當是『迎』本或作『逆』，字有脱誤耳。今改作『魚敬反』。」承仕按：魚逆同紐，舊作「迎敬反」者，乃「逆敬反」形近之譌，此理易明。盧謂「親近」本或作「親逆」，誠爲臆說，專輒改字，其過弘矣。

衣服以移之　昌氏反。注：氾移之「移」，移，猶大也，同。徐又怡者反，一音以示反。

注云：「讀如禾氾移之『移』。移，猶廣大也。」又郊特牲「以移民也」注云：「移之言羡也。」王念孫曰：「羡者，寬衍之意。詩『及爾游衍』，釋文『衍』作『羡』，羡、移一聲之轉。」王引之經義述聞引。俞樾禮記鄭讀考曰：「『禾氾移』之語疏不詳其所出。說文：『移，禾相倚移也。』倚、移疊韻字，考工記『既建而迆』司農注讀爲倚移從風之『移』，疑鄭此注本作

『禾迆移』，『氾』蓋『迆』字之誤。」承仕按：俞説非；王説近之，而未盡也。俞以「氾」從水己聲，然字在之部，形聲並與「迆」字不近，無緣致譌。今謂「氾」從巳聲，字亦作「泛」，鄭注蓋云「移讀如水氾移之『移』」，今作「禾」者，形近之譌。阮元校勘記曰閩監、毛本、嘉靖本並作「水」。羡、衍、移皆一聲之轉，「水氾移」猶言水曼衍，與廣大之義正相應。鄭讀爲「水氾移」，蓋音義相兼之例也。釋文首音「昌氏反」者，讀如「侈」，輿人「飾車欲侈」注云「故書『侈』作『移』」。此釋文首音所本，義雖可通，要與鄭讀違異。徐音「怡耆反」，正與沙羡之「羡」同音，宛符鄭義矣。〔箋八七〕

枉矢哨壺　七笑反，徐又以救反。枉哨，不正也。王肅云：枉，不直；哨，不正也。

考工記梓人「大胷燿後」注：「燿讀爲哨，頃小也。」釋文云：「劉、李音哨與燿同。」承仕按：「頃小」與「不正」義近，肖聲、翟聲同部，徐讀哨「以救反」，劉昌宗、李軌周禮音略同。

貍首　力之反。貍之言不來也；首，先也。此逸詩也，鄭以下所引曾孫侯氏爲貍首之詩也。

「貍之言不來」本於儀禮大射注。俞正燮等以爲古之反語也。癸巳類稿七。承仕按：萇弘設射貍首之説始見於封禪書，而孫希旦禮記集解謂爲衰周之制者，近之。然則自晚周以訖漢世，讀貍首之「貍」爲「莫皆反」矣。此云「力之反」者，德明讀如字。〔箋八八〕

——以上禮記音義

公孫閼　安葛反。

盧文弨曰：「注疏本『於葛反』，譌。」承仕按：昔人作切每以四聲同系之字爲聲紐，閼反「安葛」，其一例也。安、於同聲，亦得通用。盧斥爲誤，失之。

卒於樠木之下　郎蕩反，木名。又莫昆反，又武元反。

疏云：「若以𦍌爲聲，當作『曼』，以兩爲聲，當作『朗』，字體難定，木有似榆者，俗呼爲朗榆，蓋爲朗也。」承仕按：釋文之例，每以首音爲正，孔疏定從「朗」音，與德明説同。疑自六朝訖唐，舊讀相承如此，韻書樠、⿰木兩同訓，而分入元、養兩部，則沿譌久矣。〔箋八九〕

士輿櫬　初覲反，棺也。

盧校依通志本作「於覲反」。承仕按：「於」爲「初」之形譌。兹據注疏本正。

于思于思棄甲復來　思，如字，又西才反，多鬚貌，賈逵云白頭貌。來，力知反，又如字，以協上韻。

承仕按：「思」讀如字，則「來」音「力知反」；「思」音「西才反」，則「來」讀如字。以是相韻，蓋德明之意如此。實則「才」如字讀乃之部之古本音也，德明已不了了，故傍皇莫能正定耳。〔箋九〇〕

目於智井而拯之　烏丸反。智井，廢井也。字林云井無水也，一皮反。

各本並作「一皮反」。盧文弨曰：「『皮』字定譌，以形聲求之，或是『袁』字。」任大椿字林考逸曰：「『皮』爲『丸』之形譌。」承仕按：盧、任説並非也。智從死聲，古寒部字，寒對轉歌，則音「一皮反」。疑當吕忱時智字舊音如是。類篇、集韻「智」又「邕危切」，注引字林云「井無水」。「邕危」即「一皮」，此舊本釋文作「一皮反」之切證。〔箋九一〕

庶有鳩乎　徐音豸，直是反，解也。本又作「豸」。或音居牛反，非也。解音蟹，此訓見方言。

今注疏本作「庶有豸乎」，杜注云：「豸，解也。」正義以爲文出方言。段玉裁曰：「古多假『豸』爲解廌之『廌』，以二字古同音也。廌與解古音同部，是以廌訓解，釋文『鳩』字即『廌』之形譌。而今本方言又譌『廌』爲『㾜』，既誤，後乃加以『胡計反』耳。」〔箋九二〕承仕按：段説「鳩」爲「廌」之形譌，非也。此傳本或作「鳩」，爾雅釋詁：「鳩，聚也。」襄十六年傳「宣子曰：『匄在此，敢使魯無鳩乎』」，杜注「集也」。書堯典「方鳩僝功」，説文人部引作「旁救僝功」，明「鳩」爲「救」之假字，亦與聚集音義相會。「能使魯無鳩乎」、「庶有鳩乎」二傳立文用意正同，此傳本作「鳩」之説也。傳文本又作「豸」，徐音、杜注、孔疏從之，段説假「豸」作「廌」，是也。今本方言「抒、㾜，解也」，錢繹箋疏據左傳正義補「豸」字。疑方言本作：「抒、㾜、豸，解也。」豸、廌、解古音同屬支部，同部聲近之字，如阤、弛、陊、誃、褫等並有解弛之義，錢校近之。

今本方言誤脱「豸」字，段以「瘛」字當之，則近於專輒矣。尋爾雅釋訓「甹夆，掣曳也」釋文云：「本或作『⿸疒掣』，同。充世反。說文云『引而縱之』。」據此，則爾雅作「掣」，說文作「⿸疒掣」，方言作「瘛」，形體相近。「瘛」字廣韻有「胡計」、「尺制」兩切，聲音相近。爾雅言掣曳，說文言引縱，方言訓解，義詁相近，然則方言「瘛」字非是誤形，彰彰甚明；且高祖功臣侯年表「許瘛元年」索隱引「郭璞音胡計反」，此司馬貞引方言郭音與今本正同，尤爲「瘛」非誤字，「瘛」音亦非妄加之切證。要而言之，此傳有二本，一作「鳩」，一作「豸」，並可通，而徐邈以下皆讀作「豸」。豸解之訓，本之方言。方言：「抒、瘛、豸，解也。」今本脱「豸」字。

勿亟遣使　紀力反，急也。或欺冀反，數也。

盧文弨曰：「舊『欺異反』譌，今改作『冀』。」承仕按：釋文「亟」字多作「欺冀反」，然此作「欺異反」亦是也，注疏本正作「欺異反」。盧校不可從。

在汝南鮦陽縣南　孟康音紂，直九反，一音童。或音直勇反，非。

地理志「鮦陽」孟康音「紂」，明監本作「紂紅反」，戴震、錢大昕等依之，王念孫讀書雜志立七證，以明「紂紅反」之非。承仕按：王説是也。東、侯對轉，故鮦有「紂」音，即童、紂亦同紐也。爾雅「鰹，大鮦」釋文：「音童，又逐拱反。」杜臺卿玉燭寶典引郭注：「鮦，音同，又腸冢反。」然則鰹鮦自音「童」，鮦陽自音「紂」。釋文以「直勇反」爲非，意亦如是。顏師古高紀注云：「鮦陽音紂，蓮勺音酌，當時所呼，別有意義，不得以爲正音。」可知鮦有「紂」音，隋唐閒人已不能明言其故矣。〔箋九三〕

魯國番縣東南有目台亭　本又作「蕃」。應劭音皮，一音方袁反。白褒魯國記云：陳子逸爲魯相，蕃子也，國人爲諱，改曰「皮」。

地理志「蕃縣」，應劭曰「邾國也，音皮」，顏師古引白褒説並駁之曰：「郡縣自有別稱，不必皆依本字。」全祖望則據通典「蕃」音「反」，以「皮」爲「反」之譌。盧文弨曰：「番本有『皮』音，古今人表『司徒皮』即詩之『番』也，是不必定爲蕃諱。」〔箋九四〕承仕按：盧說是也。太史公自序「戹困鄱薛」集解：「鄱音皮，縣屬魯。」鄱、番同字，寒、歌對轉，故番音「皮」，皮本歌部字也。當漢末時番字已多異呼，應劭獨明舊音，故讀「番」爲「皮」，又可證知當時皮、歌音近也。至白褒之撰魯國記，番、皮音已相遠，白褒不明通轉之理，而妄爲之辭。師古駁之，雖近是，而未盡也。王先謙漢書補注乃定從全祖望說，尤爲疏失。

丙戌卒於鄵　七報反，又采南反，字林千消反。〔箋九五〕

盧校沿通志本作「禾南反」。承仕按：「禾」爲「采」之形譌，玆據注疏本正。

及堞而絕之　音牒，徐養涉反。〔箋九六〕

盧校沿通志本作「養陟反」，注疏本作「養涉反」。承仕按：注疏本是也。襄六年傳「傳於堞」，釋文引徐音「養涉反」，是其證。

及著雍疾　徐都慮反，一音除慮反。

盧文弨曰：「舊『張』譌『都』，今依宋本改從『張慮反』。」承仕按：注疏本亦作「都慮反」，是也。都、張本同紐，宋本輒改作「張」。盧不審音，一以宋本爲正，亦其陋也。

乃脫歸　吐括反，注同。一音他外反。

盧文弨曰：「舊『吐』作『敕』，譌。今改爲『吐括反』。」承仕按：吐、敕古同紐，與都、張同比，舊音此類不勝枚舉。盧馮臆妄改，豪無準的，疏失甚矣。

子無解矣　佳賣反。

盧校據通志本作「徒賣反」。承仕按：「徒」爲「佳」之譌，玆據注疏本正。

驟如崔氏　愁又反，徐在遘反。〔箋九七〕

顏氏家訓曰：「前世反語，又多不切。徐仙民毛詩音反『驟』爲『在遘』，左傳音切『椽』爲『徒緣』，不可依信，亦爲衆矣。今之學士，語亦不正，古獨何人，必應隨其譌僻乎？」承仕按：廣韻：「驟，鋤祐切。」「椽，直攣切。」直屬澄，徒屬定，鋤屬牀，在屬從，古聲類同。之推以徐邈之反語爲不切者，疑其時聲紐定、澄、在、從皆已别異，故謂爲譌僻不可依信也。又按：今本釋文與顏引亦不相應，蓋徐邈毛詩、左傳音隋唐之際卷帙尚完，故其所稱引或非今本釋文所能具也。

號之曰牛曰唯　維癸反，徐以水反。唯，應辭，猶咊也。

曲禮「父召，無諾，先生召，無諾，唯而起」注云：「應辭『唯』恭於『諾』。」〔箋九八〕正義云：「唯，咊也。今人稱諾，猶古之稱唯，其意急；今之稱咊，猶古之稱諾，其意緩。」承仕按：此文「唯」猶「咊」也，蓋以今語證古語，與孔疏義同。咊，廣韻音「人者切」，即諾之音轉，韻部有異，故變形作「咊」。盧文弨云「字從爾，當讀如古詩『諾諾復爾爾』之『爾』」，其説近是。

以蕃屏周　必井反。

盧校沿通志本作「必並反」。承仕按：必、並同紐，不得作切。注疏本作「必井反」，是也。今據正。

史猈　皮佳反，徐扶蟹反，又扶移反，又或扶瞻反。本或作「箄」，音同。

類篇、集韻「猈」字並有「蒲瞻」一切，云「人名」，即本之釋文。承仕按：猈從卑聲，本屬支部，似不得有「扶瞻」之音，疑舊本已譌，莫能正定。〔箋九九〕

東海贛榆縣東北有紀城　古弄反，如淳音耿弇反。下音俞。

注疏本作「如淳音耿弇」，無「反」字。承仕按：如淳音「耿弇」之「弇」，音近古南切，各本並誤衍「反」字，應據注疏本正。地理志「豫章郡，贛縣」，如淳音「感」；「琅邪郡，贛榆」，顏師古音「紺」，與耿弇之「弇」略相近。類篇、集韻「贛」字有「古禫」一切，即本自釋文如淳音，此舊本無「反」字之明證。漢書嚴助傳「處之上淦」，蘇林曰：「淦音耿弇之『弇』。」師古曰：「音工含反。」此旁證也。

齊侯疥遂店　舊音戒，梁元帝音該，依字則當作「痎」，說文云兩日一發之瘧也。痎又音皆。後學之徒僉以「疥」字爲誤。案傳例因事曰遂，若痎已是瘧疾，何爲復言「遂店」乎？

承仕按：顏氏家訓云：「徐仙民音『介』。」孔疏云：「徐仙民音作『疥』。」釋文「舊音戒」者，即用徐讀也。凡釋文稱「舊音」者視此。

晉祁勝與鄔臧通室　舊烏户反，又音偃。案：地名，在周者烏户反，隱十一年「王取鄔留」是也；在鄭者音偃，成十六年「戰于鄢陵」是也；在楚者音於建反，又音偃，昭十三年「王沿夏將入隝」是也；在晉者音於庶反，字林乙祛反，郭璞三蒼解詁音瘀，於庶反，闞駰音厭飫之「飫」重言之，太原有鄔縣。唯周地者從烏；餘皆從焉，字林亦作「隝」，音同。傳云分「祁氏之田以爲七縣，司馬彌牟爲鄔大夫」，即太原縣也。鄔臧宜以邑爲氏，音於庶反，舊音誤。

任大椿曰：「據德明說，則唯『鄔留』之『鄔』當從烏，餘若太原之『鄔』即當從焉。今考說文、玉篇、廣韻、類篇、集韻，於太原之『鄔』均無從焉之文，是不特在周之鄔乃從烏也。釋文又云『字林亦作隝』，考前、後漢志，『鄭伯克段於隝』及『戰於隝陵』之『隝』俱作『隝』，他如晉地之鄔未見有作隝與隝者。」德明此說與六書及輿地俱不合，莫知所出。承仕按：鄔留鄔縣之字音「烏户」、「於庶」、「乙祛」等反，俱一聲之轉。鄭楚之「隝」音「於建反」，又音「偃」，釋文所述各音殊無大誤，唯烏焉邑𨸏隸書形近，傳寫每多錯互，德明辨音而不辨形，遂謂周地鄔留從烏，餘皆從焉，致與六書及輿地不合，非别有所本也。且聲音弇侈因時變遷，當吕忱、郭璞、闞駰時，「乙祛」、「於庶」、「烏户」之音分别甚微，德明不憭，乃妄爲比度，於四聲弇侈之閒强生分别，此則後師之蔽也。〔箋一〇〇〕

——以上左氏音義

蓍曰筮　市制反。

盧校沿通志本作「市利反」。承仕按：「利」爲「制」之形譌。兹據注疏本正。

是月六鷁退飛　如字，或一音徒兮反。

盧文弨曰：「『是月』有作『提月』者，故一音『徒兮反』。初學記『晦日』條引此作『提月』。」阮元曰：「『是月』與月令之『是月』似異而實同，改作『提』者，俗人所爲也。」〔箋一〇一〕承仕按：盧説近之。釋文或音即依或本作「提」。大學「顧諟天之明命」注云：「諟，猶正也。諟，或爲『題』。」其比正同。阮説俗改爲「提」，失之。

聞其磌然　之人反，又大年反，聲響也。一音芳君反。本或作「砰」，八耕反。

范解穀梁引此文。楊疏云：「磌字説文、玉篇、字林無其字，學士多讀爲『砰』，據公羊古本並爲『磌』字，張揖讀爲『磌』，是石聲之類，不知出何書也。」穀梁釋文止列「之人」、「大年」二反。承仕按：「磌」一音「芳君反」，聲紐不近，而類篇、集韻「磌」字並有「滂君」一切，則舊本固如是也。〔箋一〇二〕楊士勛謂學士多讀爲「砰」，疑此文「芳君」一音亦學士相承之舊讀以「磌」爲「砰」耳。以君爲韻者，則清、真自多通轉，非謂磌字自有「芳君」之音也。篇韻列「滂君切」於「磌」字下，失之。

必於殽之嶔巖　苦銜反，鄒誕生、諸詮之音上林賦並同，徐音欽，韋昭漢書音義去瞻反。又本或作「廞」，同。

承仕按：上林賦「嶔巖倚傾」，郭璞曰「嶔貌也」，顏師古、李善同音爲「口銜反」，與鄒、諸、陸音同；韋音「去瞻反」，聲同而韻稍異。漢書舊音爲師古所删落者多矣。

眣晉大夫使與公盟也　音舜。本又作「眣」，丑乙反，又大結反。以目通指曰眣。本又作「眹」，音同。字書云：眣，瞚也，以忍反。

段玉裁曰：「公羊傳文作『眣』，從矢會意。從失者其譌體也。」説文「眣」字注。承仕按：字從目矢，矢亦聲。何注云

「以目通指爲眣」，指、眣叠韻爲訓，脂對轉真，故字書音「以忍反」。作「眣」、作「眹」者，形近之譌。「丑乙」、「大結」二反並從失聲作音，違失傳意。〔箋一〇三〕

楚子代圈　求阮反，一音卷。説文作「圈」。字林臼万反。二傳作「麇」。

盧文弨曰「舊作『白万反』，今從宋本改作『曰万反』。」承仕按：「白」、「曰」並「臼」之形譌，兹據注疏本正。盧校失之。

故與至嶲同文　户圭反，又囚兖反。

僖二十六年傳「公追齊師至嶲」，釋文「户圭反，又似兖反」。盧文弨曰：「此文『似兖反』譌作『囚兖反』，今據僖二十六年改作『似兖反』。」承仕按：似、囚同紐，德明隨意施之。盧輒改，大非。

——以上公羊音義

男子二十而冠　江唤反。下及注同。

盧文弨曰：「舊譌作『江』，今改爲『工唤反』。」承仕按：工、江同紐，盧改無據。今仍舊作「江唤反」。

則春秋固有在閏月而不冠以閏者矣　工翫反。

盧文弨曰：「舊作『翫』，譌。今依注疏本改爲『工亂反』。」承仕按：翫、亂同韻，盧斥爲譌，失之。今仍作「工翫反」。

衛孫良夫跛　波戒反。

盧文弨曰：「舊譌作『戒』，今據宋本改爲『波可反』。」承仕按：注疏本亦作「波可反」。今謂舊本作「波戒反」者，「戒」爲「我」之形譌，「波可」、「波我」二反同音。

會吴于柤　莊如反。

盧文弨曰：「舊『加』譌『如』，今改爲『莊加反』。」承仕按：注疏本亦作「莊加反」。然類篇、集韻「柤」字並有「臻魚一切，則作「莊如反」亦通。盧改無據。

會晉荀櫟于適歷　丁狄反。

盧文弨曰：「舊『丁狄反』乃音下『歷』字，歷字例不作音。注疏本作『丁歷反』，正音上『適』字，與嫡音同。今據改作『丁歷反』。」承仕按：狄、歷同韻，隨所施用，釋文「嫡」、「樀」等字「丁狄」、「丁歷」互見，本無出入也。盧改已非，又謂「丁狄」爲「歷」字作音，則尤妄矣。

——以上穀梁音義

卷　三

經典釋文三

歙吴承仕學

莫不被　皮寄反，一作章移反。

今本唐玄宗注云「莫不服義從化」，邢昺疏云：「此依鄭注也。」釋文出「莫不被」三字，則鄭注作「莫不被義從化」。承仕按：作「被」作「服」並無「章移」之音；「一作」云云，釋文亦無此例，蓋亦後人校語與釋文相亂；唯「章移」一音竟何所施，未聞其審。〔箋一〇四〕

哭不偯　於豈反。俗作「哀」，非。説文作「㤇」，云痛聲也，音同。

臧鏞堂曰：「説文無『偯』字。哀，從口衣聲，依，從人衣聲。依、偯聲形皆相近，故誤。陸本作『依』，故云説文作『㤇』，音同。又云俗作『偯』，非以『偯』爲『依』之俗寫也。今『依』既誤『偯』，因改『偯』爲『哀』。然必不當有作『哭不哀』者，是可證『哀』爲『偯』之改，『偯』爲『依』之譌矣。閒傳『三曲而偯』誤同。」承仕按：依、㤇、偯、哀皆脂部字，聲紐亦同，説文作「㤇」，孝經及閒傳不妨作「偯」，此類異同，經傳所常有。臧謂陸本作「依」，殊無明證。孫奕示兒編「哭不偯」條云：「『偯舊音哀，閒傳釋文『於起反』』，廣韻、玉篇、集韻皆音『於豈反』」，（今本廣韻、玉篇「於豈切」，集韻則「隱豈切」，字異而音同。）舊音不考，諸家而誤爲之音。」據孫奕既引閒傳釋文，則「偯舊音哀」一語疑亦本於孝經釋文。〔箋一〇五〕而今本孝經釋文音「於豈反」，實與篇韻同，則孫奕果何所疑怪而駁之哉？可知今本釋文「於豈反，俗作哀」云云，非德明之舊。

——以上孝經音義

言寡尤　下求反。

盧校沿通志本作「下求反」。承仕按：「下」字疑爲「于」之形殘。

雖在縲紲之中　力追反。孔云黑索。

盧校沿通志本作「尤追反」。承仕按：「尤」爲「力」字形近之譌，今正之。

仲弓問子桑伯子　子郎反。鄭云秦大夫。

各本並作「子郎反」。承仕按：「子」聲不得切「桑」，疑涉正文「子桑」而誤，無可據正。〔箋一〇六〕

子在齊聞韶　上昭反。注同。

盧校依通志本作「士昭反」。承仕按：「士」爲「上」之形譌，今正之。

鄉人儺　户多反。魯讀爲獻。今從古。

盧文弨曰：「郊特牲『鄉人裼』注云：『裼或爲獻，或爲儺。』獻、儺聲相近，故往往異文。」承仕按：盧説是也。獻、儺爲歌、寒對轉，釋文「從古」則讀「儺」如字，而各本並作「户多反」，聲類殊遠。疑「户」應作「乃」作「奴」，然形並不近，不審其致誤所由。〔箋一〇七〕

仍舊貫　魯讀仍爲仁。今從古。

惠棟九經古義曰：「楊雄將作大匠箴云『或作長府，而閔子不仁』，用魯論也。」承仕按：藝文類聚引作「閔子以仁」，是字異而義同也。「仍」作「仁」者，真、蒸亦得通轉，猶矜字有居陵、巨巾兩音矣。

屢空　力從反。

岳珂經傳沿革例曰："「有反切難而韻亦不收者，如論語『屢空』，『空』音『力縱反』是已。」是岳所見本作「力縱反」，與今本作「力從反」異。尋類篇、集韻「空」字並無「力從」、「力縱」之音，疑北宋本釋文又與南宋本不相應，韻會舉要卷十七「屢空，九縱反」，則沿譌之甚者也。承仕按：各家説「屢空」者不外窮匱、虚中二義，「空」字均不得有「力縱」等音。錢大昕曰："「閱談平階讀論語一篇云：釋文『屢空，力從反』，似空有龍音。予檢詩釋文『屢盟』、『削屢』、『婁豐』三條皆音『力住反』，乃知『力從』爲『力住』之譌，陸氏爲『屢』音非爲『空』音也，此條當寫以報盧學士。」竹汀日記鈔卷一。以音義求之，錢説最爲近理。然據錢説，德明止爲「屢」字作音，必碻知德明讀「空」如字而後可。使德明讀「空」爲空乏之，則「力縱反」或爲「口縱」、「苦縱」之譌，説亦可通，終莫能輒斷也。而釋文考證竟無一言及之，其終未聞錢説邪？要之，盧所致力者，版本異同而已，實未足與語此也。〔箋一〇八〕

君子不弛其親　舊音絁，又詩紙反，又詩豉反，孔云以支反，一音敇紙反，落也。並不及舊音。

承仕按：舊音「絁」及「詩紙、詩豉反」聲類並同，唯韻轉耳。一音「敇紙反」，則讀爲阤；孔傳云「易也」，音「以支反」，則讀爲移。尋漢書衞綰傳「劍人所施易」如淳曰："「施讀曰移，言劍者人所好，故多數移易貿换之也。」如義與孔音正同。

——以上論語音義

是謂玄牝　頻忍反，舊云扶比反，簡文扶緊反。

通志本作「扶比反」，盧文弨曰："「『比』字譌，今改爲『扶死反』。」承仕按：比、死同韻，不應輒改。今仍舊作「扶比反」。

挻埴以爲器　始然反。河上云和也。宋衷注本云經同。聲類云柔也。字林云長也，丑連反。又一曰柔挻。

方言云取也。如淳作「繫」。

各本並作「字林君連反」，任大椿字林考逸引作「丑連反」。承仕按：「丑連反」是也，類篇、集韻「挻」字有「抽延」一切，是其證。又按：釋文有「宋衷注本云經同」七字，語不可通，應作「宋衷注太玄經同」。漢書叙傳「凶德相挻」，蕭該音義引「太玄經曰『與陰陽挻其化』，宋忠曰：挻，和」。釋文謂宋衷注與河上注同耳。「太玄」二字形近譌作「本云」，遂不可通。又按：釋文云「如淳作繫」，「繫」字爲「擊」之形譌，文選長笛賦「丸挻彫琢」李善引漢書音義如淳曰：「挻，擊也。」李引如淳當即叙傳注語也。此即德明所本。〔箋一〇九〕荀子「陶人埏埴而爲器」，楊倞注「擊也」，與如説同。此作「擊」不作「繫」之證。

其上不皦　古曉反，明式云胡老反。

盧文弨曰：「『明式』不知何人，不見序録。」承仕按：「明式云」三字爲「明也又」三字之誤。尋類篇「皦」字注云：「吉了切，明也。皦又下老切，明也，老子『其上不皦』。」蓋「吉了切」訓明，「下老切」亦訓明，故兩出「明也」之訓；又於「下老切」下出老子語，明「下老切，明也」其音義本之老子釋文，使釋文本作「明式云」，依類篇立文之例，應云「明式讀，今無此言」，可證北宋本釋文之不誤矣。宋人彭耜纂集道德真經集注釋文吴志忠經學叢書刊本出「不皦」二字，引「陸德明云：古老切，又胡老切」，亦「明式」不爲人名之一證。承仕撰經籍舊音序録誤以「明式」爲人名，偏檢舊籍不可得，後細讀篇韻，始知其誤，舊音序録所説應從删削。

未知牝牡之合而全作　全如字。河上作「峻」，于和反。本一作「朘」，説文子和反，又子壘反，云赤子陰也，子垂反。〔箋一一〇〕

承仕按：玉篇字又作「㞂」，並形聲字也。夋聲本屬諄部，諄對轉脂，故音「子壘反」，脂旁轉歌，故音「子和、子垂反」。朘與脽近，説文：「脽，屁也。」「尻，脾也。」脽、脾、朘聲近義同，皆以後竅之名移稱前竅耳。諄、真旁轉最近，故老子假「全」爲「朘」。宦者傳論曰「體非全氣」，李善注引老子此文爲證，亦以全爲男子陰也。今廣州人正謂童子陰爲朘，讀如春。廣州語據近人新會陳垣說。鄒漢勛謂「應讀如『日削月朘』之朘。朘，縮也；作，起也」。讀書偶識卷八。其說未諦。又按：「峻，于和反」，「于」亦應作「子」，類篇「峻」字列「津垂」、「祖回」、「臧戈」三切可證。

——以上老子音義

其正色邪　也嗟反，助句不定之詞。後放此。

通志本作「也嗟反」。盧文弨曰：「『也』字譌，今據易釋文改爲『餘嗟反』。」承仕按：也、餘同紐，本自不譌，無煩輒改。

淖約若處子　郭昌略反，又徒學反，字林丈卓反。蘇林漢書音火也。

承仕按：慧琳一切經音義引字林「女卓反」；行均龍龕手鑑引作「女角反」。此引作「丈卓反」，雖亦可通，以琳、均二家所引證之，疑「丈」爲「女」之形譌。又按：漢書景十三王傳「易王所愛美人淖姬」，鄭氏曰：「淖音卓王孫之卓。」蘇林曰：「淖音泥淖。」釋文所引「蘇林漢書音」當即本此。彼音「泥淖」，此云「音火」，形聲俱不相近，疑釋文應云「字林女卓反，蘇林漢書音女教反」。〔箋一一一〕史記五宗世家索隱云：「鄭氏音卓；蘇林音泥淖之淖，女教反。」正義云：「淖，女孝反。」蓋德明擬「泥淖」之音而易爲反語，與司馬貞、張守節所擬反語宜同。通志氏族略、古今姓氏書辨證並云：「淖姓音鬧。」與蘇林、吕忱音大體同也。今本釋文「女」誤作「火」，下又譌挩作「也」，遂錯迕不可究詰，諸家並失校。

窅然喪其天下焉　徐烏了反，郭武駢反。李云：窅然，猶悵然。

承仕按：説文：「窅，深目貌。」凡與窅聲相近者，皆有深遠幼眇之意，故郭注云「窅然喪之而嘗游心於絶冥之境」是也。徐讀「窅」如字，以郭反語推之，疑其讀從「冥」聲，蓋窅、冥義亦相近也。而類篇「窅」字又「彌延切」，注云：「窅然猶悵然。」以「彌延切」爲「窅」字本音，疑其非實。盧文弨曰：「郭必以爲『寊』字，故如此音。」按：寊字訓義絶殊，更不得有「武駢」之音，其說尤誤。〔箋一一二〕

不龜手　愧悲反，徐舉倫反，李居危反。向云拘坼也，司馬云文坼如龜文也，又云如龜攣縮也。

李楨曰：「徐『舉倫反』，蓋以『龜』爲『皸』之假借。衆經音義卷十一『皸』，『居雲』、『去雲』二反，通俗文『手足坼裂曰皸』，經文或作『龜坼』，下引莊此文及郭注爲證，是玄應以『龜』、『皸』文義互通，『不龜手』猶言『不皸手』耳。『皸』説文作『踙』。」承仕按：李説是也。龜本之部字，而韻書相承入脂，脂、諄對轉，故得假龜爲皸，徐邈審知舊讀，故音「舉倫反」。司馬彪訓爲「龜文」，望文生義，失之。〔箋一一三〕俞樾讀「龜」爲「拘」，聲類不近，亦非也。

洴澼絖　普歷反，徐敷歷反，郭、李恪歷反，澼聲。

盧文弨曰：「今本作『澼聲』。疑洴澼是擊絮之聲，洴、澼二字本雙聲，蓋亦象其聲也。」承仕按：釋文自有譌奪，盧校亦無文證。尋類篇、集韻並云：「洴澼，漂絮聲。」疑其必有所本，或足以補正釋文也。又郭、李音「恪歷反」，各本並同，恪屬溪紐，聲類殊遠，而篇韻亦有「詰歷」一切，云「莊子李軌讀」，然則北宋本釋文已誤矣。無可據正。〔箋一一四〕

萬竅怒呺　胡刀反，徐又許口反，又胡到反。

通志本作「徐又詐口反」，盧校從之。承仕按：「詐」爲「許」之形譌，類篇「呺」字有「許后」一切，云「徐邈讀」，是其證。

咬者　於交反，或音狡。司馬云聲哀切咬咬然，又許拜反。

承仕按：咬又音「許拜反」，韻部絶遠，疑本或作「吤」，故有此音。釋文異讀而不出異文者，其例甚多。篇韻「咬」又「許介切」，疑其未諦。〔箋一一五〕

肩之所倚　徐於綺反，向偃彼反，徐又於佇反，李音妖。

徐又音「於佇反」，廣韻「佇」在語部。承仕按：支、魚旁轉，故得此音。爾雅釋獸「貜貐」釋文引「諸詮之『以主反』，字林『弋父反』，韋昭『餘彼反』」，是其比。李音「妖」，則韻部相遠，疑有譌奪，各本並同，無可據正，篇韻亦無此音。〔箋一一六〕

砉然嚮然奏刀騞然　砉，向呼鶪反，徐許鶪反，崔音畫，又古鶪反，李又呼歷反，司馬云皮骨相離聲。騞，呼獲反，徐許嬖反，向他亦反，又音麥，崔云音近獲，聲大於砉也。

章先生莊子解故曰：「砉、騞二字説文所無，無以下筆。據崔音砉爲『畫』，則字當作砉，從石，圭聲。然「騞」字從馬，無由明其本義。」承仕按：「砉」爲「畫」之形譌，釋可洪藏經音義隨函卷二十三出「砉瓶」字，注云「上音話，正作『畫』，此俗書形近致譌之」，證一也。〔箋一一七〕此形始見於莊子，次見於郭璞江賦「漰湱㶁灂」，次見於列子湯問，其字並應從畫聲。郭璞作賦好用奇字，襲莊子之誤文可也。列子果爲古書，必無互相沿譌之理；而湯問篇有「騞然而過」之語，正由作僞者不知「騞」爲誤形，襲取莊書以自矜異耳。使「砉」非誤形，則三蒼、廣雅、字林、韻集之流不應闕而不載。釋文不引字書，蓋由字書本無此體耳，二也。釋文引司馬云「皮骨相離聲」，此望聲爲訓，義自可通。廣韻有「剨」，云「破聲」，有「嫿」，云「乖違」。尋文選西征賦「繣瓦解而冰泮」李善注：「繣，破聲也。」列子「騞然而過」，殷敬順釋文云「破聲」。比而觀之，要皆以畫爲聲，其形之從刀、從糸、從巾、從馬，隨應施之。變「畫」作「砉」，則相承之誤，形異而實同，三也。〔箋一一八〕玉篇：「騞，火麥切，行不正。」按：此是後人增字，非野王原本。此訓初不知所出，尋曲脚之字荀子及廣雅作「膕」，廣韻亦作「⿰月畫」，廣韻二十一麥：「⿰月畫，呼麥切，曲脚中也。」始恍然，玉篇「行不正」云者，乃「⿰月畫」字之訓，因「⿰月畫」亦作「⿰月砉」、「騞」亦作「⿰馬畫」，故致互譌，否則玉篇「騞」字之注終古莫能解也，四也。北山録注解隨函宋比丘德珪撰云：「騞與劃同呼麥切，破聲也。」五也。然則釋文所引崔譔、向秀、李軌、徐邈各家音皆非邪？曰向音「騞」爲「他亦反」，當是異讀；餘並與「畫」聲近，蓋相承舊讀如此。而崔譔所説尤爲近理，「砉」音「畫」，即以「砉」爲「畫」，「騞」「音近獲」，獲、畫同音，亦讀「騞」爲「畫」也。〔箋一一九〕其云「騞」「聲大於砉」者，古人於大物輒冠馬字，如馬藍、馬蓼、馬蠭、馬蜩、馬蚿等是，此章先生新方言説。此莊生變「砉」作「騞」之微意，唯崔譔知之。

求狙猴杙者斬之　以職反，又羊植反，郭且羊反。司馬作杙，音八。李云欲以栖戲狙猴也。崔本作「杙」音跋，云枷也。

承仕按：郭音「且羊反」者，其所據本作「⿰爿弋」不作「杙」，釋文不出異文，則德明之疏也。字本作「⿰爿弋」，地理志作「牂柯」，顔師古曰：「牂柯係船杙也。」説文「橜」「弋」互訓，弋、橜、⿰爿弋同物而異名。⿰爿弋從弋，爿聲，而字書韻書每因形近誤作「戕」，集韻、類篇「戕」字注云：「戕，戓橛也。」義是而形非矣。〔箋一一二〇〕

陰陽之氣有沴　音麗，徐又徒顯反。郭奴結反，云陵亂也。李同。崔本作「⿰氵壐」，云滿也。

漢書五行志「唯金沴木」，如淳曰：「沴音拂戾之戾，義亦同。」孔光傳「六沴之作」，宋祁曰：「韋昭云沴謂皇極五行之氣相沴戾不和，音持軫反。服虔曰沴音戾。」承仕按：沴從水，㐱聲，本真部字，對轉脂，則音戾。説文「沴」訓「水不利」，亦以疊韻爲訓。然則許慎、服虔、如淳等相承音「戾」而訓義亦同，此舊來音義相兼之例也。唯「沴戾」連文，則「沴」音「持軫反」。徐反「徒顯」，與韋音相近。郭「奴結反」，疑與崔本作「⿰氵壐」者略同，「⿰氵壐」，説文正作「濔」，爾、尒同字，濔音奴結，與苶音奴結同比。〔箋一一二一〕又傳寫舊籍者㐱、尒形多相亂，郭音「奴結反」者，或所見本作「沵」不作「沴」。

涉海鑿河　在洛反，下向。郭粗鶴反。

通志本、盧本並作「待洛反」。承仕按：「待」爲「在」之形譌，兹正之。

汝又何帠以治天下　徐音藝，又魚例反。司馬云法也。一本作「寱」，牛世反。崔本作「爲」。

韻書字書並不收帠字。俞樾以爲「臬」之形譌。孫詒讓曰：「『帠』當爲『叚』，金文作『□』，故隸變作『帠』，何帠猶言何藉也。」承仕按：孫説近之。然自司馬彪以訖徐邈並讀爲「臬」，何臬猶云何所埻的，於義亦通。又按：「魚例反」，「例」疑應作「列」。〔箋一一二二〕

俞兒　音榆，李式榆反。

承仕按：漢書欒布傳「以功封鄃侯」，蘇林曰：「鄃，音輸，清河縣也。」史記惠景閒侯者年表字作「俞」，如淳曰「音輸」。集韻「俞，舂朱切」，注云「漢侯國名，欒布所封；一曰人名，莊子『俞兒』，古之識味人」。據此，則正作「鄃」，省作「俞」。李軌音「式榆反」者，讀與漢書「鄃侯」同。〔箋一一二三〕

連之以䩗𩋡　丁邑反，徐丁立反，絆也。李音述。本或作「馵」，非馵音，之樹反。司馬、向、崔本並作「䋝」，向云馬氏音竦，崔云絆前兩足也。〔箋一二四〕

承仕按：説文：「䋝，絆前兩足也。從糸，須聲。」段玉裁引釋文曰：「向秀云馬絆，音竦。」不審段所據本異，或輒改「馬氏」作「馬絆」也。人間世「氣息茀然」釋文曰：「向本作『謥器』，云謥，馬氏音息。」其立文例同。然則作「馬絆」者非也。「䋝」音「竦」者，侯對轉東。

踶跂爲義　丘氏反，一音吕氏反，崔音技。李云：蹩躠踶跂皆用心，爲仁義之貌。

承仕按：跂字不得有「吕氏反」音，疑傳寫之譌，各本並同，無可據正。類篇、集韻「跂」字並有「輦爾」一切，是宋本已然矣。〔箋一二五〕又按：類篇、集韻並云：「踶跂，用心力貌。」崔譔説與今本釋文不相應。

地氣鬱結　如字。崔本作「綰」，音結。

承仕按：崔本作「綰」者，鬱、綰雙聲，綰、結義同，史記高祖紀「使盧綰、劉賈將卒二萬人，騎數百，渡白馬津」，蘇林曰「綰音以繩綰結物之『綰』」是也。然綰字不得音「結」，疑釋文以「結」訓「綰」，今作「音結」者，傳寫之譌。〔箋一二六〕

方且爲物絯　徐户隔反。廣雅公才反，云束也，與郭義同。今用廣雅音。

承仕按：郭注云「使後世拘牽而制物」。説文：「該，軍中約也。」約束、牽制義同，則「絯」即「該」之孳乳字耳。今本廣雅「絯」曹憲音「該」，與「公才反」同。古人引用舊音有本爲直音而改從反語者，有本爲反語而改從直音者，如顔師古匡謬正俗云：「貰字訓貸，聲類及字林並音勢。」而其注漢書則云：「貰，賒也，李登、吕忱並音式制反。」漢書高帝紀注引。皆其例也。

民孰敢不輯　音集。爾雅云和也。又側立反，郭思魚反。

承仕按：胥、咠二形隸書形近，每多互譌。郭「思魚反」者，誤從胥聲，本無其字，亦與和集之義不近，故玉篇、廣韻

等皆所不收，唯類篇有「輤」字，「新於切，相和集也」，此本之釋文而誤者。〔箋一二七〕

瞞然慙俯而不對　武版反，又亡安反。字林云目眥平貌。李天典反，慙貌。一音門，又亡干反。司馬本作「憮」，音武。崔本作「撫」。

承仕按：「瞞」又作「憮」、作「撫」者，皆以雙聲通轉。各家音亦相近，唯李軌「天典反」，則讀從典聲，說文：「青徐謂慙曰惧。」〔箋一二八〕

困惾中顙　子公反，郭音俊，又素奉反。李云：困惾，猶刻賊不通也。

「子公」、「素奉」二反讀從㚇聲；郭音「俊」，則讀從夋聲。承仕按：字宜從「夋」，蓋困、悛同屬諄部，疊韻成文以形頌塞礙不通之意。釋文「困」本或作「悃」，悃愊悛止正與窒塞義會，則郭音「俊」是也。又按：類篇、集韻「惾」字並有「先奏」一切，東、侯得對轉，「先奏」、「素奉」二反雖皆可通，然以篇韻證之，知北宋本釋文作「素奏反」，不作「素奉反」。

天下奮棅而不與之偕　音柄。司馬云威權也。李丑倫反。一本作「棟」。

承仕按：李軌音「丑倫反」，疑其字從木、熏聲，蓋所據異本也。〔箋一二九〕說文：「⿰木粤，大木可爲鉏柄。從木，粤聲。」字亦省作「栒」，北山經「繡山其木多栒」注云「木中杖也」。粤聲、熏聲同，李讀雖殊而義與柄近。釋文又云「一本作棟」，疑「棟」即「棅」之形譌。

公孫龍口呿而不合　起據反。司馬云開也。李音袪，又巨劫反。

說文二篇：「凵，張口也。凡凵之屬皆從凵。口犯切」五篇：「凵，凵盧，飯器，以柳作之。象形。凡凵之屬皆從凵。去魚切。」承仕按：飯器之字本由張口引伸。諸子言「呿而不合」、「呿而不吟」，呿即凵口犯切。之孳乳字也。其字在閉口韻，故劫、房、鉣皆從去聲，並讀爲起業切，說文「房」、「鉣」皆從劫省聲，不知劫字本從去聲也。而胠、袪、狂、怯、阹、魼等文舊音大抵有起魚、起業等切，則去聲之字自有兩讀，章章明矣。飯器之凵去魚切即張口之凵，口犯切。本非二文。說文建爲部首，訓爲飯器，則許君之誤違其本真者也。凵爲飯器，經典無聞，笑盧之言，其字自可作去，作笑，因凵音口犯，雙聲轉爲去魚，故許君誤仞爲異文耳。〔箋一三〇〕説互詳禮記「既出則施其扂」條下。

竈有髻　音結，徐胡節反，郭音詰，李音吉。司馬云：髻，竈神著赤衣，狀如美女。

承仕按：史記孝武紀「李少君亦以祠竈、穀道、卻老方見上」，索隱曰：「司馬彪注莊子云『浩，竈神也，如美女衣赤』。李弘範『音誥』。」今以釋文校之，疑「浩」應作「結」，「誥」應作「詰」，皆形近之譌。

而回瞠若乎後者　敕庚反，又丑郎反。字林云直視貌。一音吐哽反，又敕孟反。

諸本同作「又尹郎反」。承仕按：「尹」爲「丑」之形譌，今正之。

女瞳然若新生之犢　敕紅反，郭菟絳反。李云未有知貌。

章先生曰：「『瞳』借爲童昏之『童』，相承亦作『侗』。」承仕按：章説是也。郭「菟絳反」者，讀與戇近，説文：「戇，愚也。」字亦通作「惷」。字林「丑降反」，釋文引。聲類、韻集「丑巷反」，一切經音義引。並與郭音同。

生者喑醷物也　喑，音蔭，郭音闇，李音飲，一音於感反。醷，於界反，郭於感反，李音意，一音他感反。李、郭皆云：喑醷，聚氣貌。

承仕按：「醷」音「於界反」，李音「意」，皆如字讀。郭音「於感反」，一音「他感反」，以今韻校之，部居殊遠。尋説文：「意，從心，音聲。」據繫傳本。宋保曰：「初學記引説文云：『佩，從人，凡聲。』佩在志部，凡在侵部，音相近，猶意、戠二字從音得聲也。」據此，醷從意聲，意從音聲，讀醷「於界反」，則喑、醷爲雙聲，讀醷「他感反」，則喑、醷爲疊韻，故「醷」字郭、李音異而説義同，可知郭非改字矣。然篇韻「醷」字並不收「於感」、「他感」等切。〔箋一三一〕

吾洒然異之　素殄反，又悉禮反。崔、李云驚貌。向蘇俱反。

各本同作「蘇俱反」。承仕按：廣韻「俱」在虞部，韻類不近，尋類篇、集韻「洒」又「蘇很切」，云「驚貌，莊子『洒然異之』」。洒在真部，很在諄部，韻近故得相傳。今本作「蘇俱反」者，「俱」應作「很」，形近之譌也。應據篇韻正。〔箋一

〔三二〕

簡髮而扻　莊筆反。又作「櫛」，亦作「楖」，皆同。郭音節，徐側冀反。

王引之曰：「『扻』當爲『⿰扌次』，即玉篇『⿱次手』字，隸書轉寫手旁於左耳。玉篇：『⿱次手，七咨切，挐也。』此借爲櫛髮之櫛，故音『莊筆反』，而其字以次爲聲，故徐音『側冀反』。」承仕按：王說字從次聲，是也。次在脂部，節在至部，旁轉最近，故即以⿰扌次爲櫛。今釋文本作「扻」者，傳寫誤省，非莊子舊文如是也。〔箋一三三〕以⿰扌次爲櫛，趣于近之而已，不必定爲玉篇之「⿱次手」，⿱次手亦晚出字。

足音跫然　郭巨恭反，李曲恭反，又曲勇反，悚也。徐苦江反，又袪局反。司馬云喜貌，崔云行人之聲。

又「袪局反」，各本並作「袪扃反」。承仕按：潘緯柳河東集音義引莊子釋文作「袪局反」，與類篇、集韻「區玉」一切相應，茲據正。

委蛇攫⿰扌𠂢　攫，俱縛反，徐居碧反，三蒼云搏也，郭又七段反，司馬本作「攫」。⿰扌𠂢，本又作「搔」，素報反，徐本作「⿰扌杀」，七活反，司馬本作「條」。

盧文弨曰：「司馬本作『攫』，不應與上同，或是『玃』字之誤。」承仕按：釋文本作「擢⿰扌𠂢」，司馬本作「攫⿰扌𠂢」，盧說司馬本作「玃」，非也。說文：「擢，爪持也。」音義與攫略同，亦與莊子此文說狙義會。類篇「⿰扌𠂢」字注云「先到切，擢⿰扌𠂢搏也」，「⿰扌杀」字注云「麤括切，擢⿰扌杀搏也」，皆本自釋文，此北宋本釋文作「擢」之切證。郭音「七段反」，「段」應作「叚」，蓋瞿聲、段聲皆屬魚部，故得相切，如作「七段反」，則韻部不相比近矣。〔箋一三四〕「擢」字、「攫」字篇韻並無「七段」、「七叚」諸音。擢⿰扌𠂢之「⿰扌𠂢」即搔之異形，音「素報反」是也。徐本作「⿰扌杀，七活反」，疑其字從手，殺聲。司馬本作「條」，條亦誤形，無可據正。此文「委蛇」疊韻，「擢七叚反⿰扌杀七活反」雙聲，皆言狙爪之工巧捷給耳，古人形頌之詞大抵如此。

猶一覞也　郭薄結反，云割也。向芳舌反。司馬云暫見貌。又甫莅反，又普結反，又初栗反。

章先生曰：「郭以『覞』爲『邲』之借，說文：『邲，宰之也。』宰、割同義。」承仕按：章說是也。「薄結」、「芳舌」、「甫菈」、「普結」各反皆讀從必聲。唯「初栗」一音則韻近而聲紐絶遠，當是譌文；然類篇集韻「覕」字並有「測乙」一切，則舊本已然，無從據正。〔箋一一三五〕

揚而奮髻　徐來夷反，李音須。

承仕按：「來夷反」聲類不近，疑「來」爲「求」之形譌，篇韻「髻」字無他音可證也。各本並失校。〔箋一一三六〕

繚意體而争此　音了，又魯弔反，理也。

各本並作「又魚弔反」。承仕按：「魚」爲「魯」之形殘，茲正之。又按：假繚爲料，亦得訓理，然文義不相應，疑「理」字譌。

朱泙漫　李音平，郭敷音反，徐敷耕反。

承仕按：「敷音反」，音在侵部，韻部較遠，篇韻亦不收此切，疑音字譌。各本並同，無可據正。

其道舛駁　川兖反，徐尺允反。

文選魏都賦「謀踳駁於王義」，張載注引莊子作「其道踳駁」，李善注引司馬彪曰「踳讀曰舛，舛，乖也」。承仕按：舛、踳音義並同，自司馬彪、張載以訖李善所見莊子，似皆作「踳」不作「舛」，故唐明皇孝經序云「踳駁尤甚」，即用莊子此語也。今釋文作「舛」者，疑傳寫者所輒改。〔箋一一三七〕

——以上莊子音義

諏　子須反。

盧文弨曰：「毛本『諏』譌『趣』，官本『子須』作『子頭』，係妄改。」承仕按：諏從取聲，本屬侯部，「子頭反」亦是也，廣韻無此音，而類篇、集韻並有「將侯」一切。盧説爲妄改，失之。

顩　魚毀反，沈五罪反，孫、郭五果反。

通志本作「孫、郭『五鬼反』」，盧文弨據宋本改作「五果反」。承仕按：顩屬支部，果屬歌部，音多通轉，則宋本近是。然類篇「顩」字僅列「五委」「五賄」二切，是司馬光等所見釋文作「五鬼反」，不作「五果反」。〔箋一三八〕

餤　沈大甘反，徐仙民詩音閻，餘占反，郭持鹽反。

詩巧言「亂是用餤」釋文云「沈旋音談，徐音鹽」，與此相應。郭音「持鹽反」，各本並同。承仕按：「持」字誤也。釋文序録曰：「世變人移，音譌字替。徐仙民反『易』爲『神石』，郭景純反『餤』爲『羽鹽』，若此之儔，今亦存之音内。」據此，則「持鹽反」爲「羽鹽反」之譌矣。類篇「餤」字注云徒甘切，進也。此本之沈旋音。又余廉切。此本之徐邈音。又於鹽切。疑此切即本之郭璞音。類篇「於鹽」一切校「羽鹽反」又不相應，疑「於鹽切」之「於」爲「于」字聲近之譌。然則爾雅釋文「持鹽反」，「持」應作「羽」，類篇「於鹽切」，「於」應作「于」，如是，乃與釋文序録所説相應。承仕前撰經籍舊音序録，以「持鹽」與「大甘」音近，或非傳寫之誤；爾雅釋文與釋文序録所引不同者，疑德明誤記耳。今以篇韻證之，知前説非也。近檢周春十三經音略謂「持鹽反」爲澄、定隔，標出切與承仕舊説同。

玄黄劬勞　土于反。

各本同作「土于反」。承仕按：「土」聲不近，定是譌文。釋文「劬」字大抵爲「其俱」、「求于」等反，此作「土」，不審爲何形之誤。〔箋一三九〕

倫勩卬敕　本又作「飭」，並恥力反。案説文、字林，來旁作力，是勞來之字；束旁作攵，是始，音丑力反。

承仕按：説文：「敕，誡也。從攴束。」字林亦作「敕」，並會意字，與勞勑字形近，書或誤作「勑」。易噬嗑「君子以明罰勑法」釋文云：「勑，恥力反，此俗字也，字林作『勅』。鄭云：勑猶理也。一云整也。」理、整、治同意，此云「束旁作文是始」，「始」應作「治」，形近之譌也。

尼定曷遏　施女乙反，謝羊而反。釋詁。　尼定也　本又作「昵」，同。女乙反，謝羊而反，顧奴啟反。下同。

釋詁。　尼居息也　女乙反，謝羊而反，又奴啟反。釋訓。

承仕按：説文：「尼，從後近之。從尸，匕聲。」「仁，親也。從人二。古文或作𡰥。」孝經「仲尼居」釋文：「女持反。又音夷，字作𡰥，古夷字也。」據此，則尼、仁、𡰥、夷四字，其聲則真、脂對轉，其義則並訓爲親近，蓋皆一文所孳乳也。施乾讀如字。而謝嶠所見本疑並作「𡰥」，與夷同音，合音「羊脂反」。其作「羊而反」者，當時脂、之已不能明辨，作音諸家每多錯互耳。〔箋一四〇〕

呰　子爾反，或子移反，郭音些。案廣雅：「些，辭也。息計反，又息賀反，謂語餘聲也。」

鄭珍説文新附考曰：「呰是些之古字，集韻『些』、『呰』同列，注云『見楚辭，或從口』，尚識古字耳。」承仕按：些者，呰形之殘，本是一字。廣雅曹憲音「先計反」，即此所引之「息計反」也，脂旁轉歌，又音「息賀反」。廣雅訓辭，此文訓此，義亦相近。今以些爲少者，説文作「𡞲」，爾雅作「佌」，並從此聲得義，不必定有正字。〔箋一四一〕

摸　亡各、模胡二反。

各本同作「樓胡」反。承仕按：「樓」爲「模」之形譌，玆正之。

佻偷也　他雕反，郭厝了反。

承仕按：郭音「厝了反」，了在上聲，自得相轉；唯厝屬清紐，聲類不近，即篇韻亦無相類似之音，疑「厝」爲「度」之形譌。各本並誤，無可據正。〔箋一四二〕

氂罽也　力知反，又力才反。李本作「毳」，昌鋭反。

各本同作「吕鋭反」。承仕按：「吕」爲「昌」之形譌，玆正之。

賑富也　之忍反，又之人、之刃二反。字林云富也，丑引反。

各本同作「刃引反」。任大椿字林考逸改作「丑引反」。承仕按：「丑引反」是也，類篇亦有「丑引」一切，即本之字林。

䠊刖也　本亦作「剕」，同。扶味反，又枝迷反。刖足曰剕。

各本並作「枝迷反」。承仕按：「枝」字當爲「扶」之形譌。然篇韻「剕」、「䠊」字皆無平聲，疑宋本釋文已誤矣。

洸洸糾糾　古皇反。舍人本作「僙」，音同。

各本同作「女皇反」。周春曰：「『女』應作『古』。舍人本作『僙』，班固十八侯銘作『𣢾』，音並同。」承仕按：周改「女」爲「古」是也。詩江漢「武夫洸洸」釋文音「光」，是其證。班固文作「𣢾」，不知所從。班固十八侯銘見古文苑。〔箋一四三〕

怟怟惕惕　郭徒啟反，與愷悌音同。顧舍人渠支反，李余之反。怟怟，和適之愛也。

翟灝爾雅補郭謂字當從「氐」，訓悶。嚴元照則據説文謂字應從「氏」。承仕按：氏屬支部，氐屬脂部，古音有異，而舊籍傳寫每多互譌，作音諸家亦未能明辨也。郭讀從氐聲，故與「愷悌」同音。野王讀從氏聲，故音「渠支反」。李巡訓爲和適之愛，據邢昺疏，知釋文此語即出於李巡。後來作音者以李説與怡怡義近，遂讀爲「怡」，以附會之。實則台聲屬之部，與氏、氐聲並相遠，李不改字，則「余之」一反未必定符李意也。〔箋一四四〕

哀哀悽悽　郭本或作「萋」，同。七兮反。

各本同作「古兮反」。承仕按：「古」爲「七」之形譌，茲正之。

悲苦征役　如字，又丘故反。釋訓。　宮中衖謂之壼　本或作「壸」，苦本反。郭、吕並丘屯反。或作「𡍗」。釋宮。

承仕按：各本「丘故反」、「丘屯反」，「丘」並誤作「立」，茲正之。

儵儵嘒嘒　郭「徒的反」。顧「舒育反」。樊本作「攸」，引詩云「攸攸我里」。

郝懿行曰：「『儵』與『倏』形相亂，儵、倏音同，又俱從攸聲，故假借通用。郭以『儵』爲『踧』，故音『徒的反』，非也。」

承仕按：攸聲、叔聲皆古幽部字，今音亦入錫部，如叔聲之寂、由聲之迪、周聲之倜、條聲之滌皆其比，儵反「徒的」，自與音理相會。郝説郭爲改字，失之。〔箋一四五〕

祟讒慝也　謝切得反，諸儒並女陟反，言隱匿其情以飾非。

各本同作「切得反」。承仕按：謝如字讀，合音「土得反」，今作「切」，疑傳寫之譌。各家並失校。

猶今云饎饌　乳戀反。

各本同作「乳戀反」。承仕按：「乳」字定誤，無可據正。〔箋一四六〕

徒搏也　逋莫反，郭音付。

各本同作「連莫反」。承仕按：「連」爲「逋」之形譌，兹正之。

殿屎呻也　丁練反，下虚伊反。或作「敜吹」，又作「㰻𣢔」，説文作「唸吚」。郭音香維反。又上音丁念反，下許利反。

説文字作「唸」，釋文或作「敜」，毛詩、爾雅字作「殿」，釋文或作「㰻」。承仕按：殿屬諄部，念屬侵部，韻部絶遠，而舊時閒有通叚。字林音「看」爲「口甘反」，其比略同。〔箋一四七〕

見埤蒼　課移反。

各本同作「課移反」。承仕按：「課」字定譌，無可據正。〔箋一四八〕

甂甈也　力斛反。

通志本作「力竹反」。盧文弨曰：「宋本作『力解反』，『解』乃『斛』之譌。舊作『力竹反』，非。」承仕按：盧校是也。舊本作「力竹反」，與「力斛」同，蓋因校者以「力解反」不可通，故改「解」爲「竹」。〔箋一四九〕

斛謂之䥯　斛，郭云古鍬字，並七遥反。䥯，本或作「𨪏」，郭云古鍤字，並楚洽反。

郭注云「皆古鍬鍤字」嚴元照曰：「説文斗部引爾雅曰：『斛謂之疀，古田器也。』又甾部：『疀，古田器也。』郭注『古鍬鍤字』者，猶云古田器名。釋文誤解郭注，以『斛』爲古『鍬』字，『疀』爲古『鍤』字，非也。説文『疀』在甾部『鍤』在金部，義訓各殊，豈得以『疀』爲古『鍤』字乎？」承仕按：嚴説失之。釋文引郭注是也。兆聲屬宵部，秋聲屬幽部，旁轉最近；疌聲、臿聲則同屬緝部，聲韻大同，明是一文，無可疑者。疀在甾部，鍤在金部，此由因物賦形，質殊而爲用則一，字例若此者衆，何緣不能相假乎？又按：類篇、集韻「疀」字注云「千結切，爾雅『斛謂之疀』沈旋讀」。據此，則北宋本釋文此條當有沈旋音，今本或傳寫誤奪，或後人妄删去之。丁度、司馬光等亦不得見沈旋爾雅集注，「千結」一音，疑其采自釋文或别有所本，今已不能質言矣。

繴謂之罿　郭卑覓反，孫芳麥反，或彼麥反。

承仕按：文選西都賦「撫鴻罿」李善注曰「爾雅『繴謂之罿』郭璞曰『繴音壁』」，與「卑覓反」同。

衿謂之袸　又音紟，郭同，今、鉗二音，顧渠鳩、渠金二反。

承仕按：「渠鳩」反，「鳩」爲「鴆」字形近之譌。「又音紟」，「音」字疑應作「作」。〔箋一五〇〕此條文有譌奪，各家並失校。

食饐謂之餲　於器反。葛洪音懿，釋云饐，餿臭也；餿，色留反。字林云飯傷熱濕也，央例、央冀二反。

論語「食饐而餲」釋文引字林「央莅」、「央冀」二反。承仕按：莅、冀同韻類，不得分爲二音；此引作「例」，是也。論語釋文作「莅」者，疑聲近之譌。〔箋一五一〕

有骨者謂之臡　本又作「䐑」，同。奴黎反。字林作「腝」，音人兮反，謂有骨醢也。

段玉裁曰：「説文本作『腝』，『臡』字後人所益。」承仕按：耎聲、難聲皆屬寒部，故相通假，寒、歌對轉，歌、脂旁轉，故有「奴黎」、「人兮」之音。〔箋一五二〕篆韻譜、集韻等皆「腝」、「臡」同列，唯廣韻有「臡」無「腝」。

鬵鉹也　昌紙反。

承仕按：太平御覽七百五十七引郭注云「涼州呼鉹音移」，此「音移」二字當是舊音，類篇集韻並云：「鉹，又余支切，涼州呼甑爲鉹。」即本之爾雅郭注。

美者謂之鐐　力彫反。説文云白金也。字林力召反，云美金也。

承仕按：文選景福殿賦「鐐質輪菌」李善注曰：「爾雅『美者謂之鐐』，郭璞曰『音遼』。」今本釋文「力彫反」與「遼」音同，蓋郭音即當時承用之音，故德明不别出主名。〔箋一五三〕

決之以金銑者　作玦反。〔箋一五四〕

盧校沿通志本作「作玦反」。承仕按：注疏本注文作「玦，釋文本作『決』」，則「作玦反」三字爲「本作玦」之譌。

大篪謂之沂　郭魚斤反，又魚靳反。李、孫云篪聲悲，沂，悲也。或作「齗」，又作「簛」，音宜肌反。

承仕按：斤聲本屬諄部，「魚斤」、「魚靳」二反是也。對轉脂則音「宜飢反」。李巡、孫炎並云：「沂，悲也。」蓋以疊韻釋之，説文：「昕，從日，斤聲，讀若希。」是其比。〔箋一五五〕

在壬曰玄黓　余職反。　在午曰敦牂　子郎反。　在申曰涒灘　涒，湯昆反；灘，本或作「攤」，郭敕丹、敕旦二反，字林大安、他安二反。　在酉曰作噩　本或作「咢」，同五各反。漢書作「詻」，韋昭音圻堮。案：聲類：詻，音五格反。

承仕按：御覽十七引爾雅「玄黓」郭璞音「翼」，「敦牂」郭璞音「子郎反」，「涒灘」郭璞音「湯昆反、湯干反」，「作噩」孫炎音「愕」，與釋文稍有異同，疑其别有所本。

三月曰病　本或作「窉」字，同。郭孚柄反，又況病反，又匡詠反，李陂病反。

承仕按：集韻以「況病切」爲「孫炎讀」，以「丘詠切」爲「郭璞讀」，疑宋人所見釋文異於今本。

一成坯　或作「伾」。備悲反，又備美反，沈五窟反，韋昭音軯。説文作「坏」。

陳壽祺曰：「『五窟反』與坯音絶遠，尚書釋文『伾，徐扶眉反，又敷眉反』，『窟』蓋『眉』字之誤。韋昭音當出漢書音義，尚書釋文引作『音𩐍』，爾雅釋文誤作『䡊』，集韻因列此字，引爾雅『一成曰䡊』，真重㞕貤繆也。」左海經辨下。承仕按：陳說韋音「𩐍」，是也。謂沈「五窟反」，「窟」應作「眉」，形既不近，無緣相亂；且「五」字聲類絶殊，亦與坯音不相比附。今謂不、弗同字，廣韻收入物部，是坯字亦與屈聲爲韻，然則沈旋反語「窟」字不誤，唯「五」字誤耳。其反語上字當在滂、並、敷、奉閒，究爲何形之譌，則莫能輒斷矣。而類篇、集韻「坯」、「伾」字並有「五忽」一切，云「爾雅沈旋讀」，是北宋本誤與今本同。〔箋一五六〕

山小而高岑　吉金反，字林才心反。

盧本沿通志本作「吉金反」。承仕按：吉、金同紐，不得作切，蓋「吉」爲「士」字形近之譌。類篇、集韻有「才淫」、「鉏簪」二切，正相應。〔箋一五七〕

今在馮翊夏陽縣西北臨河上　河，或作魚依反。

各本並同。盧文弨曰：「以『魚依』之音考之，或是『畸』字。」承仕按：盧說非也。以聲類求之，應云「河或作『沂』」，然沂爲青州之浸，與梁山晉望邈不相接，疑爾雅郭注「臨河」本誤作「臨沂」，德明不審而誤爲之音。〔箋一五八〕

瓠棲瓣　苻莧、苻閑二反，謝力見反。郭云瓠中瓣也。字林云瓜中實也，父莧反。

承仕按：瓣從辡聲，與「力見反」聲類稍遠，然自六朝迄唐，此字自有「力見」一音。〔箋一五九〕文選祭古冢文「水中有甘蔗節及梅李核瓜瓣」李善注云：「說文曰『瓣，瓜中實也』，白莧切，一作『辮』字，音練，『瓣』與『練』字通。」此由當時行用練音，故言古謂瓜瓣即今語之瓜練也。廣韻有「𤬪，郎甸切」，注云「瓜𤬪」，此則後出字。

菮蒵　亡符反，讀者或常制反，又户耕反。

承仕按：「菮蒵」本草作「無夷」，「亡符反」是也。讀「常制反」者，以形近誤仞作「筮」；讀「户耕反」者，以形近誤仞作「莖」。

其實媞　尼兮反。

承仕按：「媞」字篇韻並無「尼兮」一切。德明作音，大抵與切韻同，則「尼」爲誤字明矣。〔箋一六〇〕尋邢疏本直音「堤」，影宋圖注本直音「堤」，曾燠刊本。其序稱所附直音即毋昭裔音略，亦無明證。釋文此音當亦相近。御覽九百九十七引作「大兮反」。

莎蒨　弋垂、徂規二反。廣雅云蕣也，又云地毛莎蒨也。本或作「蓨」，他狄反。

通志本作「弋垂反」，盧文弨校本改「弋」爲「戈」。承仕按：曹憲廣雅音「弋箠反」，廣韻「悅吹切」，舊作「弋垂」是也。盧校大謬。

莙牛藻　其隕反，孫居筠反。

説文：「莙，牛藻。从艸，君聲，讀若威。」顔氏家訓引音隱「塢瑰反」。承仕按：莙从君聲，君从尹聲，段玉裁説「尹亦聲」，宋保説「從口，尹聲」，並通。本屬諄部，對轉脂則讀若「威」。説文音隱「塢瑰反」者，隱依説文讀若而爲之反語也。下文「蕍芛」釋文云「顧野王『羊述反』。樊光本作『葦』」，與此同比。

蕨攈　亡悲反，孫居郡反，又居羣反。〔箋一六一〕

錢大昕曰：「説文無『攈』字，當用孫音攈而作『攈』字，凡草木之名多取雙聲，『蕨攈』亦雙聲也。」承仕按：草木之名多取雙聲，誠如錢説，然名聲相依，本無正字，撰述箋注者隨應立文，已不定與説文相應；又以展轉移寫，譌俗滋多，增省偏旁，詭更正體，此徵之漢魏南北朝碑銘及唐人寫本而益信者也。是故釋文本作「攈」，安知其原不作「麇」？孫讀作「攈」，安知其原不作「麇」？即不得以説文之有無定形體之正乏矣。篇中所有異文悉宜以是通之。

可以爲繩索履屩也　大略反。

各本同作「大略反」。承仕按：屩、大聲類不近，疑「大」爲「九」之形譌。盧文弨、邵晉涵等並失校。

藨麃　藨，謝蒲苗反，或力驕反，孫蒲矯反，字林工兆反，顧平表、白交、普苗三反。

承仕按：平、蒲、白屬並紐，普屬滂紐，並相近；唯「力驕」、「工兆」二反聲類絶遠，蓋「力」應作「方」，「工」應作「平」，皆形近致譌。〔箋一六二〕（後檢周春十三經音略與余説略同。）下文「猋藨芀」釋文云「郭方驕反，謝苻苗反，一音皮兆反」。彼之郭音，即此之或音；彼之謝音，即此之謝音；（「符苗」、「蒲苗」二反同音。）彼之一音，即此之字林音。（「皮兆」、「平兆」二反同音。）此爲「方」譌作「力」，「平」譌作「工」之切證。然類篇「藨」字有「舉天」一切，似以釋文字林音爲據，則北宋本釋文亦誤作「工兆反」，自宋訖兹，校者並莫能正也。

魄榽橀　兮計反，又音奚。

盧文弨曰：「似當作『計兮反』，讀杜詩者俱音溪。」承仕按：篇韻「榽」字並有「胡計」一切，與「兮計」同，蓋平去相轉之常例也。此字本無「計兮」一音，即溪字亦不音「計兮反」，盧説大謬。

棫白桵　本或作「棱」。字林人隹反。

嚴元照曰：「説文有『桵』無『棱』，然此字實當從委，妥讀他果切，此則人隹切，妥非聲也。」阮元説同。〔箋一六三〕承仕按：嚴、阮説非也。妥聲、委聲同屬歌部，歌旁轉脂，則音「人隹反」，韻書此例不可勝原。妥、委雖形近易譌，然不得以「人隹」之音輒定其字從委。

桑辨有甚　音甚。説文云桑實也。本或作「椹」，非。字林式忍反。

承仕按：字林「式忍反」，「忍」字韻部絶遠。詩「食我桑黮」釋文云「説文、字林皆作『椹』，時審反，桑實也」。據此，則「式忍」之「忍」定是譌文，猶釋畜「角三觠羷」釋文引謝嶠「許簡反」，「簡」爲「檢」之譌也。〔箋一六四〕尋篇韻「葚」字、「羷」字亦無奇觚之音，可爲「忍」是誤文之證。

木相磨㮇　魚逝反，郭云魚逝、魚例二反。

承仕按：陳澧切韻考以逝、例爲同韻類，則郭二反同矣。疑「例」爲「列」之形譌。〔箋一六五〕

蛂蟥蛢　謝音弗，沈符結反，字林大替反。

承仕按：字林「大替反」，大屬定紐，與脣音異類。任大椿以「大」爲「夫」之形譌，近之。〔箋一六六〕蚑音「夫替反」者，猶閉字有「方結」、「必計」兩音也。然類篇、集韻「蚑」字並有「大計」一切，則舊本釋文已誤同今本矣。

似蝗而大腹　華孟反，下同。字林音皇，説文榮庚反，范宣禮記音音横。聲類、韻集並以「蝗」協庚韻。

承仕按：説文「榮庚反」，榮、庚同在廣韻庚部，則「榮庚反」與直音「榮」何異？且韻書字書亦無類似之音，唯類篇、集韻有「爲命」一切，似本諸此。則「榮庚反」「庚」疑應作「更」，未可知也。〔箋一六七〕禮記月令「則蝗蟲爲災」釋文云「徐邈華孟反，范音横，字林音黄」，黄、皇音同。又按：釋文謂「聲類、韻集並以『蝗』協庚韻」，疑「庚」是韻目之名，自李登以訖法言相承無改。蓋德明當時通呼蝗華孟反，故爲月令及爾雅釋文並以「華孟」爲首音，而舊來韻書唯有庚部一音，故申言之，以著古今之異。

長踦　郭云音崎嶇之「崎」，秩宜反。字林巨綺反，或居綺反。廣雅云：踦，脛也。字從足虫旁作者非。

各本同作「秩宜反」。承仕按：崎嶇之崎應作「起宜反」，「秩」字疑爲「祛」之形譌，别無顯證，不能輒改。〔箋一六八〕

鱊鮬　郭音步，字林丘于反，施蒲悲反。

承仕按：鮬從夸聲，郭音「步」，字林「丘于反」，韻部比近。施乾「蒲悲反」者，蓋魚部字多轉入支，如猰貐字音于彼反，華轉作葩，亦音于彼反也。施反「蒲悲」，則彼時支、脂聲近之譌。〔箋一六九〕

蠑螈　音原。字林作「蚖」，五丸反，云：蠑蚖，蛇醫也。説文同。

承仕按：玄應一切經音義卷六及卷十、慧琳一切經音義卷二十七並引字林「五官反，蛇醫也」。據此，知昔人轉引舊音不必悉檢本書，其反語異同，非盡由傳寫之譌。

鵧鷑　謝苻悲反，郭力買反，苻尸反，字林父隹反。

各本同作「力買反」。承仕按：「力」爲「方」之形譌，類篇、集韻有「補買」一切，是其證。〔箋一七〇〕

鵜　大兮反。

郭注云「今之鵜鶘也，俗呼之爲淘河」。玄應音義十七云「中國言掏河，江南言鵜鶘。『鵜』或作『鴺』。郭璞注三蒼曰黎，大兮反」。承仕按：慧琳轉引玄應此文，作「郭璞注三蒼曰音黎，又大奚反」，是也。蓋『鵜』字或作『鵹』，東山經「沙水其中多鵹鶘」，郭音「黎」，是其證。又詩候人正義引陸璣疏曰：「羣共抒水，滿其胡而棄之，令水竭盡，魚在陸地，乃共食之，故曰『淘河』。」承仕按：鵜鶘、陶河雙聲相轉，非有異義，舊音本爲淘河，至郭璞時形聲雖已變遷，而方語相承猶依古讀，故郭璞所謂俗呼實即舊音之未變者耳。漢書司馬相如傳「揭度九江越五河」，晉灼謂「五河」即「五湖」。淮南説山訓「譬若樹荷山上」，高注云：「荷讀如燕人强秦言胡同也。」是昔人胡、河同讀之證，陸璣以還，不明音轉之故，望文生訓，胥失之矣。（今江浙閒人胡、何猶多一讀，唯聲紐誤與烏同。）〔箋一七二〕

鸅鸅　毛詩傳作「洿」，同，音烏。郭火布反。

承仕按：毛詩傳作「洿澤」，釋文云「音烏，一音火故反」。彼之一音，即此之郭音。

嶲周　户圭反。

承仕按：文選七命「鷰髀猩脣」李善注曰：「呂覽『嶲鷰之髀』。孫炎爾雅注曰：『嶲，胡圭切。』」「户圭」、「胡圭」音同。今釋文不引孫音者，以孫音與見行音同，無取旁證，故不具出耳。然則孫炎反語爲德明所不録者不僅此一事矣。詩燕燕于飛正義云「爾雅『嶲周，燕燕，鳦』，孫炎云『別三名』」。據此，則文選注「胡圭切」三字上當有脱文，猶辨命論「天地板蕩」李注引「詩『上帝板板』，毛萇曰『杯晚切』」，切語上有脱文，其比正同。

戴鵀　本亦作「紝」。女金反。施没沁反。方言云：「戴鵀，一名戴南，一名戴勝。」

各本同作「没沁反」。承仕按：「没」爲「汝」之形譌，類篇、集韻有「如鳩」一切，是其證。

牡蘿　字林子丸反。

各本同作「子丸反」。周春改「子」爲「呼」；諸可寶校字林考逸，改「子」爲「于」。承仕按：周校形不近，諸校聲不

近，並非也。蓋「子丸反」爲「乎丸反」形近之譌，篇韻有「胡官」一切，是其證。〔箋一七二〕

臯羊也　九堯反。

盧校依通志本作「力堯反」。承仕按：「力」爲「九」之形譌，茲正之。

鼣　字或作「鼥」。苻廢反。舍人云其鳴如犬也。

中山經「倚帝之山有獸焉，其狀如鼣鼠」，郭注「音狗吠之吠」。承仕按：郭彼音與此同，字應從犮聲。今本爾雅、山海經及玉篇、廣韻等字並從犬，違失六書；唯類篇、集韻「鼣」、「鼥」同列，是也，應據正。舍人説鼣鳴狀，不關字形。〔箋一七三〕

駮如馬　方角反。山海經云可以御兵。

盧校依通志本作「力角反」。承仕按：「力」爲「方」之形譌，茲正之。

青驪騆　詩音及呂忱、顔延之、荀楷並呼縣反，郭火玄反，謝、孫火縣反，顧胡畎反。

盧校本作「犬縣反」，通志本作「火縣反」。承仕按：類篇、集韻並有「犬縣」之音，而玉篇止列「胡見」、「火涓」、「許銜」三切，疑應作「火縣反」，而篇韻所據則誤本也。〔箋一七四〕章先生音理論引孫炎反語以「苦穴」、「犬縣」、「虚貴」、「去貧」爲同類。今按：「犬縣」合作「火縣」，「虚貴」乃虚無之虚，非丘虚之虚，「虚貴反」乃釋詁「肆」字音。如是則火、虚同屬曉紐，苦、去同屬溪紐，非同類。

陰白雜毛駰　字林乙巾反，郭央珍反。今人多作因音。

承仕按：廣韻：「因，於真切。」「𪟝，於巾切。」陳澧以爲兩類。釋文説「今人多作因音」，蓋以郭音爲世所行之音，而字林則舊音也。

即犪牛也　巨龜反。字林云牛柔謹也。顧如小、如照二反。

承仕按：犪牛、犂牛疊韻爲訓，「巨龜反」是也。吕義、顧音其字從夒，非此所用，釋文誤引，失之。

長喙獫　力驗反。字林力劍反，吕力冉反，郭力占、況儉二反。

通志本、盧本、邵本並作「郭九占、沈儉二反」，九屬見紐，沈屬澄紐，聲類殊遠。承仕按：「九」應作「力」，「沈」應作「況」，皆形近之譌。類篇有「離鹽」、「虚檢」二切，正與郭「力占」、「況儉」二反相應，兹正之。

獥獢　許謁反。字林作「猲」，火遏反。

盧本沿通志本作「大遏反」，任大椿考逸改作「犬遏反」。承仕按：應作「火遏反」，篇韻列「許竭」、「許葛」二切，正與釋文相應。

——以上爾雅音義

卷四

史記裴駰集解、司馬貞索隱

歙吴承仕學

鯫生説我　徐廣曰：「鯫音士垢反，魚名。」駰案：服虔曰：「鯫音淺鯫，小人貌也。」集解。

漢書張良傳「鯫生説我」，服虔曰：「鯫，音七垢反。鯫，小人也。」師古曰：「服説是也。音才垢反。」承仕按：「淺鯫」者雙聲連語，服虔音「淺鯫」之「鯫」。〔箋一七五〕師古注漢書，知服虔讀「鯫」與「淺」同紐，故擬其音而反爲「七垢」。廣韻「鯫」有「七逾」一切，注云：「淺鯫，小人不耐事貌。」蓋即約漢書服虔説而引申之。今本漢書注作「鯫，小人也」，文有誤奪，應云「淺鯫，小人貌也」，始與裴駰所引相應。王先謙漢書補注謂「小人」應作「小魚」，不檢裴解，實爲大謬。

烏江亭長檥船待　徐廣曰：「檥音儀。一音俄。」駰案：應劭曰：「檥，正也。」孟康曰：「檥音蟻，附也，附船著岸也。」如淳曰：「南人謂整船向岸曰檥。」集解。

「檥」字服、應、孟、晉諸家各以意解耳。鄒誕生作「樣船」，「以尚反」，劉氏亦有此音。索隱。

承仕按：禮樂志「靈禗禗象輿轙」，孟康曰：「轙，待也。」如淳曰：「僕人嚴駕待發之意也。」整船之字作「檥」，或又作「艤」，嚴駕之字作「轙」，並從義聲，音義大同。應劭訓正與如淳訓整同意。鄒誕生、劉伯莊本形近誤作「樣」，乃據誤爲音；司馬貞從之，非也。清武英殿本作「樣」，金陵書局本作「漾」，尤非。説文：「檥，榦也。」段玉裁注云：「檥船者，若今船兩頭植橋爲系也。」徐灝箋云：「繫船近岸必置杙，杙即榦也，故史記謂之『檥船』。」今謂字從義聲，自有整正之義，如釋爲「植橋」、「置弋」以附會説文「檥、榦」之訓，然則嚴駕曰「轙」，將何説哉？段、徐望文生訓，蓋皆失之。〔箋一七六〕

泗川守壯敗于薛走至戚　如淳曰：「壯，名也。戚音將毒反。」集解。　晉灼云「東海縣也」。鄭德、包愷並如字讀。李登千笠反。索隱。

張文虎史記札記曰：「『李登千笠反』，『笠』疑應作『竺』。」承仕按：「笠」在緝，韻部不近，張校作「竺」，近之。類篇「戚」字有「趨玉」一切，與李登音略相應。〔箋一七七〕

沛公還軍亢父　鄭德曰：「亢音人相亢答，父音甫。屬任城郡。」集解。

承仕按：廣雅：「亢，當也。」曹憲音「抗」；鄭音「亢答」，亢答猶今言對抗矣。索隱引包愷、劉伯莊同「苦浪反」，與亢答之「亢」音同。

高祖已擊布軍會甀　駰案：漢書音義曰：「會音儈保，邑名。甀音直僞反。」集解。

漢書高紀「上破布軍于會缶」，孟康曰：「音儈保，邑名，屬沛國蘄縣。」蘇林曰：「缶音垂。」師古曰：「會音工外反。缶音丈瑞反，蘇音是也。此字本作『垂』，而轉寫者誤爲『缶』字耳，音保非也。」黥布傳正作『垂』，明其不作『缶』也。」承仕按：漢書多古文，「甀」省作「垂」，形近或誤作「缶」，是也。〔箋一七八〕然師古以音保爲非，則誤讀舊注矣。尋裴駰引漢書音義，即孟康説，孟云「會音儈保」者，謂「會」音「儈保」之「儈」，儈保猶言庸保，疑當時自有此通語也。裴解於會字承用孟康音，甀字則自下反音，分別甚明。漢書孟注音「儈保」上誤奪一「會」字，師古誤讀舊注，遂謂孟康以「儈」音「會」，以「保」音「垂」，失之。史記索隱所言，則又襲師古之誤説耳。

敬侯彭祖元年　漢表：彭祖姓秘，音轡。韋昭音符蔑反，非也。今檢史記諸本並作「秘」，今見有姓秘者。索隱。

漢表「戴敬侯祕彭祖」，師古曰：「今見有祕姓，讀如祕書，而韋昭妄爲音讀，非也。」承仕按：祕從必聲，兵媚、符蔑二反一聲之轉，韻書必聲字亦多去入兩收，顏師古、司馬貞以韋音爲非，失之。

嶽𡸣山　徐廣曰：「𡸣音先許反。」集解。

郊祀志作「嶽壻山」，蘇林曰：「壻音胥。」韋昭曰：「音蘇計反。」師古曰：「韋説是也。」承仕按：「𡸣」者，「壻」之譌文，玉篇、切韻並無此形，亦無「先許」之音。疑「先許反」應作「先計反」，字之誤也。類篇、集韻云：「𡸣，寫與切，山名。」則北宋本已與今本同矣。〔箋一七九〕

乃斷二渠以引其河　斷，漢書作「釃」，史記舊本亦作「灑」，字從水。按韋昭云：「疏決爲釃字，音疏跬反。」斷即分其流、泄其怒是也。索隱。

漢書溝洫志「斷」作「釃」，顏師古音「山支反」，不引韋音。文選難蜀父老「灑沈澹災」李善注引韋昭曰：「灑，史紙切。」顏注漢書音「所宜反」，亦不引韋音。承仕按：斷、釃、灑並訓爲分，音近義同，韋音不宜岐互。跬、紙雖同屬紙部，而陳澧以爲異韻類。李善、司馬貞所引不同者，則由隨意用字，得其大體近之而已，固不悉檢本書也。

留蹛無所食　留蹛無所食，蹛音迭，書局本作「音逝」。謂貯也。韋昭音滯，謂積也。又按：古今字詁：「蹛，今滯字。」則蹛與滯同。按：謂富人貯滯積穀，則貧者無所食也。索隱（金陵書局本）。

承仕按：漢書武紀元朔六年録此詔，作「受爵賞而欲移賣者無所流貤」十二字，此云「留蹛無所食」者，蓋約詔文而易其詞，亦謂留蹛爵賞無所轉賣以接衣食，非史記有誤文也。梁玉繩史記志疑引盧文弨説，謂史記此處有誤，失之。韋昭止爲漢書作音義，今漢書既無此文，則索隱所引「韋昭音滯」云云，果何所從録哉？又玄應一切經音義卷五「須𧃍天」引漢書「韋昭音徒計反」，「徒計」與音「滯」同。尋本書下文有「蹛財役貧」一語，漢書食貨志亦有之。汲古閣本作「蹛」，殿本作「滯」，疑是後人校改。疑韋昭本爲此語作音訓，玄應、司馬貞所引蓋出於此書，局本索隱音「迭」，殿本音「逝」，以篇韻所列重音證之，書局本近是。〔箋一八〇〕又按：梵語「須𧃍」華言「善見」，玄應引韋昭反語以明「𧃍」字之音，於須𧃍義無涉。

而姦或盜摩錢裏取鎔　徐廣曰「音容」。呂静曰「冶器法謂之鎔。」集解（清殿本）。

錢大昕考異曰：「徐説非也，『鎔』當作『鋊』，説文：『鋊，銅屑也，讀若浴。』漢志正作『鋊』，臣瓚以爲『摩錢漫面以取其屑』，是也。」承仕按：錢説非也。容字本從谷聲，東、侯對轉，則鋊字音「容」未爲大誤，史記自假「鎔」爲「鋊」耳。唯裴駰誤仞「鎔」爲本義，故引呂静「冶器法」以釋之，則與「摩錢取鋊」義不相應矣。以裴解引呂説證之，知裴所見本自作「鎔」，書局本據漢書改作「鋊」，説義自通，轉失裴本之舊。

北伐山戎離枝孤竹　地理志曰：「令支縣有孤竹城。」疑「離枝」即「令支」也。令、離聲相近，應劭曰「令音鈴」，鈴、離聲亦相近，管子亦作「離」字。集解。

承仕按：地理志「令支」應劭曰：「故伯夷國，今有孤竹城，令音鈴。」宋庠國語補音於「令支」字引應劭漢書音「郎丁反」，即改直音爲反語，非别有所本也。又按：令在清部，離在歌部，雙聲亦得相轉。

洙泗之間齗齗如也　徐廣曰：「地理志云：俗既薄，長老不自安，與幼者相讓，故曰『齗齗如也』。齗，魚斤反，東州語也。蓋幼者患苦長者，長者忿愧自守，故齗齗争辨所以爲道衰也。」集解。

説文：「齗，齒本肉也，從齒斤聲。」段玉裁曰：「彼此争辭露其齒本，故曰齗齗。」承仕按：段説非也。説文又有「狋」字，從斤聲，體或作「狺」，揚子法言又作「訔」，同有鬭争之義，並音「語斤反」。此類形頌之詞，只取聲同，本無定字，史記作「齗」亦其一例，不必由齒本引申也。〔箋一八一〕又集解引徐音「語斤反」，索隱作「五艱反」。廣韻「斤」在欣部，「艱」在山部。

栗腹將而攻鄗　鄒氏音火各反，一音昊。索隱（書局本）。

殿本作「火角反」。承仕按：篇韻有「黑各」一切，則書局本是也。舊籍傳寫各、角二字每以聲近致譌。

修德滅阢　徐廣曰：「阢音耆。」集解。

史詮曰：「『阢』當作『阢』。」盧文弨曰：「『伊耆氏或作『伊帆』，從巾從几。疑此亦當爾也。」並史記志疑引。承仕按：説文作「邧」，殷紀作「飢」，周紀作「耆」，此作「阢」，皆一聲之轉。字從九聲者，脂部閒與幽通，猶「鬼侯」亦作「九侯」，「九達謂之逵」，字亦作「馗」，是其比。「伊耆」作「伊帆」，乃「阢」字形近之誤，盧謂應從巾從几，無以下筆。類篇、集韻並收「阢」、「帆」二文，可知舊本亦有誤作「帆」者矣。〔箋一八二〕

輅秦穆公　輅，音五嫁反，鄒誕音或額反。索隱（清殿本）。

書局本作「鄒音五額反。」承仕按：「五額反」非也。劉敬傳「婁敬脱輓輅」，集解引孟康音「胡格反」，顔注漢書引同。「胡格反」與「或額反」正相應。類篇、集韻「輅」字並有「轄格」一切，即本諸此。書局本作「五額反」，五、額同聲，不能作切，「五」字爲後人所妄改，灼然可知。

子熊眴立　徐廣曰：「眴音舜。」集解。　按：玉篇「呴」在口部，顧氏云「楚之先，即蚡冒也。」劉音舜，其近代本有從目者，故劉氏音舜非也。索隱（清殿本）。

承仕按：今本玉篇口部：「呴，所律切，飲也。史記有熊呴，是爲蚡冒。」與司馬貞所述略同，然則此條爲野王原本矣。司馬貞謂近代本作「眴」，故劉伯莊音「舜」，似野王以前字皆從口。疑今本史記作「眴」、徐廣音「舜」云云，乃唐以後人據近代本所校改。〔箋一八三〕

良與客狙擊秦皇帝博浪沙中　服虔曰：「狙，伺候也。」應劭曰：「狙，七預反，伺也。」徐廣曰：「伺候也，音千怒反。」集解（清殿本）。

書局本「千恕反」。承仕按：廣韻「怒」在暮部，韻部稍異，然作「千恕反」則與「七預反」同音，裴具引之，將以何明？疑殿本近是。〔箋一八四〕

使單于閼氏　蘇林曰：「閼氏，音焉支，如漢皇后。」集解。

顔師古匡繆正俗曰：「習鑿齒與謝安石書云：『匈奴名妾作閼氏，言可愛如烟支也。閼字『於言反』，想足下先作此讀書也。』按史漢謂單于正妻曰閼氏，猶中國言皇后耳。舊讀音『焉氏』，此蓋北翟之言，自有意義。若謂色象烟支便以立稱，則單于之女謂之『居次』，復比何物？未知習生何所憑據？」承仕按：爾雅「太歲在卯曰單閼」，釋文曰：「閼，於葛反。李云止也。又於虔反。」曆書「端蒙單閼二年」，集解徐廣曰：「『單閼』一作『單安』。」屈賈列傳「單閼之歲兮」，索隱引爾雅孫炎本作「蟬焉」。蓋舊音魚、歌二部多通，故閼字對轉入寒，自有「焉」音，非必「閼氏」之字始讀爲「於言反」也，秦本紀「中更胡傷攻趙閼與」集解引孟康曰「音焉與」是其證。匈奴謂正妻曰閼氏，此以華夷語音對譯，師古謂別有意義，亦非。染草名燕支，「支」或作「卮」，齊民要術始作「燕脂」，則「支」、「脂」無別矣。

暴戾恣睢　暴戾，謂凶暴而惡戾也。鄒誕生恣音資，睢音千餘反。劉氏恣音如字，睢音休季反。恣睢，謂恣行爲惡之貌也。索隱。

錢大昕曰：「睢、睢二字形義並別，劉音字當從目，鄒音字當從且，小司馬兼存二音而不辨正，何也？李斯傳『有天下而不恣睢』，索隱止有『呼季反』一音。」承仕按：錢說是也。「恣睢」爲疊韻連語，鄒以字從隹且聲，讀如關睢之「睢」，失之。然鄒讀亦有所本，易夬九四「其行次且，」廣雅釋訓「趑睢，難行也」，蓋「次睢」亦雙聲連語，鄒並讀爲平聲，與易釋文音略相近，唯非此文所用耳。應定從劉伯莊音。〔箋一八五〕

員爲人剛戾忍訽　音火候反。集解（書局本）。

殿本作「犬詬反」。承仕按：「訽」、「詬」同字，篇韻並有「呼漏」、「苦侯」等切，則二本俱可通。然「犬詬反」以「詬」字爲切脚，實與本字相混，足亂視聽，應以局本爲長。〔箋一八六〕

持矛而操闟戟者　所及反。集解。　闟亦作「鈒」，同。所及反，鄒音吐臘反。索隱。

承仕按：闟從翕聲，與及聲同屬緝部，故假「闟」爲「鈒」。鄒誤仞從𦐧聲，乃音「吐臘反」，失之。類篇、集韻「闟」字不收鄒音，是也。〔箋一八七〕

眴兮窈窈　徐廣曰：「眴，眩也。」集解。　眴音舜。徐氏云：「眴音眩；窈音烏鳥反。」索隱（書局本）。

承仕按：眴、眩音近義同，廣韻去聲霰部縣紐二字同列，則集解訓眩，索隱音眩並通，然疑司馬貞所見集解本作「徐廣音眩」，與今本異。

固將制於螻蟻

各本並同。書局本改作「蟻螻」，張文虎爲之説曰：「此倒文以協韻，蓋讀『螻』爲『龍珠切』，集韻十虞有此一音，此後世轉侯入虞之濫觴。讀者習見『螻蟻』字，以『蟻螻』爲誤而乙之，不知蟻字不可與辜、都、下、去、魚爲韻也。今唯索隱本作『蟻螻』。」承仕按：張説大謬。婁聲屬侯，義聲屬歌，廣韻虞、侯兩部多通，此後世聲音之變，古無是也。而魚、歌部近，古音得相通轉，如「五湖」讀爲「五河」，漢書司馬相如傳「鵜鶘」轉爲「陶河」，爾雅郭璞注「蘆菔」讀爲「羅服」，玄應一切經音義卷二引字林「蘆，力何反」，卷四引三蒼「蘆音羅」。皆其明比。螻蟻既是常語，亦與本文辜、都、下、去、魚諸韻正相協，豪無可疑。文虎馮臆忘説，輒乙舊文，恐其疑誤後來，故附正之於此。〔箋一八八〕

變化而嬗　服虔曰：「嬗音如蟬，謂變蜕也。或曰蟬蔓相連也。」集解。　韋昭曰：「而，如也；如蟬之脱化也。」蘇林曰：「嬗音禪，謂其相傳與也。」索隱（書局本）殿本集解作「如蟬反，變蜕也。」承仕按：漢書注引服説與書局本同，則「反」字誤衍。服虔音「蟬」，亦音義相兼之一例。〔箋一八九〕

攌如囚拘　徐廣曰：「攌音華板反，又音睆。」集解。　説文云：「攌，大木柵也。」漢書作「僒」，去隕反。索隱（清殿本）。

漢書作「僒若囚拘」，李奇曰：「僒音塊。」蘇林曰：「音人肩傴僒爾，音欺全反。」師古曰：「蘇音是。」注文疑有譌奪，後當詳説。文選作「窘若囚拘」，李善注云：「囚拘之貌，求殞切。」錢大昕曰：「攌、僒皆説文所無，以音義求之，於圈字爲近。」〔箋一九〇〕承仕按：君聲、睘聲皆屬真部，文選鵩鳥賦字正作「窘」，而吴都賦李注則引作「僒」，作「僒」、作「攌」皆「窘」之異文耳，音義自相近也。徐廣音攌「華板反」，蘇林音僒「欺全反」，部居略同；李奇音「塊」，則由真轉脂，類篇

「僴」字有「苦會」一切，本此。又集韻上聲潸部：「攌，户版切，木栅也。史記『攌若囚拘』劉伯莊讀。」「户版切」即「華板反」也，然則丁度等所見史記集解、索隱與今本異耶？抑徐自音爲「華板反」而丁度等誤記爲劉伯莊耶？今未可得詳。

右手揕其胸　徐廣曰：「揕音張鴆切。一作『抗』。」集解。　徐氏音丁鴆反。揕謂以劍刺其胸也。又云「一作『抗』」，抗音苦浪反，言抗拒也，其義非。索隱（書局本）。

承仕按：文選鄒陽獄中上書自明李善注引徐廣曰：「揕音丁鴆切。」此條索隱述徐亦作「丁揕反」，證知集解各本作「張鴆切」者，乃後人校改以就音和，非舊本如此。〔箋一九一〕

斬陳餘泜水上　徐廣曰「音遲」。一音丁禮反。集解。　徐廣音遲。蘇林音祗。晉灼音丁禮反，今俗呼此水則然。案地理志音「脂」，則蘇音爲得。郭景純注山海經云：「泜水出常山中丘縣。」索隱（書局本）。

漢書「斬餘泜水上」，晉灼曰：「問其方人，音柢。」師古曰：「晉音根柢之柢，音丁計反，今其土俗呼水則然。」承仕按：索隱引晉灼音「丁禮反」，即本之漢書注「晉灼音柢」，師古擬爲「丁計反」，司馬貞擬爲「丁禮反」，可知上去之間自昔已多出入矣。又按：淮陰侯列傳「斬成安君泜水上」，集解引徐廣曰「音遲」，御覽二百八十三引徐廣「音遲」，並無「一音」。以索隱及御覽所述校之，知今本集解「一音丁禮反」五字乃後人所校補。

吾王孱王也　案：服虔音鉏閑反，弱小貌也。小顏音仕連反。索隱。

張文虎曰：「索隱本作『昨軒反』，孱字無此音。案服虔時未有反切，當有誤。」承仕按：舊本漢書音義當有服虔説，顔師古棄而不録，司馬貞尚得采其遺説以釋史記耳。類篇、集韻「孱」字又「鉏山切，弱也」，即本自索隱服説。張疑有誤文，失之。張文虎引索隱本作「昨軒反」，與篇韻不相應，當是誤文。〔箋一九二〕

國被邊　李奇曰：「被音被馬也。」集解（書局本）。

殿本作「被馬反」。承仕按：殿本非也。郊祀志「駕被具」，師古曰：「駕車被馬之飾皆具也。」地理志「被盟豬」，師古曰：「被音被馬之被。」是「被馬」之語自李奇以訖師古承用不廢，胡三省資治通鑑注引「李奇音『被馬』之『被』」，尤其明證。

蒯成侯緤者　服虔曰：「蒯音『菅蒯』之『蒯』。」集解。　三蒼云：「蒯鄉在城父縣，音裴。」漢書作「鄘」，從崩，從邑。今書本並作「蒯」，音「菅蒯」之「蒯」，非也。蘇林音薄催反。晉灼案功臣表，屬長沙。崔浩音簿壞反。楚漢春秋作「憑成侯」，則裴、憑聲相近，此得其實也。索隱。

漢書周緤傳「更封緤爲鄘城侯」，服虔曰：「音『菅蒯』之『蒯』。」蘇林曰：「音薄催反。」晉灼曰：「功臣表屬長沙。」師古曰：「此字從邑，從崩，音『蒯』非也。呂忱音『陪』，而楚漢春秋作『憑成侯』，憑、陪聲相近，此其實也。又音普肯反。」桂馥曰：「説文：『鄘，右扶風鄠鄉。從邑，崩聲。沛城父有鄘鄉。讀若陪。』漢書作『鄘』，與篆文合。楚漢春秋作『憑』，小顔音『普肯反』，皆與崩聲相近。呂忱、服虔、蘇林、崔浩、三蒼音亦略同。其字本從邑，從崩，俗書『蔽』字從萠，與崩形近，而鄘又有『蔽』音，史記因誤爲『蒯』，晉遂立蒯城縣，一誤再誤矣。」晚學集卷五。承仕按：桂説鄘有「蒯」音，非也。説文「鄘」在右扶風，字從崩聲；郝在汝南，字從㪔省聲。緤封自屬扶風，楚漢春秋作「憑」者，同部通假；許慎、蘇林、三蒼、字林各家音則由蒸對轉之也。據類篇、集韻，鄘字或作「蒯」，與蒯形近，古書蔽字並作「蒯」，無從説文作「蔽」者。故服虔誤切扶風之鄘成爲汝南之蒯鄉，即説文之「郝」字。而音爲「菅蒯」之「蒯」。師古駁之，是也。又索隱引崔浩「簿壞反」，梁玉繩轉引作「苦壞反」，不審其以意校改，抑所見異本也？〔箋一九三〕類篇「鄘」、「蒯」字列「蒲枚」、「枯回」、「房尤」、「普等」、「苦怪」五切，無與「薄壞反」相應者。今疑「壞」應作「懷」，與蘇音略相近。

百金之子不騎衡　如淳曰：「騎，倚也；衡，樓殿邊欄楯也。」韋昭曰：「衡，車衡。」集解。　如淳云：「騎音於岐反。衡，樓殿邊欄楯也。」韋昭云：「衡，車衡也。」騎音倚，謂跨之。」索隱（書局本）。

承仕按：字書韻書騎字並無「於岐」之音。〔箋一九四〕索隱所引如淳反語，蓋司馬貞複述如義並自下反語以擬其音，今本反語上誤奪「騎倚也」三字，非如淳原有反語也。書局本於「如淳云」下有奪文，殿本則「如淳云」、「韋昭云」下並有奪文，此由集解、索隱舊本別行，後人合刊，於索隱複述集解之文，見爲繁衍，遂加删削。此類多有。

君子欲詘於言而敏於行　徐廣曰：「訥字多作『詘』，音同耳，古字假借。」集解。

承仕按：史記以「詘」爲「訥」，當是古論異文。内聲、出聲同屬隊部，故得通假。〔箋一九五〕漢書東方朔傳「咄口無毛」，鄧展曰：「咄音貀裘之貀也。」此内、出聲近之證。

朐衍之戎　徐廣曰：「在北地。朐音項于反。」集解（清殿本）。　案地理志，朐衍，縣名，在北地，鄭氏音吁。索隱（清殿本）。

局本集解作「徐廣音詡」，局本索隱作「徐廣音詡，鄭氏音吁。」張文虎曰：「舊刻作『音項于反』。宋本、王、柯、凌、毛本作『音項』，中統、游本作『音項』，亦『項』之譌，蓋皆脱『于反』二字。汪校本改『項』爲『詡』，與索隱引徐廣音合。然索隱又引『鄭氏音吁』，則當『項于反』，疑集解有脱文。」承仕按：張説失之。書局本作「音詡」；汪遠孫據索隱所妄改殿本作「項于反」，「于反」二字誤衍。今宜定從宋本「音項」。尋類篇、集韻「朐」字三切：一「匈于切」，與鄭氏「音吁」、地理志師古音「香于反」相應；一「吁句切」，與地理志應劭「音煦」相應；一「吁玉切」，與徐廣「音項」相應。然則「于反」二字爲後人所輒沾明矣。「音詡」、「音項于反」，理皆可通，然北宋本固不如是也。

大會蹛林　服虔云：「音帶。匈奴秋社八月中皆會祭處。」鄭氏云：「地名也。」晉灼云：「李陵與蘇武書云『相競趨蹛林』，則服虔説是也。」又韋昭音多藍反。姚氏案：李牧傳「大破匈奴，滅襜襤」，此字與韋昭音頗同，然林、襤聲相近，或以「林」爲「襤」也。索隱。

承仕按：廣韻談部無「蹛」字；集韻則「襜」、「澹」、「蹛」三文同列，據史漢音也。説史漢者如鄭氏、服虔、如淳、晉灼、裴駰、姚察並以「蹛林」爲會祭之處，本傳上文云「晉北有林胡」，集解引如淳曰：「林胡，即儋林，爲李牧所滅。」然則「襜襤」、「蹛林」、「蹛林」雙聲相轉，實爲同物。詹聲屬談，林聲屬侵，部居最近，固也；帶聲在泰，得讀「多藍反」者，猶蓋字本從大聲，納字本從内聲，泰、盍部多通轉，是其比。〔箋一九六〕顔師古注漢書乃謂「蹛林」爲「繞林而祭」，不明音理，望文生訓，失之。

倏眒淒浰　徐廣曰：「淒音七見反，浰音力詣反。」駰案：漢書音義曰：「皆疾貌。」集解。

漢書作「倩浰」，顏師古音「千見反」。承仕按：淒、浰叠韻，同屬脂部，脂對轉真，故音「七見反」；真旁轉清，故字亦作「倩」。

鬱橈谿谷　孟康曰：「其綴中文理茀鬱迟曲有似于谿谷也。」迟，字林丘亦反。索隱（書局本）。

殿本作「曲，字林丘欲反」。承仕按：曲字音義易憭，不煩作音，殿本「曲」字音，疑後人傳寫之譌。〔箋一九七〕

鰅鰫鰬魠　徐廣曰：「鰅音娛。皮有文，出樂浪。」集解（清殿本）。

書局本作「鰅音娛勾反」。承仕按：顏注漢書引「如淳音顒」，李注文選音同，娛、顒二音皆可通。然舊本疑是直音，本或有「勾反」二字，則後人所輒沾也。

禺禺鱋魶　徐廣曰：「禺禺，魚牛也。鱋一作『魼』，音榻。魶音納，一作『鰨』。」駰案：漢書音義曰：「魼，比目魚也。魶，鯷魚。」集解。

承仕按：李善注文選「魼」音「榻」，廣韻「魼」字亦有「吐盍」一切，與「鰨」爲叠韻字。漢書、文選作「魼」，史記作「鱋」，可知去聲兼入盍部。説文於去聲入盍之字多説爲「劫省聲」，失之。〔箋一九八〕

瞋盼軋沕　徐廣曰：「瞋音丑人反。」集解。

漢書作「縝紛」，文選同。師古曰：「縝音争忍反。」殿本漢書引宋祁校語曰：「越本注文『縝音丑人反』。」承仕按：宋引越本疑是漢書舊音，與徐廣史記音同，李善注文選亦音「丑人切」。〔箋一九九〕

枇杷橪柿　徐廣曰：「橪音而善反，果也。」集解。　張揖曰：「橪，橪支，香草也。」韋昭曰：「橪音汝蕭反。」郭璞云：「橪支，木也；橪音烟。」徐廣曰：「橪，棗也，而善反。」説文：「橪，酸小棗也。」淮南子云：「伐橪棗以爲矜。」音勤。索隱(書局本)。

漢書、文選注並音「烟」，從郭璞説也。承仕按：煙支染草自有專名，張揖、郭璞以橪爲煙支，然聲之字與煙異紐。音義並不相近，亦與此文枇杷、柿異狀，自以徐廣所釋爲長。唯韋昭音「汝蕭反」，紐同而韻殊異，篇韻亦無此音，「蕭」字疑譌，無可據正。〔箋二〇〇〕

蛭蜩蠗蝚　顧氏云：「玃音塗卓反。山海經曰：『皋塗山下有獸，似鹿，馬足人首，四角，名爲玃。』玃猱即此也。字作『蠼』。郭璞云玃，非也。上文已有雖玃，此不應重見。又神異經云：『西方深山有獸，毛色如猴，能緣高木，其名曰蜩。』字林：蠗音狄，蛭音質，蛭、蜩，二獸名。」索隱。

漢書、文選並作「蠗猱」。承仕按：史記作「蠗」是也。索隱引顧音「玃」「塗卓反」，蓋本之玉篇。玃字屬魚部，並無「塗卓」之音，字應作「⿰犭翟」。〔箋二〇一〕野王音「塗卓反」，今本玉篇作「除卓切」，乃後人改之以從音和耳。字林音「狄」，與顧音近。

解脰陷腦　張揖曰：「脰，項也。」陷音苦念反，亦依字讀也。索隱。

承仕按：漢書顔注「陷」字無音，文選李注引史記音「苦念反」，李善、司馬貞各不相謀而引音同，則「苦念反」爲史漢舊音，非唐人所作明矣。篇韻所列切語無有與「苦念」相應者，唯「臽」字有「苦感」一切，明陷字得從苦紐也。師古無音，則如字讀耳。

放散畔岸驤以孱顔　韋昭曰：「顔音吾板反。」索隱。

承仕按：漢書「顔」字無音，字書韻書亦無此切。上文「詘折隆窮蠗以連卷」，索隱云：「連卷音輦卷也。」卷讀上聲，故引韋音「吾板」以協卷韻。師古「卷」音「鉅圓反」，則讀「顔」如字，故不下反語。〔箋二〇二〕

鯫千石　徐廣曰：「鯫，輒膊魚也。」集解(書局本)。鯫音輙，一音昨苟反。鯫，小魚也。索隱(書局本)。〔箋二

〔三〕王念孫讀書雜志曰：「鯫、鮿兩字絶不相通，此文鮿、鮑爲類，漢書正作『鮿』，顔師古曰『鮿，膊魚也，音輒』，是字應作『鮿』之證。索隱不用徐廣説，乃云『鯫音輒，一音昨苟反。小魚也』，直不辨鯫、鮿爲兩字矣。」承仕按：王説是也。類篇魚部「鯫，又陟涉切，膊魚不鹽也」，云「漢書顔師古讀」，並不別收「鮿」字，然則史漢舊本字並誤作「鯫」矣。集韻入聲二十九葉「輒」紐下有「鮿」，引漢書顔注，是篇誤而韻不誤也。清官本集解作「鯫音鯫，鯫，魚也」，大非。

卷　五

歙吴承仕學

漢書顏師古注

隆準而龍顏　服虔曰："準音拙。"應劭曰："隆，高也。準，頰權準也。顏，頟顙也。"李斐曰："準，鼻也。"文穎曰："音準的之『準』。"師古曰："『頰權頄』字豈當借『準』爲之？服音、應説皆失之。"〔箋二〇四〕

段玉裁注説文，以"準"爲"肫"之借。承仕按：段説非也。鼻之爲準，猶兩頰爲權，上頟爲輔，眉上爲揚，目上爲名，皆比物象類之稱，本無正字。服虔音"拙"，拙、準同屬隊部，聲韻並相近。服自擬音，不言借"準"爲"頄"也，顏説亦非。

張耳等立趙後趙歇爲趙王　鄭氏曰："歇音遏絶之『遏』。"蘇林曰："歇音毒歇。"師古曰：依本字以讀之，不當借音。

承仕按：史記徐廣音"歇，烏轄反"，與鄭氏音"遏絶"略同；蘇林音"毒歇"者，廣韻字作"蠍，許竭切"是也。歇字自有此兩讀，顏説爲借音，失之。〔箋二〇五〕

襄城無噍類　如淳曰："噍音祚笑反。"

承仕按：史炤通鑑釋文引同。史記高紀作"無遺類"，集解引徐廣曰："遺一作『噍』。噍，食也，音在妙反。""在妙"與"祚笑"同音。御覽四百九十二引"如淳音作笑反"，"作"爲"祚"之形譌。〔箋二〇六〕

與偕攻析酈　蘇林曰：「酈音蹢躅之『蹢』。」如淳曰：「音持益反。」師古曰：析、酈，二縣名。蘇、如兩音並同耳。析縣今内鄉；酈即菊潭縣也。

劉攽曰：「析酈之酈，師古於高紀則從蘇音『蹢』、如音『持益反』，於吴芮傳則音『郎益反』，於樊噲傳則音『直益反』，皆不同，何也？及酈商傳則音『歷』，不曉所以。」劉説據清殿本引。承仕按：蹢躅之「蹢」與「持益」、「直益」二反同音，音「歷」與「郎益反」同音，一屬定紐，一屬來紐，部居相近。師古用舊音則從「持益反」，用今音則從「郎益反」，止兩音耳。劉攽以爲皆不同，失之。〔箋二〇七〕

明其爲賊敵乃可服　應劭曰：「爲音無爲之『爲』。布告天下，言項羽殺義帝，明其爲賊亂，舉兵征之乃可服也。」鄭氏曰：「爲音人相爲之『爲』。」師古曰：應説是也。

承仕按：應讀爲薳支切，鄭讀爲于僞切。然則音隨義異，平去有分，蓋東漢之季已然矣。〔箋二〇八〕

内長文所以見愛也　晉灼曰：「長音長吏之『長』。」張晏曰：「長文，長文德也。」師古曰：詔言有文德者即親内而崇長之，所以見仁愛之道。見，謂顯示也，音胡電反。

王念孫曰：「困學紀聞曰：『或云古寫本無注漢書「内長文」三字作「而肆赦」。』念孫案：舊注皆牽强。或説雖無明據，而於上下文義甚合。下文云『其赦天下』可證也。『而』與『内』、『肆』與『長』、『赦』與『文』皆字形相近之誤。」承仕按：王説非也。「長文」猶言「尚文」，即尚德緩刑之義，與刑罰對文。鹽鐵論誅秦篇云：「周室修禮長文，然國翦弱不能自存。」此「長文」爲漢人通語之證。晉灼「音長吏之『長』」，與張晏説同，是也。唯「内」字不甚可解，或爲「而」字形近之譌。張晏當漢魏之際，所見已與今本同。王應麟所稱古寫本宜在建安以前，此事安足保信？念孫輒從，亦其蔽也。〔箋二〇九〕

斬其首惡大豪楊玉酋非首　如淳曰：「酋音酒醋熟。」師古曰：酋音才由反。

宋祁曰：「『醔』非字，當爲『酋音酒熟』，鄭注月令『酒熟曰酋』。」承仕按：宋説非也。注文應作「酋音酋熟」，猶云「音酋熟之『酋』」也；使作「酒熟」，則近於説義，非作音矣。地理志「九江郡，逡遒」，晉灼曰：「音酋熟之酋。」是其證。字書韻書亦無「醔」字，蓋本無此形耳。師古音「才由反」，正與酒熟之「酋」音同，可知字譌作「醔」，乃起於宋以後也。

〔箋二一〇〕

遺弟谷蠡王入侍　服虔曰：「谷音鹿。」韋昭曰：「蠡音如麗反。」師古曰：谷，服音是也。蠡音落奚反。

各本同作「如麗反」。承仕按：「反」字衍，韋讀「蠡」與「麗」同，亦讀如、讀若之例也。師古音「落奚反」，舉韋音平去異耳。〔箋二一一〕

行幸萯陽宮屬玉觀　李奇曰：「屬玉音鸑鷟，其上有此鳥，因以爲名。」

承仕按：段玉裁注説文，據劉逵、郭璞、郭氏玄中記、陳藏器等説，證「鸑鷟」即「屬玉」。承仕按：段説近之，而未盡也。李奇「屬玉音鸑鷟」一語，「鸑鷟」應作「鷟鸑」，傳寫誤倒耳。鷟、屬聲近，鸑、玉聲同。廣韻「玉」、「鳿」同音「魚欲切」，「鸑，五角切」，紐同而韻稍異。「屬」字有「之欲」、「市玉」兩切，「鷟」字「士角切」，之、市、士三紐同屬齒類。鸑鷟、屬玉諸名本以疊韻成義，隨意呼之，不嫌倒置，如謂以「鸑」音「屬」，以「鷟」音「玉」，則聲類闊遠不相剴切矣。説文：「丵，叢生草也；象丵嶽相並出也。」「丵」或作「⿱山族」，又作「䃚」。慧琳一切經音義卷三十：「䃚嶽，不平貌。」此「鸑鷟」可作「鷟鸑」之證。桂馥亦謂「鸀鳿」爲「鸑鷟」之聲轉，然順呼「鸑鷟」無緣得轉。皆不審雙聲疊韻之名翻覆言之，於名實故無出入也。

〔箋二一二〕

流民欲入函谷天井壺口五阮關者　如淳曰：「阮音近捲反。」師古曰：阮音其遠反。

各本同作「近捲反」。承仕按：「反」字衍。〔箋二一三〕如淳「阮音近捲」者，謂阮、捲音略相近，亦讀如、讀若之例也。禮樂志「靈禗禗」，孟康曰：「禗音近枲。」是其比。若作「近捲反」，則近、捲二字同屬羣紐，不能作切。此理易明，各家並失校。師古「其遠反」，正擬如淳「捲」音耳。

騁狙詐之兵　應劭曰：「狙，伺也，因間伺隙出兵也。狙音若蛆反。」師古曰：音千絮反。

各本同作「若蛆反」。承仕按：「反」字衍，「音如」、「音若」、「音近」例同，皆比況作音也。

參黲侯則　晉灼曰：「黲音倥黲。」師古曰：音子弄反，又子公反。

承仕按：後漢書張衡傳「誠所謂將隆大位必先倥偬之也」。李賢注云：「倥，口弄反；偬，之弄反。埤蒼曰：『倥偬，窮困也。』」「倥黲」即「倥偬」，疊韻連語，本無正字。〔箋二一四〕

抑裴戴侯道　鄭氏曰：「抑裴音即非。」

地理志：「魏郡。即裴，莽曰即是。」承仕按：王莽更易縣名，大抵改從善祥之語，如改「東昏」爲「東明」，「符離」爲「符合」，「無錫」爲「有錫」，「曲逆」爲「順平」，「亢父」爲「順父」，皆其比。此改「裴」爲「是」，則當王莽時非、裴同讀明矣。鄭氏注漢書時方語尚呼「抑裴」爲「即非」，而裴、非實已異讀，故作音以明之。此音變之一例也。〔箋二一五〕

翕侯僕䵣　鄭氏曰：「䵣音怛。」汲古閣本。

錢大昭曰：「南監本、閩本並作『易侯』。鄭音『怛』，則當從黑旦聲。」承仕按：史記惠景間侯者年表作「易侯僕黥」，疑漢書本作「黚」，與「黥」音義略相近，即「黥」之異文也。「黚」形近譌作「䵣」，猶白虎之字或作「虘」，或作「甝」矣。說漢書者又誤仞從旦聲，故音「怛」，非其實也。〔箋二一六〕「鄭氏曰」，殿本作「師古曰」。

騪粟都尉　服虔曰：「騪，音搜狩之『搜』，搜索也。」汲古閣本。

王先謙曰：「三『搜』字官本並作『蒐』，是。」承仕按：王說非也。田獵之字本應作「搜」，經典相承借茅蒐之字爲之。左昭二十九年傳「文公搜被廬」，釋文云：「搜，本或作『蒐』。」此傳文閒用本字之證。

吟青黄　服虔曰：「吟音含。」師古曰：服說非也。吟謂歌誦也。青黄謂四時之樂也。

說文：「吟，呻也。從口，今聲。」「含，嗛也。從口，今聲。」承仕按：聲同則義可通。呂氏春秋重言「君呿而不吟」，

高注云：「呿，開。吟，閉。」閉、含義近，服讀「吟」爲「含」，當是舊義，非師古所能憭。〔箋二一七〕

奢爲扶　鄭氏曰：「扶當爲『蟠』，齊魯之閒聲如酺，酺、扶聲近。蟠，止不行也。」

沈欽韓漢書疏證曰：「通卦驗云『稽爲扶』，鄭注云：『扶亦作此扶字。』說文：『扶，並行也。』輦字從此讀，若伴侶之『伴』。集韻古『扶』字作『扶』，然則此『扶』字義當如許說，與贏縮之文相配，與蟠聲亦近。」承仕按：沈說近之。扶從夫聲，屬魚部；蟠從番聲，屬寒部。舊音魚、歌通，故扶亦夫聲，而讀如伴。扶從夫聲，而或爲蟠，並由魚、歌對轉入寒也。〔箋二一八〕

下雉　如淳曰：「音羊氏反。」

上文「南陽郡雉縣」師古曰：「舊讀雉音弋爾反。」承仕按：「弋爾」與「羊氏」同音，然則雉縣本有舊音，與下雉同，當師古時讀雉縣如字，故以「羊氏反」爲舊讀耳。

南䜌　孟康曰：「䜌音良全反。」

承仕按：胡注通鑑引孟音「力全反」，音同而用字異，乃後人所改。

猇　應劭曰：「音箎。」蘇林曰：「音爻，今東朝陽有猇亭。」蔡謨音由、音鶚。師古曰：「蔡音是。音于虯反。」「鶚」，閩本、南監本並作「鴞」。承仕按：據蘇林、蔡謨、師古各家音推之，字應作「虓」，從虎九聲，而應劭音「箎」最爲殊異，不審應所據本果作何形，亦不審「箎」字合作何音也。類篇、集韻「猇」字並有「陳知」一切，注云「縣在濟南」，似宋本作「應劭音箎」矣，定何所從？未能輒信。〔箋二一九〕

著　師古曰：音竹庶反，又音直庶反。而韋昭誤以爲蓍龜之「蓍」字，乃音「弛咨反」，失之遠矣。

清殿本作「弛咨反」，汲古本作「紀咨反」。承仕按：王觀國學林引韋音「施咨反」，與弛同紐，可知「紀」字爲形近之譌。王先謙補注定從「紀咨反」，失之。

大末　孟康曰：「大音如闥。」

殿本作「如闉反」。承仕按：「反」字誤衍，左傳哀十二年釋文「大末」孟康音「闉」，胡注通鑑引漢書注同，並無「反」字，是也。

佷山　孟康曰：「音恒，出藥草恒山。」

段玉裁曰：「古語佷讀恒，如絧之讀紂。」承仕按：絧音紂者，東、侯對轉。佷在諄部，恒在蒸部，韻有弇侈之别，東侯非其比也。而舊音二部閒有通轉，如字林音「看」爲「口甘反」，與此例同。説見前。其後則界畔較嚴，夷水注：「夷水又東逕佷山縣故城南，縣即山名也。今世以『銀』爲音。」據此，是南北朝閒佷、銀同讀，不離部居，又與孟康所説異矣。

〔箋二三〇〕

朱提　蘇林曰：「朱音銖。提音時，北方人名匕曰匙。」

承仕按：注文應云「提音北方人名匕曰匙」，各本「音」下誤衍「時」字，文不成義，且漢魏人比況作音亦無此例也。蓋俗人以時、匙音近，故誤擬匙音而妄羼一「時」字，不知古音是聲屬支，寺聲屬之，本非同部也。蜀志李嚴傳「子豐官至朱提太守」，裴松之注引蘇林漢書音義曰：「朱音銖。提音如北方人名匕曰提也。」裴注引蘇林「名匕曰提」，各本「匕」並譌作「上」，失之。此蘇音不得有「時」字之切證。類篇「提」字注云：「常支切。提提，羣貌。或從羽，又市之切。朱提，縣名，在犍爲。」集韻亦同。篇韻「市之」一切即「時」音也，然則丁度、司馬光等所見漢書亦誤衍「時」字，與今本同矣。錢坫曰：「余得漢洗『安洗』『朱提』字作『楒』，案：玉篇『楒』即『匙』字，是義與蘇林合。」承仕按：蘇讀「提」與「匙」同，於義訓無與也。漢洗「朱提」作「朱楒」，隸書形異耳。錢坫妄爲牽合，失之遠矣。

狋氏　孟康曰：「狋音權。氏音精。」

錢大昕曰：「示有祁音，氏有支音，祁與權、支與精，聲並相近。」承仕按：錢説近之。狋屬脂部，脂對轉諄，則説文「讀若銀」；狋訓犬怒，犷訓犬吠，音雖轉而義則同，實即一字耳。孟康「狋音權」與説文「讀若銀」相近。類篇、集韻「狋」字有「逵員」一切，即本之漢書音「氏」、音「精」，則支、清對轉之一例。篇韻「氏」字無此切，蓋失收也。王先謙曰：「注文應云『狋音權精反』，『權精』正切『銀』，後人誤竄『氏音』二字，篇韻因云狋有權音，莫能正是矣。」今謂「權精」切「銀」聲韻皆不相應，王不審音，專輒刪改，最爲疏謬。〔箋二二二一〕

令支　應劭曰：「故伯夷國，今有孤竹城。令音鈴。」孟康曰：「支音秖。」

各本同作「音秖」。承仕按：「秖」應作「衹」，形近之譌也。裴松之三國志注於「令支」字一音「巨兒反」、一音「其兒反」是其證。篇韻「支」字有「翅移」一切，云「縣名，在遼西」，本此。

羸𨻻　孟康曰：「羸音蓮。𨻻音受土簍。」

王先謙曰：「後漢書續志作『羸𨻻』。晉書地道記作『⿳亡口⿲月連凡𨻻』，蓋後人因孟音而製『⿳亡口⿲月連凡』字，廣韻載之，皆誤。」承仕按：羸從羊、羸聲，本屬歌部，歌對轉寒，故有連音，字譌作「⿳亡口⿲月連凡」，則形聲皆不可説矣。唐寫本切韻先部「蓮」紐下尚無此文，知「⿳亡口⿲月連凡」字最爲晚出。

麊泠　應劭曰：「麊音彌。」孟康曰：「音螟蛉。」師古曰：音麋零。

王鳴盛曰：「馬援傳注引越志同，但説文米部云：『⿱米尼，潰米也。從米，尼聲。交趾有⿱米尼泠縣。武移切。』應劭音『彌』與説文合。從鹿非聲，傳寫誤也。葉榆水篇作『麋』，皆非。」承仕按：水經注三十七「馬援上言，從⿱米尼泠出賁古」，朱謀㙔、趙一清本字並作「麋」，是也。形聲上下互易，則字變作「麊」，牂柯郡西隨縣「麋水西受徼外東至麊泠入尚龍谿」，是「麊泠」正以麋水所經得名，則「麊」即「麋」之變體，灼然可知。説文作「⿱米尼」者，疑爲「麊」字形近之譌，許慎據漢書誤本，不審其形聲所從，而妄爲之辭，故「潰米」之訓於經典無徵焉，説者皆以説文正漢書，則倒見也。又按：孟康「音螟蛉」者，謂「泠」讀如螟蛉之「蛉」，今本「孟康曰」下疑奪一「泠」字，廣韻、集韻青部「冥」紐下並收「⿱米尼」字，皆據漢書誤本耳。〔箋二二二二〕

夫樂浪海中有倭人　如淳曰：「如墨委面，在帶方東南萬里。」臣瓚曰：「倭是國名，不謂用墨故謂之委也。」

師古曰：如淳云「如墨委面」，蓋音「委」字耳。此音非也，倭音一戈反，今猶有倭國。

承仕按：「如墨委面」四字文義難憭，據臣瓚説則似釋義，據師古説則爲比況作音。倭從委聲，雖得音委，然「墨委面」竟是何義？師古亦疑莫能明也。〔箋二二三〕今謂如淳注文臣瓚所見本已有奪誤矣。尋後漢書東夷傳「倭國男子皆黥面文身」，墨即黥也，疑如淳説倭事，故有「墨面」之語。今本已譌，故文不可解。臣瓚、師古二家並失如惜。

諸將皆憮然　孟康曰：「憮音撫，不精明也。」劉德曰：「音憮。」師古曰：劉音是也，音文府反。汲古閣本。殿本作「劉德曰『音撫』」。承仕按：殿本非也。使劉音與孟同，師古何以别其優劣？類篇口部：「嘸，斐父切，不精明也。又罔甫切，憮然，陽應。」人部：「憮，罔甫切。」手部：「撫，斐父切。」此爲孟音「撫」、劉音「憮」之切證。師古「文府反」與「罔甫切」同。

五大夫争權三君更立莫能正理　應劭曰：「周景王崩，單穆公、劉文公、鞏簡公、甘平公、召莊公，此五大夫相與争奪，更立王子猛、子朝及敬王，是爲三君也。」更音工衡反。

承仕按：全書各家音例，應劭似不爲「更」字作音，疑「更音工衡反」上奪「師古曰」三字，下文「更相譏怨」、「更相稱譽」並有「師古曰：更音工衡反」之語，他篇「更」字音並同，不具引。可證此音亦師古作也。諸校者並失之。

取狐父祁善置　晉灼曰：「祁音坻。」

承仕按：爾雅釋地「燕有昭余祁」，釋文有「巨伊」、「止尸」、「之視」三反。晉灼音「坻」，與「止尸」、「之視」二音略相近。

太上皇廟堧垣也　服虔曰：「宫外垣餘地也。」如淳曰：「堧，音畏懦之『懦』。」師古曰：堧音如椽反，解在食貨志。

承仕按：武紀「太守畏愞棄市」，如淳曰：「軍法：行逗留畏愞者要斬。愞音如掾反。」此文如淳音「堧」與「愞」同，亦當「如掾反」。今本作「畏懦」者，字亦應作「愞」，形近之譌也。〔箋二二四〕師古音「如椽反」，與如音異平去。食貨志

「田其宮堧地」，顔亦音「如緣反」。

日夜縱臾王謀反事　如淳曰：「臾讀曰勇。縱臾，猶言勉强也。」師古曰：縱音子勇反。縱臾，謂奬勸也。〔箋二二二五〕

承仕按：臾聲在侯部，侯對轉東，故讀曰「勇」，方言字作「慫慂」是也。韻會舉要腫部「慂」字注云：「『日夜縱臾』，如淳曰：『縱，才勇反。臾，讀作勇。』」韻會所引如淳反語不審其何所從録。類篇、集韻「縱」字亦無「才勇」之音，所引疑未足信。

傄若囚拘　李奇曰：「傄音塊。」蘇林曰：「音人肩傴傄爾，音欺全反。」師古曰：蘇音是。

汲古閣本作「音人肩傴傄爾」，清殿本「音」字作「皆」，王觀國學林卷十引此注曰：「傄，人肩傴傄爾，音欺全反。」承仕按：殿本作「皆」，義不可通；汲古本作「音」，疑亦有奪誤。尋類篇：「傄，拘員切，困也。」漢書『傄若囚拘』蘇林讀『又逵員切』，肩傴貌。」集韻説同。據此，則北宋本與今本異，而王觀國所引蓋與今本略同耳。〔箋二二二六〕篇韻以「拘員切」爲蘇林讀，「拘員」、「欺全」韻近而紐殊，其「逵員」一切亦與「欺全」不同，且篇韻不斥爲蘇音也。然則注文之有奪誤，自南宋本已然矣。説互詳史記「攌如囚拘」條下。

國制搶攘　蘇林曰：「搶，音濟濟蹌蹌，不安貌也。」晉灼曰：「搶，音傖。吴人駡楚人曰傖。傖攘，亂貌也。」師古曰：晉音是也。傖音仕庚反。攘音女庚反。

承仕按：此文應云「晉灼曰『搶，音吴人駡楚人曰傖』」。蓋比况作音，不關義訓。今各本並誤衍一「傖」字，應删。

賈山自下劘上　孟康曰：「劘，謂剴切之也。」蘇林曰：「劘，音摩厲也。」師古曰：剴音工來反。（汲古閣本）

清殿本注文云：「孟康曰『劘謂剴切之音靡厲也。』師古曰：剴也。蘇林曰：『劘音工來反。』」承仕按：殿本注文譌亂不可讀，應據汲古本正。恐讀者誤仞蘇林爲「劘」字作音，「工來反」本「剴」字音。王先謙又失校，故録而辨之。

田蚡　蘇林曰：「蚡音鼢鼠，蚡，扶粉反。」（清殿本）

汲古閣本此條注文全脱。承仕按：殿本「蚡，扶粉反」上亦脱「師古曰」三字，勘文自明。史記索隱曰：「蚡音扶粉反，又如蚡鼠之『蚡』，音墳。」〔箋二二七〕蓋讀如者舊音，而反語則顔師古、司馬貞所自作也。此例易辨，而校者並失之。

行錢使男子荼恬上書　蘇林曰：「荼音食邪反。」

宋祁曰：「浙本注文無『反』字，云『荼音琅邪』，淳化本『郎邪反』，皆未安。」錢大昕曰：「漢書『荼恬上書』，蘇林音『食邪反』。則余姓讀如蛇者，即荼之省文耳。」十駕齋養新録卷四。〔箋二二八〕承仕按：宋祁所述浙本「音琅邪」者是也。地理志「長沙國荼陵」，師古曰：「荼音弋奢反。」此正與琅邪之「邪」同音，蓋人地名物自有此讀，通志氏族略「荼氏」引蘇林「讀如琅邪之『邪』」，其切證也。浙本不誤。淳化本誤沾一「反」字，後人不得其解，輒改爲「食邪反」以就爾雅釋草「蔈荂荼」之音。釋文：「荼，郭音徒，又音蛇。」大昕乃據誤本以爲説，失之。

榷崣崛崎　蘇林曰：「榷音頹水反，崣音卒鄙反。」郭璞曰：「崛音掘，崎音倚，榷音作罪反。崣字作委。」師古曰：蘇、郭兩説並通。郭音作罪反，又音將水反。

史記文同。各家並不爲「崣」字作音。文選「榷」作「摧」，李善注引張揖曰：「摧崣，高貌也；崛崎，斗絶也。摧，作罪切；崣，卒鄙切。」與師古引蘇林音同。承仕按：古人形頌之詞大抵以雙聲疊韻成文，形體本非所論，初取單文，後來撰集字書傳寫舊籍者頗復著水安山以爲識别。此文字所以孳乳而浸多也。然聲音通轉，故宜略有封域。尋委聲之字自來無以「卒」聲作切者，使崣字本有「卒鄙」一音，玉篇、廣韻以下諸書何以棄而不録？疑張揖、蘇林所見漢書本不作「崣」，蓋與甘泉賦「摧嗺成觀」之「嗺」同字。李善：「嗺音子水切。」「子水」與「卒鄙」正同，其明證也。〔箋二二九〕郭璞注云「崣字作『委』」，語亦可疑，似郭所見一本作「嗺」、一本作「委」，應云「嗺字作『委』」。今云「崣字作『委』」，唯有山無山爲異，舊注亦無此例，此亦舊本漢書不作「榷崣」之一旁證也。今本字作「崣」而反語則仍而未改，故致斯踳駁耳。

葴持若蓀　如淳曰：「葴音鍼。」師古曰：葴，寒漿也。持，當爲「苻」字之誤耳。苻，鬼木也。今流俗書本持字或作「橙」，非也，後人妄改耳。其下乃言「黄甘橙榛」，此無「橙」也。

文選字亦作「持」，李善注引韋昭曰：「持音懲。」承仕按：草木之名大抵以聲成義，不必定有正字。持在之部，之對轉蒸，則字變作登，韋昭音「懲」亦與登音相近。史記作「橙」者，則後人於草木名物妄著偏旁，師古所謂「流俗本」是也。蓋古人於聲近形殊之字每隨意書之，其後聲韻貿遷，學者遂多異説，而方俗語言則猶與舊音相應。故索隱云：「葴橙，今讀者亦呼爲登，謂登草也。」此方音與舊音相應之證也。〔箋二三〇〕師古謂應作「苻」，聲形俱不相近，其説甚謬。王先謙補注云：「持無懲音，韋昭所見本亦當作『橙』，後人改『持』耳。」不明音理，尤爲疏失。

隨而媒糱其短　服虔曰：「媒，音欺，謂詆欺也。」孟康曰：「媒，酒教糱麴也，謂釀成其罪也。」師古曰：孟説是也。齊人名麴餅曰媒。李陵傳。

承仕按：師古説是也。媒、欺雖同屬之部，然聲類不近，媒字自無欺音，服虔「媒音欺」者，其所見本自作「娸」，故讀娸醜之「娸」爲詆欺之「欺」，非謂媒字別有欺音也。類篇、集韻「娸」字條並引漢書云「娸糱其短」，即據漢書服説耳。〔箋二三一〕

遷外孫平通侯楊惲祖述其書

顔師古匡謬正俗曰：「俗呼姓楊者往往有盈音，有何依據？答曰：按晉灼漢書音義反『楊惲』爲『由嬰』，如此則知楊姓舊有盈音，蓋是當時方俗，未可非也。」承仕按：王僧達祭光禄文「文蔽班、楊」，與清聲「英」爲韻，李善注引郭璞三蒼解詁曰：「楊音盈。協韻。」郭璞止爲「楊」字作音，而「協韻」則爲李善注語。又隋書五行志云「時人呼楊姓多爲嬴音」，證知讀楊爲盈，自晉訖唐承用無改。此由陽、清韻近得相通轉，猶餳、飴字今皆言餹，而相承音辭盈反。莊子、淮南子作「清泠之淵」，呂氏春秋作「蒼領之淵」。此皆陽、清通假之證也。師古注漢書於「楊惲」字不引晉音，殆斥爲當時方語，故棄而不録耳。自廣韻以下，亦並不收此音。〔箋二三二〕

又猗柅以招搖　晉灼曰：「猗音依倚反。柅音年纚反。」

承仕按：依、倚同聲，不得作切。疑「倚」字應作「綺」，形近致譌。〔箋二三三〕

髮紛紛兮寘渠　孟康曰：「寘，音冪，髮歷冪挂岸也。」臣瓚曰：「寘塞溝渠。」師古曰：瓚説是也。寘音徒一反。

承仕按：文選吴都賦「冪歷江海之流」，劉逵注云：「冪歷，分布覆被貌。」服言「歷冪挂岸」，蓋與「布覆」同意。然讀「寘」爲「冪」，聲韻俱不相應，且如瓚説，「寘塞溝渠」，文義易憭，孟獨何據而委曲言之？頗疑孟所見漢書字不作「寘」，否則今本注文有譌奪耳。尋檢篇韻「寘」、「窴」等字亦無冪音也。又汲古閣本作顔音「徒一反」，清殿本作「徒千反」，王先謙以「徒一反」爲非。今按：真、至對轉，則「徒一反」亦通，王説未諦。〔箋二三四〕

出入無悰爲樂亟　韋昭曰：「悰，亦樂也，音裁宗反。」亟，數亦疾也，謂不久也。言人生以何爲樂，但以心志所喜好耳，今我出入皆無懽怡，不得久長也。喜音許吏反。亟音丘吏反。

承仕按：顔注通例及本篇上下注文推之，則「裁宗反」以下疑奪「師古曰」三字；喜、亟二字反語蓋非韋昭所作。

且越人緜力薄材　孟康曰「緜，音滅，薄力也。」師古曰：緜，弱也，言其柔弱如緜。讀本字，孟説非也。

承仕按：説文：「緜，聯微也。」本有微細之義，聲轉則爲蔑。蔑亦微也，孟音「滅」，讀與蔑同，「緜」、「薄」對文，斯得其實。師古以「緜」爲喻詞，望文生訓，失之。

譬猶鼱鼩之齧狗　服虔曰：「音蹤劬。」如淳曰：「鼱鼩，小鼠也，音精劬。」

洪頤煊讀書叢録曰：「釋獸『鼩鼠』，郭注『小鼱鼩也，亦名「蹤鼩」』，此服音所本。」承仕按：洪説近之。東、清部近旁轉，故鼱亦音蹤。又清殿本作「蹤」，汲古本作「縱」，尋爾雅釋文：「蹤，將容反。」疑殿本作音「蹤」者近是。〔箋二三五〕

湯數醉酗羌人　師古曰：酗音況務反。師古曰：即酗字也，醉怒曰「酗」。

承仕按：「況務反」當是舊音，各本並誤作「師古曰」，失其主名，無可據正。

郡大姓原褚宗族横恣　李奇曰：「原音元。」師古曰：原、褚，二姓也。原讀如本字。横音胡孟反。

承仕按：古今字書韻書原、元同音「愚袁反」，更無他音。師古原讀如字，則李奇原讀異音矣。今本「原音元」或傳寫之譌歟？〔箋二三六〕

再三發軵　如淳曰：「軵，推也，淮南子曰『内郡軵車而餉』。音而隴反。」

沈欽韓曰：「淮南覽冥訓『廝徒馬圉軵車奉饟』高誘注：『軵，推也，讀揖拊之「拊」』。又氾論訓『太祖軵其肘』注：『軵，擠也，讀近茸。』此軵字有兩讀，今通作『茸』音。」承仕按：軵屬侯部，高讀「揖拊」者，其本音也。侯對轉東，則音而隴反。二讀並通。〔箋二三七〕

今發三輔河東弘農越騎迹射佽飛彀者羽林孤兒及呼速絫嗕種　劉德曰：「嗕，音辱，羌别種也。彀者，謂能張弩者也。彀音工豆反。絫音力追反。嗕音乃彀反。」

承仕按：注文「羌别種也」下，疑奪「師古曰」三字。彀、絫、嗕三字反語蓋非劉德所作。匈奴傳有「西嗕」字，孟康曰：「嗕，音辱，匈奴種也。」師古曰：「嗕音奴獨反。」與此同比。各本並失校。

父子相訐　宋祁曰：「訐，蕭該音『九列反』，引字林『面相斥罪也』。浙本音『居又反』。」宋祁校語及蕭該音義各條並據清武英殿本引。

承仕按：宋引浙本「居又反」「又」字爲「乂」之形譌。

故使椽平鐫令　如淳曰：「平鐫，激切使之自知過也。」晉灼曰：「王常爲光武鐫説其將帥。此謂徐以微言鐫鑿遣之也。」師古曰：平，椽之名。鐫，謂琢鑿也。鐫音子全反。蕭該音義曰：「按晉灼之意，引『鐫與之言能無説乎』，出論語『巽與』之言。」蓋依鄧展，鐫音子緣反，與此引晉灼不同。

承仕按：鐫屬諄部，巽屬寒部，音近得相通假，玄應一切經音義卷十一以「鋑」爲「鐫」之古文，是其證。晉灼訓爲

「微言鐫鑿」，蓋用論語「巽言」之義。疑蕭該所見晉灼注本或明引論文，師古稍有删節，故不相應耳。今本「蕭該音義」云云，文有譌奪，蓋引「鄧展」以下又雜以宋人校語。所云「與此引晉灼不同」者，正謂蕭該所説與今顔注所述晉注不同，其非蕭該原文明矣。「鐫音子緣反」，當亦非鄧展音。〔箋二三八〕

絶卻不享之義慎節游田之虞　師古曰：卻，退也。享，當也。言所爲不善不當天心也。一曰天不祐之，不歆享其祀也。虞，與「娱」同。應劭曰：「享，呼庚反。」

清殿本有應劭音，各本並無。承仕按：顔注「享」當「歆享」二義，合音「許兩反」。應劭義異，則音亦殊，故顔具出之，疑各本並誤奪。

檻塞大異　宋祁曰：「蘇林曰『濫，氾也』，淳音作『檻，閉也』，晉灼曰『於義蘇音是』。該案：蘇「濫氾」者，字林曰：『濫，氾濫也。濫音力暫反。』如淳曰「檻閉」者，字林曰：『檻，櫳也，一曰圈也。丁斬反，又力甘反。』」

承仕按：「丁斬反」，「丁」應作「下」，形近之譌也。又「力甘反」，篇韻並無此音，當是失收。

梢夔魖而抶獝狂　宋祁曰：「韋昭曰『魖音昌慮反』。一作熙慮反。」

承仕按：韻書「魖」字止有「朽居」一音，此作「昌慮反」，「昌」字疑是譌文。一作「熙慮反」，是也。「一作」云云，蓋宋人校語。〔箋二三九〕

柴虒參差　蕭該音義曰：「柴，一本作『偨』。諸詮賦『偨』音初綺反。」虒，姚本初擬反。

承仕按：文選字亦作「柴」，顔師古、李善同音「初蟻反」。廣韻上聲紙部「佌，雌氏切」，「傂，池爾切」，注云「參差之貌」。然則佌、偨、柴一文也。此聲屬支部，「蟻」、「綺」唯韻類異耳。又按：「姚本初擬反」五字疑是宋祁校語誤入蕭該音義中，如爲姚察漢書訓纂之音，則當具出姓名，不得稱「姚本」。宋祁屢稱「浙本」、「越本」、「姚本」云云，他人無是也。

薌昳肸以掍根兮　蕭該音義曰：「昳，别本丑乙反，文選余日反。肸，别本作『盻』，靈乞反。」案：今漢書本

「盱」或作「肸」者，傳寫之誤。

承仕按：「呋肸」字正作「肸」，其作「盱」者，因俗書肸作「昐」，又變作「盰」遂譌，作「盱」形無以下筆。「靈乞反」者，「靈」爲「虚」之形譌，此文應云「肸，虚乞反」。又本條題爲蕭該音義，而覈其文句當是宋人校語。今本文選李注「呋，余日反」，與此引文選音同，蕭該安得下引李善音邪？而臧庸蕭該音義輯本、王先謙漢書補注並誤仞爲蕭該原文，郅爲疏失。

河靈矍踼　蘇林曰：「踼音試郎反。」服虔曰：「踼音石臭反。」汲古閣本。

清殿本「踼」作「踢」，注作「試即反」。王先謙曰：「『踼』當作足旁易。從易、從昜之字多相亂，『踼』之誤『踢』，猶『碭』之誤『碭』矣。」承仕按：王説非也。尋廣韻平、入兩部皆無「踼」字，集韻陽部「商」紐下收「踼」字，云：「矍踼，驚動貌。」又藥部「辵」紐下收「踼」字，云：「矍踼，遽貌。」文選西京賦李善引「河靈矍踼」，音「丑略切」，與此音同。蓋廣韻陽、藥相承，故有此兩音矣。今謂字應從昜，蘇讀本音，故音「試郎反」，服取疊韻，而陽、藥又四聲相承，故音「石臭反」，皆不讀從易聲也。假令字作「踢」，亦不得以「試即」作切，因「即」、「易」固非同部耳。類篇「踼，又式灼切，遽貌」，引漢書「河靈矍踼」爲證，此即漢書服虔音也。又大荒南經「有獸名曰跊踼」，郭璞音「黜惕」二音，畢沅曰：「莊子有『泆陽』，呂覽有『述蕩』，即此獸也。玉篇有『跊踼』無『踼』字，郭注『黜惕』亦當爲『惕』。」此爲「矍踼」字從昜不從易之旁證。〔箋二四〇〕

紅蜺爲繯　蕭該音義曰：「該按：説文、字林、三蒼並于善反，云繯絡也。陳武音環。通俗文曰『所以懸繩，楚曰繯。繯，胡犬反』。」

承仕按：「于善反」之音玉篇、廣韻所無，疑「于」字爲「乎」之形譌。類篇「繯」字雖有「以轉」一切，亦不正相應。〔箋二四一〕

萃從允溶　蕭該音義曰：「從，按字林及埤蒼云從從，走貌也。允，諸詮音余永反。溶音勇。」

顏注「允」字無音；文選作「沇」，李善音「以永反」。承仕按：諸音「余永」、李音「以永」二反，「永」字並「水」之形譌。本篇下文「沇沇容容」，蕭該本作「沇容音餘水反」；文選上林賦「沇溶淫鬻」，注云「沇，以水切」。彼之「沇容」即此之「允溶」，其明證也。尋類篇、集韻收「沇溶」字並有「以水」一切，證知北宋本漢書、文選俱作「水」不作「永」也。蓋允聲本屬諄部，對轉脂，則音「余水反」。萃、從雙聲，允、溶亦雙聲；萃、允疊韻，從、溶亦疊韻。譌「水」作「永」，則失其倫類矣。

蹶浮麋　鄭氏曰：「蹶，音馬蹄蹶之『蹶』。」　蕭該音義曰：「蹶，諸詮居衞反，鄭氏居月反。」

承仕按：蕭該所引鄭氏反語即據「馬蹄蹶」之音而爲之，非鄭氏自下反語也。

跇巒阬　蕭該音義曰：「跇，鄧展曰跇音厲，厲，度也。該按：字林曰：『跇，述也，戈世反。』」

説文：「跇，述也。」段玉裁、桂馥並云「述」應作「𨒪」，徐灝駁段説曰：「此『述』字當作『迊』，其字從辵，從草木盛𣎵𣎵然之『𣎵』。『述』乃形近之誤耳。」承仕按：徐説近之。説文「迊，行貌」，廣韻字又作「跡」、作「趚」，與度越義相近。蕭該引字林云「跇，述也」，「述」爲「迊」字形近之譌。如依段校「述」應作「𨒪」，則字林無緣與説文同誤也。〔箋二四二〕鄧展音「厲」者，因跇、厲同屬泰部，即讀跇爲「厲」耳。跇字又作「迣」，類篇、集韻「迣」字並有「力制」一切，是跇有「厲」音之證。又字林「戈世反」「戈」應作「弋」，亦形近之譌。

參摹而四分之　宋祁曰：「參摹，蘇林音模。字林曰：『摹，廣求也，亡具反。』」

承仕按：亡具反，各本並譌作「七具反」，今正之。任大椿、王先謙等並失校。

倥侗顓蒙　蕭該音義曰：「按：字林及埤蒼『倥』音『口弄反』，『侗』音『敕動反』。」

承仕按：口弄反，本譌作「日弄反」，今正之。任大椿引作「日弄反」，非。

魯伯授太山毛莫如少路　師古曰：姓毛，名莫如，字少路。　宋祁曰：「蕭該按：漢書衆本悉作『毛』字。風俗通姓氏篇：『渾屯氏，太昊之良佐，漢有屯莫如，爲常山太守。』按：此『莫如』非姓『毛』，乃姓『屯』，音徒本反，『毛』、『乇』相似，容是傳寫誤矣。」

承仕按：溝洫志「分爲屯氏河」，師古曰：「屯音大門反。而隋室分析州縣，誤以爲毛氏河，乃置毛州，失之甚矣。」此亦「毛」、「屯」形似互譌之一證。又通志氏族略「屯氏」引姓苑云：「漢有太山太守屯莫如。」然則當何承天撰姓苑時所見漢書正作「屯」，不作「毛」也，其誤蓋始於隋唐之閒耳。集韻「屯」字雖有「杜本」一切，然不引屯莫如事。

治放尹齊　師古曰：放，依也，音甫往反。

汲古閣本作「師古曰」，清殿本作「韋昭曰」。承仕據全書注文通例推之，疑作「師古曰」者近是。

使我至今病悸　宋祁曰：「韋昭曰：心中惴息曰悸，音水季反。」

承仕按：悸音「水季反」，聲類絶遠。疑「水」應作「求」，形近之譌。

西南至烏秅國千三百四十里　鄭氏曰：「烏秅，音鷃拏。」師古曰：烏音一加反，秅音直加反，急言之聲如「鷃拏」耳，非正音也。

承仕按：「烏」音「鷃」者，魚、歌部字對轉入寒，猶「閼」字之音「於曷反」矣。鄭音當是相承舊讀，師古謂「非正音」，失之。〔箋二四三〕

有眚病　孟康曰：「災眚之眚，謂妖病也。」服虔曰：「身盡青也。」蘇林曰：「名爲肝厥，發時脣口手足十指甲皆青。」師古曰：下云「禱祠解舍」，孟説是也。眚音所領反，字不作「青」。服虔誤也。〔箋二四四〕

承仕按：服虔、蘇林因形近讀眚爲「青」，音義俱濶遠。孟康以眚爲災眚之「眚」，正舊讀之非，兼釋眚病之義也。以注家立文通例推之，「孟康曰」下疑奪「音」、「讀」等字。

欲獻其瑑耳　服虔曰：「瑑音衞。」蘇林曰：「劍鼻也。」師古曰：瑑字本作「璏」，從玉彘聲，後轉寫者譌也。瑑自雕瑑字耳，音篆。〔箋二四五〕

說文：「璏，劍鼻玉也。從玉，彘聲。」「瑑，圭璧上起兆瑑也。從玉，彖聲。」承仕按：彘聲在脂部，對轉入寒，故漢書假「瑑」字爲之，非轉寫之譌。服虔音「衛」，衛、璏同音。漢魏閒人亦即以「衛」爲「璏」，匈奴傳「玉劍具」，孟康曰「摽首鐔衛盡用玉爲之也」，師古曰「瑑字本作『璏』」，漢書本作「彘」，疑奪玉旁，兹正之。其音同耳。此古人同音假用之通例也。此文服虔音「瑑」爲「衛」，亦即訓「瑑」爲「璏」。

伏周孔之軌躅　鄭氏曰：「躅，迹也，三輔謂牛蹄處爲躅。」師古曰：音丈欲反。

清殿本「丈欲反」上奪「師古曰」三字。又殿本引「宋祁曰：鄭云躅音拘掫之『掫』。」〔箋二四六〕承仕按：鄭氏舊音恐非宋祁所得見，疑「宋祁曰」下奪「蕭該音義」四字。殿本所附宋祁校語與蕭該音義文句每多相亂。

楶棁之材　蕭該音義曰：「韋昭楶音節，一名欂，即柱上方木也。鄭氏楶音贅。」應劭曰：爾雅曰：「棁，朱儒也。」音之劣反。〔箋二四七〕

承仕按：「應劭曰」下當有音訓，今奪去之。「爾雅曰」云云，疑非應説。各本並誤，無可據正。

斗筲之子　蕭該音義曰：「字林曰：『筲，飯筥也，受五升。』秦云山交反。該案：『籍』或作『筲』，論語曰：『斗筲之人何足算也。』」

說文作「籍」，云「飯筥也，受五升。秦謂筥曰籍」。承仕按：蕭該引字林應與說文義略同，此作「秦云山交反」者，文有譌奪，應云：「秦謂筥曰筲，山交反。」〔箋二四八〕今作「秦云」，似「秦」是人姓矣，失之。

匪黨人之敢拾兮　蘇林曰：「拾音負拾之『拾』。」師古曰：拾音其業反。

承仕按：清殿本作「蘇林曰」，是也。汲古閣本作「師古曰」，涉下文「師古曰」而誤。尋史記張儀傳「斯徒負養在其中矣」。索隱云：「負養，謂負擔而給養公家。」蘇音「負拾」者，當是彼時通語，「拾」讀爲「給」，負拾猶言負養矣。師古音「其業反」，正讀與「給」同。〔箋二四九〕

𩾊生民之脢在　蕭該音義曰：「脢，韋昭：『音謀鬼反，又音梅。』字林曰：『微視美目貌。』」

任大椿字林考逸曰：「脢訓微視美目，則當從目，不作肉。考説文目部有『瞴』字，云『瞴，婁微視也』，與此訓同。集韻『瞴』字一作『脢』，猶之『瞴』字作『脢』矣。」承仕按：任説是也。脢微、美目並雙聲，故釋爲「微視美目」，此古人聲訓之例。微視之義引申爲幾微，故應劭注爲「無幾」。師古注無説，蓋依應義耳。文選字作「晦」，曹大家注曰：「晦，無幾也。」「晦」亦應作「脢」。〔箋二五〇〕

卒不能攄首尾　蕭該音義曰：「攄，字林曰：『攄，舒也。尹於反。又擬也。』」

承仕按：「尹於反」「尹」應作「丑」，形近之譌。任大椿沿譌作「尹」，諸可寶校改作「尸」，並非。

煜霅其閒者　蕭該音義曰：「煜霅，韋昭煜音呼夾反。霅音于俠反。服虔曰：『煜音近霍叔』，音爲育。『霅音暈邇之「暈」』。字林曰：『霅，震電也。一曰衆言也。于甲反。』『煜，音弋叔反，又于立反。』」

承仕按：服虔「煜音近霍叔者」，蓋以「霍」爲聲，以「叔」爲韻，其用與反語同。霍叔之「霍」正與韋昭「呼夾反」同紐，唯韻異耳。〔箋二五一〕「音爲育」三字當是蕭該自下直音，非服説也。「霅音暈邇之『暈』」者，應作「暈爾之『暈』」，「暈邇」俱形近之譌。文選李善注引晉灼曰：「霅音暈爾之『暈』。」其明證也。王先謙補注漢書引作「暈邇」，最爲疏謬。

閹尹之呰　蕭該音義曰：「韋昭『呰』作『搉』字，云子爾反。劉氏云：『搉，效也，或言極也。』晉灼曰：『搉，見也，盡也，使爲政以病其治也。』今漢書本或誤作『疵』字，或作『呰』字。」

承仕按：此條文句倒亂譌奪，其義難了。「韋昭『呰』作『搉』」，「搉」字定無「子爾」之音。疑舊本字從手旁，其音義蓋與呰、疵相近，〔箋二五二〕後譌作「搉」。劉氏刊誤乃引上卷「班輸搉巧於斧斤之」蕭該注文以説此義，而「劉氏云」以下各語亦有譌誤，並無可據正。上卷「荅賓戲班輸搉巧於斧斤」，蕭該音義曰：「搉巧，韋昭曰：『搉猶專也。』該按：音較。晉灼音義作『搉』字，云『劉氏云：「搉，效也，或言極也。」』晉灼曰：『搉，見也，盡也』。」承仕按：此條自「晉灼音義」以下，文已矯亂。

三國志裴松之注

久而阽危　案：漢書文紀曰「阽於死亡」，食貨志曰「阽危若是」，注云：「阽音鹽，如屋簷近邊欲墮之意也。」漢書文紀注：「服虔曰：『坫音反阽之「坫」。』孟康曰：『阽音屋檐之「檐」。』如淳曰：『阽，近邊欲墮之意。』」〔箋二一五三〕食貨志注：「師古曰：阽危者，欲墮之意也。音閻，又音丁念反。」承仕按：裴注約孟康、如淳二家説並自作直音以刻定之。昔人引音每多此例，如李善注離騷用王逸説，而音切則李善所羼入也。裴用孟康音與師古説同，廣韻亦然。可證音「反坫」者漢魏舊音，而音「鹽」則自六朝以訖隋唐相承無改。

子禽嗣　禽音離。

承仕按：禽無「離」音，字應作「离」，形近之譌也。廣韻「离」、「離」同「吕知切」。

大戰梁口　梁音渴。

承仕按：梁無「渴」音，且字誠作「梁」，亦不煩作音也。尋册府元龜引作「澩口」，云：「澩音過。」「梁」「澩」、「渴」「過」，皆以形近致譌。〔箋二五四〕水經濡水注：「新河又東至九過口，其地與高句驪相近。」則「澩口」即「九過口」也。地理志淮陽國扶溝縣，「渦水首受狼湯渠，東至向入淮」，師古曰：「渦音戈，又音瓜。」與此「澩口」音同而地異。

會所養兄子毅及峻辿等　敕連反。

承仕按：「辿」字不知所從，亦不見於字書韻書，疑應作「延」，形近之譌也。隸書「止」或寫作「山」，干禄字書：「屳，企上高舉皃，許延反，下企望，丘賜反。」段玉裁曰：「屳字本無高舉之義，隸體誤『止』作『山』，淺者讀爲許延反，而廣韻『屳』字下輕舉一義踵其誤也。」此文則形誤而反音未誤，類篇、集韻等亦並不收「辿」形，則南宋以後本始誤「延」爲「辿」

耳。〔箋二五五〕

⿰賀刂殞候主簿任光

錢大昕曰:「『⿰賀刂』爲『鄮』之譌。鄮,莫候切。此『殞候』二字當作『莫候反』,本小字夾注誤入正文,又誤合『莫反』二字爲『殞』也。」(三國志考異。)又曰:「初,讀虞翻傳注,即疑『⿰賀刂』爲『⿰貿刂』,『殞候』當爲『莫候反』,後見内府校本果如予言。」文集卷二十九。〔箋二五六〕承仕按:錢校是也。今書局仿汲古閣本亦作「⿰貿刂,莫候反」,當是據錢説校改。

璋使趙韙進攻荆州屯朐䏰　上蠢,下如振反。

段玉裁曰:「蚯蟥,高誘曰一名『朐䏰』,古今注曰一名『曲蟺』。蚯、朐、曲一音之轉,顔注地理志音『劬』,章懷注吴漢傳亦音『劬』。唐初本無異説,而吴漢傳注引十三州志『朐』音『春』。闞駰在唐以前,不宜有誤,蓋注十三州志者見『朐』譌爲『眴』,不知改正,妄爲此音。自後杜佑撰通典、徐鉉校説文並以爲字應作『眴』,承譌襲謬,形聲俱舛,而李燾、楊慎等從之,非也。」文集卷五。〔箋二五七〕錢大昭説略同。承仕按:段説近之,然謂「眴」字從旬音春爲唐以後之誤,説則非也。闞駰當晉宋閒,音「朐」爲「春」。水經注二「閤門水又東逕浩亹縣故城南」,闞駰曰:「浩讀閤也。」此闞駰自下音讀之證。段欲自護其説,遂謂闞不作音,近於專斷。裴松之當宋元嘉之末,亦音「朐」爲「蠢」。此皆唐以前人,下距師古之卒蓋二百有餘年矣。晉書宣帝紀「泝沔而上至于朐䏰」,何超音義引如淳曰:「上音蠢,下音如允反。」如淳,魏人也,音與闞、裴同。然則以「朐」爲「眴」蓋漢魏相承舊讀,非唐宋人所能妄作明矣。今疑「朐䏰」疊韻,地名本有此讀,或不關「蚯蟥」義也。

自佷山通武陵　音恆。

汲古閣本音「恆」,明南監本音「桓」。承仕按:音「恆」是也。地理志「武陵郡,佷山」,孟康音「恆」,類篇、集韻「佷」字止有「胡登」一切,是其證。

卷　六

呂氏春秋高誘注

歙吴承仕學

命之曰招蹷之機　招，至也。

文選七發「蹷痿之機」李善注曰：「呂氏春秋『佁蹷之機』，高誘曰：『佁，至也。』聲類曰：『佁，嗣里切。』」畢沅曰：「招，致也。李注文選引此『招』作『佁』，『嗣里切』，孤文無證，亦不可從。」〔箋二五八〕承仕按：類篇、集韻：「佁，象齒切。至也。高誘讀。」然則自李善以訖司馬光、丁度等所見呂覽自有作「佁」之本，而高誘亦有讀如讀若之文，故篇韻得據以作切耳。畢沅不檢篇韻，斥爲孤文，失之。

從師苦而欲學之功也　苦讀如盬會之「盬」，苦不精至也。

畢沅曰：「注『盬』舊作『監』，訛。此以盬惡訓『苦』，但『會』字未詳，亦恐有訛。」承仕按：畢改「監」爲「盬」，是也。淮南時則訓「工事苦慢」，高注各本同作「音盬會之『盬』」，唯朱東光本作「音盬鹵之『盬』」，然則呂覽、淮南高讀本作「監會」，或作「盬會」者，皆「盬鹵」之形譌。盬、鹵同訓，當是連語，故高誘以之作音。疑舊本有書「鹵」爲「魯」者，漢書陳勝項籍傳「流血漂鹵」，即以「鹵」爲「櫓」。因形近又譌「魯」爲「會」，故不可通。〔箋二五九〕王紹蘭謂會有腦義，「盬會」即「盬腦」也。按作音應用通語，如以訓詁代舊文，聞者知其爲何等語邪？王説附會甚矣。

百螣時起　螣讀近殆。

說文：「蟘，蟲食苗葉者。詩曰『去其螟蟘』。」「螣，神它也。」段玉裁曰：今詩作「去其螟螣」，假「螣」爲「蟘」也。承仕按：方言作「貣」。蟘、貣同屬之部，對轉蒸，則字作螣，本爲同物，從聲以變，則形體有異。高誘讀螣爲「殆」，禮記釋文讀螣爲「特」，並以螣、蟘爲一字，唯四聲轉耳。韻書螣字失收「殆」音。〔箋二六〇〕

太小則志嫌以嫌聽小則耳不充　嫌聽，譬自嫌之「嫌」。

畢沅曰：「注有誤字，似本爲『嫌』字作音，而後人妄改之。」〔箋二六一〕承仕按：畢說近之。記大學「此之謂自謙」，謙、嫌古多通假，易坤卦文言「爲其嫌於無陽也」，釋文云：「嫌，鄭作『謙』。」荀子仲尼篇「信而不忘處謙」，楊注云：「謙讀爲嫌。」是其證。大學「自謙」字本或有作「嫌」者，故高誘讀「嫌」與大學同。字亦作「嗛」、作「慊」，皆約少不滿足之意，正與下文「不充則不詹，不詹則窕」義相應。今注文有譌，故不憭耳。

不充則不詹　詹，足也。詹讀如澹然無爲之「澹」。

畢沅曰：「御覽作『詹音澹』，疑是也。注既訓『詹』爲足，則自讀從澹足之『澹』，當讀時豔切；若如此注，則如字讀徒濫切矣。恐是後人妄改。」承仕按：畢說非也。澹、贍同從詹聲，則讀音相近，時豔、徒濫之分，自起於晚世。高讀詹爲「澹然無爲」，音義並相應，何據而斥爲妄改耶？〔箋二六二〕且後人間有改讀如爲直音者矣，改直音爲比況之音所未聞也。畢以御覽正注文，失之。

則如所兔起鳧舉死殙之地矣　殙音悶，謂絶氣之「悶」。

承仕按：注文應云「殙讀絶氣之『悶』」，「音悶」二字誤衍，「謂」爲「讀」之形譌。〔箋二六三〕情欲篇「蹻然不固」注云：「蹻謂乘蹻之蹻」，「謂」亦「讀」字形近之誤，與此正同。

就就手其不肯自是　就就讀如由與之「與」。

畢沅曰：「由與即猶豫。爾雅釋獸釋文：『猶，羊周、羊救二反，字林弋又反。』此『就』字讀從之也。」承仕按：畢說不了，爾雅釋文「猶」字音義更與此文無涉。蓋高注讀「就」爲由與之「由」，今本誤爲由與之「與」，故不可通。就字蓋從尤聲，故與由、猶音近，高讀爲「由與」者，音義相兼。〔箋二六四〕

入於門中門中有歛陷　歛讀曰脅。

畢沅曰：「歛從欠，呼濫切。疑即坎窞，注不可曉。」梁玉繩曰：「『歛』爲『欿』字之誤。」王紹蘭、李賡芸並以「歁」爲「歛」之譌形。承仕按：諸家説並非也。廣雅「歛，欲也」，曹憲音「呼濫」、「呼甘」二反。廣雅訓「欲」之「歛」即説文訓「欲得」之「欿」。呂覽此文借「歛」爲「臽坎」字，本云「門中有歛」，「歛」下之「陷」則爲衍文，蓋校者以「歛」字音義難瞭，故旁注「陷」字以釋之，傳寫者誤入正文，遂不可解矣。高注「歛讀如脅」者，歛在談部，脅在緝部，聲紐既同，韻部亦近。埋所易曉，畢説疏矣。〔箋二六五〕

乃負石而沈於募水　募，水名也，音千伯之「伯」。

承仕按：千伯之「伯」字應作「佰」，形近之誤也。食貨志「無農夫之苦，有仟佰之得」，顔注音「莫白反」。字亦通作「陌」，正與募音近。説文：「𡨄，讀若阡陌之陌。」是其比。今譌爲「伯」，音義俱非。〔箋二六六〕

許鄙相𦙶　𦙶，後竅也。𦙶字讀如窮穹之穹。

畢沅曰：「𦙶乃尻之俗體，玉篇『苦刀切』，此音讀未詳。」〔箋二六七〕承仕按：尻從九聲，本屬幽部，與侯部近，故對轉東，音穹，毛詩、爾雅、説文並云「鞠，窮也」，鞠、窮音義相近，是其比。然篇韻並失收此音。

不喂而香　喂讀如餲厭之「餲」。

承仕按：御覽八百四十二引作「不喂而香，北縣反。如此者不餲音遏」。據此，則「讀如餲厭」一語當在「餲」字下，今本傳寫誤置耳。今本「如此者不餲」作「如此者不飴」，亦形近之譌。又御覽「喂，北縣反」，「北」字定誤，類篇、集韻：「喂，縈絹切。」注引呂覽此文，疑「北」字爲草書「於」字之形譌。〔箋二六八〕

淮南子許慎、高誘注

横四維而含陰陽　横讀桄車之「桄」。

承仕按：注當作「横讀車桄之『桄』」，各本誤倒耳。玄應成實論音義云：「桄，聲類作『輄』，車下横木也，今車牀梯舉下横木皆曰桄。」此注讀「横」與車桄之「桄」同。書堯典「光被四表」，「光」或作「横」，戴震説「光」爲形譌；王引之以「光」、「桄」、「横」同聲通用，是也，正宜以淮南高讀證之。淮南書一依莊逵吉校本，而以别本勘之。

扶摇抮抱羊角而上　抮抱，引戾也。抱讀詩「克岐克嶷」之「嶷」也。原道訓。　菱杼紾抱　抱，轉也。抱讀岐嶷之「嶷」。本經訓。〔箋二六九〕

廣雅釋訓：「軫⿰車色，轉戾也。」類篇、集韻並收「⿰車色」字，注引廣雅釋訓。王念孫疏證改「⿰車色」爲「軳」，爲之説曰：「軳，本讀如『與子同袍』之『袍』，轉入聲則讀如『克岐克嶷』之『嶷』。或作『抮抱』，又作『紾抱』。淮南子高注讀『抱』爲『嶷』，正與曹憲音『牛力反』相合。凡字從包聲者多轉入職、德、緝、合諸韻，其同位相轉者若『包犧』之爲『伏犧』，『抱雞』之爲『伏雞』是也；異位相轉者，續漢書五行志注引春秋考異郵云：『陰氣之專精，凝合生雹。雹之爲言合也。』是雹、合聲相近。玉篇云：『鮑魚，漬魚也。』今謂之『裛魚』，鮑、裛聲相近，故軫軳之『軳』讀爲『嶷』也。」承仕按：王説非也。廣雅「軫⿰車色」，⿰車色從車、色聲，與轖同字，色聲、嗇聲同屬之部。楚辭懷沙「鬱結紆軫」，文選七發「中若結轖」，紆軫、結轖亦與轉戾同意。⿰車色屬之部，故曹憲音「牛力反」，淮南子「抮抱」字疑亦爲「⿰扌色」之形譌，故高誘讀「⿰扌色」如「嶷」。即實言之，則廣雅之連語當采自淮南，而曹憲之反音亦即本之高讀也。至若⿰車色、嶷聲紐絶殊，而舊音得相關通者，則由今紐在齒舌閒者，古音每斂入喉牙。其例甚多，前已具説。廣雅釋詁：「抮，盭也。」曹憲音「顯」，抮之音「顯」，與⿰車色之音「嶷」，其比正同，此皆韻部不遷而聲紐有古今之異者也。〔箋二七〇〕王氏説爲軳、嶷韻近，證不極成，抱、伏相變由於雙聲，情實異宜，不得牽以爲喻。釋名説「雹」爲「跑」，蓋以聲訓；緯書説「雹」爲「合」，則以包含凝合之義釋之；「鮑魚」謂之「裛魚」，「裛」蓋「淹」之異文，〔箋二七一〕皆與聲韻無涉。且合聲、邑聲並在緝部，疑聲自在之部，亦不得妄爲比附也。

劉覽偏照　劉覽，回觀也。劉讀留連之「留」，非劉氏之「劉」也。

莊逵吉曰：「詩『彼留之子』，鄭康成以爲即『劉』字，故劉讀爲留。」承仕按：劉、留同音，古人隨意書之，高讀云云，當是釋義而非擬音，是「讀爲」而非「讀如」。〔箋二七二〕

先者踰下則後者蹷之先者隤陷則後者以謀　蹷，履也；音展非展也。楚人讀躓爲隤，隤者，車承。或言跋躓之「躓」也。

承仕按：「展非展」者，疑是辨家舊義，即莊子天下篇所云「輪不輾地」是也。成玄英莊子疏云：「車之運動，輪轉不停，前迹已過，後塗未至，徐卻前後，更無蹍時。」「輪不蹍地」，蓋與「展非展」同義，高「音展非展」者，猶云「讀蹷如『輪不輾地』之『輾』」。蹷、輾音義正同。又高注云「隤者，車承」，「車承」義不可説，疑「車承」應作「疐」，〔箋二七三〕廣雅釋言：「躓，疐也。」躓、隤同字，此注以「疐」釋「隤」，傳寫誤分「疐」爲二形，遂譌作「車承」矣。

馳要褭　要褭，馬名，日行萬里。褭，橈弱之「弱」。

承仕按：褭、弱同屬宵部，聲類亦近，注應有「音」、「讀」等字，今本誤奪。俶真篇「蕭條霄雿」注云：「雿，翟氏之『翟』也。」亦誤奪「讀」字，類此者衆，後不復出。

雪霜滾灖　灖讀抆滅之「抆」。

莊逵吉曰：「藏本作『校滅之校』。」盧文弨曰：「或當作『抆滅之抆』，因抆、灖聲相近也，故據莊子語改之。」孫星衍曰：「當作『校滅之滅』。」承仕按：盧校是也。「滾灖」，字又作「浽溦」，並屬脂部，脂對轉諄，故音「灖」爲「抆」。以上原道訓。

二者代謝舛馳　舛讀舛賣之「舛」。

承仕按：「舛賣」無義，疑應作「舛背」，形近譌作「賣」。廣雅：「舛，背也。」此「舛背」連文之證。〔箋二七四〕

引楯萬物　引楯，拔擢也。楯讀允恭之「允」。

莊逵吉曰：「『引楯』應作『揗』，從手旁。」王念孫從之。承仕按：舊籍文多主聲，從木、從手不關弘旨。高讀「楯」同「允」，則以「引楯」爲雙聲連語也。漢書敍傳「數遣中盾，請問近臣」，蕭該音義曰：「盾音允可。」知允、盾同音爲漢魏以來舊讀，而廣韻從盾之字並無以允爲聲者，此亦音聲由喉而漸及脣舌之一例也。〔箋二七五〕

設于無垓坫之宇　垓讀人飲食太多以思下垓。

段玉裁曰：「高注淮南書『垓讀如人飲食太多以思下垓之「垓」』，『以思下垓』乃『以息上餩』之誤，『餩』即『噫』也。」（說文「噫」字注。）承仕按：段說是也。高讀「垓」爲飽食息之「餩」，以通語比況作音，其字不妨作「垓」，不煩改「上垓」爲「上餩」。〔箋二七六〕

遼巢彭濞而爲雨　濞，榆莢之濞。

王念孫曰：「『彭濞』應作『彭薄』，司馬相如封禪文『旁魄四塞』，義與此同，故高注以爲蘊積貌。若『彭濞』則爲水聲，與正文注文皆不合矣，書鈔、御覽引並作『薄』。」〔箋二七七〕承仕按：王說是也。「榆莢」云者，蓋是讀音，應云：「薄讀如榆莢薄之『薄』。」食貨志「漢興，以爲秦錢重難用，更令民鑄莢錢」，如淳曰：「如榆莢也。」漢以錢重改鑄，則莢錢薄於秦錢矣，此高注「榆莢薄」之義。今本正文既誤作「濞」，乃改注文以就之，又有譌奪，遂不可通。

斬而爲犧尊　犧讀曰希，猶疏鏤之尊。

承仕按：犧從羲聲，字屬歌部，讀犧爲「希」，則韻部不近。首言「犧讀爲希」，繼云「猶疏鏤之尊」，則文義不次。尋聲訓之例，曰「讀曰」，猶其聲義必上下相應。此注應云：「犧讀曰希疏，猶疏鏤之尊。」今本誤挩一「疏」字，遂不可通。魯頌毛傳云：「犧尊，有沙羽飾也。」釋文云：「鄭音素何反。」毛義同鄭。高讀爲希疏之「疏」者，古音魚、歌部近，「疏」

即「素何反」也，〔箋二七八〕「疏鏤」即刻畫之義，高誘音訓蓋毛、鄭舊説也。後人不曉古音義，妄删「疏」字，而以「希」音「犧」，於古今音並不合。

鏤之以剞剧　剞讀技之「技」。

承仕按：本經訓「無所錯其剞剧削鋸」注云：「剞讀技尺之『技』。」則此注似奪一「尺」字，然「技尺」之義亦所未聞。〔箋二七九〕

乃始懘觟離跂　懘讀簫簫無逢際之「懘」。觟，傒徑之「傒」也。〔箋二八〇〕

近人邵瑞彭曰：「『簫』乃『蔨』字之誤。『逢』猶罅，今字作『縫』。『蔨蔨』者，無逢際之狀，今俗語猶然。」承仕按：邵説是也。高讀本作「篙篙無逢際」，形近譌作「簫」。廣雅釋器：「篙篗，篰也。」篙、蔨字同。説文：「蔨，平也。」周禮「鼈人掌取互物」注云：「互物，謂有甲蔨胡龜鼈之屬。」「蔨胡」亦作「鏝胡」、「漫胡」，並密閉無竅隙之稱，或曰「蔨胡」，或曰「蔨蔨」，「蔨蔨」即「曼曼」矣。原道篇「漠睧於勢利」注云：「睧讀無閒孔之『睧』。」音義並與此近。又按：「觟，傒徑之『傒』」，當云「觟，讀傒徑之『傒』」。傒、蹊同字，月令「塞傒徑」是也。圭聲、奚聲同屬支部。以上俶真訓。

洞洞灟灟　灟讀以鐵頭斫地之「钃」也。

承仕按：「钃」應作「钃」，形近之譌也。〔箋二八一〕钃爲田器，説文作「欘」，云「斫也，齊謂之兹其」。爾雅「斪斸謂之定」，李巡云「鉏也」。此言「鐵頭斫地」，正説钃之形用耳。氾論訓「洞洞屬屬」注云：「屬讀犂欘之『欘』。」正與此同意。钃訓鉦，音義俱不相應。

月死而羸蛖膲　膲，肉不滿，言應陰氣也。膲，讀若物醮炒之「醮」。

道藏本作「膲，讀若物醮少醮之」；一本作「讀若物少之『醮』也」。「一本」據錢塘天文訓補注引。承仕按：道藏本近之，而文有誤倒。劉泖生景宋本作「膲，讀若物醮少之『醮』」是也。説文：「潐，盡也。」爾雅「水醮曰厬」，釋文云：「本又作『潐』。」潐、膲、醮音同，潐、少義近，本文作「膲」，高讀作「醮」，並潐之假字。「讀若醮少之『醮』」者，作音兼釋義也。繆稱訓「滿如陷」注云：「陷，少也。」陷少、膲少皆縮朒不滿密之稱。莊本改「少」作「炒」，文不成義。

太陰在卯歲名曰單閼　單讀明揚之「明」。〔箋二八二〕

章先生曰：「『明揚之明』當爲『丹楊之丹』，『丹』誤爲『明』，『楊』隸書多作『揚』。」承仕按：爾雅釋文：「單閼音丹。」章説近之。然丹、明二文形不比近，無緣致譌，未聞其審。以上天文訓。

夸父耽耳在其北方　耽耳，耳垂在肩上。耽讀褶衣之「褶」，或作「攝」，以兩手攝耳居海中。

王念孫曰：「褶、攝二字聲與耽不相近，耽當爲『耴』。〔箋二八三〕説文：『耴，耳垂也。』耴與聶聲相近，故海外北經作『聶』；耴與褶、攝聲亦相近，故高讀耴如『褶』，而字或作『攝』。後人改『耴』爲『耽』，與高注大相抵牾。」承仕按：王説近之。然耽在談韻，耴、聶同在盍韻，褶在緝韻，部居至近，玉篇、廣韻「耴」音「丁含切」，「褶」音「徒協切」，即聲紐亦無大殊，則正文作「耽」，高注音耽爲「褶」，音義並相應也，如字自通，不煩輒改。以上墬形訓。

腐草化爲枅　枅，馬蚿也，幽冀謂之秦渠。蚈讀奚徑之「徑」也。

承仕按：注文應云「蚈讀蹊徑之『蹊』」，今作「奚徑之『徑』」者，傳寫之譌也。蓋枅在清部，旁轉真，廣韻音「苦堅切」；對轉支，則音蹊徑之「蹊」，精神訓「素題不枅」、主術訓「朱儒枅櫨」，高注並讀「枅」爲「雞」，説文：「䀍，蔽人視也。從目，幵聲。讀若攜手。」是其比。説林訓「善用人者，若蚈之足衆而不相害」高注云：「蚈讀蹊徑之『蹊』。」呂氏春秋季夏紀高注亦讀「蚈」如「蹊徑之『蹊』」，是其證。而後來韻書並失收此音。

天子衣黃衣　黃，順土色也。黃謂登飴之「登」也。

朱本、景宋本「衣黃衣」作「衣苑黃」，注作「苑讀宛飴之『宛』也」。王念孫曰：「高讀『苑』爲登飴之『豋』。」承仕按：説文豆部：「豋，豆飴也。」黑部：「黦讀若登飴之『豋』。」此文「衣苑黃」，蓋以同音假「苑」爲「黦」，高注讀「苑」爲「豋飴之『豋』」，正與説文「讀黦」同。莊本據月令改「苑黃」爲「黃衣」，注文又誤「豋」爲「登」，遂不可通。（坊間通行漢魏叢書本並作「苑黃」，四部叢刊景印本亦同，皆不誤也。淺人妄改，深可忿疾；而近人劉文典撰集解，獨依莊本作「黃衣」，於音讀亦無訓説，

詿誤後學，其過弘矣。）〔箋二八四〕

穿竇窖　穿窖所以盛穀也。窖，讀窖藏人物之「窖」。

承仕按：「窖藏人物」語不可通，疑當作「窖，讀人窖藏物之『窖』」。〔箋二八五〕

湛熺必潔　湛，讀審釜之「審」。熺，炊熾火之「熾」也。

承仕按：呂氏春秋仲冬紀「湛饎必潔」，高注云「讀瀋釜之『瀋』」是也。此作「審」者，「瀋」形之殘，應據正。「熺，炊熾火之『熾』」，「炊」上誤奪一「讀」字。以上時則訓。

孟嘗君爲之增欷歍唈　歍讀鴛鴦之「鴦」也。

承仕按：「歍」讀「鴦」者，魚、陽對轉。古今字書韻書並失收此音。

晝隨灰而月運闕　運讀連圍之「圍」也。

朱東光本作「運讀運圍之『圍』也」。承仕按：注當云「運讀運圍之『運』」。漢書天文志：「兩軍相當，日暈圍在中中勝，在外外勝。」注意蓋謂此之「月運」字讀與天文志「暈圍」之「暈」同，暈、運音同。作音兼釋義也。脂、諄對轉，運、圍雖可相通，然天文志「暈圍」列爲二名，名實並殊，即不得讀運爲「圍」矣。史記天官書集解引如淳曰：「暈讀曰『運』。」此舊來運無「圍」音之證。篇韻「運」、「暈」字亦無異音。

猨狖顛蹶而失木枝　狖讀中山人相遺物之「遺」。

承仕按：説文作「貁」，爾雅作「蜼」，實一文也。李賢注後漢書引郭璞云：「蜼，零陵南康人呼之音餘，建平人呼之音相贈遺之「遺」也，又音余救反，皆土俗輕重不同耳。」侯、脂韻部亦有通轉，故狖得音「遺」。〔箋二八六〕

軵車奉饟　軵，推也。軵，讀楫拊之「拊」也。覽冥訓。　相戲以刃者太祖軵其肘　軵，擠也，讀近茸，急察言之。氾論訓。　倚者易軵也　軵讀軵濟之「軵」。説林訓。

說文：「軵，反推車令有所付也。從車付，應補云「付亦聲」。讀若茸。」段玉裁曰：「氾論訓高注『讀近茸』，與說文同。覽冥訓『讀楫拊之『拊』』，說林訓『讀軵濟之『軵』』，皆有譌字不可讀，然大約以付爲聲。是高時固有兩讀也。」承仕按：軵從付聲，本屬侯部，對轉東則音「茸」，高讀皆是也。尋說文：「揖，攘也。」「攘，推也。」「擠，排也。」「推，排也。」「拊，揗也。」義訓大同。高注「讀楫拊之『拊』」者，「楫」應作「揖」；「讀軵濟之『軵』」者，「濟」應作「擠」，作音兼釋義也。〔箋二八七〕今本作「楫」、作「濟」，皆形近之譌。段以爲不可讀，失之。以上覽冥訓。

䐡下迫頤　䐡，讀精神歇越無之「歇」也。

承仕按：說文：「歇，息也，一曰氣越泄。」七發曰：「精神越渫。」俶真訓「必形繫而神泄」，高注云：「身形疾而精神越泄。」歇越、越泄意義大同。此注讀䐡爲「精神歇越之歇」，則「無」字爲衍文，灼然可知。又按：䐡，廣雅、廣韻並作「𩩲」，曹憲音「火伐反」，類篇、集韻並有「許竭」一切，與「歇」同音。

燭營指天　燭，陰華也；營，其竅也；上指天也。燭營讀曰括撮也。

承仕按：莊子人閒世「會撮指天」，釋文引崔譔云：「會撮，項椎也。」明與燭營異物，即聲類亦殊。注既釋「燭營」爲「陰竅」，更不得讀爲「會撮」明矣。括、會聲近義同，高作「括」者，疑是莊子異文。疑注文「讀曰括撮」以下當是許、高二注錯雜之文。「讀曰」疑即「讀爲」，若鄭箋之改字矣。〔箋二八八〕以上精神訓。

金器不鏤　鏤，讀婁之「婁」。

莊逵吉曰：「『婁之』者，字從母中女，即婁處子義也，此讀從之。孔繼涵疑句有脱字，恐未必然。」承仕按：莊說甚迂。婁空字與孟子說「摟處子」事義不相會，牽引以釋此讀，亦文不成義。此注應作「婁數之『婁』」，傳寫奪「數」字耳。俶真訓「鏤金石書竹帛」注云：「鏤讀婁數之『婁』。」音義並與此同，是其證。以上本經訓。

黈纊塞耳　黈，讀而買黈蓋之「黈」也。

朱本作「黈讀而買黈益之『黈』」。景宋本同。承仕按：「黈益」是也。〔箋二八九〕文選長笛賦「猶以二皇聖哲黈益」

李善注云：「鼪，猶演也，他斗切。」胡紹煐箋證曰：「鼪讀與紸同。荀子禮論『紸纊聽息之時』楊注：『紸讀爲注。』溝洫志顔注云：『注，引也。』引、演義近，故云『鼪猶演也。』」「鼪益」連文，證一。本篇又云「脩行者競於往」，注云：「往，自益也。」往、鼪並從主聲，而往亦訓爲益，證二。本經訓「愚夫惷婦」注云：「惷讀近貯益之『貯』。」貯、鼪聲近，並與益連文，證三。孔平仲雜説曰：「俗言添鼪，（原注：「定斗反。」）以水投酒謂之鼪水，然則鼪益即注益，謂挹注以盈之也。」證四。據此，則「鼪益」爲漢人常語，故以之作音，「讀而」當作「讀如」，蓋聲近而誤耳。「買」字或誤，或「買」字下有奪文，或「買鼪益」爲彼時諺語，今不能輒定。以上主術訓。

緂麻索縷　緂，讀恬然不動之「恬」。

承仕按：「恬」，疑當爲「惔」。恬、惔二文聲韻雖近，然緂從炎聲，終不宜讀與恬同。〔箋二一九〇〕

銷車以鬬　銷，讀紺綃之「綃」也。

洪亮吉引作「緅綃之『綃』」。承仕按：「緅」應作「紺」，形近之譌也。原道訓「上游於霄雿之野」高注云：「霄讀紺綃。」是其證。

出百死而紿一生　紿，至也。紿，讀仍代之「代」也。

承仕案：讀紿爲「仍代之代」者，即訓紿爲「代」。代，更也；出百死而紿一生，猶言以百死易一生也。注訓紿爲「至」，義無所施，疑傳寫失之。〔箋二一九一〕御覽三百二十七引，「紿」作「紹」，蓋形近之譌。

黄衰微　楚大夫。衰，讀繩之「維」。微，讀抆滅之「抆」也。

承仕按：「衰，讀繩之『維』」，「繩」上奪一「維」字。原道訓「雪霜滾灖」注云：「滾讀維繩之『維』」。灖讀抆滅之『抆』。」與此正同。説文：「筳，維絲筦也。」維繩與維絲同意。以上氾論訓。

不見埵埵　埵，讀似「望」，作江淮閒人言能得之也。

承仕按：「埵，讀似『望』」，聲韻絶殊，疑「望」爲「垂」之形譌，垂正書作「𡍮」，故形與「望」近。〔箋二一九二〕

涣乎其有似也　涣，讀人謂貴家爲腴主之「腴」也。

朱東光本「涣」並作「澳」，「腴」作「腰」。承仕按：文當作「澳」，作「涣」者形近而譌。此文以「澳」爲「戫」，由幽旁轉之也。〔箋二九三〕温燠亦作温郁，薁棣亦作郁棣，王褒聖主得賢臣頌「卑辱奥渫」，李善引如淳曰：「奥音郁。」此皆澳、郁聲轉通假之明證也。「澳乎有似」猶云郁郁乎其有文章矣。高讀澳爲「奥主」之「奥」，左氏昭十三年傳「國有奥主」，記禮運「故人以爲奥也」，此注家比況作音之義也。至注中「貴家」之文，寫宋本作「富貴家」。或爲漢末諺言，或後人傳寫有誤，今難質言矣。各本譌「澳」爲「涣」，注文又譌爲「腴」、爲「腰」，文義遂不可説。不有朱本，將何由尋其蹤跡哉？

揲挻其土而不益厚　揲，讀揲揲脈之「揲」。

承仕按：「史記扁鵲列傳「揲荒爪幕」，徐廣曰：「揲音舌。」揲脈與揲荒同意，蓋醫術也。〔箋二九四〕

吾必悲哭社　江淮謂母爲社。社，讀雎家謂公爲阿社之「社」也。

承仕按：脩務訓「弔死問疾以養孤孀」注云：「雎家謂寡婦曰孀婦。」雎者，方士之名。此注「雎家」即「雒家」，形近之誤也。説文：「蜀人謂母曰姐，淮南謂之社。」父母之稱，每相施易，故雒家謂公爲阿社。廣雅：「爹、奢，父也。」方言：「妻之父謂之父姼，妻之母謂之母姼。」姐、社、爹、奢、姼皆一聲之轉。〔箋二九五〕

玉待礛諸而成器　礛廉，或直言藍也。説山訓。　璧瑗成器礛諸之功　礛讀一曰廉氏之「廉」。説林訓。　首尾成形礛諸之功　礛讀廉氏之「廉」，一曰濫也。脩務訓。

承仕按：説文字作「厱」，「讀若藍」；字又作「磏」，「讀若鐮」；此作「礛」。厱、磏、礛同屬談部，實一字耳。説山訓高注應云「礛讀廉」，今本奪一「讀」字；説林訓注應云「礛讀藍」，今本奪一「藍」字；以脩務訓注證之可知。以上説山訓。

非其任也　任，讀甚任之「任」。

承仕按：甚任即堪任。詩小毖「未堪家多難」，毛傳曰：「堪，任也。」高讀本此。劉文典集解所據本作「勘任」，亦

非。〔箋二九六〕

水蠆爲蟌孑孑爲蟁　讀廉絜。

承仕按：注「讀廉絜」三字上奪一「孑」字，蓋讀孑爲廉絜之「絜」也。絜、孑字聲韻並同。

兔齧爲螚　螚，讀能而心之「惡」。

各本並同。洪亮吉以「惡」爲「慝」字之誤。承仕按：洪説爲「慝」，聲形俱不相近，且義亦難憭。今謂高注蓋讀螚爲能恧之「恧」，「而心」者，誤離「恧」形爲二；「惡」，俗書或作「悪」，即「恧」字形近之譌，並傳寫失之也。能恧猶云能耐。能、耐同訓同字，因一聲之轉而分爲二文，是能耐之「耐」本無正體，經典相承借「耐」字爲之。〔箋二九七〕説文：「耏，罪不至髡也。從而，從彡；或從寸，諸法度字從寸。」承仕按：耏、耐並從而得聲。訓慙之恧亦從而聲，古音與耐同，故「能耐」亦得作「能恧」。高讀「螚」爲能耐之「耐」，又寫「耐」作「恧」耳。廣韻去聲代部「耐」、「螚」並「奴代切」。以上説林訓。

是故生木之長莫見其益有時而脩　長者，令長之「長」。

承仕按：「生木之長」猶言生長成，遂不得訓爲「令長」明矣。注當作「長，音令長之長」，作音非釋義也。「音」字形近誤作「者」，義不可通。又按：高誘序曰：「淮南以父諱『長』故，其所著諸『長』字皆曰『脩』。」此文下云「有時而脩」，則上文「生木之長」不得復言「脩」；且高注又爲「長」字作音，則本自作「長」可知也。淮南此文不爲父諱，未聞其故。〔箋二九八〕以上脩務訓。

卷七

歙吴承仕學

方言郭璞注

自關而西秦晉之閒凡人語而過謂之過　于果反。

各本並作「于果反」。承仕按：夥、過音近義同，因方語稍有施易，故别以「過」字擬其音耳。尋廣韻、玉篇以下，「過」字止「户果」一切，並無他音，疑「于果反」「于」應作「乎」，形近之譌也，舊籍「于」、「乎」二文傳寫多錯互。〔箋二九九〕

嬛續也　嬛，火全反。

戴震疏證本作「嬛，火金反」，錢繹箋疏曰：「各本並作『蟬』，音『火全反』是也。戴本『全』作『金』，以『火金反』爲『嬛』字之音，誤。」承仕按：各本並非，而錢説尤謬。蓋「嬛」從睘聲，本屬寒部，自音「火全反」，廣韻以下「嬛」、「蠉」、「儇」等字並音「許緣切」，此古今承用之音，無可疑者。錢以「火全」音「蟬」，致爲疏失。〔箋三〇〇〕戴本「嬛，火金反」，疑刻版之譌，非戴校有誤。

凡細而有容謂之嫢或曰徥　言徥徥也。度皆反。卷二。　徥，行也。徥徥，行貌。度揩反。卷六。

卷二「或曰徥」條下戴校本無反音，兹據慶元本補。盧文弨、錢繹等以「度皆」、「度揩」二反下字爲誤，並改作「度指反」。承仕按：盧、錢校改非也。〔箋三〇一〕是聲雖屬支部，而曹憲廣雅音「直駭反」，類篇「徥」字列有「度皆」、「徒駭」、「直駭」三切，然則方言反語或作「度楷」，或作「度皆」，均與舊音相應，唯改作「度指」最爲無據。

南楚江湘之間謂之莽　嫫母。

戴震曰：「注内『嫫母反』脱『反』字，後卷十内『莽』『嫫母反』可證此條訛脱。今訂補『反』字。」承仕按：戴説非也。嫫、母雙聲，不能作切。郭注蓋音「莽」爲「嫫母」之「嫫」。〔箋三〇二〕陽、侯亦得對轉，故「莽」有「嫫」音，説文「模，讀若『嫫母』之『嫫』」，廣韻上聲姥部「姥」紐下（姥、嫫同字。）並收「莽」字，是其證。

自關而東西或曰譎或曰膠　汝南人呼欺爲讉，詑回反。亦曰詒，音殆。

戴校本於「回反」上補一「他」字。錢繹曰：「此注應作『讉，託回反』，『託』各本譌作『詑』，集韻、類篇『讉』並音『通回切』，與『詑回』之音正合。戴氏以『讉詑』連文，又增一『他』字，非是。」承仕按：錢説近之而未盡也，其所引篇韻亦與本書稍有異同。尋類篇：「讉，旬爲切，言從也。又通回切，江南呼欺曰讉。」集韻支部：「讉，旬爲切，言從也。」灰部：「讉，通回切，江南呼欺曰讉。」按：篇韻「江南」字皆「汝南」之譌，蓋本之方言郭注。據此，似類篇所據方言字作「讉」，集韻所據字作「讉」，今以文義勘之，則作「讉」爲長。〔箋三〇三〕方言卷一：「虔，儇，慧也。秦謂之謾。楚或謂之讉。」慧黠、欺謾音義多通，蓋「讉」、「譎」本爲一文。此注言「汝南」，汝南又即楚分也。然則此文郭注應云：「汝南人呼欺爲讉，原譌作「讉」。託原譌作「詑」回反。」以篇韻互異，則舊本已有異同，故不輒改。

秦曰瘎　音閻或湛。

舊本如此作。戴校作「湛」。注云「音閻或諶」，盧文弨據宋本删「閻或」二字。承仕按：舊本近之，盧校非也。類篇：「諶，又余廉切。」此郭注音「瘎」爲「閻」之證。盧文弨等校勘舊籍每以宋本爲斷，不能比量羣書，審察聲韻，致多專輒，斯其蔽也。

䘯謂之袩　于苕、丁俠兩反，未詳其義。

盧文弨曰：「正德本作『于苕反』，宋本作『所交反』，今從宋本。」〔箋三〇四〕錢繹曰：「宋本『所交反』，與廣韻正同，今從之。」承仕按：盧、錢説並非也。郭注「稍」音「千苕反」，各本作「于」者，形近之譌，曹憲廣雅音「綃，七霄反」，類篇、集韻亦有「千遥」一切，此舊本作「千苕反」之切證。其作「所交反」者，淺人不瞭致誤之由，率以今音易之，不可從。

裺謂之襦　裺，尖劒反。

戴本如此作。盧校從宋本作「於劒反」。承仕按：盧校近之，然「尖」、「於」聲形俱不相似，無緣致誤。疑「尖」爲「炎」之形譌，〔箋三〇五〕炎、於聲類比近，古紐有影無喻，則「裺」音「炎劒反」與「於劒反」同。

甆甖也　胙江反。

盧文弨據曹憲廣雅音、邢昺爾雅疏改「胙」爲「士」。〔箋三〇六〕承仕按：胙屬從，士屬牀，古聲類同，不煩據改。

甀甖也　度睡反。

慶元本作「度睡反」。承仕按：腄、睡平去異，韻書亦有兩音，皆可通。〔箋三〇七〕

其小者謂之升甌　惡牟反，亦音憂。

承仕按：「惡牟反」與「憂」同音。疑「亦音憂」三字當是後人所記，誤入注文。〔箋三〇八〕

其横關西曰榺宋魏陳楚江淮之閒謂之⿰木帶齊部謂之⿰木寺　榺，音朕。亦名校，音交。⿰木帶，音帶。⿰木寺，丁謹反。

慶元本作「丁謹反」，戴震校本作「丁革反」，盧文弨曰：「案：⿰木寺從特省聲，舊本作『丁謹反』，誤。今從戴本。」錢繹校本亦作「丁革反」，並引曹憲廣雅音「竹革反」爲證。承仕按：吕覽高注：「栚，⿰木㝵也。」「⿰木㝵」，淮南注作「⿰木寺」。⿰木㝵、⿰木寺同音，本爲一字，同屬之部，自無「丁謹」之音，則作「丁革反」者近是。然玉燭寶典引「方言『齊部謂之⿰木寺』，郭音『丁謹反』」，是舊本固作「丁謹反」矣，改「謹」爲「革」自戴氏始耳。今謂郭音「丁諽反」，舊本作「謹」者，形近之譌。戴改作「革」，雖與⿰木寺音相應，然不得其致誤之由，近於專輒。

東齊海岱之閒謂之繏　相卞反。

戴本作「相卞反」，錢本作「相卷反」，慶元本作「相主反」。〔箋三〇九〕承仕按：「相卞」、「相卷」二反同音；慶元本作「相主反」，韻部獨遠。疑戴氏以「主」、「卞」形近致譌，故改「主」爲「卞」耳。尋廣雅音及玉篇、廣韻等，「纀」字並無「相主」之音；唯類篇、集韻「纀」字有「聳取」一切，注引方言文，然則司馬光、丁度等所見方言注文蓋與慶元本同矣。不審爲舊本久譌，抑「纀」字自有「相主」之音也。茲且依戴校録之。

聳欲也　山項反。卷六。　聳竦也　山項反。卷十三。

戴震曰：「『山頂反』，各本『反』譌作『也』；後卷十三有『聳』字，音『山頂反』。聳從耳，從聲，不當入迥韻，『頂』應是『項』之譌，方音入講韻耳。」〔箋三一〇〕承仕按：盧校亦改「頂」爲「項」，是也。項從工聲，工、從皆屬東部，以「項」切「聳」，不必説爲方音。曹憲廣雅音曰：「聳音竦，方言音『雙講反』。」「雙講」與「山項」正同。

挈特也　口八反。

承仕按：廣雅「挈，獨也」，曹憲音「古八反」。類篇、集韻：「挈，獨也。訖黠切。」與曹音同。獨無「口八」之音。疑方言舊本亦作「古八反」，形近譌作「口」耳。〔箋三一一〕否則篇韻不合獨遺此音也。

趙魏之郊曰佻自山之東西曰抗燕趙之閒縣物於臺上謂之佻　了佻，縣物貌。丁小反。

錢繹曰：「衆經音義卷十三引『方言云「𠃊，懸也。趙魏之閒曰𠃊」，郭璞曰：「了了，懸貌也」』。是玄應所見本『佻』作『𠃊』。」承仕按：錢説是也。類篇「佻」字引「方言云『病也』」，「了」字引「方言云『趙魏之閒曰𠃊』，丁了切」。然則宋人所據方言亦作「𠃊」，不獨玄應所見然矣。

北燕朝鮮洌水之閒謂伏雞曰抱　房奧反。江東呼蓲，央富反。

盧、錢校本作「旁奧反」。承仕按：玉燭寶典引「方言郭音『房奧反』」。盧等校作「旁」，非是。

車轊　車軸頭也。于厲反。

承仕按：錢繹校本作「於厲反」，非是。今從戴本。廣韻：「轊，于歲切。」陳澧切韻考以歲、厲爲異韻類。

誎不知也　音癡眩。江東曰咨，此亦知聲之轉也。

各本並作「誎」，戴震據玉篇改作「𧩁」。承仕按：來聲在之部，與郭音「癡」近，仍依舊本作「誎」。〔箋三二一二〕

𦫳媞　恪校、得懈二反。

戴校作「恪交反」，錢繹據慶元本作「恪校反」。〔箋三二一三〕承仕按：類篇、集韻「𦫳」字並有「口教」一切，注引「方言『欺謾也』」，證知戴校非也。又按：𦫳訓乾㒳，本無欺謾之義，上文又云「江湘之間猶或謂之㺒」，慧黠、欺謾舊多互訓，則「𦫳」即「㺒」，亦即「狡」也。方言博采異語，隨取一字以象其聲，不必悉書本字，亦不盡與説文相應。媞，「得懈反」，集韻據收。

舂黍謂之𧑴蝑　𧑴音蘗。蝑音墻沮反。

慶元本作「壞沮反」，戴校改作「墻沮反」。承仕按：爾雅釋文：引郭音「才與反」，與「墻沮」同。盧校作「思沮反」，當是據廣韻改。

𡣍哀也　𡣍，哀而恚也。音段。

廣雅曹憲音「𡣍」「虎館」、「虎元」二反，引「方言音『𣪁』」。戴震校方言，王念孫校廣雅，並改「𣪁」爲「段」，云形近之譌，錢繹等因之。承仕按：戴、王並非也。𡣍、段韻近而聲類絶遠，字書韻書亦無此音。方言音「段」，曹憲引作「𣪁」者，字並應作「𣪁」，傳寫譌作「段」耳。𡣍屬寒部，對轉脂，則有「𣪁」音，類篇：「𡣍，許元切，方言『恚也』。又虎猥切，哀也。」（集韻説同。）篇韻「虎猥」一切即擬「𣪁」音，是其切證。戴、王以爲音「段」，亦千慮之失也。

烓明也　口類反。

桂馥曰：「爾雅釋文『烓，字林口熲反，顧口井、烏攜二反。』郭璞於爾雅『烓』音『恚』，於方言『烓』音『口類反』，乃知『熲』爲『類』之譌，又因『口熲』轉爲『口井』。陸氏不審，輒易舊文。後人又改『耿』、炯省聲爲烓省聲，舛益甚矣。」（札樸卷七。）承仕按：桂説非也。烓從圭聲，古屬支部，支、清對轉，故得「口迥」之音，説文「烓，讀若冋」，既有明文。又如𠊱字訓使，轉而爲俾，趌訓半步，轉而爲頃，耿從烓聲，鞞讀如餠，爾雅釋文「蠯」字有「步佳」、「毗支」、「父幸」、「蒲鯁」等音，説文「蠵」之重文作「螋」，皆其比也。呂忱「口頍反」尚可説爲「類」字形近之譌，顧野王「口井反」，何胤「康瑩反」，（何音亦見釋文。）反音略同，豈亦德明所輒改耶？且類字本屬脂部，亦不與支部比近也。然則「口類反」爲「口頍反」之譌，較然明矣。又耿、頍、炯、烓四文聲近義同。

嫣娗　居僞反。

戴本作「居僞反」，盧文弨曰：「嫣，『居爲反』，俗本作『僞』，非。」承仕按：爲、僞平去相轉，兩皆可通，而類篇「嫣」字注云「又居僞切，方言『嫣，娗優也』」，此舊本作「居僞反」之證。

漺浄也　皆冷貌也。初兩、禁耕二反。

各本並同。錢繹校本以「初兩、禁耕二反」爲「漺」字音。承仕按：方言郭音本以「初兩」音「漺」，以「楚耕」音「浄」，「楚」「禁」形近，故譌作「禁」。説文：「瀞，冷寒也。」方言以「浄」爲「瀞」，世説新語字又作「渹」，聲義大同。〔箋三一四〕郭反「楚耕」，唯平去異耳。

⿰口豈美也　⿰口豈⿰口豈，美德也。呼凱反。

盧文弨、錢繹並云：「⿰口豈音『呼亥反』，舊本作『呼凱』誤，今從宋本作『呼亥反』。」承仕按：亥、凱同韻，無以定其是非，應並存，不應輒改。今且從戴校。

箄篆也　方氏反。

盧文弨、錢繹並云：舊本作「方氏反」，今據宋本改爲「必氏反」。承仕按：方、必古同紐，舊來反語多用方，少用必，盧不曉音，乃以爲俗本而輒改之，郅爲疏失。

⿰娄欠麴也　于八反。

承仕按：篇韻「⿰娄欠」字無「于八」之音，疑「于」應作「乎」，形近致譌。〔箋三一五〕

山海經郭璞傳

其名曰螐渠　螐音彤弓之「彤」。

畢沅新校正曰：「爾雅作『鶅渠』，司馬相如賦作『庸渠』，説文作『雝渠』，皆即此鳥。」郝懿行箋疏曰：「『雝渠』與『螐渠』形狀既異，名稱又殊，説者誤合爲一，非也。」承仕按：郝駁非也。彤弓之「彤」與高宗彤日之「彤」本爲一字，彤以同韻借作「融」，與「繹」雙聲相轉，螐讀爲「彤」正與「雝渠」音近，明爲同物。思玄賦「展泄泄以彤彤」，廣成頌「豐彤薱蔚」，皆以「彤」爲「融」，此彤、融同音通用之證。〔箋三一六〕

是多神魄　魄，亦魑魅之類也。音恥回反。或作「䰩」。

郝懿行曰：「『魄』疑爲『魋』字之或體，説文云：『魋，神獸也。從鬼，隹聲。』與郭音義俱合。」承仕按：郝説非也。魋、魄形體不近，無緣互錯。蓋魄即「䰩」之形譌，宋以後傳寫失之，郭所見本作「䰩」不作「魄」。郭音䰩爲「恥四反」，傳寫者譌「四」作「回」耳。類篇、集韻「䰩」又「丑二切」，云「魑魅也，山海經『剛山多神䰩』」，是其證。今本郭注「或作『䰩』」三字乃後人校語。篇韻並無「魄」字，以本無此形耳。〔箋三一七〕

又南五百里曰䃘山　音一真反。

中次十一經「嬰䃘之山」注：「音真。」郝懿行曰：「玉篇音『真』，與郭同。東次二經『䃘山』，郭音『一真反』，『一』、『反』二字疑衍。」承仕按：郝説近之。〔箋三一八〕然類篇云：「䃘，伊真切，山名，山海經東山之南有『䃘山』。」據此，知北宋本與今本同。

其草多菌蒲　未詳。音咽昭之「咽」。

「晒昫」之字各家並謂形義皆不可説。承仕按：爾雅「中馗，菌」，舊本作「瞒」，盧文弨等謂應作「菌」，實則從日從目謬誤正同。今謂此經郭注字正作「胭胉」，爾雅「中馗」字從艸胭聲，御覽八百六十四引通俗文曰：「獸脂聚曰胭。」胉者，魄之假字，記内則「去其皾」鄭注云：「皾，謂皮肉之上魄莫也。」郭云「胭胉」，其義與内則同，蓋當時通語如此。〔箋三一九〕自玉篇、切韻以下並無「晒」、「晒」等形，類篇、集韻「瞒」字注僅引爾雅更無别義，可知從日從目俱爲誤形，本無其字。

東望榑木　扶桑二音。

孫志祖曰：「古木字有『桑』音，列子湯問篇『有輒木之國』注音木字爲『又康』，東山經『東望榑木』注『扶桑二音』，是也。字書木字失載『桑』音。」讀書脞録卷七。承仕按：黄丕烈景宋本列子作「輒沐之國」，「沐」字下注云：「又休。」此「又休」二字乃後人校語，謂「沐」字一本作「休」耳，休或寫作「庥」，形近草書「康」字，故譌作「康」。志祖乃誤仞爲反語，不知又、桑聲類絶遠，無緣相切，且木字又安得有「桑」音哉！畢沅疑此經「木」是誤字，郝懿行則謂郭注文有譌挩。承仕疑郭所作音猶鄭箋之改字，非謂木字本有「桑」音也。志祖所説實爲巨謬。〔箋三二〇〕

南望墠渚　水中小洲名渚。墠音填。

水經伊水注引此文曰：「『南望禪渚』，郭景純注云：『一禪音暖。』」趙一清、戴震等校改爲「禪一音暖」。畢沅校山海經因於「墠音填」下據補「一音暖」三字。承仕按：各家説並非也。墠字不得有「暖」音，古今字書韻書亦無與此音相類似者。〔箋三二一〕蓋酈注引山海經作「墠」，其引郭注應云「一音嬋媛」，猶云「音嬋媛之『嬋』」也。離騷「女嬃之嬋媛兮」注云：「嬋媛，猶牽引也。」此郭音之所本也。墠、禪、嬋三字音同。「嬋」或作「禪」，「媛」或作「暖」，或爲聲近通假，或爲形近致譌，説皆可通。酈注文既譌倒，校者又妄乙之，獨不尋檢篇韻，比度聲類，良爲疏失。

神涉蟲處之　徒河切。一作「鼉」，笑遊反。〔箋三二二〕

郝懿行曰：「鼉字音義並所未詳。」承仕按：「鼉」者，「蟲」形之誤，本無鼉字，故玉篇、切韻以下皆所不載；唯韓道昭篇海卷七「鼉」字下並列「⿱留黽」形，注云「音陁」，是形誤而音未誤也。本經「驕山，神鼉圍處之」，郭音鼉魚之「鼉」。彼已作音，此處不煩再出，然則此條切語明是後人所爲，本或誤書「單」形爲「留」，故又妄下「笑遊反」。「笑」字亦誤。諸校書者並失之。

多封石

中次八經「若山，多邽石」，「讙山，多邽石」，畢沅曰：「疑即封石也，正字當爲『玤』，説文：『玤，石之次玉者，以爲系璧。』」承仕按：邽爲封之或體，與玤異實。此經之「封石」及中次八經之「邽石」皆應讀爲砭。記檀弓「縣棺而封」注云：「『封』當作『窆』。窆，下棺也。」釋文音「封」爲「彼驗反」，蓋東部與侵、談通，封之爲砭，猶風之從凡、蓬之爲芃同讀爲談矣。〔箋三二三〕東山經「高氏之山，其下多箴石」，郭注云：「可以爲砭針治癰腫者。」「封石」、「箴石」同物而異名，郭注不爲「封石」作音，蓋讀如字，失之。

其中多脃石　未聞。魚脃反。

藏經本作「魚跪反」，畢校作「脃」，郝校作「脆」。承仕按：各家説並非也。此注應云「音魚脃」，各本誤奪「音」字，衍反字。疑「魚脃」爲當時炰膾之名，「魚脃」猶云「芥脃」，（見説文草部。）〔箋三二四〕段玉裁以「芥脃」爲鬆脃可口，近之。郭讀如魚脃之「脃」，蓋以通語比況作音耳。脃、脆本是一字，脆者，脃之俗體。魚脃更非雙聲。此理易明，無緣視爲反語也。

東極離瞀　三山名也，音瞉瞀。

郝懿行曰：「『瞉瞀』二字當有譌文。」孫詒讓曰：「郭以瞉瞀之『瞀』擬『瞀』字之音，非音『離』爲『瞉』也。説文：『瞉，一曰瞀也。』瞉瞀即瞉瞀。」札迻卷三。承仕按：孫説是也。荀子儒效篇作「溝瞀」，五行志作「傋霿」，此作「瞉瞀」，音義並同。

有叔歜國　音作感反，一音觸。

俞正燮曰：「左傳僖三十年『昌歜』，自以從欠蜀聲在感反者爲是，而『惑』誤爲『感』，則『在感反』矣。」段玉裁曰：「䵹與歜同在三部，音轉皆可入八部，是以玉篇云：『䵹，亦徂感切，昌蒲葅也。』」承仕按：段説近之。蜀聲之字本屬侯部，此文「叔歜」韻近，自以音觸爲長；然歜字相承自有「在感」之音，不必即爲「惑」字形近之誤，蓋東部可轉侵、談，則侯部亦得通轉也。此文各本作「作感反」，唯畢沅校本作「作惑反」，疑畢所輒改，其意蓋與俞説同。〔箋三二五〕

俍人愛之　俍，亦愛也，音隱限。

明成化刊本如此作，畢沅校本作「隱限反」。承仕按：「反」字誤衍也。隱、限二字同紐，不得作切，列子黄帝篇「不俍不愛」張湛注云：「俍，亦愛也，音隱俍。」殷敬順釋文引字林云：「俍，仿佛見不審也。」郭音「限」者，限、俍音義並同。

穆天子傳郭璞注

示女春山之珤　山海經「春」字多作「鍾」，音同耳。言此山多珍寶奇怪。卷二曰：「春山，百獸之所聚也，飛鳥之所棲也。」御覽三十八引此文並引注云：「春音鍾。」

承仕按：廣韻：「春，書容切。」「鍾，職容切。」古音春屬透紐，（今屬審。）鍾屬端紐，今屬照。端、透同列相近，故得以「春」爲「鍾」。今亦讀春如鍾，正與古音相應。

吾乃膜拜而受　今之胡人禮佛，舉手加頭稱南膜拜者，即此類也。音模。

檀萃曰：「模，今音無。釋家『南無』即『南謨』之義也。」陳逢衡曰：「玉藻：『君賜，稽首，據掌致諸地。』南膜者，據掌致地之謂也。」承仕按：梵言「南無」或作「那謨」，或作「曩謨」，或作「南摩」，此云歸命，止取對音不關文義。穆天子傳爲先秦舊文，必無承用梵音之理，即使爲後人羼入，亦不得割截連語，舍南言膜，致文不成義也。傳文多用膜字，如云「封膜晝於河水之陽」，又云「西膜之所謂鴻鷺」，此云「膜拜」，疑其互相關涉，文有譌奪，故難質言。郭注以胡人禮佛釋之，終疑其未是耳。〔箋三二六〕郭音膜爲「模」者，蓋比類梵語而爲之，又可證當時無、模同讀也。

天子飲于溽水之上　溽音淑。

西山經：「陰山北二百里曰鳥山，辱水出焉。」水經河水注：「辱水謂之秀延水。」承仕按：辱、淑、秀三字部近相轉，聲音時有變遷，則文字從之。〔箋三二七〕

爰有苔菫　祇、謹兩音。

孫詒讓曰：「『苔』應作『茖』，注當作『音坻』。集韻六脂『陳尼切』紐有『茖』字，茖與苔字同。」札迻十一。承仕按：孫說非也。台聲在之部，舊無坻音，使傳文果作「茖」，集韻亦不得改「苔」爲「茖」也。今疑注文應云「音祇謹」，蓋讀「菫」爲祇謹之「謹」耳，後人不曉舊讀，誤書作「祇謹兩音」，遂不可通。

胏醢羹　肉也，當以音行。

檀萃、汪繼培、洪頤煊等並云：「當以音行」，「音」當作「湆」，謂當以湆行之也。承仕按：諸家說並非也。此注應云：「肉汁也，音行」，「當以」二字疑衍，士昏禮「大羹湆在爨」釋文云：「羹，劉昌宗音户庚反，字林作『䕵』，云肉有汁也。」唐寫本切韻：「䕵，户庚反。」廣韻同。此羹有行音之證。

附録一　黄侃：經籍舊音辨證箋識

經籍舊音辨證箋識序

吴君覞齋嘗取經典釋文、史記集解索隱、漢書顔注、三國志裴注、吕氏春秋高注、淮南子許高注、方言山海經穆天子傳郭注，釐其音切，爲經籍舊音辨正七卷。書既印布，黄君季剛復加斠訂，無慮三百數十事。閒者潘子石禪捊而録之，爲經籍舊音辨證箋識一書，將付印，索序於余。余觀吴君書博稽審辨，亦甚善矣，及繹黄君所斠訂，則又有進焉。蓋微特於往昔校讎家比度推勘之能事盡得而審用之也，有其獨得之學爲利器焉。故於吴君所疑爲不合，或欲加校改者，黄君揆諸音理，通其隱結，求之於聲紐，求之於韻部，求之於疊韻互音，求之於所從得聲，輒能使疑者無可疑，改者不須改，而無不涣然冰釋，怡然理順也。遂請徵之：詩「參差荇菜」之「荇」，沈重音「有並反」，吴君以篇韻所列各切無與此相應者，因疑「有」字爲譌，黄君曰：「此喻匣相通，切韻指掌圖檢例所云『上古釋音多具載，當今篇韻少相逢』者也。」又方言注「過，于果反」，「欻，于八反」，吴君皆以篇韻無此音，遂以「于」爲「乎」之誤，黄君亦以喻、匣相通釋之，此求之於聲紐者也。周禮「其浸波溠」之「溠」，劉昌宗音「昨雖反」，吴君謂「昨雖」韻部甚遠，黄君曰：「厜㕒與崔嵬音通，則溠音『昨雖反』未必遂遠。」又爾雅「桑辨有葚」之「葚」，字林音「式忍反」，吴君曰：「忍字韻部絶遠。詩『食我桑黮』釋文云：『説文、字林皆作「椹」，時審反，桑實也。』據此，則『式忍』之『忍』定是譌文，猶釋畜『角三觠羷』釋文引謝嶠『許簡反』，『簡』爲『檢』之譌也。」黄君曰：「『忍』、『簡』不譌。覃、添部中字與寒、痕先部字通音者多，姑以廣韻説之：『帘』士臻切，又音廉；『邯』胡甘切，又音寒；『箝』昨鹽切，又音前；『眹』在軫韻，直引切，『眹』在寑韻，直稔切；『丹』都寒切，形變作『[illegible]』，而爲姓則都感切。」此求之於韻部者也。周禮「東龜曰果屬」，注云「杜子春讀果爲贏」，釋文云「魯火反」，吴君以本經有「西龜曰靁屬，南龜曰獵屬，北龜曰若屬」，則云：「果、靁、獵、若雙聲，以果爲贏者，當是周禮故書。」黄君曰：「此即疊韻互音之理。從羸形者亦有喉音，羸、嬴是也。」又儀禮釋文于「壘墼爲之」之「墼」引劉昌宗音「薄歷反」，吴君謂墼、甓互訓，疑劉讀「墼」爲「甓」，非墼字本有「薄歷反」，黄君亦以疊韻互音釋之，此求之於疊韻互音者也。爾雅「蛂，蟥蛢」，字林音「蛂」「大替反」，吴君以大屬定紐，與脣音異類，乃以大字爲誤，謂當從任大椿校改作「夫」，黄君曰：「『大替反』不誤。犮聲字有舌音，易荀爽本『婦喪其紱』，董遇作『髢』。又説文作『蟜蟥』，是蟜、蛂字通，喬聲字固有舌音也。」又爾雅「佻，偷也」，郭音「佻」「厝了反」，吴君謂了在上聲，自得通轉；厝屬清紐，聲類不近，即篇韻亦無相類似之音，疑「厝」爲「度」之誤，黄君曰：「兆聲之字有齒音，清紐朓、銚是也。佻音『厝了』，不足致疑。」此求之於所從得聲者也。即此舉例，其所啓發亦宏矣。清代文字聲音訓詁之學，戴、錢、段、王、孔尤爲絶出，至餘杭章先生而集其大成。吴君固承章先生之緒，能達其條貫；黄君沈潛周浹，鋭思孤往，乃益臻於邃密。兹編雖皆箋識短章，要爲精蘊所流溢，故言約義富，證解卓妙，多觸類曲暢，宛轉關生之趣，譬若羣玉之山，片礫皆成瓌寶，誠足珍也。余幸緣製序，反覆兹編，贊歎之餘，輒有愚慮欲附論者四。其一：周禮考工記鮑人注「羊豬戔」之「戔」，劉昌宗音「普見反」，吴君以爲字正作「殘」，孌乳作「賤」，通作「殘」，省或作「戔」；「普見」一反聲紐絶遠，「普」字或爲傳寫之譌。黄君曰：「書之『諞言』，『諞』或作『竫』、『靖』，即『諓』字，戔有脣音，亦曷足怪？」黄君之言諦矣。余謂「普見」一反與「胖」同音，周禮腊人「膴胖」注曰：「胖宜爲脯而腥。」胖之言片析肉意也。劉蓋以「戔」爲「胖」乎？其二：史記「放散畔岸驤以孱顔」，索隱引韋昭曰：「顔音吾板反。」吴君曰：「漢書『顔』字無音，字書亦無此切。」上文「詘折隆窮蠼以連卷」，索隱云：「連卷音輦卷。」卷讀上聲，故引韋音「吾板」以協卷。師古「卷」音「鉅圓反」，則讀顔如字，不下反語。黄君曰：「顔行即雁行，則顔可有側音，讀『吾板』未必因協韻之故。詩君子偕老『顔』上叶『展、袢』，下叶『媛』，皆側音。」審吴君之意，謂司馬貞讀卷從側音，故於「顔」字取「吾板切」，爲其正相叶也；師古則「卷」、「顔」皆讀平音，故不取韋切。非謂顔字不可讀側音，亦不謂以求叶而變讀側音也。黄君訂語似與吴説不相會。其三：吕氏春秋「從師苦而欲學之功也」高注曰：「苦讀如盬會之『盬』，苦不精至也。」吴君曰：「唯朱東光本作『音鹽鹵之「鹽」』，然則吕覽、淮南高讀本作『鹽會』或『監會』者，皆『鹽鹵』之形譌。鹽、鹵同訓，當是連語。疑舊本有書『鹵』爲『魯』者，因形近又譌『魯』爲『會』，故不可通。」黄君曰：「『鹵』不妨直譌爲『會』，不須轉『魯』而後譌。」余謂鹵之與會，聲形俱遠，何至相譌？「鹵」、「魯」之變以聲同，「魯」、「會」之譌由形近，吴説未爲失也。其四：淮南子「太陰在卯，歲曰單閼」注曰：「單讀明揚之『明』。」章先生曰：「『明揚之明』當爲『丹楊之丹』，『丹』誤爲『明』，『楊』隸書多作『揚』。」吴君曰：「爾雅釋文：『單閼音丹。』章説近之。然丹、明二文形不比近，無緣致譌，未聞其審。」黄君曰：「下文『單閼之歲』高注云：『單，盡；閼，止也。』亦常義，明此『單』不得有異讀。此蓋爲『閼』字作音，吕覽古樂篇『民氣鬱閼而滯著』注：『閼讀曰遏止之「遏」』。此文亦當云『閼讀曰遏止之「遏」』。『曰』譌『明』，『遏』譌『揚』，又爲『明』，挩去『止』字也。」余意「曰」與「明」、「遏」與「揚」形非甚近，「遏」既譌「揚」，何又譌「明」？且「閼」又何以譌爲「單」？黄君亦未有説也。章先生説殆是。注蓋作「單讀曰丹楊之『丹』」。「曰」形近「日」，「丹」形近「月」，兩字並誤，而又誤合，故譌爲「明」矣；下二「丹」字則從上而譌也。若曰單無異讀，不須作音，則史記曆書集解引徐廣曰：「『單閼』一作『亶安』。」索隱亦曰：「丹遏二音又音蟬焉。」屈賈列傳「單閼之歲」索隱云：「孫炎作『蟬』，蟬猶伸也。」據是諸證，不得謂單無異讀，不須作音也。二君往矣，質正無由，潘子受學於黄君，深造而有獲，必能定其當否也。民國三十有六年五月，武進徐震撰於中央大學。

附録：上徐哲東先生書

尊論四事，以考工記注「羊豬戔」之「戔」，劉讀「普見反」，因定爲「膴胖」之借。揆諸以博爲帴之義，實較釋文所引或説爲諦。（或説云：「俗謂羊豬脂爲䏼。」蓋以戔爲䏼。）史記「孱顔」、「連卷」，索隱引韋昭「顔音吾板反」，以與「連卷」相叶，左右申明吴君之旨，謂吴君非謂顔字不可讀側音，亦不謂以求叶而變讀側音，箋識訂語與吴説不相會。此由先師批注之後，未及覆審。尊説誠不可易。又吕覽高注「鹽鹵」之讀，淮南「單」讀「明揚」之訛，左右擇從吴、章，亦爲持平之論。至「單讀丹楊之『丹』」，誤爲「單讀明揚之『明』」，吴君既從章説，又云「丹、明二文形不比近，無緣致譌，未聞其審」。先師改訂爲「閼讀遏止之『遏』」，其機或亦由此。左右謂：「注蓋作『單讀曰丹楊之『丹』。『曰』形近『日』，『丹』形近『月』，兩字並誤，而又誤合，故譌爲『明』。」揣度訛變之迹，最近於情實。惟規繹高氏讀音之例，雖無嚴郛，頗存畛域：大抵以單字擬其音者，則曰某讀曰某，如「錯讀曰彗」（説林訓）是；以成文俗語擬其音者，則多省去「曰」字，云某讀某某之某，如「洞讀挺挏之『挏』」，「濁讀以鋏頭斫地之『鐲』」（天文訓）是。今即原道訓一篇所作音讀觀之，（「斥讀重門擊柝之『柝』也」，「汩讀曰骨」，「横讀車桄之『桄』」，「滒讀謳謌之『謌』」，「鮥讀曰格」，「悗讀人頭空扣之『悗』」，「屈讀秋雞無尾屈之『屈』也」，「抮讀與左傳『憾而能眕者』同也」，「抱讀詩『克岐克嶷』之『嶷』也」，「錣讀焫燭之『焫』」，「霄讀消息之『消』」，「霄讀紺綃之『綃』」，「霓讀翟氏之『翟』」，「劉讀留連之『留』，非劉氏之『劉』也」，「距，爪也，讀距守之『距』也」，「粹讀禍祟之『祟』」，「蹠讀捃摭之『摭』」，「蛟讀人情交易之『交』，緩氣言乃得耳」，「窾讀科條之『科』也」，「蟄讀什伍之『什』」，「墝讀人相譊諑之『譊』」，「漁讀告語之『語』」，「潭讀葛覃之『覃』」，「屣，履也，音展非展也」，「楚人讀躓爲隤」，「錞，矛戈之『錞』也，讀曰頓」，「底讀曰紙」，「洞，通也，讀同異之『同』也」，「解讀解故之『解』也」，「潯讀葛覃之『覃』也」，「褭讀橈弱之『橈』」，「滾讀繀繩之『繀』」，「灖讀抆滅之『抆』」，「苽讀觚哉之『觚』」，「蔣讀水漿之『漿』」，「朗讀汝南朗陵之『朗』」，「慊讀辟向慊之『慊』也」，「蟯讀饒」，「蚑讀鳥跂步之『跂』也」，「眭讀曰桂」，「瞀讀疾禜之『禜』」，「抗讀扣馬之『扣』也」，「蹪，躓也，楚人讀躓爲蹪也」，「連讀陵聾幽州陵連之『連』」，「嶁讀峿嶁無松柏之『嶁』」，「壑讀赫赫明明之『赫』」，「暋讀織絹密緻暋無閒孔之『暋』也」。）知高氏作音隱約有此二例。遍檢全書，固小有出入，然大齊不越斯軌。以此相衡，則「單讀丹楊之『丹』」，似不應有「曰」字。雖他篇作音如「礛讀一曰廉氏之『廉』」（説林訓），「蔈讀如詩『有貓有虎』之『貓』」（天文訓），時有變通，未可一槩。然淮南善本此文實作「單讀丹楊之『丹』」。（劉家立淮南集證如此，蓋據宋本。手邊無書，未得尋檢。）則餘杭大師之説信矣。規意明、丹二字形非絶遠，且明明揚側陋亦士子口熟能詳之語，注文傳寫致誤，殆以此乎？蠡測管窺，必知無當，聊欲莛扣，以發一哂耳！六月廿三日潘重規拜上。

經籍舊音辨證箋識題辭

歙吴君絸齋受學餘杭章先生之門，平生著述綦富。倭寇入侵，北都淪陷，君抗志不屈，竟以身殉。其學其人，皆無媿師門者。吴君嘗輯經籍舊音二十五卷，捃八代之故言，綜音聲之流變。篇卷繁重，未得刊行。當輯録時，隨事研覈，其諸家反語傳寫沿誤、形聲錯迕者，輒推校字條，比度音理，下以己意，凡所發正，都五百三十三事，寫成七卷，先期印行，以餉學者。自敍以爲尚觀清儒惟戴、錢、段、王發疑正讀，眇達神恉，畢、孫、盧、顧以下慮未足語此。餘杭大師讀之，譽爲優於臧氏經義雜記遠甚，精審之處，皆昔人所未到，足使漢魏故言幽而復彰。則君書見重於世可知已。民國乙丑、丙寅間，先師蘄春黄君與吴君同在北都，見其書而善之，顧意有未慊，輒箋識簡端，朱墨重沓，計不下二三百事，信乎比德共術，笙磬同音者也。餘杭嘗疑莊子「土苴」有「片賈」之音，以訊吴君，君未能輒定，先師斷以音理，諭以方言，獨能甄明其故。匪惟海内學人羣相推挹，即其師弟友朋喁于辨析之樂，亦古今所罕覯者。竊嘗謂師稟絶人之才，積卓苦之學，至精之擇，至約之守，而以至慎出之，故雖洞明音理，而弗輕言通假，勘正譌誤，要必謹擇諭徵，是以每立一説，往往卓礫出人慮外，及按之故籍，成證確然。以視師成心而矜創獲者，不啻三光之與九泉也。先師殁後，哲嗣小同曾以此編授同門殷石臞。石臞有意編寫，寇起入蜀，紛拏之中，未遂所願。今夏暑休，小同復撿付重規，因撮録吴君之書，條繫先師所箋識者於後，門人李奇梁分任繕寫之勞，兩閲月而功竣。又此編解説古音每涉聲母多音之理，復媵往年所爲聲母多音論於後，俾便學者尋覽。斯論亦本師説而造者也。是編之説，皆師隨手批注，似非定論，然觀校正淮南注「嫌讀羣公慊之『慊』」一條，用思毫芒，剖析微至，庖丁解牛，何以異是？師自謂此條譌文，蓋仰思兩晝夜而得之，校理舊文，亦何容易？嗚呼！承學之士觀先師箸書立説之謹嚴，抑可以憬然自悟矣。中華民國三十五年歲次丙戌除夕，潘重規撰于南京。

經籍舊音辨證箋識

一　「片」爲「斥」之譌。「行賈」一音則因土、野同音，讀舌爲喉也。野讀時預反，即與杜音迫近。以牡從土聲，比知土有脣音，無可疑者。今俗語形容碎物之音曰「土片賈反。苴此雅反。」一響，猶是古語。「行賈」之音正與「許下」同。

二　據切韻考，兵、方一類。是並不譌，非後人改也。

三　此謂王肅作「車」，因翻其音也。車、輿相通，非止一處：易「舍車而徒」，鄭玄、王肅作「輿」；論語「執輿」，漢石經作「車」。使車無喉音，焉得與輿相通？

四　此「又」當作「音」字。承舊文耳。

五　「揣」訓「動」者，仍爲朵之假借。

六　監從峪聲，而從監之字多讀來紐，窞讀「陵感」，何足怪耶？　從臽聲者有啗，從閻聲者有藺，皆舌音。

七　「若」，作「或」字解。

八　從炎聲者有齒音，如燮字是。　「因冉」蓋當作「囚冉」。　蓋「才冉」是。

九　喙讀「丁遘」，聲仍可通，獨韻部遠耳。然説文「噣」、「喙」相次，又取聲有最，侯、曷亦非絶不相通。

一〇　「而充」、「如充」必有一誤。「而兖」、「如兖」必有一誤。　「毴」與「毳」爲一字，「䴵」與「褎」爲一字，特音相轉耳。

一一　説文：「字，愛也。」不子之「子」蓋本爲「字」字，故讀爲去聲。　語有輕重，自漢世已然，且有漢人分而後世不分者。如上思利民之利是。

一二　「天」或「大」之譌。

一三　「苦角反」者，愨字之音。説文「愙」訓敬，「愨」訓謹，音義並近，「苦角」未必譌也。

一四　徐用馬、王義。

一五　勦、勞一語之變，巢有來紐音，何足怪耶？　毛改作「石交」，「石交」仍爲舌音之變，古當屬定紐。然則又何不可作來紐耶？

一六　蘉即「𡫵」字，古文或作「蘉」，而以爲㝱字爾。其正字當作「㝠」，猶夢讀爲萌也，作明者亦叚借。

一七　此喻、匣相通，切韻指掌圖檢例所云「上古釋音多具載，當今篇韻少相逢」者也。

一八　最亦從取聲，何不可通？

一九　「非」字乃陸語，斥沈所見徐本之非也。

二〇　劉、周本蓋作「加之」，所以不得不音「架」也。　此未的。

二一　平去之分古所未有，盧説未誤。

二二　「于」蓋「於」之譌。

二三　「時預反」者，即後出「墅」字，而「墅」字類篇「上與反」，在上聲，此足以證成吴説。　廣東人不然。

二四　狖亦有「余救」音。「狖」乃「貁」之省變，借爲「蜼」字耳。

二五　「又許袁反」者，讀爲日以晅之之「晅」。

二六　「呼洛」、「呼各」皆「蠚」字之音也。又按：從赤聲者如䳑、郝皆喉音，則螫讀喉音不足駭異。蠚、螫蓋一語變易。　師説。　赦，重文作「𢿱」，從亦，亦喉音也。

二七　此條可以不存。「戚施」即「鼀䵶」，而語由「差池」來，此疊韻之變也。「歆羡」據詩音表説當爲曉與心通。類篇「羑」字尚有「虚延」一切，亦喉音也。

二八　豈有三處皆譌之理？此蓋集韻誤。字林以「凶」字爲切語下一字者，蓋皆讀洪音，「烘」，「具凶」、「甘凶」二反；「惷」，「丑凶反」；「蚣」，「先凶反」；「鏦」，「七凶反」。廣韻「恭」字下注云：「陸以『恭』、『蚣』、『縱』等入冬韻，非也。」以字林驗之，蓋陸亦承字林以來之舊。

二九　兹條可以不存。

三〇　鸇讀「已先反」，猶䰜字讀「居言切」也。鸇、䰜唐韻並「諸延切」。從亶聲者有羶，玉藻「羶薌」注：「羶當爲『馨』。」又羶與羴同字，類篇「羴」有「牛閑」、「虚閑」二音，皆喉音也。

三一　恐溷耳。

三二　或字林讀卓有殊。

三三　蓋列、孑亦異類。

三四　説文：「膘，牛脅後髀前合革肉也。讀若繇。」「䯞」乃其別體，從骨從肉，幺聲，故有「餘繞」、「胡了」、「于小」諸音。吴見肙旁似胤而以爲胤省聲，似誤。公羊「一本作『胘』」者，又由肙旁而誤耳。「骬」亦「膘」之別體，「䯞」則「䯞」之省書。此條釋文上有「左膘」一條，云「或又作『䯞』」，此「䯞」爲「膘」別體之明證。又按：膘即今之脂油「油」字。疊韻者皆互音，旚旇一語，則膘可有喉音，後出字作「䯞」從幺聲，不足怪也。膘䯞之語從要來。

三五　桎杒之「桎」本字仍當作「柢」。

三六　從肙聲者亦得有齒音，如圓是。心、曉相通不可勝數，且以宣、咺二字説之已明矣。周禮「士訓」先鄭讀爲「馴」，是亦曉、心相通也。

三七　裦從采聲，采從爪聲，采有喉音，故重文作「穗」，爪有喉音，故舀從之得聲。爪、又蓋一語變易，名事同言耳。

三八　「七遥」亦不誤。　爾雅「斛」亦作「鍫」。　說文：「銚，一曰田器。」即與「斛」同字也。「斛」，釋文「七遥反」。

三九　此徐李逕讀爲「馴」，不關音理。　然擾、狃字通，狃從丑聲，丑聲之字有齒音，羞是也，則擾有齒音亦可爾。

四〇　以⿺走里讀小兒孩說之，則解矣。　又考工記注「里讀爲已，聲之誤也」，是證里有喉音。

四一　說文有「糵」字，云「牙米也」，魚列切，「⿱米夬」即其後出字。　夬聲、薛聲皆在曷。　又「去穢切」轉讀去聲，聲紐小變耳。　說文又有「⿰类欠」字，「餠𥷅也」，户八切，則糵字之轉入屑部者也。

四二　今之麻韻，即古曷末之變也。　今之麻韻別出爹、嗟、些、車、邪等音，齊齒音。　即古屑之變也。　世、大相通，古音蓋皆如「達」。　貰讀「時夜」、「神夜」，皆由定變禪、由曷變麻耳。

四三　據舊文耳。

四四　考工記注：「槷讀如涅。」槷亦喉音，則涅有喉音無怪。　涅從日聲，從日聲者無嫌有喉音。　炅從日聲，一證也。　爾雅：「馹、遽，傳也。」左文十六年引「馹」作「驛」，二證也。　然此條仍以或說爲是。　「劉」或「又」之譌，或既倒之後後人加耳。

四五　此即叠韻互音之理。　裹、裸同字，二義相反耳。　又果、蓏一語之變，故言有分。　從𣎆聲者亦有喉音，嬴、𦝫是也。

四六　追與雕通。　蒐從鬼聲，⿱夂廾從肉聲，馗從九聲，灰、蕭非不可通。　然雷反「力冑」究是譌本。

四七　「哉益反」者，其音略如櫛之遠近之「櫛」、右手折堲之「堲」。

四八　需亦從而聲，後讀入侯耳。

四九　此「䌆」即闕狄之「闕」歟。　穆天子傳四有「絲䌆」字，「䌆」或即䌆乎？　說文有「緭」字，云貴反，或即䌆之本字乎？　䌆字以形聲求之，從糸，鬼聲，鬼蓋與由爲一字，由脣音字而有喉音，畀從由聲是也。　然則鬼喉音字亦何嫌有脣音乎？　方成珪所見宋本集韻作「丘廢切」，與韓道昭所據同。

五〇　最亦從取聲，似不誤也。

五一　揷、插亦雙聲相轉，若箔之讀錢已。

五二　由德入屋，非不近也。

五三　晉景公獳，史記晉世家、十二諸侯年表皆作「據」，則「羊吴」之音未必誤也。

五四　系、羿同音，疑、匣合也。乘、承同音，神、禪合也。今語亦或然，説在臣、神之互讀。

五五　匽㶊與崔嵬音通，則溠音「昨雖反」未必遂遠。

五六　「香形反」則音同䚹矣。䚹、乎亦一語之變。

五七　「綆」乃正字，從更聲，更從丙聲，綆讀「餠」，還從唇音耳。

五八　書之「諞言」，「諞」或作「竫」、「靖」，即「諓言」也。戔有唇音，亦曷足怪乎？

五九　員、肙皆從口得聲，何不可通假也？

六〇　弋有齒音，故與姒通。「子則」之「則」或當有訛。「予則」不能發音也，則在德韻，予爲喻紐，德韻無喻紐也。

六一　「齋」與「音」字形近，又緣上有「本亦作齋」而譌，「反」字則後人妄加耳。

六二　音、湆皆喉音，何湆讀「去急」即不可從音也？廣雅從肉立聲，猶泣從水立聲耳。侵、緝爲平入，何不可相通？　湆何不可讀「去急切？」㰦有許今、去音二切，即湆從音聲之比。「他」者，他師也。

六三　西聲有硒，讀若仍，亦灰、登相轉也。

六四　盧本作「或楚未詳」。臧説是。穀梁今本作「歃」，則咕即歃之後出字。歃又作䤬，集韻引廣雅：「䤬，嘗也。」

六五　錫音「余章」，猶錫音徐盈轉入唐青，非必誤也。

六六　「疾」疑爲「宅」之誤，廣韻、唐韻「宅加切」。　從、澄相通究少，無妨説爲乇有齒音也。

六七　此叠韻互音之理，劉未爲失。　辟聲字有喉音，何嫌殻聲字有唇音乎。

六八　辜、皋連言，橰、梓通字，古有齒音亦無怪爾。「先古」作反未可輒改。

六九　段玉裁、嚴可均説詩蝃蝀「雨」、「母」協音，則母讀入模韻久矣，何待武后時耶？

七〇　廣韻去聲二十五「願」「符万切」下收「飯」，又收「飰」，注云：「上同，俗又作『飰』。」何所據而云廣韻不收哉？

七一　「胡勿」不能成音。　類篇載「紇」字六音亦無與「胡勿」相應者也。

七二　玉篇「驅」下有俗字「駈」，是六朝人丘、區尚同讀之證也。

七三　「于甲」切狎，乃喻、匣相通，猶户歸切幃，于古切户耳，非蘇杭之過也。

七四　「洧」蓋作「有」，訛爲「音」，緣下有「悲」字而誤加心耳。

七五　于、於同字，自古已然。　廣韻中于屬爲紐，於屬影紐，六朝人未必悉遵此音也。

七六　「匠」、「仕」形近致譌。

七七　以爲與矢溺之「矢」同聲爾。

七八　禮記釋文仍當以作「彊」者爲善本。　假使其本作「疆」而鄭君作「彊」，豈容不出異同？

七九　「裒」雖裦字之變，而中從臼非譌文也，當是臼聲，裒音「蒲侯反」，臼何不可音「蒲侯反」乎？

八〇　類篇「播」有三音，「補火」與「波我」、「彼左」略同，「補過」與「彼佐」略同。

八一　最本從取聲，徐讀亦未爲誤。

八二　説文「希」、「幦」相次。　又説文之「覢」胡狄切。　疑與「覛」莫狄反。　爲同字，猶幦與希之比矣。

八三　形從二弓，蓋粥之省與。　此本從田粥聲，故廣韻一屋「育」紐下訓「生田」，字誤爲「⿱粥田」，乃不可通矣。

八四　夷、移亦雙聲，未遂闊遠。

八五　⿸户去、闔無嫌爲變易字，而不可曰⿸户去爲闔省，闔從盇聲，盇並不從去也。

八六　又説是也。　據曲禮釋文出「不純」，云「諸允反，又之閏反，緣也，下及注皆同」；下隔二條出「素紕」，云「婢支反，徐補移反」。以彼訂此文，當於「紕」以下云「婢支反，徐方移反，方、補取聲同。注同」；又出「純以」，云「之閏反，又支允反，注同」。改上條「又」字爲「徐」字，下條「徐力移反」四字删去。

八七　俞無氾從水己聲之説，但云「氾」爲「迆」字之誤耳。　此文作「禾」作「水」，皆無文可證，不得以氾從水旁輒説爲「水氾移」。然則移從禾旁，何不可説爲「禾氾移」也。唯移有侈音，則斷乎不誤，殊無以知鄭讀之必不然也。

八八　貍有喉、與鬱通。舌、唇三音。　讀唇音者，聲近不字，變而爲豾爲貊，聲轉而爲貔爲貓。讀舌音者，聲同來字，變而爲豨，聲轉而爲劉。貍姓即劉姓。「貍之言不來」者，合兩音以説之也，非反語也。讀喉音者，聲轉而爲隸，爾雅「貍子隸」是也。

八九　莔讀若鑾，鑾本從䜌聲，䜌固舌音也。説文有「㒼」無「㒳」，蓋讀「朗」者亦止是㒼字。長、良從亡聲，是唇音可以入喉也。廾一字而爲磺與卵之古文，衍本從行聲，是寒韻可以入唐也。

九〇　德明持韻緩不煩改字之説，故改「思」音叶來，改「來」音協思，皆無不可。

九一　小徐説文「昚讀若宛委」，蓋謂讀若委也，委古音讀倭，字林「一皮反」由是也。

九二　此徐邈據所受而改字，非是鳩有「豸」音。「或音居牛反」者，但據作「鳩」之本而音之也，亦非爲豸作音。從九之字可有舌音，凸是也。從豸之字可有喉音，豸與廌通。解、廌疊韻，疊韻互音故也，特蕭、錫韻部稍遠耳。

九三　方言四「或謂之襱」，音銅魚。　襱重文可以從賣聲，銅魚亦何嫌讀「紂」也。　方言注：「祠亦襱，字異耳。」而説文「襱」字重文作「襩」，從賣聲，故蕭部字也。同從冃，蓋兼冃聲，冃、冐聲略同，皆蕭韻字，然則同聲之字有紂音，不足怪也。犢鼻褌即襩字。人名地名之音往往經久不改，地名又多從其當地之音，不因轉地而變，故得保存舊音耳。

九四　「熒波」作「熒播」，亦皮、番同音之證。

九五　「采南反」則字作「鄈」也。

九六　説文「堞」本從葉聲。讀爲「養涉」，與葉音同。

九七　愁，牀紐；在，從紐。

九八　「唯恭于諾」猶「乃難乎而」，今不知其別異所在。

九九　猈從卑聲，卑從甲聲，甲帖部字，帖、添爲平入。「扶瞻」之音，古添部音也。　說文「卑」，毛本作「甲聲」，宋本「甲」下空一字，嚴可均列「卑」於談類，轉入支類。

一〇〇　地名多承舊音，太原之「鄔」自讀「於庶」、「乙袪」等反，周地之「鄔」自讀「烏户反」，德明不誤，唯謂太原之「鄔」亦從焉，此小誤爾。然烏在模，焉在寒，本可通轉，即謂字林不訛亦可。　漢書西域傳「烏秅國」，鄭氏音「鷃拏」，此烏可讀寒部之證。　又爾雅「閼逢」，史記作「焉逢」；「單閼」，史記屈賈列傳集解徐廣曰「一作『亶安』」，索隱引孫炎本作「蟬焉」。閼雖轉入曷部，而本從於聲，於即烏重文，此又烏聲可轉焉聲之切證。　又閼氏音焉支。

一〇一　是、提本同音，書「是」爲「提」、讀「是」爲「提」者，相傳云爾，非從提義。　阮說良誤。

一〇二　平、便通字，平古音亦跨先部。　真聲字有脣音，則疊韻互音之理也。

一〇三　「眣」即說文「瞚」字。　字又作「瞬」，故音「舜」；本從寅聲，故音「以忍反」；由舌音對轉脣，故從失而音「丑乙」與「大結」；由舌音對轉脂，故字從矢而作「眣」。　依何義則字正當作「夏」，說文：「旻，舉目使人也。從攴，從目，讀若颰。」本喉音字，故有「以忍」之音。「眣」的係譌文。

一〇四　「章移反」者，蓋有本作「衹」也。

一〇五　「舊音」之云，非必本於釋文。　偯從口依聲，亦未爲譌也。　陸云作哀非者，恐溷於哀哭之「哀」耳。　其實哀、偯一語之變，對言則別，散言不分。

一〇六　「子」或「司」字之誤。

一〇七　「户多」不誤，讀「户多」則音如何，與獻、裼皆喉音也。

一〇八　空有龍音，以龐、谾同字說之則解矣。　龍亦有喉音，龔、龏是也。　然此處「屢空」無須特爲異音，疑「力縱」

終爲「口縱」之譌。

一〇九　此言如淳引方言取作「擊」，非謂老子有作「擊」之本。

一一〇　「朘」蓋「脺」之異字。脺從隼聲，本齒音也，假借作全，作篡，見内經。聲轉爲撮，見莊子。後出字作朘、峻、屡。

一一一　「火」疑「叏」之譌。叏，鬧之異體，而廣韻以「叏」居前，「鬧」次之，是六朝常用字矣。琳音亦常見此字，其形作「内」。

一一二　冥，隸亦作「窴」，非「賓」字。此蓋郭本作「窴」，故音「武駢反」耳。然窅本會意字，其音兼跨喉、唇，兼入豪、青，初無不可。　賓與窴相混，故漢書「髮紛紛兮賓渠」孟康：「賓音冪。」亦以爲「賓」字也。

一一三　訓爲「黽文」理亦得通，即云如黽攣縮，亦與天寒足跔之「跔」義近，皆非妄也。

一一四　澼本字作「潎」，於水中擊絮也。盧説「擊絮」本之説文。「愘歷」之音與擊略近，澼從喉音，亦猶辟有喉音耳。

一一五　少從丿聲，截從雀聲，豪之與曷，亦有可通之理。

一一六　笴有古老音，倚之音妖，亦其比也。説文「貟」從小貝，劉熙載説亦取小聲。

一一七　圭之與畫本平、入也，從圭聲者不妨與畫相通。若謂凡從圭者皆畫之譌，則亦過矣。且所引「畫」字俗書作「啚」，不作「春」也。

一一八　從石圭聲，當與硞、礐、磕諸字爲同類。騞字之從馬，則誠不可説也。

一一九　砉、騞之音大抵旁皇於霽、麥、昔、錫之閒。莊子下文「謋然已解，如土委地」，謋音「化百反」，徐又「許百反」，正與「呼鵙」、「許鵙」、「呼歷」、「呼獲」、「許躄」等音近。向讀騞爲「他亦」，頗與礫音陟格反。音相近。疑謋、騞皆礫之後出也。

一二〇　字書韻書皆作「戕」，假戕殺字爲之。惟廣雅作「⿰爿弋」，從弋，玉篇承之。然説文無「⿰爿弋」，正當作「牂」爾，字又變而爲「柈」。

一二一　韋音「持軫」，則與紾之忍切音義亦近。　郭音「奴結」，讀入泥紐，亦舌音也，韻則由先入屑。　作「⿰氵璽」者當讀如河水濔濔之「濔」，大徐「奴礼切」，小徐「綿婢反」。

一二二　帠蓋爲之古文。　今説文「爲」下載「古文□」，玉篇作「□」，又鐘鼎爲字或作「□、□」等形，亦與「帠」字類。崔譔獨識之爾。　一本作「寱」，則假借爲「臬」，故司馬彪、徐邈由此作音，非諦知帠字之有是音也。

一二三　俞兒之「俞」不必正作「鄃」。

一二四　此「馬氏」不知何人。　馬融有老子注，未聞有莊子注。　或者「馬氏」爲「崔氏」之誤。　經籍舊音序録亦未加考訂。

一二五　「吕氏」當是「巨氏」之譌。　然跂從支聲，本舌音字，讀作「吕氏」未爲不可。

一二六　綰結猶薀結也。　寒、屑爲雙聲，讀「綰」作「結」，猶説文讀「⿰角雚」爲「⿰糸替」耳。

一二七　郭「思魚反」者，疑其本作「胥」，讀爲胥輔之「胥」。　然輯有「胥」音，亦不足怪，扈亦作「⿰山弓」，模鐸固有時與覃合通也。

一二八　⿱艹兩自有舌音，未必李軌破爲「⿰忄典」也。

一二九　李或以「奮楝」爲疊韻字。「丑倫」之音略與「振」近，其本必不作「楝」，此則可知者也。

一三〇　同形異字其例至多，説文之字每不見于羣籍，不得輒以許爲誤。

一三一　意從音聲，音有舌音，涪、汁字通。　故意聲亦有舌音。　「噫醷」蓋即「闇黮」之異，齊物論有「黮闇」字，李注「不明皃」。　此讀「醷」爲「黮」，故有「他感」一音。　若並從喉音讀，則噫醷猶言壹壼、絪緼耳，聚氣之訓由此也。

一三二　洒，古文以爲灑埽字，灑從麗聲，在歌部，讀「蘇俱反」則由歌轉模也。　今本釋文未必誤。

一三三　「抆」亦非譌，如懿從恣省聲，亦省次旁之二矣。

一三四　郭「七段反」者，蓋讀爲「撮」，説文「一曰兩指持也」。撮、篡聲通，故有「七段」之音。

一三五　從必之字本有齒音，瑟即是也。　一覕、一邲猶言一切也。漢書「一切」字皆訓爲權時，故郭訓爲割，與司馬意不殊。「初栗」之音同於「刺」、「䣛」，廣韻「初栗切」，説文則「親結切」，讀「親結」則與「切」音畢同矣，然則「一覕」爲「一切」無疑。

一三六　耆、黎字通，「來夷」不誤，篇韻亦不載「須」音也。

一三七　踳即舛之重文。楊雄説舛從足春。釋文之本豈必與左思、張載、司馬彪同。

一三八　「五委」與「魚毀」同，「五賄」與「五罪」同，類篇亦無與「五鬼」相當之音。

一三九　或「求」之誤。

一四〇　脂、之亦非絶不相通，廣韻之、止、志韻中如「鎮」、「洂」、「蕲」、「莉」、「諡」、「揿」、「紕」、「刺」、「欼」、「笫」、「胏」、「朿」、「魅」、「鍫」、「鷖」、「乩」、「乿」、「豙」、「壂」諸文皆當爲脂之屬者也。

一四一　呲，説文作「佨」。　今以此爲少者，正是細字耳。

一四二　兆聲之字有齒音，清紐斛、銚是也。　佻音「厝了」，不足致疑。

一四三　「歎」蓋本作「欆」，亦俗字耳。

一四四　氏、氐本一語之變，後分入兩部耳，亦非絶不相通，且氐聲通單，觶，禮經「觗」。通辰，或䑑。皆由灰以通寒、痕者也。

一四五　攸本有舌音，倏、條皆是也。古蕭部無入聲，凡今之叔、竹、肉、六等字古皆讀平，儵音「徒的」者，後世音轉入耳。然郝謂郭以「儵」爲「踧」則不誤，「踧踧」、「嘼嘼」同在小弁篇也。其云「『儵』、『儵』形相亂」，似欲破「儵」爲「儵」者，此則謬也。

一四六　蓋「辭戀反」之訛。今讀士戀反，在牀紐，辭則邪紐也。

一四七　「吹」爲「欥」之譌。　寒、痕、先部與覃、添部不過收鼻收脣之異，而字多相通。殿、唸字通，猶儺、那字通也。此外天聲有忝，痽又從人聲，干聲有天，鐫讀若瀸，箈讀若錢，痕正作痏，⿱髟㐱從㐱聲，皆其例之行者也，焉得云諄、侵韻部絶遠哉？

一四八　「課」或「便」、「婢」之譌。

一四九　「力竹」、「力斛」洪細不同。　廣韻「⿰鹿瓦」在「盧谷切」下，正「力斛反」也。

一五〇　「音」當爲「作」，既無首音，何又音之云？此字説文正作「紟」也。

一五一　字林韻類豈必與廣韻同？

一五二　寒自通灰，肙從口聲，蠡從彖聲是已，無事假道於歌。

一五三　御覽八百十二引郭璞曰「音遼」。

一五四　「作玦反」當爲「又作玦」。

一五五　陳玉澍説：「沂之言愁也。」方言：「愁，傷也。」廣雅同。又曰：「愁，憂也。」

一五六　不聲之字有喉音，嚭從否聲，而與喜通，其明證也。坯讀「五窟反」，則與兀、阢音同。兀，高而上平也，阢，石山戴土也，皆與「一成坏」義近。

一五七　廣韻：「岑，鋤針切。」與「士金」、「鉏簪」小異。

一五八　「沂」借爲圻岸之「圻」，漢書敘傳「研桑心計于無沂」是也。此「沂」即後世磯碕字，郭注或本作「沂」，蓋承上文而言望祭之處也。

一五九　從辡聲者可有舌音，故小宰「廉辨」或爲「廉端」。

一六〇　「尼」或「徒」、「同」之誤。

一六一　急就章「攈」亦作「攗」，下從米，其誤久矣。下文「萿麋舌」釋文本作「麇」，云「本亦作『麋』」，足爲旁證。玄應一切經音義十五引作「麇」，從禾；又十八引作「麋」，從米。按：作麇、作麋皆無不可，蕨麋則雙聲，聲轉又爲芵光，故前「薢茩，芵光」郭注引或説以爲薢茩即蔆，蕨麋則疊韻，灰、曷韻部最近。聲轉而爲決明，適與芵明同語，故注家混蔆與決明而爲一也。至「攗」字玉篇尚不載，惟廣韻有之，集韻又譌作「欕」，從木。爾雅舊本必有作「麋」者，故因緣而亦加手於麋旁耳。

一六二　使「工兆」爲「平兆」之譌，則下云顧「平表」反已足，無事贅引字林也。票聲之字本有喉音，故膘讀若繇，祭義「君蒿」，「蒿」或爲「藨」。字林「工兆反」，文無所誤，字林考逸仍舊不改，是也。

一六三　説文固脱「妥」字，何以知妥非聲？徐鉉曰「當從綏省」，雖不知妥即綏之重文，猶勝於阮、嚴之妄説。

一六四　「忍」、「簡」並不譌。覃、添部中字與寒、痕、先部字通音者多，姑以廣韻説之：「帘」士臻切，又音廉；「邯」胡甘切，又音寒；「箈」昨鹽切，又音前；「眹」在軫韻直引切，「眹」在寑韻直稔切；「丹」都寒切，形變作「[illegible]」，而爲姓，則都感切。皆是也。

一六五　郭韻類或不必與廣韻同。

一六六　蛂「大替反」不誤。犮聲字有舌音，易荀爽本「婦喪其紱」，董遇作「髢」。又説文作「蟜蟥」，是蟜、蛂字通，喬聲字固有舌音也。

一六七　「榮庚」即「橫」音，户盲切。喻、匣相通，以開切合也。集韻「爲命切」下有「蝗」，不言本之説文，當別有據，未可緣彼而疑説文舊音有譌。「華孟」即「橫」之去聲。

一六八　崎嶇之「崎」有影、溪、羣三紐之音，此「秩」竟未知何字之譌。

一六九　夸聲之字有脣音，匏是也。此「骻」本「婦」之後出，由婦音轉「蒲悲」，亦猶由負音轉「丕」耳。

一七〇　郝疏、馬輯竝引作「方買」，不知據何本。

一七一　鵜陶、鶘河韻部有異，何用知舊音本爲「陶河」？「汙澤」有義，則「淘河」未必無義，不得謂之望文生訓。山海經云「其鳴自訆」，則「鵜鶘」又純本自然之音，毫無意義矣。江浙人讀胡、河正是喻母耳，不與烏同。

一七二　諸校「于丸反」是也，此喻、匣相通。

一七三　從犬者，從吠省也。此「吠」之後出字，不必從犮。類聚九十五引爾雅作「鼣」，此與集韻所見本同。「吠」，字林作「吱」，見五經文字，是亦以爲犮聲也，與此「鼣」亦作「鼥」同比。

一七四　肙聲之字不妨讀溪紐，此仍以「犬縣」爲是。若作「火縣」，則與「呼縣」無別，何須重出？集韻之音玉篇不載者多矣。

一七五　淺鰕，雙聲連語是也，聲轉則爲「僝僽」，詈也，又爲「傻僽」，不仁，並見集韻。單言之則爲「孱」，史記張耳陳餘傳「吾王孱王也」，索隱引服虔曰：「孱，弱小貌也。」

一七六　幹引申而訓正，廣雅：「幹，正也。」則與嚴整之義會矣，段、徐說誠失之。

一七七　戚從尗聲，尗蕭部字，古蕭、合亦相通。李登反語未可輒改。

一七八　缶有舌音，以匋讀與缶同明之。此「缶」則爲「垂」之誤字，急就章「缶」字作「[illegible]」，偏旁作「[illegible]」，「垂」字作「[illegible]」，其形至近，所以致誤。

一七九　胥本模部字，從胥聲音「先許」未爲誤也，今世見行音亦有讀女壻之「壻」爲「先許反」者。

一八〇　帶聲、折聲同屬曷部，失聲則屬屑部，蓋音「逝」是。

一八一　齗齗，鬭爭之字，可作「犾」、「⿰犭斤」、「狋」、「狠」、「䖘」、「齧」、「虓」，云無定字則非也，中夏之語言豈有有聲無字者哉？

一八二　說文有「邜」字，但云「地名」，無以知爲滅阢之「阢」。「⿰阝九」、「阢」同爲說文所無，以「者」一作「帆」校之，疑從几者近是。

一八三　此未可定。「哅」字佗無所見，豈可據玉篇以疑徐廣？左宣十二疏作「煦」，亦未知爲「眴」之誤與，「哅」之誤與，或「煦」自有「舜」音與？

一八四　類篇「狙」字四音亦無與「千怒」相當之音，疑「千恕反」近是，所謂反音雖同反語有異也。

一八五　恣睢千餘反。雖雙聲，而無恣行爲惡義，鄒讀定誤。

一八六　作反語之家用字不必與説文相應，「犬詬反」亦未爲不可。

一八七　「闟戟」之字，説文作「鈒，蘇合反」此處自以音「所及反」爲近之。鄒則仞爲「闟」字也。

一八八　乙丑七月八夕，檢廣雅書局本單行索隱作「蟻螻」，然其注文引莊子云「庚桑楚謂弟子曰：吞舟之魚蕩而失水，則螻蟻能制之」以爲釋，此與今本莊子文不同。仍作「螻蟻」。或傳刻本偶然顛倒，亦未可遽訾小司馬也。此當求單行索隱校之，未可輒詈嘯山，然索隱固誤也。

一八九　此謁「謂」爲「反」。

一九〇　説文有「檈」、「⿰木還」、「梱」，皆與「⿰木圜」形近，然無大木柵之訓，或「梱」之別義與？攌、僒以音義求之，於困或窘字爲近。

一九一　「丁」、「張」隨便書之，未必由後人校改。

一九二　當以單行索隱校，今見刻本如張所引，又「小顔」作「孟康」。

一九三　宜從單行索隱校，今見刻本如梁所引。

一九四　「於岐」即倚之平聲，似不誤。

一九五　内、出又皆舌音。

一九六　後漢書南匈奴傳注：「蹛音帶，又音多。」

一九七　迟，唐韻「倚戟反」，略與「丘亦反」相近。曲字誠不煩作音，字林考逸亦據誤本。

一九八　模部字與添、帖部相通者多，宎「宀」之古文。有苦減之音，敢從古聲，皆是也。説文多説爲「劫省聲」者，或經後人刊改，未可以咎許君也。

一九九　「争忍」音亦是也，真聲本兼舌齒二音。

二〇〇　燃、烟異紐，容得相通，張郭之説亦本説文「一曰染也」，未必遽誤。「蕭」字當是「煎」字之譌，韋即讀如然也。

二〇一　説文：「蠗，禺屬。直角切。」然則此文作「蠗」誠是。然翟聲之字自有喉音，而矆鑠又爲疊韻連語，則借「玃」爲「蠗」未必遂譌。

二〇二　顔行即雁行，則顔可有側音，讀「吾板」未必因協韻之故。又詩君子偕老「顔」上叶「展、袢」，下叶「媛」，皆側音也。

二〇三　「鯫膊魚」之字應作「膘」，説文：「膘，薄切肉也。」「膊，薄脯膊之屋上。」是鯫即膘之後出。

二〇四　説文「頔」訓「頭頡頔」，師古以爲「頰權頔」字者，今有玉篇、廣韻與之同。玉篇：「頔，之劣切，漢高祖隆頔龍顔。又之出切。」廣韻：「頔，職悦切，面秀骨。」

二〇五　「不當借音」之云，駁鄭氏也。

二〇六　類篇「噍」有「子笑切」，一音作「作」，亦未必譌。

二〇七　兩音師受不同，未必有古今之分。

二〇八　此例至多，且有漢人分而後世不分者。周禮冢宰「主以利得民」，注：「利讀如上思利民之『利』。」中庸「仁者，人也」，注：「人讀如相人偶之『人』。」公羊莊二十八年傳「春秋伐者爲客，伐者爲主」，注：「伐人者爲客，讀伐長言之，齊人語也；見伐者爲主，讀伐短言之，齊人語也。」樂記「易直子諒」，注：「子讀如不子之『子』。」韻書皆無異音，是後世不從其讀也。唯集韻「伐」有「房廢切」，即比擬公羊注之音而爲之，釋文猶無此也。「子」「將吏切」，則據釋文。

二〇九　「内」讀爲無節於内之「内」，謂心也。此言心尚文德，所以爲百姓所愛。

二一〇　酋從酉，「醋」又加酉，誠爲複出，然説文正字中此類多有之。醋字之起蓋由於酋豪、酋熟義異，因造此形施於酋熟，未可以字書不載遂疑爲譌。俗書又有「醬」字，亦酋之別體，玉篇有之，廣韻無。

二一一　麗若讀爲高句麗之「麗」，則亦平音。

二一二　如以叠韻互音之理言之，則「屬玉」尤不嫌音「鸑鷟」。「鷟鸑」倒言無成文可證，今謂屬有喉音，所以語變而爲鸑；屬從蜀聲，蜀有喉音，故淮南「燭營」讀曰「括撮」，又「孎」説文讀「人不孫爲不孎」，人不孫即「倨」字也。玉有齒音，玉姓音肅。所以語變而爲鷟也。

二一三　捲音亦讀「居轉反」，焉知如淳非從之邪？此「反」字未可輒删。

二一四　孟子有「觳觫」，注「恐貌」，方言有「傑松」，注「羸小可憎之名也」，亦此字。依説文正當作「恐㑋」、「恐動」耳。

二一五　此緣裴字希見，故作音以明之；非緣裴字異變，作音以明之也。

二一六　「黚」亦正字，焉得爲「黥」之異文？史記自作「黥」，漢書何嫌作「黚」？官本「黚」作「黙」，以黑字四點移下而挩去日下一横，遂成怪字。

二一七　師古疑服破字，故非之。

二一八　禮記注「夫」或爲「煩」，亦由模入寒也。

二一九　三國志注「虓，許交反」，正與「唬」字音同。「由音鴞」三字當爲「内言鴞」之誤，王子侯表上「虓節侯起」，晉灼曰：「虓音内言鴞。」師古曰：「音于虬反。」是其明證。假使音「由」，則爲以周反，師古亦不音「于虬反」矣。應劭音當作「篪」，蓋以「虓」爲「虒」之異文，虒字太玄經作「俿」，漢慮虒銅尺亦作「俿」，從人旁虎，此作犬旁虎也。篪即從虒聲，故虒可音篪，司馬相如傳注引如淳曰：「虒音豸。」此虒有舌音之明證。

二二二〇　蕍蔆同文，溱潧、甸乘通字，甸讀爲泓，矜字真、蒸兩入，登與先、痕非無通轉，何弇侈之云？裴松之三國志注尚音「恒」，孟注所謂「藥草恒山」者，本草即作「恒山」，宋人避諱改爲「常山」。

二二二一　氏有齒音，故説文「抵」訓「側擊也」，集韻以「扺」爲「抵」之重文。

二二二二　⿱龹尼字可假借作「麋」，吴志薛綜傳又作「麋」。麋字可倒寫作「麊」，此皆不誤，而謂説文據誤本漢書則不必然。許君漢人，寧不識漢地？續志「交趾」亦有「麊泠縣」。若謂⿱龹尼字之訓經典無徵，經典無徵豈止一⿱龹尼字邪？⿱龹尼從尼聲，尼從匕聲，本唇音字，則⿱龹尼字之音無可疑。許叔重之知有「⿱龹尼泠」，必待觀漢書乎？麊訓「潰米」，同音者自米外有鬻，雙聲者有麋，有⿰米幾，則⿱龹尼字之訓無可疑，不審吴君竟何所見而攻許也。若夫麊從「螟」讀，廣韻亦未爲誤。灰、青相轉，其例非稀，鐵從呈聲，重文爲銕，幵聲之字分入灰、青，以及比、并同根，淒、倩通字，皆其例也。

二二二三　今按：如淳之言兼釋「倭」之音義。委者，讀如委積之「委」，墨積於面，故謂之「倭」，古委、倭本同聲也。

二二二四　孟子：「懦夫有立志。」左傳：「懦而不能强諫。」穀梁傳：「達心而懦。」愞之作「懦」久矣，豈盡譌邪？耎、需皆從而聲，故可通。

二二二五　縱臾之義猶掣曳也。説文「瘛瘲」連語，「臾曳」連語，以是明縱臾本義當爲捽抴牽引，由臾引申則爲須臾，猶云少延耳。

二二二六　「人肩傴僒爾」，猶「春麥爲⿱𣝔米」，皆漢時常語，「音」字不誤。「僒爾」猶「僒然」。以「逵員」之音校之，蓋集韻所據漢書蘇音作「其全反」，然廣韻員、全音仍有小異。至「拘員」一音，更不知何據，然今世方語固有之，吾鄉謂手足不能伸曰僒，正讀拘員反。

二二二七　蚡即鼢之重文，蘇以常見字音不常見字也。如索隱之立文，則直視爲異字矣。

二二二八　荼本從余聲，作「琅邪」者深合音理。然亦有「蛇」音，錢説今之余姓讀如蛇者，即荼之省文，仍不誤。特此注「食邪反」不足據以爲證耳。

二二九　委聲之字本有齒音，故矮與綏通，崣亦是也。郭注「摧音作罪反」五字疑當作「摧字作嶵」。「嶵」即説文「辠」字。師古説中「郭音作罪反」亦有譌，當云「摧音作罪反」。廣韻「子罪反」正此音。

二三〇　持之作「橙」，亦猶持之音「懲」耳，不必一是一非。索隱亦就「橙」字作解，並不溷於「橙椟」也。

二三一　此處之「媒」決非譌字。服氏以意破爲「娸」，即緣娸作音。然媒固不妨有喉音，媒從某聲，某固從甘聲也，説文小徐曰：「甘非聲。」然則小徐所見本有「聲」字也。某聲之字又有腜，韓詩「民雖靡腜」，毛作「膴」，亦喉音字。

二三二　玉篇：「瑒，雉杏切，又音暢。」此亦唐部字讀青部音也。錫從易聲，不須改從昜而引以證斯義。

二三三　「依倚反」之「反」爲衍文。擬音與反音雜用，郭璞方言注中尚多有之。

二三四　孟仞「寘」作「寘」也，寘，冥之訛字，故可有「冪」音矣。冥隸有寘、寘、寘、寘、寘諸形。「徒一反」不違音理，在此處則非，師古無事忽作異音也。

二三五　廣韻「縱」、「蹤」同「即容反」。

二三六　「原讀如本字」之云，言不須音也。

二三七　軵字固無妨從付聲，而淮南覽冥注則譌文也，「揖拊」不成語，「揖」當爲「揖」。説文「推擣也」，廣韻「軵」下云「或作『揖』」，是以爲同字矣。説文「軵」下云「反推車，令有所付也，讀若茸。」小徐本。此文當云「讀揖付之『揖』」，與氾論注及説文符合。集韻「符遇切」下有「軵」字，即緣高注而誤，廣韻「符遇切」下猶無此字也。如淳引淮南之文，即覽冥之「軵車奉饟」也，音「而隴反」與高注同。

二三八　晉灼説爲「鐫鑿遣之」，疑兼讀「鐫」爲弗去懼選之「選」。説文：「選，遣也。從辵巽，巽，遣之，巽亦聲。」蕭該云「出論語『巽與』之言」，此必原文引論語以明鐫、巽相同之義，惜爲師古删落之矣。蕭該音義本由宋人采附顔書，故多不類之語。

二三九　虚聲可有舌音，鱸即是也。「昌」字未必譌，韻書亦無「熙慮」之音。

二四〇　此字注家自有從昜、從易二説。從昜者音「試郎」爲類隔切，當讀爲「湯」，説文有「踼」字，「徒郎切」，儒林傳作「逿」，宋祁云「逿，古作『踼』」，引服虔音「湯」，湯去豆皮之「湯」，此「逿」應作「逿」，即「踼」之異字也。從易者，服音矍踼之「踼」，不與逿墜之「逿」同，蓋以爲從足易聲，故别作切也。服音「石奠反」，「反」字衍，石奠鄭人，見左傳。奠，丑略切，與辵音同，故集韻收「踼」入「辵」紐下。若作「石奠反」，當讀「灼」，篇韻皆無此音也。類篇「式灼反」在「審」紐，仍不與服音相當。竊謂此字仍以從易爲正，踼者即辵之後出字，猶逖字重文作逷也，語轉又爲矍鑠，見後漢書馬援傳。郭注山海經「跊踼」字自爲雙聲，故以「黜惕」作音。畢沅欲改「易」旁皆爲「昜」旁，亦太專輒矣。廣韻無「踼」不足爲難，説文亦無「逿」字，豈亦譌文邪？昜聲屬唐，易聲屬錫，同有可以轉鐸之理；而錫、鐸同爲入聲，相轉者差多。

二四一　「于善」略同「胡犬」，喻、匣相通，以開切合也。善、犬今在兩韻。

二四二　跇巒阬之「跇」當爲「趩」之假借，説文：「趩，超特也。」廣韻：「趩，同跇。」述訓循，循訓行順，自可通。既字林無緣與説文同誤，並「迷」亦不必改也。

二四三　秏古讀定紐，拏讀泥紐，同是舌音，故可迆易。師古云：「非正音」，亦失之。

二四四　眚、青形音俱近，服、蘇本自作「青」，傳本不同，師説亦異，不必遂非也。

二四五　彑、㣇、緣、豕、彖、彖、彘蓋本一字，其音則兼有喉舌齒，其韻則兼入曷、灰、没、齊、寒，故彖聲、彘聲相通。璏之通作「瑑」，亦猶豕之聲有「彖」耳。小徐「豕」聲。瑑之借爲「璏」，亦猶彖之聲有「蠡」耳。瑑、璏皆音爲「衛」，亦猶篆之與緣通，雉之與夷通耳。其音其形並無可疑者。師古輒以爲轉寫之譌，甚非也。璏字尚有「王伐」一音，即「衛」之入聲。

二四六　蜀聲固可有喉音，此拘捐之「捐」疑當作拘攌之「攌」，爾雅「斪斸謂之定」，本亦作「拘攌」也。

二四七　鄭氏「粢音贅」，「粢」當爲「棁」，粢無「贅」音，棁音「贅」者，即「之劣切」之去聲也。

二四八　「秦云」或當作「秦謂筥」，玄應一切經音義十五引字林：「筥，箱也，飯器，受五升。秦謂筥也。」

二四九　「負拾」蓋當作「負⿰木合」，⿰木合假爲「极」，史記蘇秦傳，「負笈從師」，「笈」即「极」字也。師古音「其業反」，正⿰木合、极、笈之音，給字並無「其業」之音也。

二五〇　「脢」字説文有之，何用知班氏原本必應作從目之「䀲」也？文選作「䀲」，亦以同聲假借，不必改「䀲」。説文無「䀲」字，即借用「梅」，女部「媢」下云「一曰梅目相視也」，小徐本。「梅目相視」即微視，此義與「⿰目冒」低視也。畢，今俗語變讀武瀌切。

二五一　「霍叔」可以音爲「育」者，以曉切喻也；未爲密切，故曰「近」。

二五二　摧，灰部字，而可讀「千爾反」者，灰、齊亦通也。韋昭「呰」作「摧」，定是「摧」字之譌。讀「千爾反」者，蓋謂假借爲翕翕訿訿之「訿」。此文宜自「劉氏云」下至「病其治也」二十六字刪薙之，則文義憭如矣。

二五三　以漢書文紀引孟康音校此文，「鹽」爲衍文。

二五四　趙一清曰：「『梁口』，册府元龜作『渦口』，注云『渦音過』，是也。」此並譌。水經濡水注「新河又東至九過口，枝分南注海」，即是此地。説文有「過」字，此作「⿺辶⿱咼水」，移水在下耳。

二五五　説文：「仚，人在山上。」語由䙴真來，云「本無高舉之義」亦非也。五音篇海知「辿」爲「㢟」之誤，故云「緩步也」，與説文「㢟」訓「安步㢟㢟」合。

二五六　此李龍官所校出也。

二五七　两漢志及曹全碑、張納功德敍皆作「朐忍」，通典「朐音如順切」，則音潤，亦舌音字也，玉篇尚無「朐」字，則音「春」之故，斷不因從旬。朐從句聲，句從丩聲，丩聲之字本有舌音，收、糾是也。讀入痕部者，侯、痕雙聲，亦得相轉，如犬狗、君后、婚媾、典主芛蒻僔聚語皆同根，朐之音「春」，亦猶是也。禮記聘義「温潤而澤」注：「潤或爲『濡』。」此痕、侯相轉之明證。

二五八　讀「嗣里切」者，當借爲「隸」，隸訓及，及、至義近，隸本從㚔聲，㚔、佁古一音耳。淮南氾論注「紿」訓至，亦

「隸」之假借。

二五九　「鹵」不妨直譌「會」，不須轉「魯」而後譌也。

二六〇　「殆」即「特」之去聲。淮南子本經注：「蛩一曰蝗也。沇州謂之螣，螣讀近殆，緩氣言之。」既云「近」，又云「緩氣」，可知不正音「殆」，何怪篇韻不收邪？

二六一　「嫌聽譬自嫌之嫌」七字，當作「嫌，讀羣公慊之『慊』。」公羊文十三年傳：「羣公廩」，此何休本也。詩采薇正義引易「爲其慊于无陽也」鄭玄注：「慊，讀如羣公溓之『溓』。」徐彦疏引鄭注云：「廩，讀如羣公廩之『廩』。」既不云鄭何書注，則「廩」之文無所施，明其據記憶爲説，而不悟其乖繆也。古書篆作立心，與水相近，讀者失之，故作「慊」。慊，雜也。此鄭所見本也。高氏所見略與鄭同，而「溓」字則作「慊」，慊義則訓約，與何、鄭訓雜又異。其所注吕覽、淮南兩引此文，而今本皆誤不可曉，淮南原道「不以慊爲悲」注云：「慊，約也。慊讀辟向慊之『慊』。」詳此句上文有云「不以廉爲悲」，注云：「廉，猶儉也。」是慊與廉字同，約與儉義同。「辟向慊」者，則「羣公慊」之誤也。羣字或作君旁羊，故與辟形近；公字與向形亦近；慊者，則鄭君所云「篆作立心與水相近者」也。吕覽此文之「嫌」與淮南之「廉」、「慊」同義，故高氏亦以公羊説之：「聽」者，「讀」之誤，又緣文有「聽」字，愈易溷譌；「譬」者，先譌「羣」作「辟」，復加言作「譬」；「自」爲「公」之譌，猶「向」爲「公」之譌；「嫌」者「慊」之訛，緣正文有「嫌」字耳。此條譌文蓋仰思兩晝夜而得之，校理舊文，亦何容易乎！巴縣向宗魯校淮南注，謂「辟向慊」當作「羣公溓」，「羣公」所校是也，「溓」字尚未爲得。

二六二　讀「時豔」古音亦在定紐。

二六三　當作「殙音悶，謂絶氣也。」若作「絶氣之悶」，不成辭語。説文「悶」訓「懣」，「懣」訓「煩」，初無絶氣誼，唯亂惑爲惛，可言絶氣耳。

二六四　洪稚存本漢魏音作「由與之『由』」，不審所據何本，抑稚存以意改也？就從尤聲，猶鼀從黽聲，皆從咍入蕭也。

二六五　歛陷叠韻連語，一曉一匣，猶顑頷連語，于音理無妨；即令同紐，亦猶澹淡連語耳，何必刪「陷」字乎？以淮南本經注「歛」讀曰「脅」、主術注「歛」讀「協」校此文，疑仍當作「歛」。廣雅雖有「歛」字，而訓爲「欲」，非此所施。

二六六　佰亦與伯同音，高注豈必與説文、漢書相應？佰既可讀明母，伯又何不可耶？

二六七　窮、穹、究本一語之變，則從九聲者無妨讀「穹」，此蕭、登相通也。尻之語亦與孔相依，此則蕭、東之通。

二六八　此校略同畢氏之説，然餲無厭義。按：説文：「餶，厭也。」廣韻「餵」與「餶」同紐，「烏縣切」，説文：「餶，烏玄切。」云「餵，甘不厭也」。是此注當云「餵讀如餶厭之『餶』」。其下文仍當依御覽作「如此者不餲」。今本正文「不餲」誤爲「不餄」，而「餲」字反誤在上注中，兩處文義皆不可解矣。

二六九　包聲之字有喉音，匍音滕是也，然非此所施。包在蕭部，得與咍通，然亦不可説此文。

二七〇　艴與轖同字，由色與嗇同音也。抮艴、紾艴之文，則又由軫艴而變也。色之重文作「𩈨」，朱駿聲説爲「從百，從彡，疑省聲」，是也，是故有喉音。曹憲「艴，牛力反」，正與凝音同矣。嗇一曰棘省聲，而從嗇者有𣤶，棘、𣤶皆喉音也，是故轖亦得音「嶷」。紆軫、讀顯。結轖，讀嶷。皆雙聲也。艴之訓戾，又與疑之訓戾同，彌足明高、曹之音皆不誤。

二七一　「褭」者，「腌」之假借。

二七二　漢時讀劉氏之「劉」蓋有異音，漢書婁敬傳：「婁者，劉也。」貙劉之字本作「膢」。或劉音讀近侯部，而留音仍在蕭部與。逵吉謂「彼留之子」鄭以爲即「劉」字，未知何所憑依而爲此言，殊爲疑誤後學。惠棟以後來劉氏即留之借，此則棟之妄説也，不足以誣康成。

二七三　作音取其易曉，即令古有「展非展」之文，要是難解，必不以之作音。今謂此文例與「劉讀留連之『留』」，非劉氏之『劉』」同。屢字又作蹍跈，説文則作「輾」，云「轢也，從車㞡聲。」此文或當云「音㞡，非展也」，明字雖從展而不讀展也。説文：「隤，下隊也。」此文「隤者，車承」當作「隤者，車隊」，「隊」形誤爲「承」也，若作「䡝」則與「蹪」聲義畢同，何須複説？

二七四　琳音八十九引許注：「舛，相背也。」

二七五　盾從厂聲，本喉音字，故有「允」音；取其扞身，故從身音，身亦厂聲。而讀舌音。音聲之起，抗喉、矯舌、激齒、攢脣俱時而有，寧有後先耶？

二七六　説文：「該，軍中約也，讀若心中滿該。」亦不作正字，比擬其聲而已。

二七七　彭濞、彭薄、彭勃、盤薄皆旁溥之變，王必以「彭濞」爲「水聲」，亦太泥矣。此文正文不必改，注當云「濞讀榆莢薄之『薄』。」

二七八　賈侍中説「此非古字」，正謂古字止作「獻」耳。犧、希自是雙聲，歌、灰非無通轉，高注豈必如鄭君之意破字？稀、疏同義，但「讀曰希」自不妨有疏鏤之義爾。疏焉得即爲「素何反」？

二七九　洪稚存亦云「當脱『尺』字。」侃按：俶真篇注云：「剞，巧工鉤刀也；剧者，規度刺畫墨邊箋也。所以刻鏤之具也。剞讀技之『技』，剧讀詩『蹶角』之『蹶』也。」本經篇注云：「剞，巧刺畫盡頭墨邊箋也；剧，鋸尺。剞讀技尺之『技』，剧讀詩『蹶角』之『蹶』。」兩注互異。本經注「剧」有「鋸尺」之名，而其訓「剞」即俶真篇之訓「剧」，疑漢時通稱剞劂爲技尺。今世木工畫墨邊亦有尺曰曲尺，即技尺矣。

二八〇　當作「蹊徑之『蹊』」。「蹊徑」，高常用字。

二八一　假鐲爲鐲，猶之書濁爲濁耳，豈必悉如本形。燭亦作㸚，躅亦作蠋，檅亦作欘，然則作鐲者何嫌借鐲，況鐲亦別字哉。

二八二　下文「單閼之歲」高注云：「單，盡；閼，止也。」亦常義，明此「單」不得有異讀。此蓋爲「閼」字作音，吕覽古樂篇「民氣鬱閼而滯著」注：「『閼』讀曰遏止之『遏』。」此文亦當云「閼讀曰遏止之『遏』」，「曰」譌爲「明」，「遏」譌爲「揚」，又爲「明」，捝去「止」字也。寒、唐非不相通，而舌脣聲類相隔太遠。

二八三　耴、聑、耽、耼、瞻一字變易，焉見作「耴」之是而作「耽」之非乎？説文「南方有瞻耳之國」，亦即耽耳、聶耳之國也。

二八四　說文黑部作「黬」，云「黑有文，讀若飴𥂦字」。周禮染人「夏纁玄」注：「故書『纁』作『⿱穴熏』，鄭司農云：⿱穴熏讀當爲纁，纁謂絳也。玄謂玄纁者，天地之色以爲祭服。」如此義，則周禮作「⿱穴熏」，淮南作「苑」，皆「纁」之假借。高誘云「順土色」，亦與鄭義相符。纁黃亦曰黃纁，楚辭九歎「遠逝建黃纁之總旄」注：「黃纁，赤黃也。」又九章思美人「與纁黃以爲期」，雖別一義，亦纁黃連言也。

二八五　「窖藏人物」當是律文，與「入人室宅廬舍」、「上人車船」立文同。

二八六　歍、豿疑是一物，蜼別一物。廣雅云：「豿，蜼也。」亦假「豿」爲「蜼」。西山經郭注亦音「蜼」爲贈遺之「遺」。

二八七　「付亦聲」三字不當輒補。「濟」應作「擠」是也。餘說見前卷五「再三發軵」條下。

二八八　以褮可讀祩觀之，則燭與營亦疊韻。高注豈必與崔譔同？且莊子釋文所引「會撮」之說，三家皆在高後。由此注考之，即莊子之「會撮」亦當從高說以爲陰器。會者，肤也，說文：「肤，孔也。」撮者，脽也，脽，尻之重文，以後陰目前陰也。老子作「全」，或作「朘」、「峻」，内經作「篹」，莊子作「撮」，淮南作「營」，實一物也。燭所以訓「陰華」者，字本作涿。營有周帀之義，故爲竅也。燭舌聲侯部，括喉聲曷部，營喉聲青部，撮齒聲曷部，所以得相通者，蜀聲之字有喉音，曷、侯之通，則如取聲之有最也，熒聲之字有齒音，鎣讀銑是也。曷、青之通則如屮聲之有蚩也。

二八九　漢魏音作「黊益」。由此條推之，則黋、黊爲一字，益明黊、黋並充之後出字。

二九〇　兹條可刪。

二九一　紿訓至猶佁訓至，皆隸之假借。

二九二　埵本垂之複出字，垂從土，埵又從土，說文「讀若朵」，又從土朵。蓋與垂聲小殊，故此注云「作江淮閒人言能得之也」。

二九三　禮運「女有歸」注：「皆得良奧之家。」是漢人以貴家爲奧主之切證。澳即作深奧之「奧」解。依曲禮注義，凡主奥者非尊即貴，故以貴家爲奥主。

二九四　揲脈猶言衇摘，釋名釋姿容：「衇摘言詷摘，如醫別人衇知疾之意，見事者之稱也。」扁鵲倉公傳有「訣脈」、「診脉」、「切脉」之文，「揲荒」索隱作「膏荒」解，似不得牽合兩文以爲同意。

二九五　説林「以瓦鉒者全」注云：「鉒者，提馬，雒家謂之投翩。」「雒家」蓋指雒中人家，高時首都語也。社若讀近牡，則與今通語呼母者音近，社若讀近杜，則與今通語呼父者音近。

二九六　「甚任」當作「堪任」。

二九七　未識漢人有「能耐」之語否。洪以爲「慝」字之誤，是也，廣雅釋蟲「蠠女陟。螚，乃德。蚃也。」蠠、螚一語之變，明螚可以讀慝。惟「能而心」三字不可解。

二九八　高注正爲淮南不辟父諱而發。蓋長字自有端、定兩讀，作端紐讀，故可以不避也。

二九九　「于果」不誤，此喻、匣相通。

三〇〇　抱經堂本「火全反」三字在正文「嬛蟬」之下，嬛蟬連語，故郭音不於「嬛」字句絶而音「火全反」于下；蟬字易識，不致于溷，故不曰「嬛，火全反」也。下文「楚曰嬛蟬出也」，盧校誤于「嬛」字句絶。

三〇一　二注「徥提」應作「徥偕」，從舊本。疊韻字也。六注「徥徥」應作「徥皆」。從舊本。「度揩」即「度皆」也。

三〇二　卷三盧校云：「下本無『反』字，增之非也。」卷十盧校云：「俗本有『反』字。」按：卷三内無，蓋讀莽如嫫母之『母』，後人妄增『反』字，非也。今去之。」是戴校之誤盧已不從。唯盧云「莽」讀如「母」則亦誤。

三〇三　盧校本作「讀，託回反」。類篇即據集韻編排，今本集韻灰部誤「譢」爲「讀」耳。作「讀」者亦非無理，遺音易轉「託回」，一也；讀、詒一語之變，猶詒、遺一聲之轉，二也。以類篇無「讀」字故知「讀」斷爲譌文。

三〇四　盧本作「所交、丁俠兩反」，校云：「『所交』，正德本作『千苕』，今從宋本。」

三〇五　「於劍」不誤，集韻「於贍切」下正引方言此文。劍、贍韻部小異，其在影母則均。「尖」或「衣」字之誤耳。

三〇六　盧有此言，而未改字也。

三〇七　腄若讀爲黄腄之「腄」，亦去音耳。

三〇八　「其小者謂之升甌」，當從「升」字句絶，「甌」字與下「甂」字連。此或郭氏讀牟、憂異類，不得以廣韻拘之，類篇「牟」有「莫後」、「莫候」兩音，是牟音可入侯部也。甌字今正在廣韻侯韻，而尤韻「憂」紐無「甌」字，「亦音憂」三字豈後人所能加？

三〇九　盧校引俗本作「繏，相主反。」按：集韻「聳取切」下有「繏」、「𦃭」二形，云「方言：『所以縣䙔，字誤。東齊海岱之閒謂之繏。』或省」。是集韻所據正與盧所謂「俗本」同。繏、𦃭蓋皆與緰同音，緰引申有絆義。痕、侯之通已見前「胸腮」條下。

三一〇　聳，「山項反」，卷十三盧校引宋本作「山拱反」，蓋是也。「山拱」、「山項」郭時蓋同，故隨便作音。

三一一　挈音「口八」，亦自無嫌。

三一二　盧已駁戴。按：左傳宣二年釋文云：「來，力知反。」是來音可與知同韻。知反言則爲誺，故曰「此亦知原作『如』，戴改。聲之轉」。大抵齊、灰、咍三部古亦時相通轉。戴、段以來必持支、脂絶不相通之説，寔礙多矣。

三一三　盧作「恪校」。媞音「得懈」，猶偍音「度皆」矣。

三一四　作「㵐」者，音楚慶切，見集韻；作冷寒解，見劉孝標注。然乃㵐終以還音之説爲是。

三一五　此喻、匣相通，「于八」切即「户八」反也。

三一六　𪀚從鳥，蟲省聲，猶融從蟲省聲籀文作「䖵」矣。舌音之蟲可讀融，則雖讀舌音亦何不可，不必轉讀彤日之「彤」而後可通也。

三一七　「䰡」，説文作「魅」，云「厲鬼也。丑利切。」即此「神䰡」。此注文當云：「䰡，亦魑魅之類也。音恥回反，或作『魅』。」

三一八　何嫌硜字有二音乎？

三一九　「腘胉」連言，殊無所見，此當作「腘脂之『腘』。」旨旁隸或作亯，極易與百相溷，此所以脂譌爲「晅」也。

三二〇　當如穆傳「苔堇」注「祇謹兩音」，删「二音」二字。海外東經「湯谷上有扶桑」注：「扶桑木也。」此文或亦當云「扶桑木也」。

三二一　此文譌誤無從理董。云「墠字不得有『暖』音」則非也，無論讀喉讀舌，理皆可通，特不見於字書韻書耳。

三二二　郭稱「反」不稱「切」，此條自「徒河切」以下皆後人加。

三二三　中次五經「葱聾之山多摩石」注：「未詳。」按：摩、封聲同，亦砭石也。

三二四　「魚脃」者，魚骨之脃者也。説文：「鯛，魚骨耑脃也。」此「魚脃」之明文，何爲比以「芥脃」哉？

三二五　蜀有妄音，故從之者亦或讀齒。蜀由齒音變爲蠶，故從蜀聲者亦衍齒音而爲歜矣。

三二六　此郭以意解，無以斷其是否。

三二七　溽、淑同爲舌音，一泥一定，相通自易。

附録二　沈兼士：吴著經籍舊音辨證發墨

故友吴檢齋箸經籍舊音辨證，自敘言「畢、孫、盧、顧以下慮未足以與語此」，其自視之高若是。本師章太炎先生亦謂視臧氏經義雜記有過之，無不及也。雖然，六朝以上人之作音義，其例固自有異於隋唐之韻書，近世小學家習於聲韻通轉之説，一切以此繩墨舊書雅記，强古從今，恐亦未爲盡得。余茲所論，端在摘發古書音義中向來學人目爲不合慣例者，推本其原，要皆具有特殊之故，既不應武斷爲譌誤，復不宜勉强牽合音轉之説以相文飾。若夫六書轉借之條，七音通變之軌，論者夥矣，非余文之指歸也。今要删其例，分三類舉正之如次。

一、兩字義通，音雖睽隔，亦可换讀例

爲黔喙之屬　況廢反，徐丁遘反。周易音義説卦。

吴云：「徐音『丁遘反』者，字應作『咮』，咮、注、噣、啄，聲近義同，喙則義近而聲遠矣。集韻『噣』、『喙』、『咮』、『注』四字同列，失之。」

咮喙也　虚穢反，又尺税反，又陟角反。鳥口也。毛詩音義曹風候人。

吴云：「『又陟角反』，字應作『啄』，與『喙』形近而音義並異。釋文作音每多相混。」

兼士按：吴氏拘於説文「喙，口也」、「啄，鳥食也」之訓，又以其音絶不相近，故云爾。實則喙者啄之體，啄者喙之

用，亦猶舌之與丙，語雖各異，義可互通。他如周禮司徒「揩扑」，釋文「揩，一音初洽反」，莊子外物「揚而奮鬐」，李音「須」，亦其比也。推其换讀之由，蓋欲以通行之插、須，换讀罕見之揩、鬐，既非若讀如之擬其音，亦有異讀爲之易其字。集韻「噣」、「喙」、「咮」、「注」四字同列，正是宋人保存舊書音義之珍蹟。吴氏反譏之，復疑揩有「插」音爲德明之疏，於「鬐」字則據篇韻均無佗音以證釋文之誤，此皆似是而非，疑誤後學之談，不可不正之也。

以擾萬民　而小反。鄭而昭反，徐、李尋倫反。周禮音義天官冢宰。

吴云：「音擾爲『馴』，韻部雖亦可通，而聲類不近，字書韻書亦不收此音，疑昔人並以徐邈、李軌爲異讀，不謂擾字兼有『馴』音也。」

兼士按：讀擾爲「馴」，亦如上例，與聲韻之遠近固無涉也。黄侃云擾亦可有齒音，亦不免穿鑿。如詩大雅文王之「無遏爾躬」，「躬」讀「身」音，與「天」爲韻；廣韻侵韻「鴅，鵅之别名，餘針切，又音弋照切」，即讀「鵅」音；霽韻「⿰忄焉，奴計切」，即讀「詈」音，疑均爲古書中義通换讀之遺跡，無關於聲母偏旁也。

鳥皫色而沙鳴貍　音鬱，徐於弗反。周禮音義天官冢宰。

吴云：「貍、鬱異字，苟爲周禮故書，則子春、二鄭諸君當有訓説。疑漢人所見周禮字或作『緼』，蓋緼、鬱義同，聲類亦同，又爲諄、隊對轉，本可視爲一文，故注解作音諸師直讀『緼』作『鬱』，不必更下訓釋也。其後『緼』字以形近譌作『狸』，又譌作『貍』，而本字遂不可識矣。類篇、集韻並列「紆勿」一切，王安石周官新義云貍與鬱文雖異，其義一也，則北宋人所見固與今本同矣。」

兼士按：周禮凡「薶」字均以「貍」爲之。薶、鬱二字義通，故禮記内則異文作「鬱」。苟明於義通换讀之例，則不煩易字作「緼」，而後强以聲通之也。

壘墼爲之　古狄反，劉薄歷反。儀禮音義喪服經傳。

吴云：「説文：『墼，令適也。』『甓，令甓也。』疑昌宗讀墼爲『甓』，故音『薄歷反』，非墼字本有『薄歷』之音。即字書韻書亦無與劉音相應者。」

兼士按：此亦上例也。蓋古書音義以文義爲主，故義通之字不妨换讀；後世字書以偏旁爲主，故形音偶違，便成乖刺。（韻書亦間有采古書音義中此類材料者，如「噣」、「喙」同列，「鸛」音「弋照」之比，但不多耳。）二者體例不同，自難相提並論。吴氏以字書韻書無與劉音相應者，證明「鑿」字非本有「薄歷」之音，而黄侃云：「此疊韻互音之理，劉未爲失。」又云：「辟聲字有喉音，何嫌鑿聲字有脣音乎。」要皆未嘗留意於未有韻書以前古字音義變遷之歷史，所謂未達一間者也。

二、本字兼有此音而後人不知例

其視我如毒螫　矢石反，何呼洛反。毛詩音義邶風谷風「比予于毒」。

玄應音義：「螫，舒赤反，説文蟲行毒也，關西行此音。又呼各反，山東行此音。」吴云：「矢石反，釋文當時之音；呼各反，則舊音也。」

兼士按：吴氏以爲螫從赦聲，赦從赤聲，故以「呼洛反」爲異，實則赤亦有「郝」音。何以明之？説文「郝」「捇」均從赤聲，而讀呼格切，音與赫同。周禮秋官序官「赤犮氏」注：「赤犮，猶言捇拔也。」而赫字蓋即赤之重疊文，爾雅釋詁「赫赫」，舍人本作「奭奭」，説文「奭，從大從皕，皕亦聲」，而「讀若郝」，頗疑從皕爲從兩火之譌。説文訓盛，毛傳訓赤皃，集韻訓怒也，三義本爲一語之枝别，然則灻、焱、爽三字古本重文變易，其後乃分别爲音義不同之數字耳。集韻「赫」、「爀」、「灻」、「焃」同列爲重文，「嚇」、「[illegible]」、「奭」亦同列爲重文，正可窺見此中消息。段玉裁説文注云：「常武毛傳『赫赫然盛也』，奭是正字，赫是假借字。『路車有奭』毛傳『奭，赤皃』，此當作赫，奭是假借字。」强分本借，恐非古義。又史記魏其武安侯傳「有如兩宫螫將軍」，集解：「螫，怒也，漢書作奭。」奭，説文讀若郝。漢書古今人表「高赫」，呂覽作「高赦」，而赦免之「赦」，方俗語多作豁音，是赤、赦二字均本有「呼洛」之音。迨後世字書於赤、赫、奭三字之形音義截然畫分，而古語變化無方之跡，幾乎熄矣。兹再以表譜其變易孳乳之式如次：

奭＝赫＝赤

焃　方言：赫貌。郭音閲，訓火盛熾。

赩　説文新附：大赤也，從赤色，色亦聲，許力切。玉篇：怒皃。按大徐云色亦聲，非是。赫之俗，見莊子秋水篇。

哧

↓螫

注：文始曰：「音義相讎，謂之變易，義自音衍，謂之孳乳。」今定＝爲變易之符號，↓爲孳乳之符號。

抔飲，手掬之也　九六反。本亦作臼，音蒲侯反。禮記音義禮運。

盧文弨云：「臼即掬字，舊作杵臼之『臼』，譌，今依宋本改正，但不當音『蒲侯反』。上抔『步侯反』，此音與之同，疑當有『又作抔』三字，脱耳。」吳云：「類篇、集韻並云『臼，又蒲侯切，聚也』，即本此爲説。盧云脱『又作抔』三字，尤無明證。」

兼士按：吳之駁盧甚是。惟於臼有「蒲侯」之音，終未敢質言者，蓋狃於説文「臼」大徐音「居玉切」，而無它讀故也。考集韻尤韻「裒，或作褎」。據此，知臼又爲裒之初文，「蒲侯反」正是裒音，釋文何嘗有奪誤。盧氏校訂，以不狂爲狂，其説支離可笑；或謂裒字爲褎之譌變，亦非。蓋臼形代表之語辭有二，其義則均爲聚斂。試以表明之如次：

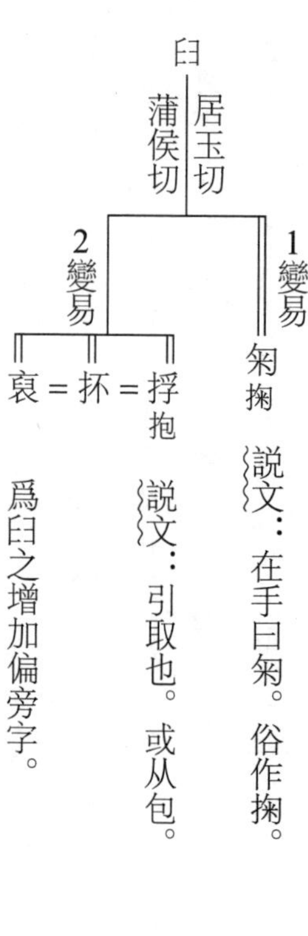

又臼之分爲匊、臽二語，亦猶嗀與坏爲同字。説文：「嗀，未燒瓦器，讀若筩莩。」「坏，一曰瓦未燒。」按：筩莩之「莩」，即爲坯音，故廣韻「嗀」入尤、侯、屋三韻：一爲甫鳩切，一爲苦候切，一爲空谷切。集韻尤韻「嗀，披尤切，或作坏」。是嗀之通坏，猶臼之通抔；嗀、坏同字，猶臼、抔同字。然則臼有「蒲侯」之音，又何疑乎。

欲獻其瑑耳　服虔曰：瑑音衛。蘇林曰：劍鼻也。師古曰：瑑字本作璏，從玉彘聲，後轉寫者譌也，瑑自雕瑑字耳，音篆。漢書顔注王莽傳。

吴云：「按：彘在脂部，對轉入寒，故漢書假『瑑』爲之，非轉寫之譌。服音『衛』，衛、彘同音。漢魏間人亦即以『衛』爲『璏』，『匈奴備玉具劍』，孟康曰『標首鐔衛盡用玉爲之也』，師古曰『衛字本作「彘」』，其音同耳。此古人同音假用之通例。此文服虔音『瑑』爲『衛』，亦即訓『瑑』爲『璏』。」

兼士按：説文「彖」字本有「式視切」與「通貫切」二音，小徐分「彖」、「彖」爲二字，王筠駁之極爲宏通。（嚴可均亦略同王説。）段、桂諸家不知古本無彖字，妄改喙、蠡等字之偏旁爲彖，沿小徐之誤，殊爲非古。考説文「彖」字表示之語音原有二組，説文「遯」之或體作「逯」，禮記玉藻「圈豚」，釋文：「豚，本又作腞。」諧聲字逯、篆、椽、緣等字皆從彖聲，此通貫切之系統也。説文「彖」、「㣇」雖别爲二字，㣇讀若弟，羊至切；彖讀若弛，式視切，於古文則爲一字異體。其省文爲彑，讀若罽；其繁文爲衞，亦讀若罽。罽從㓹聲，㓹，籀文鋭也。禮記玉藻「士褖衣」，釋文「吐亂反」，注作「税」，音同。此皆彖有衛音之證。諧聲字喙、瘃、㥟、蠡等字亦皆从彖聲，此式視切及羊至切之系統也。據此知彖字本有衛音。顔云「瑑」爲「璏」之譌，吴云假「瑑」爲「璏」，要皆不知瑑、璏古本相同，故爲此皮相之談耳。劍鼻玉字説文作「璏」古亦用「瑑」，義寓於音，故風俗通云：「衛者，衛也。所以衛劍身也。」今云護手，亦有衛義。今將彖字變易孳乳系統列表明之如次：

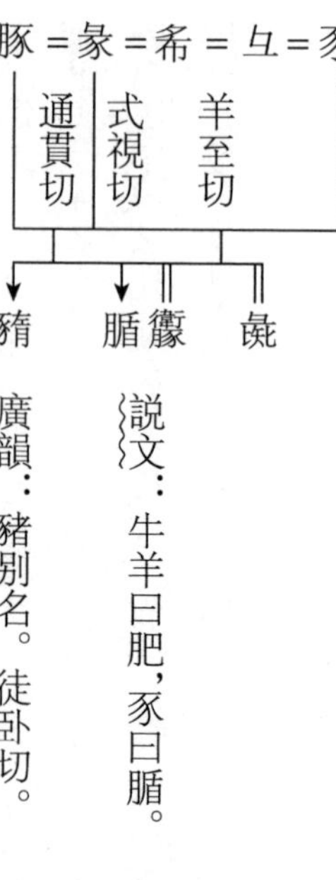

說文：牛羊曰肥，豕曰腯。

廣韻：豬別名。徒卧切。

注　文始二隊部曰：最初彑、豕蓋一文，彑讀若罽，而䝟爲豚屬，讀亦若罽。彘聲之璏，服虔音衛，而䝟亦衛聲，以此知其不異。豕之力惟在頭，故古者以彑表豕。

三、音義相依之理後世失傳例

哭不偯　於豈反。俗作哀，非。說文作㤅，云痛聲也，音同。孝經音義。

臧庸云：「說文無『偯』字，哀從口衣聲，依從人衣聲，依、偯聲形皆相近，故誤。陸本作『依』，今『依』既誤『偯』，因改『偯』爲『哀』。然必不當有作『哭不哀』者，是可證『哀』爲『偯』之改，『偯』爲『依』之譌矣。」吴云：「依、㤅、偯、哀皆脂部字，聲紐亦同。說文作『㤅』，孝經及閒傳不妨作『偯』，此類異同，經傳所常有，臧謂陸本作『依』，殊無明證。」

兼士按：臧說非是，吴說亦胡嚨其辭，未爲中肯之論。蓋哀有痛惜義，兼有依偎隱蔽之義。其字或增旁作偯，論音則偯、依聲同，僅分洪細，故說文別以「㤅」字爲之耳。考哀之有哀閔及哀依二義，依之有㤅痛及隱依二義，亦猶隱之有隱憂及隱依二義，愛之有愛惜及愛偎二義也。孝經「孝子之喪親也，哭不偯」注：「氣竭而息，聲不委曲。」禮記閒傳「大功之哭，三曲而偯」注：「偯，聲餘從容。」曰委曲，曰從容，均有依偎不去之意，此用哀之第二義也。世俗昧於哀義内容之分析，遂使文從字順之舊書雅記失其精義，亦可哀矣。今試將哀、依、隱、愛四辭之分化義列表比較，以便省覽。

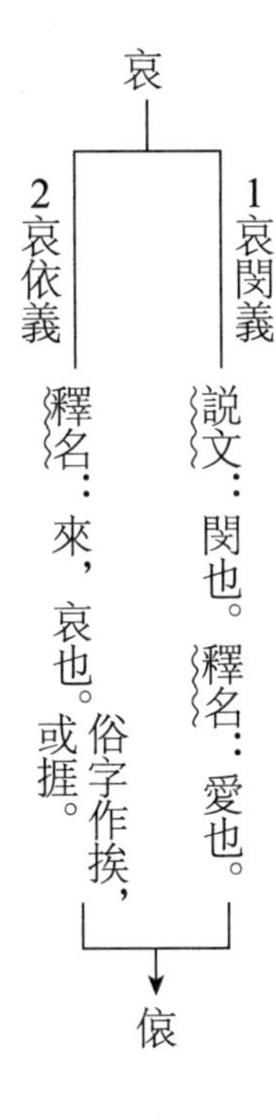

依

1 依痛義

依依 古詩：思心常依依。→[依+心]

2 隱依義

說文，倚也，

依依 詩：楊柳依依。詩：依依墟里烟。

陶 → 庡 —— 庡

曲禮「天子當依而立」，釋文：依本作庡。廣雅：藏也。

通俗文：奧内曰庡。廣雅：庡、隱、翳也。

注：白居易詩：「醉依桃葉妓」、「醉依香枕坐」、「䏰間睡足依高枕」，自注：依，烏皆切。王仁裕題劍門詩：「李杜常挨托」，挨音依。

隱＝𤔌＝㥯

1 隱憂義

說文：㥯，謹也。廣雅：㥯，哀也。詩柏舟：如有隱憂。→慇說文：病也。

孟子：王若隱其無罪而就死地。又惻隱之心人皆有之。

逸周書謚法解：隱，哀之方也。

2 隱依義

說文：𤔌，所依據也。隱，蔽也。孟子：隱几而卧。→穩。

注：文始陽聲諄部丙：「㇉有迟曲之象，……其于聲在脂孳乳爲㥜，痛聲也。孝經曰『哭不㥜』，今字作『偯』。……然則㥜訓曲，亦訓痛聲。㥜又孳乳爲哀。哀還諄變易爲慇，痛也。言惻隱者慇之聲借」。先生以痛與曲義並舉，亦極有理。

㤅愛

1 愛惜義：説文：㤅，惠也。詩蒸民：愛莫助之，傳：隱也。箋：惜也。

2 愛僾義：詩静女：愛而不見。列子黄帝篇：不偎不愛。張湛注：偎亦愛也，音隱偎。山海經海内經：朝鮮天毒，其人水居，偎人愛人。郭傳：偎亦愛也，音隱偎反。

薆 ═ 僾

薆：説文：薆，蔽不見也。廣雅釋詁：薆，障也。爾雅釋言作薆，隱也。方言：掩、翳，也。

僾：説文：仿佛也。仿佛即依稀，禮記祭義：僾然必有見乎其位。又管子小匡：人君唯僾與不敏爲不可，僾則亡衆，不敏不及事。房注：僾謂倭隨不斷，案即依違不決也。

注　禮記樂記：「肆直而慈愛者宜歌商」，鄭注：「愛或爲哀。」觀上表知古者用哀、依、隱、愛諸詞，義恆雙關，形可互攝。今人習於哀痛依倚截然異訓之説，遂不得不妄施竄改。盧、臧諸家於此等處不免拘牽之見。甚矣校書之難，殆有過於段茂堂之所論者。求其不誣古人，不誤今人，談何易哉。

隆準而龍顔　服虔曰：準音拙。應劭曰：準，頰權準也。李斐曰：準，鼻也。文穎曰：音準的之準。師古曰：頰權頔字，是當借準字當之，服音應説皆失之。漢書顔注高帝本紀。

吴云：「段注説文以『準』爲『肫』之借，非也。鼻之爲準，猶兩頰爲權，上頷爲輔，眉上爲揚，目上爲名，皆比物象類之稱，本無正字。服不言借『準』爲『頔』，顔説亦非。」

兼士按：應劭、段玉裁之説是，顔注及吴氏辨證於字義語音通轉之理均未能明徹無間。考説文：「肫，面頯也。章倫切。」「頯，權也。」古書恆假準爲之。戰國策中山策「準頞權衡」，準與權，頞與衡，兩兩對稱，其義甚明。徐灝段注箋曰：「兩頰謂之權，言如權衡兩高相平也。謂之準者，取平準之義。鼻亦謂之準者，與兩權相準也。如始皇本紀「爲人蜂準」是。」竊意肫與準相通，亦猶𡱂與脾爲重文。説文：「𡱂，髀也。」或作「脾」、「臋」俗作臀。「尻，脾也。」又「脽，尻也。示隹切。」釋名：「臀，殿也，高厚有殿遻也。」廣雅：「尻，臀也。」又：「臀謂之脽。」漢書武帝紀「立后土祠于汾陰脽上」，顔注：「以其形高起如人尻脽，故以名云。」蓋人之權頰與尻臀，均隆高對聳，骨格相類，故其名可迤用互稱。今俗謂面頰爲臉蛋，與殿音近，亦即肫之轉語也。試再以比例式示之如下：

肫：準：頯：頄‖𡱂：脾：脽：尻

注廣雅：顴，頄，頄也。頄，曹憲音求。玉篇：頔，之劣切，漢高隆頔龍顔。

又尻字之訓，釋名與説文有别。釋名釋形體：尻，廖也，尻所在廖牢深也。段玉裁云：「釋名以尻與臀别爲二，漢書結股脚，連脽尻，每句皆合二物也。尻，今俗云溝子是也。脾，今俗云屁股是也。析言是二，統言是一。」蓋兩旁高起處曰尻，迤用之則中央窪下處亦可曰尻。推之於準，亦猶是也；兩顴高處謂之準，迤用之則鼻莖頞處亦可謂之準耳。

據上所述，漢魏人作音之例，殆有非段玉裁周禮漢讀考讀如、讀爲、當爲三例所能賅括者。蓋古注中注音之字，往往示義，而釋義之文，亦往往示音，不如後世字書中音義分界之嚴，故其注音不僅言通用，且以明同用，不如後世韻書反切之但識讀音而已。通用者義異而音通，即假借之一種，人習知之。同用者，辭異而義同，音雖各别，亦可换讀，此例自來學者均未注意及之。緣初期注音，往往隨文義之便而設，多含有不固定性，後世韻書概目爲一成不變之讀法，古意寖失矣。又以言語爲本位而言：未有韻書以前，文字僅注重表示某種語意，而非必代表某個語辭之音。換言之，即同一文字，常能表示數個同意異音之語辭，故其音切往往紛岐，不必僅合於後世所謂音軌者。此種情形，與和文一字而具有音訓兩讀者頗相類。推衍此義，可以假定古代初期文字之形音義，多屬游離而尠凝固性。意符字固無論矣，即形聲字中偶亦尚存有此類遺跡，清代學者墨守本字本義之説，不足與之語古也。近人考訂古文字之通用，於音讀之不可通者，必强辭以解之，亦未足與之語古也。蓋於古文字之形本無聲音拘束者，多濫用後世所定之音軌以繁化之，如上來之所述。反之，於古語辭之音隨義變者，却喜固執於一種讀法以簡化之，如謂古本音作某，古無四聲之類是也。二者均爲闕乏歷史的眼光所致。余著此文，雖僅就吴書所辨證者，略事舉正，爲例寥寥。然由此得發見未有韻書以前古人注音之特例，更進而推測初期文字與語言表裏對照之關係，其於古語文學之研究，庶幾啓一新途逕乎。關於初期文字之形態及其性質，余别有專篇論之。民國二十九年四月四日寫於北平禹廬之抗志齋。